LA DÉCENTRALISATION DANS LES PAYS FRANCOPHONES D'AFRIQUE DE L'OUEST

Droits Publics

La collection « Droits publics », dirigée par Jean-Luc Pissaloux, a pour objet de publier des travaux juridiques relevant de toutes les branches de ce vaste champ disciplinaire qu'est le droit public. Elle a pour vocation non seulement de contribuer à la publication et à la diffusion de travaux originaux de recherches en la matière (thèses, mémoires, actes de colloques) mais aussi des travaux plus classiques (essais, dictionnaires, ouvrages collectifs, voire manuels). Elle privilégie les études comparées, globales et/ou transversales sur les grands problèmes et défis actuels auxquels sont confrontés –et ce à tous les niveaux– les responsables politiques et les divers acteurs de la gestion publique ; parmi les thèmes envisageables (liste simplement indicative), peuvent être cités : la décentralisation, l'évolution des institutions administratives et des systèmes politico-administratifs, les relations entre les administrations et le public, les partenariats public-privé, les finances publiques (d'État, locales, sociales), le développement durable, la gestion des ressources, la protection de l'environnement .... Même si son champ d'application territorial vise avant tout les pays francophones (outre la France, les pays du continent africain en particulier), cette collection qui souhaite développer une approche comparée s'intéresse aussi notamment aux pays européens. C'est donc une collection qui se veut fondamentalement plurielle, d'où son intitulé « Droits publics ».

Premier ouvrage de la collection :

J.-L. Pissaloux (dir. de), *La décentralisation dans les pays francophones d'Afrique de l'Ouest*, L'Harmattan, coll. « Droits publics », 2019.

Prochains ouvrages :

J.-M. Pontier, *La protection des biens culturels*, L'Harmattan, coll. « Droits publics », 2019.

F. Lerique & G. Orange (dir. de), *La gouvernance des ports*, L'Harmattan, coll. « Droits publics », 2020.

Sous la direction de
Jean-Luc Pissaloux

LA DÉCENTRALISATION DANS LES PAYS FRANCOPHONES D'AFRIQUE DE L'OUEST

L'Harmattan

5-7, rue de l'Ecole-Polytechnique, 75005 Paris

www.editions-harmattan.fr

ISBN : 978-2-343-18272-8
EAN : 9782343182728

REMERCIEMENTS

Un ouvrage collectif est toujours un travail de longue haleine, qui implique un engagement de tous les auteurs qui ont accepté d'y participer. Le soulagement est grand lorsque l'on arrive au port, après plusieurs mois d'échanges et de labeurs.

Le maître d'œuvre de cet ouvrage tient à remercier très vivement les contributeurs éminents, qui ont donné vie à ce projet, première étude d'une série d'ouvrages dédiés à des thèmes de droit public et de politiques publiques dans les pays africains, et pas seulement au demeurant dans les pays francophones d'Afrique de l'Ouest.

Sans eux, cet ouvrage n'aurait pas vu le jour.

Aussi, je tiens à exprimer mes plus sincères remerciements aux personnalités suivantes, à savoir par ordre alphabétique : Salif COULIBALY (pour le Mali), Ibrahim DIALLO (pour le Sénégal), Demba NIANG (pour la Guinée), Koffi NIANGORAN (pour la Côte d'Ivoire), Yahya OULD KEBD (pour la Mauritanie), Halidou SAÏDOU (pour le Niger), et Épiphane SOHOUÉNOU (pour le Bénin).

Jean-Luc Pissaloux
Professeur de Droit public à Sciences Po Lyon

LISTE DES AUTEURS

*
* *

COULIBALY Salif — ***Docteur en Droit***
Avocat au Barreau de Bamako
Enseignant à la Faculté de Droit Public de Bamako

DIALLO Ibrahim — ***Professeur de droit public à l'Université Gaston Berger de Saint-Louis***

NIANG Demba — ***Docteur en Droit***
Expert international
Spécialiste en décentralisation et développement local

NIANGORAN Koffi — ***Docteur en droit***
Enseignant–chercheur à l'Université Alassane Ouattara

OULD KEBD Yahya — ***Ancien ministre de la Décentralisation et de l'Aménagement du territoire***
Consultant International
Professeur habilité à l'ISCAE et enseignant à l'Université de Nouakchott, Al-Asryia

SAÏDOU Halidou — ***Administrateur civil***
Ancien Conseiller d'État

SOHOUÉNOU Marie Épiphane — ***Professeur agrégé des Facultés de droit***
Université d'Abomey-Calavi

SOMMAIRE

Tout le passé pèse sur le présent.
Fernand Braudel

Vingt fois sur le métier remettez votre ouvrage.
Polissez-le sans cesse et le repolissez.
Ajoutez quelquefois, et souvent effacez.
Nicolas Boileau

RÉFLEXIONS SYNTHÉTIQUES LIMINAIRES

Jean-Luc Pissaloux

*
* *

Ce mode d'organisation politique et administratif, qu'est la décentralisation, occupe aujourd'hui une place fondamentale non seulement en France mais aussi dans les pays francophones de l'Afrique de l'Ouest[1], qui sont ses anciennes colonies et qui – pour la quasi-totalité d'entre eux – ont accédé à l'indépendance en 1960[2].

Nombre de ces pays en effet ont mis en œuvre, ou ont tenté de mettre en œuvre, cette décentralisation au lendemain de leur indépendance. Cependant, c'est surtout depuis la fin des années 1980 que la décentralisation est devenue une de leurs priorités politiques affichées, même si, pour beaucoup d'entre eux, le mouvement s'est

[1] Sont ainsi visés les pays suivants : le Bénin, le Burkina Faso, la Côte d'Ivoire, la Guinée, le Mali, la Mauritanie, le Niger, le Sénégal et le Togo. Seuls le Burkina Faso et le Togo (pays où la décentralisation n'est au demeurant pas très développée) ne font pas l'objet d'une étude dans le présent ouvrage.

[2] Seule la Guinée, l'un des pays étudiés dans cet ouvrage, est devenue indépendante avant, à savoir le 2 octobre 1958. Tous les autres pays analysés ici ont accédé à l'indépendance en 1960 : le Bénin le 1er avril 1960, la Côte d'Ivoire, le 7 août 1960 ; le Mali, le 20 juin 1960 ; la Mauritanie, le 20 novembre 1960 ; le Niger, le 3 août 1960 ; et le Sénégal, le 4 avril 1960.

véritablement accéléré plutôt dans les années 1990[3]. Au passage, il est intéressant de le noter, la décentralisation est en vérité intervenue dans les pays francophones d'Afrique de l'Ouest plus tôt que dans leur ancienne métropole, puisque l'acte I de la décentralisation en France remonte à la loi du 2 mars 1982 et aux lois – en particulier de transfert de compétences – qui ont accompagné celle-ci à partir de 1983.

Il faut souligner, en effet, que la décentralisation est bien souvent présentée en Afrique de l'Ouest comme un chemin, voire le chemin, vers la démocratie et le développement, même si l'histoire mouvementée de bien de ces « jeunes » pays indépendants n'a pas toujours consacré une approche démocratique. C'est du reste, à la fois pour des raisons économiques et sociopolitiques, que les États africains francophones ont entrepris avec détermination au début des années 1990 des réformes décentralisatrices : la baisse chronique des ressources budgétaires des pays africains au cours de la décennie 1980 avait alors accru leur dépendance vis-à-vis de l'aide extérieure ; et lorsque celle-ci prit la forme de "Programmes d'Ajustement Structurel" (PAS), la décentralisation est apparue comme une solution pour désengager financièrement l'État et pour faire prendre en charge le développement par les communautés de proximité. Les réformes décentralisatrices développées surtout à partir des années 1990 se sont donc appuyées sur deux principales bases, qui sont en vérité aussi les objectifs proclamés, à savoir le développement local et la démocratie locale : la décentralisation est en effet entendue comme un partage ou une répartition des pouvoirs entre l'État et les collectivités locales et n'est point appréhendée comme un processus mis en œuvre contre l'État[4] mais plutôt comme une voie susceptible de donner la parole aux populations.

Cependant, la poursuite de ces deux objectifs et cette marche vers une décentralisation véritable, efficace et efficiente, ne se sont pas faites sans « pleurs et grincements de dents » pour reprendre la

---

[3] Notons qu'au Mali, certains auteurs (comme Sékéné Mody Sissoko & Mamadou Simaga) ont soutenu que la décentralisation remonte à l'époque précoloniale (cf. *infra*, la contribution sur le Mali).

[4] En Guinée, ce qui peut *a priori* sembler pour le moins paradoxal eu égard au changement politique intervenu en avril 1984 et au régime libéral mis en place par l'armée arrivée au pouvoir, la décentralisation a même été considérée comme le moyen de responsabiliser et de promouvoir la participation des populations au processus de développement.

formule biblique. Le processus décentralisateur a en effet connu nombre de vicissitudes, et son caractère bien souvent erratique montre la difficulté pour les pouvoirs publics, dans tous les pays[5] et sous tous les régimes, de trouver « la formule de décentralisation » la plus appropriée, et, en particulier, de déterminer le nombre le plus adéquat d'échelons territoriaux et d'opérer les transferts de compétences les plus pertinents et les plus opérationnels. Dans les pays francophones d'Afrique de l'Ouest, comme en France, la décentralisation ou plutôt sa mise en œuvre s'avère un chantier lent, long, progressif, en perpétuelle évolution et toujours d'actualité[6], d'autant que certains pièges comme le mimétisme doivent être évités.

De la difficulté de se distinguer de l'ancienne puissance coloniale ou de la nécessité d'éviter autant que possible le mimétisme.

Une décentralisation ne peut être efficace que si elle est fondée sur la réalité sociologique, politique et économique du pays concerné, et que si elle est portée et soutenue non seulement par les dirigeants et les élites politiques de ce pays mais aussi par sa population.

Or, dans tous les pays francophones d'Afrique de l'Ouest, anciennes colonies françaises, le poids du passé et des institutions coloniales est apparu particulièrement prégnant : comme le rappelle l'une des citations placées en exergue de ces réflexions, il est difficile de faire table rase du passé ; celui-ci est toujours là, et pèse sur le présent.

De façon générale, au demeurant, il est toujours délicat, pour des pays en développement devenus indépendants et par là-même des acteurs souverains du droit international, de rompre – complètement – avec les institutions des pays développés, et, en particulier, pour d'anciennes colonies venant d'accéder à l'indépendance, de couper – totalement – le lien avec l'ancienne puissance coloniale et tutélaire.

C'est le fameux phénomène du mimétisme.

Ce terme et cette notion renvoient, on le sait, aux opérations d'imitation voire de reproduction plus ou moins fidèle des structures

[5] Comme en France, du reste.
[6] Comme en témoigne, par exemple, la situation actuelle au Bénin (cf. *infra*).

administratives auxquelles se livrent les pays en développement vis-à-vis de leur ancienne puissance coloniale qu'elles essaient autant que possible d'assimiler dans leur propre milieu.

Les États ayant accédé à l'indépendance et ayant hérité d'un noyau d'institutions instaurées et marquées par l'ancienne puissance coloniale continuent en effet bien souvent d'imiter et de reproduire plus ou moins explicitement dans leurs propres structures l'ancienne métropole, ce qui montre et démontre le poids de l'histoire, et ce alors même que les institutions héritées sont habituellement tout à fait inadaptées à leur situation et à leurs exigences de nation souveraine confrontée avant tout au défi du développement.

Cela s'explique notamment par le fait, qu'au lendemain de l'indépendance, les élites locales des pays nouvellement indépendants avaient été formées voire formatées à – et par – l'école coloniale française, mais aussi par le constat que les institutions locales traditionnelles étaient bien souvent affaiblies et déstructurées, et qu'elles souffraient d'un déficit d'autorité.

Les pays francophones d'Afrique de l'Ouest ont en effet tous hérité d'une administration foncièrement centralisée et jacobine et d'une organisation territoriale fondée sur la loi du 18 novembre 1955[7]. Celle-ci distinguait trois catégories d'entités locales, à savoir les communes mixtes, les communes de moyen exercice et les communes de plein exercice : les communes mixtes étaient dotées de conseillers municipaux en partie élus et en partie nommés, avec à leur tête des maires désignés par l'autorité de tutelle ; les communes de moyen exercice étaient dirigées par des conseillers municipaux élus ayant à leur tête des administrateurs-maires désignés par le pouvoir central ; et les communes de plein exercice, créées en vérité en 1956, étaient, à la différence des deux autres catégories, administrées par des conseillers municipaux élus[8].

Immédiatement après leur indépendance, certains pays ont cherché, souvent sans succès véritable, à changer, voire bouleverser cet état

---

[7] Loi n° 55-1489 du 18 nov. 1955 relative à réorganisation municipale en A.O.F, en A.E.F., au Togo, au Cameroun et Madagascar (*JORCI*, n° 58 du 10 septembre 1959).

[8] Bien évidemment, seules quelques villes, les capitales et les plus grandes villes des pays concernés, étaient dotées d'un tel statut (voir *infra*, les études par pays).

initial. Comme on l'a déjà fait observer, nombre d'entre eux, la majorité, se sont engagés, et même bien avant leur ancienne puissance coloniale, sur la voie de la décentralisation. Force est de constater que cette voie s'est avérée pour le moins chaotique pour la plupart des pays, en raison en effet des évolutions ou plutôt des soubresauts politiques pas toujours démocratiques, il faut le souligner pour le déplorer. Ce qui explique que, dans la quasi-totalité des pays ici étudiés, la décentralisation ait connu de nombreux allers-retours, des périodes au cours desquelles elle a été mise en veilleuse puis d'autres, surtout à partir des années 1990, où elle a été remise sur le métier avec une vigueur plus ou moins effective et tangible selon les pays. Aujourd'hui, tous les pays étudiés dans cet ouvrage se targuent d'être des États décentralisés, étant observé qu'ils sont, tout comme la France, à la fois des États unitaires, déconcentrés et décentralisés. Mais, encore une fois, l'histoire de la décentralisation dans ces pays francophones d'Afrique de l'Ouest a été mouvementée, voire erratique.

Une histoire de la décentralisation le plus souvent tourmentée et une succession de textes consacrant bien souvent des va-et-vient.

L'histoire de la décentralisation dans les pays francophones d'Afrique de l'Ouest n'a pas été, c'est le moins que l'on puisse dire, « un long fleuve tranquille » : de ce point de vue, ces pays ont finalement largement imité leur ancienne métropole où la mise en place de la décentralisation s'est aussi avéré un processus tumultueux, surtout depuis le commencement de l'actuel millénaire[9]. Pour tous les pays concernés, certes pas avec la même acuité, l'histoire de la décentralisation s'est en effet avérée pour le moins tourmentée, avec de nombreux allers-retours favorables ou défavorables à la décentralisation, surtout dans ceux ayant connu de nombreux régimes politiques successifs et en particulier plusieurs coups d'état militaires comme en particulier le Bénin, la Mauritanie ou le Niger. De ces changements politiques et dès lors de la versatilité des choix opérés en matière de décentralisation, il en est en effet résulté que celle-ci a

[9] Le Professeur Gérard Marcou n'hésitait pas à qualifier l'évolution ces dernières années du droit des collectivités territoriales de *« bateau ivre »* ; récemment (cf. Colloque *« La simplification administrative et normative »*, Lyon 12 octobre 2018, sous la direction de J.-L. Pissaloux), le Professeur Jean-Marie Pontier a évoqué *« les chimères de la politique de décentralisation »*.

souvent évolué en dents de scie au gré des régimes politiques successifs : le Bénin et le Niger constituent, à cet égard, des exemples particulièrement topiques.

Comme on l'a déjà indiqué, le plus souvent, la décentralisation a été mise véritablement en œuvre à partir du milieu des années 1980 et surtout dans la décennie 1990 dans la quasi-totalité des pays francophones de l'Afrique de l'Ouest.

Il n'en demeure pas moins, cependant, que certains pays, comme le Bénin, le Mali ou encore la Mauritanie et le Niger, s'engagèrent sur la voie de la décentralisation au lendemain même de leur indépendance, donc bien avant la France.

Ainsi, au Bénin, devenu indépendant le 1er août 1960, une première réforme est intervenue le 21 octobre 1960 : les cinq communes de plein exercice et les communes de moyen exercice (héritage de la colonisation) furent certes maintenues ; mais les six régions furent transformées en départements, toujours au nombre de six, découpés en vingt-neuf sous-préfectures et circonscriptions urbaines comprenant elles-mêmes des arrondissements. Cette loi du 21 octobre 1960 fut le prélude de toute une série de va-et-vient. Dès le 26 février 1962 en effet, une deuxième réforme mit fin au régime de l'autonomie locale. Mais le 11 août 1964, une nouvelle expérience de la décentralisation fut amorcée : les cinq communes de plein exercice et les assemblées départementales élues furent rétablies. Puis, nouveau changement et retour en arrière le 31 mars 1966 : le système centralisé fut restauré. Tous ces changements furent liés à la fréquence des coups d'État intervenus. Quelques années plus tard, avec la réforme du 13 février 1974[10], une nouvelle expérience de décentralisation fut néanmoins engagée : trois catégories de collectivités territoriales, dotées de la personnalité morale et de l'autonomie financière, furent créées, à savoir des départements, rebaptisés provinces, des districts (urbains ou ruraux) et des communes (urbaines ou rurales).

Au Mali, aussi, l'article 41 de la Constitution du 22 septembre 1960 démontrait la volonté manifeste de décentralisation de la Première République malienne ; mais les dispositions de cet article

[10] Cf. l'ordonnance n° 74-7 du 13 février 1974 portant réorganisation de l'administration territoriale (*JORD* n° 6 du 15 mars 1974, pp. 298-299). Cette ordonnance fut en réalité la première d'une série de textes adoptés à la même époque (cf. *infra*, l'étude consacrée au Bénin).

restèrent sans concrétisation, dans la mesure où les treize communes héritées de l'époque coloniale gardèrent leur statu quo jusqu'en 1966, année d'adoption de la loi n° 69/AN-RM du 2 mars 1966 portant code municipal en République du Mali, lequel abrogea la distinction entre elles en les transformant toutes en communes de plein exercice.

De même, la Mauritanie a pu engager au début des années 1960, donc là encore dès son accession à l'indépendance, une réforme communale globale ; mais celle-ci ne devait pas tarder à montrer ses limites, ce qui conduisit, pour des préoccupations principalement économiques, les pouvoirs publics à opter – avec la loi n° 68-242 du 30 juillet 1968 et divers textes ultérieurs – pour une décentralisation régionale ressemblant en vérité davantage à une déconcentration renforcée qu'à une véritable décentralisation[11].

Au Niger, pays qui a connu un nombre record de régimes[12], les premières tentatives décentralisatrices là encore intervinrent également dès l'accession à l'indépendance. La décentralisation, en tant que mode d'organisation territoriale, était certes déjà prévue dans la Constitution du 8 novembre 1960[13]. Mais c'est avec la loi n° 61-50 du 31 décembre 1961 que le nouvel État indépendant marqua clairement sa volonté de rompre d'avec l'organisation administrative coloniale : avant l'indépendance, le Niger était organisé en seize cercles comprenant trente-et-une circonscriptions administratives, plus une commune de plein exercice (Niamey), et deux communes mixtes (Maradi et Zinder) ; les cercles unitaires et les subdivisions furent remplacés par des circonscriptions érigées en collectivités territoriales disposant de la personnalité morale et de l'autonomie financière. Mais comme les élections ne furent jamais organisées, et qu'ainsi les trente-et-une circonscriptions continuèrent à être dirigées par des administrateurs nommés par le niveau central, il fallut en vérité attendre la réforme de 1964 pour que les choses évoluent vraiment : la loi n° 64-023 du 17 juillet 1964 portant création de circonscriptions

---

[11] L'article 1er de la loi précitée définissait en effet la région comme « *une circonscription administrative de l'État et une collectivité territoriale décentralisée* ». Mais au demeurant, la situation est-elle différente en France, où la région et le département peuvent correspondre soit à une circonscription administrative de l'État soit à une collectivité territoriale décentralisée ?

[12] Voir *infra*, l'étude dédiée au Niger.

[13] Cf. art. 68, *in* titre X de la Constitution.

administratives et de collectivités territoriales[14] instaura un découpage à trois niveaux des circonscriptions administratives : les départements (7), les arrondissements (36) et les communes (21), et à deux échelons territoriaux, à savoir les arrondissements et les communes, qui disposaient donc d'un double statut, de circonscription administrative et de collectivité territoriale.

Cependant, c'est donc dans les années 1980, et surtout dans la décennie 1990, que divers pays francophones, y compris la Côte d'Ivoire qui avait pourtant opté en 1960 pour une politique de centralisation à la française, ont entrepris ou rétabli et revivifié des réformes décentralisatrices.

Donnons-en quelques illustrations particulièrement significatives.

Au Bénin, la loi du 10 octobre 1981[15] systématisa la réforme de 1974 en donnant une cohérence à l'ensemble mis progressivement en place par celle-ci ; le système ainsi instauré sera maintenu jusqu'en 1990, année de mise en œuvre d'une réforme de l'administration territoriale centrée sur la décentralisation. Le 25 mai 1990, la loi précitée du 10 octobre 1981 fut en effet abrogée ; quelque temps après, une loi du 13 août 1990 aménagea un régime de transition avec une organisation territoriale comportant des départements, des circonscriptions urbaines ou sous-préfectures, des communes et des villages ou des quartiers de ville.

En Côte d'Ivoire aussi, le démarrage effectif de la décentralisation eut lieu en 1980 avec la mise en place des communes pour aboutir en 1995 à cent quatre-vingt-dix-huit communes sur tout le territoire ivoirien. Pour mener à bien sa politique de décentralisation, la Côte d'Ivoire sa dota dans les années 1980 et 1990 d'un arsenal juridique substantiel, particulièrement étoffé et abondant, avec toute une série de textes définissant les compétences et les ressources financières devant être transférées aux entités décentralisées et fixant également le cadre juridique des moyens humains et matériels mis à la disposition de celles-ci[16]. En Côte d'Ivoire, peuvent en vérité être distinguées trois

---

[14] Cette loi fut suivie et prolongée par divers autres textes en 1964 et 1965, étant observé que de nouvelles lois furent votées ultérieurement, en 1971 et 1972, pour renforcer le cadre juridique et institutionnel de la décentralisation.

[15] Cf. loi n° 81-009 du 10 octobre 1981 portant création, attributions, organisation et fonctionnement des organes locaux du pouvoir d'État et de leurs organes exécutifs.

[16] Cf. *infra*, l'étude dédiée à la Côte d'Ivoire.

grandes phases dans la poursuite et la mise en place de la décentralisation : l'étape de l'expérimentation (1960-1980), l'étape du démarrage effectif (1980-1985), et l'étape du renforcement et d'approfondissement de la décentralisation (1985-2014), étant encore précisé que depuis une ordonnance du 28 septembre 2011, le nombre d'échelons territoriaux a été réduit à deux, à savoir les régions et les communes.

De même, en Guinée, la période allant de 1986 à 1992 a correspondu au lancement officiel de la politique de décentralisation puis à la mise en place progressive des collectivités locales, regroupées dans un seul échelon, l'échelon communal, divisé en communes urbaines et communautés rurales de développement. Un Secrétariat d'État chargé de la décentralisation a en outre été créé, avec des services centraux, et notamment une Direction Nationale de la Décentralisation chargée de la confection des textes relatifs aux collectivités décentralisées (à leurs organes et à leurs attributions).

De même encore, au Mali, c'est la Troisième République, à partir de 1992, qui a favorisé l'accélération du processus de décentralisation, laquelle avait néanmoins déjà franchi une étape importante sous la Transition dite démocratique (de janvier 1991 à juin 1992), régime ayant succédé à la Deuxième République (mise en place en 1974), avec un titre (le titre XI) de la Constitution dédié aux collectivités locales et la création de cinq nouvelles communes mais non opérationnelles. Avec la mise en place de la Mission de décentralisation, structure provisoire chargée de la conception de la politique de décentralisation et de l'appui à sa mise en œuvre, plusieurs textes fondamentaux furent adoptés, comme la loi n° 93-008 du 11 février 1993 déterminant les conditions de la libre administration des collectivités territoriales, la loi n° 95-022 du 20 mars 1995 portant statut des fonctionnaires des collectivités territoriales, ou encore la loi n° 95-034 du 12 avril 1995 portant code des collectivités territoriales en République du Mali.

En Mauritanie, le nouveau pouvoir né du coup d'État du 12 décembre 1984, dans sa recherche de légitimation, engagea une décentralisation communale, inattendue et inédite, en créant – avec l'ordonnance n° 86-134 du 13 août 1986 instituant les communes, remplacée par l'ordonnance n° 87-289 du 20 octobre 1987 (texte maintes fois modifié par la suite) – des communes de plein exercice sur l'ensemble du territoire national, communes effectivement dotées du statut de collectivité territoriale de droit public.

Au Niger, après la pause dans le développement de la décentralisation, pause liée au coup d'état militaire d'avril 1974, il fallut attendre l'ère de la décrispation de la Deuxième République (1987-1990) et surtout la Conférence nationale (29 juillet 1991-3 novembre 1991) pour relancer le processus de réformes, dont celle de la décentralisation. Ainsi, dans le prolongement de cette Conférence, la Constitution de la Troisième République, adoptée par référendum le 26 décembre 1992, consacra son titre X aux collectivités territoriales : l'article 115 au sein de ce titre X proclame expressément que *« l'administration territoriale repose sur les principes de la décentralisation et de la déconcentration »*, ainsi que sur le principe de la libre administration des collectivités territoriales[17], tout en laissant, comme dans la Constitution française, le soin au législateur de créer les collectivités territoriales, et de déterminer leurs compétences et leurs ressources. C'est donc véritablement sous la Troisième République (1993-1996), que s'exprima et se concrétisa une volonté politique forte en faveur de la mise en œuvre effective du processus de décentralisation avec des mesures institutionnelles importantes, dont la mise en place en 1994 d'une commission spéciale chargée de réfléchir sur le redécoupage administratif (CSRA)[18]. Les propositions de la CSRA serviront du reste de base à deux lois du 6 février 1996, déterminant l'architecture de la décentralisation et le fonctionnement des collectivités territoriales[19]. Ultérieurement, la réforme décentralisatrice sera poursuivie et renforcée avec le schéma 2000 de la décentralisation, manifestement inspiré par les réflexions de la CSRA et les principes des lois de 1996 sous la Cinquième République fondée sur la Constitution du 9 août 1999, laquelle conforte clairement la décentralisation.

---

[17] Voir *infra*, l'étude dédiée au Niger.

[18] Mais l'on peut également citer la création, en 1993, d'un ministère chargé de la réforme administrative, et celle, en 1995, d'un Haut-commissariat à la réforme administrative et à la décentralisation (HCRAD).

[19] Il s'agit des lois n° 96-05 du 6 février 1996 portant création de circonscriptions administratives et de collectivités territoriales, et n° 96-06 du 6 février 1996 déterminant les principes fondamentaux de la libre administration des régions, des départements et des communes, ainsi que leurs compétences et leurs ressources.

Enfin, au Sénégal également, il convient de l'observer et de le souligner, le droit des collectivités locales et la décentralisation ne se sont pas développés en un jour : force est de constater, au contraire, le caractère progressif et évolutif de leur construction, et de noter qu'en matière de droit des collectivités locales, il y a un avant et un après 1996, avec en effet la grande réforme de 1996 qui a abouti à la mise en place du Code des collectivités locales[20]. Au Sénégal, comme dans la quasi-totalité des pays francophones d'Afrique de l'Ouest, la décennie 1990 a donc été déterminante. En effet, à la suite du remaniement ministériel du 2 juin 1993, fut créé un ministère délégué chargé de la Décentralisation. La création de ce ministère marqua la volonté du gouvernement de poursuivre et de renforcer sa politique de décentralisation. Trois lois du 22 mars 1996[21], dont l'une portant Code des collectivités locales[22], consacreront cette réforme d'importance. La réforme de 1996 peut être qualifiée d'acte II de la décentralisation au Sénégal. La décentralisation sera poursuivie ultérieurement avec la réforme de 2013, baptisée « Acte III de la décentralisation »[23], dont l'objectif général affiché était d'organiser le Sénégal en territoires viables, compétitifs et porteurs de développement durable, et de mettre en place une décentralisation à deux niveaux, un échelon départemental et un échelon communal ; la mise œuvre de cette réforme se traduisit par l'adoption d'un nouveau Code général des Collectivités locales abrogeant celui adopté en 1996 et par le remplacement des lois précitées du 22 mars 1996.

De ce bref panorama, il apparaît, d'abord, que, dans les pays francophones d'Afrique de l'Ouest étudiés dans le présent ouvrage, la mise en place de la décentralisation est souvent allée de pair avec le développement et le renforcement de la déconcentration : comme la France, ces pays sont à la fois des États déconcentrés et décentralisés. Il apparaît, ensuite, que processus de décentralisation s'est le plus

---

[20] Avant 1996, doivent cependant être mentionnées la réforme du 13 janvier 1964 ainsi que les réformes introduites en 1964 et 1972, ainsi que celles de 1983 et 1990 (cf. *infra*, la contribution consacrée au Sénégal).

[21] Ce sont les lois n° 96-06 portant Code des Collectivités locales, n° 96-07 portant transfert de compétences aux régions, aux communes et aux communautés rurales et n° 96-09 du 22 mars 1996 fixant l'organisation administrative et financière de la commune d'arrondissement et ses rapports avec la ville

[22] Il est intéressant de noter qu'en France, le Code général des collectivités territoriales (CGCT) fut aussi adopté en 1996 !

[23] On peut noter, au moins dans la chronologie, la similitude avec la situation française.

souvent révélé pour le moins tourmenté, qu'il a fréquemment fonctionné par vagues, avec des périodes de flux et de reflux, même si, aujourd'hui, tous les pays francophones de l'Afrique de l'Ouest sont effectivement engagés dans cette voie, que la décentralisation peut être considérée comme sinon un acquis du moins une donnée dont le développement est en vérité toujours d'actualité et qui s'avère largement influencée par le modèle français.

De l'influence du modèle français.

S'il n'est sans doute plus approprié – aujourd'hui – de parler de mimétisme mis en œuvre plus ou moins clairement et franchement par les anciennes colonies, on ne peut cependant que noter l'influence du modèle français, l'existence des mêmes caractéristiques de reconnaissance de la décentralisation ainsi que la similitude des questions essentielles posées par la mise en place de celle-ci comme celle du nombre le plus approprié d'échelons territoriaux, celle encore de la détermination et de l'ampleur des compétences transférées, sans oublier la question incontournable de l'importance et de la réalité des moyens alloués au processus de décentralisation. Au demeurant, peut-il en être autrement ?

De la reconnaissance constitutionnelle des collectivités territoriales et du principe de libre administration dans les pays francophones de l'Afrique de l'Ouest.

On peut d'abord observer que les Constitutions des pays étudiés comportent toutes actuellement un titre dédié à aux collectivités territoriales, dans lequel peuvent être énoncés divers principes applicables à ces collectivités, dont toujours le fameux principe de libre administration des collectivités territoriales, qui a donc un statut constitutionnel comme en France.

Pour certains pays, cette référence aux collectivités territoriales dans la norme suprême peut même être déjà plutôt ancienne. Ainsi, au Bénin, la Constitution du 11 décembre 1990 toujours en vigueur consacre son Titre X (art. 150 à 153) aux collectivités territoriales, titre dans lequel sont énoncés les cinq principes fondamentaux applicables à la décentralisation[24], dont, de façon explicite, à l'article 151, le principe de la libre administration des collectivités territoriales par des conseils élus. Au Mali, dès la Constitution de la Deuxième République (1974), on note aussi l'existence d'un titre, le titre XI, dédié aux collectivités territoriales. Au Niger, la décentralisation, en tant que mode d'organisation territoriale, était même déjà prévue dans la Constitution du 8 novembre 1960 (cf. l'art. 68 dans le titre X)[25].

En Côte d'Ivoire, la Constitution du 8 novembre 2016 consacre non seulement le statut constitutionnel de la commune et de la région, mais énonce elle aussi le « principe de la libre administration » des collectivités locales dans son article 172 ainsi rédigé : *« La loi détermine les principes fondamentaux de la libre administration des collectivités territoriales, de leurs compétences et de leurs ressources ».* Cet article, qui fait inévitablement penser à la Constitution française, se décline donc en vérité en deux propositions : les collectivités territoriales s'administrent librement par des conseils élus et disposent de l'autonomie financière, d'une part ; mais cette libre administration ne saurait cependant faire échec à la compétence du législateur pour déterminer les compétences et les ressources des collectivités territoriales, d'autre part. Ajoutons qu'en Côte d'Ivoire, le principe de la libre administration des collectivités territoriales s'analyse également comme la détention par celles-ci d'un pouvoir réglementaire des collectivités territoriales[26].

---

[24] Comme autres principes énoncés, on trouve encore le principe suivant lequel le législateur dispose d'une compétence exclusive –comme en France– pour créer les collectivités territoriales (art. 150), le principe prescrivant l'élection des conseil délibérants (art. 151), le principe de la non imputabilité aux collectivités territoriales des dépenses de souveraineté (art. 152), et enfin le principe imposant à l'État d'assurer un développement harmonieux des collectivités territoriales par la solidarité nationale et l'équilibre inter-régional (art. 153).

[25] L'article 165 al. 1er (*in* le titre IX « Des collectivités territoriales » de la Constitution du Niger de 2011) contient des dispositions sur la solidarité nationale, les potentialités régionales et l'équilibre inter-régional rappelant les dispositions de l'article 153 de la Constitution du Bénin (cf. *supra*).

[26] La détention de ce pouvoir réglementaire est prévue par les articles 192 et suivants de la loi n° 2012-1128 du 13 décembre 2012 portant organisation des collectivités territoriales en Côte d'Ivoire ; les exécutifs locaux, détenteurs d'un pouvoir de police, disposent donc dans ce domaine, de par la loi, d'un pouvoir réglementaire ; par ailleurs, en leur qualité de chef de service, ils disposent aussi d'un tel pouvoir pour l'organisation des services placés sous leur autorité.

En Mauritanie, les nouvelles dispositions de l'article 98 issues de la réforme constitutionnelle de 2017 » ont également expressément introduit le principe de la libre administration des collectivités territoriales, ce qui n'était pas le cas auparavant, car le constituant s'était contenté jusque-là de l'énoncé selon lequel *« les collectivités sont administrées par des conseils élus, dans les conditions prévues par la loi »*[27].

Au Sénégal, enfin, la Constitution de 2001 (issue du référendum du 7 janvier 2001), comme celle qui l'avait précédée, consacre elle aussi le principe de la libre administration des collectivités locales. Et cette disposition est confirmée à l'article 102 de la version en vigueur de la Constitution sénégalaise issue de la loi constitutionnelle n° 2016-10 du 5 avril 2016 portant révision de la Constitution, article aux termes duquel les collectivités territoriales « s'administrent librement par des assemblées élues au suffrage universel direct ».

De l'existence d'un code dédié aux collectivités territoriales.

Il n'y a rien de plus significatif et probant qu'un code dédié aux collectivités territoriales pour attester de l'existence de la décentralisation dans un pays donné et pour démontrer l'importance qui lui est attachée.

Tel est bien le cas, à l'exception notable du Bénin, dans tous les pays francophones d'Afrique de l'Ouest étudiés dans le présent ouvrage.

Le Mali a été, semble-t-il, le premier pays à se doter d'un tel code avec la loi n° 95-034 du 12 avril 1995 portant Code des collectivités territoriales en République du Mali.

Le Sénégal devait suivre en se dotant en 1996 d'un Code des collectivités locales. Ce code définit les collectivités locales comme des entités dotées de la personnalité morale et de l'autonomie financière (définition classique) et qui s'administrent librement par des conseils élus suffrage universel ; il précise encore que les

[27] Cette consécration constitutionnelle de la libre administration des collectivités territoriales soulève du reste un problème de cohérence, en matière de contrôle, avec la nouvelle loi organique relative à la région (cf. *infra*, l'étude sur la Mauritanie).

collectivités locales ont pour mission la conception, la programmation et la mise en œuvre des actions de développement économique, éducatif, social et culturel avec le concours, le cas échéant, des mouvements associatifs et des groupements communautaires ; et il énumère à l'époque trois types de collectivités locales : la région, la commune et la communauté rurale. La mise œuvre de l'acte III de la décentralisation (cf. *supra*) justifia l'adoption le 28 décembre 2013 d'un nouveau Code général des Collectivités locales abrogeant et remplaçant le Code des Collectivités locales de 1996.

La Guinée adopta en 2006 un Code des Collectivités Locales, accordant une autonomie financière et des prérogatives avec 33 compétences transférées[28].

Quant au Niger, une ordonnance de 2010 (l'ordonnance n° 2010-54 du 17 septembre 2010) consacra l'adoption d'un Code général des collectivités territoriales, qui apporta de nombreuses innovations et améliorations (notamment, en matière de répartition des missions entre l'État et les collectivités territoriales, de droit à l'information des citoyens, de tutelle et de contrôle *a priori*[29]).

De l'existence d'un ministère dédié aux collectivités territoriales (s'occupant aussi de l'aménagement du territoire et donc de déconcentration).

La création d'un ministère dédié aux collectivités territoriales est également révélatrice de l'importance accordée par les Pouvoirs publics et le gouvernement d'un pays à la décentralisation.

Or, l'on peut noter l'existence, et souvent depuis de nombreuses années, dans nombre de pays francophones d'Afrique de l'Ouest d'un tel ministère.

Ainsi : au Bénin, un ministère spécifiquement dédié à la Décentralisation, et dénommé ministère de la Décentralisation, de la Gouvernance locale, de l'Administration et de l'Aménagement du territoire (MDGLAAT), fut créé en juin 2007 ; il en fut de même en Guinée, où, à la suite de l'élection présidentielle de 2010, fut instauré un ministère de l'Administration du Territoire et de la Décentralisation, permettant de réunir au sein d'un même département ministériel

[28] Voir *infra*, l'étude consacrée à la Guinée.
[29] Cf. *infra*, l'étude sur le Niger.

l'administration du territoire et les collectivités locales ; au Sénégal, avait été créé dès 1993, plus précisément à la suite du remaniement ministériel du 2 juin 1993, un ministère délégué chargé de la Décentralisation, démontrant clairement la volonté du gouvernement de l'époque de poursuivre et de renforcer sa politique de décentralisation[30].

L'intitulé même des ministères ainsi créés montre que ceux-ci s'occupaient et/ou s'occupent de l'aménagement du territoire et donc aussi des services déconcentrés de l'État, ce qui montre, s'il en était besoin, combien ces questions de déconcentration et de décentralisation sont liées voire inévitablement enchevêtrées[31].

Considérations sur le nombre d'échelons territoriaux.

Dans les pays francophones d'Afrique de l'Ouest, souvent pauvres et encore engagés dans la voie du développement, se pose, tout comme en France, la question du nombre le plus adéquat d'échelons territoriaux. Cependant, deux constatations apparaissent d'évidence : en premier lieu, comme dans l'ancienne puissance coloniale, nombre de collectivités territoriales correspondent aussi à des circonscriptions administratives de l'État ; en second lieu, la commune est, à l'évidence, l'échelon privilégié, en raison de sa proximité avec les citoyens et de sa réalité historique, géographique et sociologique et donc aussi de son ancienneté, sans compter qu'elle favorise les relations entre responsables politiques et habitants et qu'elle correspond encore à la tradition de l'oralité toujours très forte en Afrique. La commune est l'instance de base de la démocratie de proximité et l'instance favorisée dans la poursuite du développement local, même si l'on note aussi le développement dans certains pays d'une décentralisation régionale, la région étant en effet appréhendée – comme en France, du reste – comme un niveau ou un échelon particulièrement propice au développement économique.

Force est aussi de noter des va-et-vient dans le nombre d'échelons territoriaux considéré comme le plus approprié : de façon générale, ce

---

[30] Cette création conduira du reste l'État sénégalais à adopter le Code des collectivités locales en 1996 (cf. *supra*).

[31] À cet égard, l'on ne peut point s'exprimer plus clairement que l'article 164 al. 1er de la Constitution du Niger de 2011, selon lequel : *« L'administration territoriale repose sur les principes de la décentralisation et de la déconcentration. »*

nombre varie entre deux et trois, mais peut aussi être égal à un ; la configuration à deux échelons locaux est de loin la plus répandue,

Ainsi, au Bénin, depuis 1999, la décentralisation a pour cadre exclusif la commune. Les communes constituent donc, depuis cette date, la seule catégorie de collectivités territoriales au Bénin. Le Bénin n'est certes pas le seul État en Afrique et dans le monde dans cette configuration[32] ; cependant, le Bénin est le seul pays francophone d'Afrique de l'Ouest à avoir fait ce choix, qui marque un recul par rapport au passé, car, sous la Révolution, l'organisation territoriale du Bénin a pu comporter jusqu'à trois catégories de collectivités territoriales[33]. Mais évidemment, le choix d'une catégorie unique n'est ni définitif ni irréversible[34].

En Côte d'Ivoire, il existe aujourd'hui deux niveaux de collectivités territoriales : les régions et les communes, étant précisé qu'il faut aussi noter une communalisation totale du territoire ivoirien. Cela n'a pas toujours été le cas. En 1995, avec la création de soixante-et-un nouvelles communes et l'adoption de la loi d'orientation n° 2001-476 du 9 août 2001 portant l'organisation générale de l'administration territoriale, le paysage institutionnel de la Côte d'Ivoire était structuré autour de cinq échelons de collectivités territoriales : les communes, les villes, les districts, les départements et les régions. Mais, depuis 2011, et l'ordonnance du 28 septembre 2011 portant orientation générale de l'administration de l'État, le nombre des collectivités territoriales a été réduit à deux, et cela a été en outre

[32] Au nombre des États ayant en commun ce choix, il est possible de citer la Finlande, la Lituanie et le Luxembourg en Europe, le Ghana et le Nigéria en Afrique.
Voir à ce sujet : CGLU, *La décentralisation et la démocratie locale dans le monde*, 1er rapport mondial, 2008, accessible à l'adresse http://www.cities-localgovernments.org/gold/Upload/gold_report/gold_report_fr.pdf.

[33] Il s'agissait de la province, du département et, dans une moindre mesure, de la commune. En effet, même si son budget ne constituait qu'une section du budget du district et que ses compétences décisionnelles étaient presque nulles, la commune était alors formellement qualifiée de collectivité territoriale ; au demeurant, le mode d'élection du maire était, à l'époque, plus démocratique que celui prévalant pour les provinces et les districts.
Plusieurs raisons sont avancées par la doctrine béninoise pour expliquer voire justifier le choix actuel (cf. *infra*, l'étude sur la décentralisation au Bénin).

[34] Idem.

inscrit dans la Constitution. Selon l'article 170 de la Constitution de 2016, *« les collectivités territoriales sont des régions et les communes »*. Ainsi, les départements sont aujourd'hui érigés en circonscriptions déconcentrées de l'État. Seules les communes et régions sont dotées du statut de collectivités territoriales[35].

En Guinée, il existe également deux échelons locaux : les communes (urbaines et rurales) et les régions. Selon le code guinéen des collectivités locales, la collectivité locale regroupe au moins 5.000 habitants pour les communes et 500.000 habitants pour les régions.

Il en va de même en Mauritanie, où les deux niveaux sont, là encore, la commune et la région. L'ordonnance n° 87-289 du 20 octobre 1987 abrogeant et remplaçant l'ordonnance n° 86-134 du 13 août 1986 instituant les communes est l'acte fondateur de la commune en tant qu'entité décentralisée en Mauritanie : ce texte, maintes fois modifié, a en effet accordé à la commune mauritanienne, rurale ou urbaine, le statut de collectivité territoriale de droit public. Pendant près de trois décennies (suite à l'ordonnance précitée de 1987), la décentralisation en Mauritanie a ainsi reposé sur la commune comme seule collectivité territoriale décentralisée. Ce n'est que, récemment, que les pouvoirs publics mauritaniens ont décidé de créer un nouvel échelon de décentralisation, puisque, dans le prolongement des réformes constitutionnelles issues du référendum du 5 août 2017, la Mauritanie s'est dotée d'un deuxième niveau de décentralisation, à savoir la région[36].

On retrouve les deux mêmes échelons territoriaux, communes et régions, au Niger. Mais, là également, cette configuration est récente, étant observé qu'alors qu'en Mauritanie, on est passé d'un niveau à deux niveaux, au Niger, on a réduit le nombre d'échelons en passant

[35] La loi n° 2014-454 du 5 août 2014, portant statut du District Autonome de Yamoussoukro et celle n° 2014-453 du 5 août 2014, portant statut du District autonome d'Abidjan, disposent respectivement que le District autonome de Yamoussoukro et d'Abidjan sont des entités territoriales particulières dotées de la personnalité morale et de l'autonomie financière.

[36] Ajoutons que les pouvoirs publics ont tenu à inscrire la région comme collectivité territoriale dans la loi fondamentale, alors que la Constitution du 20 juillet 1991 prévoyait déjà (à l'article 98) que les collectivités territoriales « *sont les communes ainsi que les entités auxquelles la loi confère cette qualité* ». En d'autres termes, une loi suffisait pour élever la région au statut de collectivité territoriale ; il n'était pas nécessaire d'inscrire cette innovation dans la Constitution.

de trois niveaux (nombre qui s'est maintenu pendant longtemps) à deux niveaux. Aux termes en effet de la loi n° 96-05 du 6 février 1996, qui réorganisa le territoire de la République en circonscriptions administratives et en collectivités territoriales, la région, le département et la commune étaient à la fois des circonscriptions administratives et des collectivités territoriales ; seul l'arrondissement était simplement un échelon déconcentré[37]. Le schéma 2000 de la décentralisation (Cinquième République) n'a pas changé la donne au niveau du nombre d'échelons territoriaux, toujours égal à trois, tout en impulsant la communalisation intégrale du territoire nigérien (ce qui signifie que chaque portion du territoire est inscrite, doit être inscrite, dans l'aire d'une commune). Ultérieurement, dans le prolongement de la loi n° 2001-23 du 10 août 2001, dont elle reprend les dispositions pertinentes, la loi n° 2008-42 du 31 juillet 2008 organise le territoire de la République du Niger en trois niveaux de collectivités territoriales, à savoir : la commune, le département et la région, et en trois niveaux de déconcentration autour de la région, du département et de l'arrondissement. Mais, récemment, l'ordonnance n° 2010-53 du 17 septembre 2010 modifiant et complétant la loi n° 2008-42 du 31 juillet 2008 relative à l'organisation et l'administration du territoire de la République du Niger prévoit finalement que les circonscriptions administratives sont désormais la région et le département (art. 4) et que les collectivités territoriales sont : la commune et la région (art. 6)[38].

La même réduction du nombre d'échelons territoriaux est aussi intervenue au Sénégal. Avec la réforme de 1996[39], il existait trois échelons de collectivités locales : la région, la commune et la communauté rurale. Mais à la suite de la réforme de 2013, ne subsistent plus que deux échelons de collectivités locales, à savoir le département et la commune.

En fin de compte, il n'y a qu'au Mali, qu'existent trois niveaux de collectivités territoriales : au niveau inférieur de la pyramide, se trouvent les communes, urbaines et rurales, qui constituent la collectivité territoriale de base de la nouvelle organisation

[37] Son rôle était d'assurer l'encadrement, l'assistance, le conseil et le contrôle *a posteriori* des communes.
[38] En outre, au Niger, les grandes villes sont dotées d'un statut particulier (cf. *infra*, l'étude sur le Niger).
[39] Cf. *supra*.

administrative décentralisée et démocratique de l'État malien, dont la création est prévue sur toute l'étendue du territoire national[40], et dont la carte géographique est établie notamment à partir des concertations villageoises et du libre regroupement dans populations ; au niveau intermédiaire, existent les cercles, id est les collectivités territoriales regroupant des communes ; enfin, au sommet de la pyramide, l'on trouve les régions. À tous les niveaux, il y a bien des organes élus comme dans toute collectivité locale digne de ce statut.

Une décentralisation à l'effectivité incertaine et problématique ou de la persistance des mêmes types de difficultés que dans l'ancienne puissance coloniale.

La décentralisation semble certes être désormais un acquis dans les pays francophones de l'Afrique de l'Ouest. Cependant, en pratique, son effectivité semble incertaine, voire problématique : diverses difficultés se posent en effet, notamment celle de la répartition des compétences transférées, celle des moyens (humains, matériels et financiers) affectés ou alloués au processus décentralisateur, ainsi que la question toujours délicate des contrôles exercés ou à exercer ; l'on peut du reste également s'interroger sur l'effectivité de la démocratie locale participative.

Les difficultés au niveau du transfert de compétences.

En la matière, diverses difficultés peuvent être recensées selon le pays concerné.

Observons, liminairement, qu'au Bénin, en l'absence de plusieurs catégories de collectivités territoriales, la question de la répartition des compétences est en vérité peu complexe, puisqu'elle ne se pose qu'entre l'État et les communes : celles-ci dispose de compétences consultatives ou décisionnelles ; les compétences décisionnelles sont exclusives ou partagées, déléguées ou transférées. Quelle que soit la nature de la commune, les compétences communales portent sur sept

---

[40] La loi n° 96–059 (portant création des communes) a consacré la création de 682 communes sur tout le territoire du Mali en précisant les villages, quartiers et / ou fractions les composants ainsi que leur chef–lieu._Actuellement, le Mali compte 703 communes (urbaines et rurales) de plein exercice.

domaines principaux[41] auxquels s'ajoutent quatre autres pour les communes à statut particulier[42]. Pour le reste, les relations entre l'État et les communes au Bénin se limitent à la tutelle.

En Côte d'Ivoire, les choses sont plus compliquées en pratique, dans la mesure où les transferts de compétences aux collectivités territoriales ivoiriennes se heurtent généralement à l'absence de textes d'application. Les lois votées n'assurent point, à elles seules, les transferts effectifs de compétences ; le transfert des compétences n'est en effet effectif qu'après l'élaboration des décrets et autres arrêtés d'application, souvent très nombreux, qui définissent dans les détails ces compétences ; or, entre les lois votées et les décrets d'application, il peut s'écouler parfois plusieurs années, reportant d'autant le transfert véritable des compétences. Par ailleurs, bien qu'autonomes, les collectivités territoriales ivoiriennes ne peuvent pas mener des actions en toute indépendance ; à l'exception de quelques actions et opérations très particulières et généralement ponctuelles, les collectivités territoriales agissent dans un cadre strictement encadré par des lois et décrets.

En Guinée, le Code des collectivités locales prévoit des compétences propres aux communes et aux régions et des compétences qui leur sont transférées par l'État. Selon l'article 28 du code, les compétences propres des communes sont regroupées dans 14 domaines, alors que, aux termes de l'article 29, les compétences propres des régions sont regroupées dans six domaines[43].

Au Mali, la commune détient deux sortes de compétences : des compétences générales, et des compétences spécifiques. Les premières appartiennent à toutes les catégories de collectivités territoriales sans distinction : elles découlent en effet logiquement de la mission générale de la commune et de sa responsabilité en matière de

[41] Développement, aménagement, habitat et urbanisme ; infrastructures, équipement et transports ; environnement hygiène et salubrité ; enseignement primaire et maternel ; santé et action sociale ou culturelle ; services marchands et investissements économiques. Pour le détail, voir la loi n° 97-029 du 15 janvier 1999 précitée (art. 84 et s.).
[42] Enseignement secondaire et formation professionnelle ; transport et circulation, sécurité ; communication. Voir à ce sujet la loi n° 98-005 du 15 janvier 1999, art. 19.
[43] Voir *infra*, l'étude consacrée à la Guinée.

développement ; elles doivent toujours et naturellement être comprises dans les limites autorisées par la loi, et dans le cadre exclusif de l'intérêt public local. Les compétences spécifiques sont celles exclusivement dévolues à la commune en raison de sa position dans l'échelonnement territorial ; la commune est la collectivité territoriale décentralisée de base : elle se voit dès lors confier des compétences liées aux intérêts qu'elle peut assurer au regard de sa dimension territoriale et de ses ressources propres[44] (comme l'enseignement préscolaire ; l'alphabétisation ; le premier cycle de l'enseignement fondamental). La commune est également indirectement compétente pour certaines matières[45] qui relèvent pourtant des compétences de l'État ou d'autres collectivités territoriales décentralisées. Et par ailleurs, il existe aussi des limites aux compétences des communes. La répartition des compétences n'est donc pas d'une très grande simplicité.

En Mauritanie, existent à la fois une clause générale de compétence, à l'article 2 de l'ordonnance n° 87-289 du 20 octobre 1987 selon lequel : *« La commune est chargée de la gestion des intérêts communaux. Elle assure les services publics répondant aux besoins de la population locale et qui ne relèvent pas, par leur nature ou leur importance, de la compétence de l'État »* et des compétences d'attribution qui sont énumérées, à titre non limitatif[46] par ce même article[47]. Quant à la région, elle a également une mission générale, conférée par la loi organique n° 2018-010 du 12 février 2018, en son article 3, de *« promouvoir le développement économique, social, culturel et scientifique… dans le respect de l'intégrité, de l'autonomie et des attributions des autres collectivités territoriales. Elle a une fonction de mise en cohérence des stratégies de développement et*

---

[44] Citons, à cet égard, l'enseignement préscolaire ; l'alphabétisation ; le premier cycle de l'enseignement fondamental.

[45] Comme l'implantation de projets d'aménagement ou d'équipement ; par ailleurs, pour la fusion, la scission et toute modification des limites de la commune, cette dernière doit être obligatoirement consultée.

[46] L'ordonnance, toujours en son article 2 édicte, en effet : « *les compétences de la commune comprennent notamment…* ». Or, le « notamment » laisse entendre justement que l'énumération n'est pas exhaustive, mais indicative.

[47] Cela ressemble beaucoup au modèle français jusqu'à la loi NOTRe, qui a supprimé la clause de compétence pour les départements et les régions, lesquels se voient attribuer des *compétences spéciales*, mais qui l'a maintenue pour les communes.

d'aménagement du territoire » ; tout comme en France, elle a donc une vocation principalement économique, scientifique et d'aménagement du territoire. Les difficultés, au niveau du transfert de compétences, résident en vérité avant tout dans une délimitation imprécise des compétences et dans l'ineffectivité de leur transfert aux communes, donc à la fois dans un problème de qualité des textes et sans doute aussi dans des moyens notamment humains limités.

Enfin, au Sénégal, les collectivités locales sont des structures spécialisées disposant elles aussi de compétences d'attribution : elles ne peuvent donc exercer que les compétences fixées par le Code général des collectivités locales et les lois particulières, sans compter qu'elles ne peuvent les exercer que pendant les périodes fixées par le code. Observons que de très importants transferts de compétences de l'État vers les collectivités locales ont été opérés par le nouveau Code général des collectivités locales du 28 décembre 2013, qui distingue des compétences partagées (susceptibles de poser des difficultés comme en France du reste) et des compétences spécifiques.

Des moyens alloués le plus souvent insuffisants pour une mise en œuvre effective de la décentralisation.

Il ne sert à rien de poser le principe de la décentralisation, de poser celui de l'autonomie financière des collectivités locales et de prévoir des lois de transfert des compétences, si ces collectivités locales ne disposent point des moyens humains, matériels et financiers pour exercer – effectivement – les compétences dont elles sont désormais les titulaires. Or, le moins que l'on puisse dire et observer, à cet égard, est que les pays francophones d'Afrique de l'Ouest sont, bien souvent, dans une situation encore plus inconfortable voire plus précaire que les collectivités locales de leur ancienne puissance coloniale.

La question des ressources financières et fiscales est particulièrement topique. Partout, est affirmé le principe de l'autonomie financière ; mais, en vérité, il y a loin du principe à la pratique !

Ainsi, en Côte d'Ivoire, les collectivités territoriales disposent d'une autonomie financière aux termes des dispositions de l'article 173 al. 1er de la Constitution de 2016 : *« Les collectivités territoriales bénéficient de ressources dont elles peuvent disposer librement dans les conditions fixées par la loi »* ; l'article 173 al. 2 ajoute que les recettes fiscales et les autres ressources propres des collectivités territoriales représentent une part déterminante de l'ensemble de leurs ressources. Un pouvoir fiscal est reconnu aux collectivités territoriales puisqu'elles sont autorisées par le législateur à fixer l'assiette et le taux d'impôts dans les limites fixés par la loi n° 2003-489 du 26 décembre 2003 portant régime financier, fiscal et domanial des collectivités territoriales[48]. L'article 173 al. 2 de la Constitution ivoirienne de 2016 prévoit que les recettes fiscales et les autres ressources propres des collectivités territoriales représentent une part déterminante de l'ensemble de leurs ressources.

En Guinée, les dispositions textuelles existent, là encore : les finances des collectivités locales et les établissements publics qui leur sont rattachés sont gérés conformément aux dispositions de la loi organique n° 012/CNT/ du 6 août 2012 relative aux lois de finances ; en outre, le Code des collectivités locales détermine, en son Titre V, le régime financier des collectivités locales guinéennes, lequel régime traite des principes des finances et de la fiscalité, du budget, des ressources, des dépenses et enfin de la comptabilité des collectivités locales. Mais, en vérité, l'une des principales caractéristiques des recettes fiscales de ces collectivités locales réside dans leur faiblesse structurelle due principalement à des taux de recouvrement très bas[49] et à la baisse des recettes d'année en année au titre des patentes, de la contribution foncière unique et de la taxe professionnelle unique, sans compter que, dans les communes, il n'existe aucun dispositif organisationnel permettant d'assurer le recouvrement. À cela, s'ajoute le fait que les ressources provenant des transferts de l'État, au titre des dotations de fonctionnement, ne sont pas prévisibles et qu'elles ne sont pas souvent virées dans les comptes bancaires des communes

[48] Aux termes de l'article 79 de cette loi, *« les ressources des collectivités territoriales ivoiriennes sont constituées par : les ressources fiscales ; les taxes rémunératoires et les redevances ; l'aide de l'État ; les fonds de concours et d'aide extérieure, les emprunts ; les revenus du patrimoine et du portefeuille ; les produits de l'aliénation de biens du patrimoine et du portefeuille ; les dons et les legs et les recettes diverses et accidentelles »*.

[49] Notamment, en ce qui concerne les contributions sur les licences, les taxes sur les armes à feu dans la plupart des communes.

mais remises en totalité ou après « amputation » au services préfectoraux[50].

En Mauritanie, la législation prévoit essentiellement trois sources pour le financement des communes : les recettes à caractère fiscal[51] ; les prélèvements non fiscaux[52]; et les dotations de l'État et les fonds de concours provenant des diverses coopérations (coopérations bi et multilatérale, coopération décentralisée, etc.). Les ressources de la région proviennent quant à elles, pour l'essentiel, des dotations de fonctionnement et d'investissement, accordées par la loi des finances et, accessoirement, des produits de l'exploitation de son patrimoine et des redevances pour services rendus ; la région n'a pas, à la différence de la commune, de fiscalité propre. Mais en pratique, la mobilisation des ressources par les communes s'avère très modeste, car le potentiel fiscal est lui-même dans l'ensemble très faible, sans compter que – même s'il existe un potentiel fiscal – les élus locaux sont fort peu enclins à engager des actions de recouvrement à l'encontre de leurs électeurs en raison des risques d'impopularité susceptibles d'en résulter. De sorte que les communes mauritaniennes dépendent donc fortement, pour leur financement, des transferts de l'État.

Des observations analogues à celles faites pour la Côte d'Ivoire, la Guinée ou la Mauritanie se retrouvent très largement dans les autres pays francophones d'Afrique de l'Ouest : un potentiel fiscal a priori faible, des taux de recouvrement eux-mêmes faibles à supposer d'abord que le recouvrement soit mis en œuvre, des recettes faibles (surtout dans les communes rurales, évidemment les plus nombreuses), des fonctionnaires non formés, des finances étatiques en berne avec des conséquences négatives au niveau des dotations allouées aux collectivités locales, tout cela se conjugue pour que les collectivités locales ne disposent pas des moyens financiers

---

[50] Pour appréhender tous les handicaps attachés aux finances locales guinéennes, voir *infra*, l'étude consacrée à la Guinée.

[51] Constituées, pour l'essentiel, par la contribution foncière, la patente, la taxe d'habitation et la taxe communale.

[52] Alimentés principalement par les redevances, les droits domaniaux et assimilés (recettes provenant du patrimoine) et par les recettes de services (*id est* les recettes générées par les différents services de la commune).

suffisants[53] pour mettre en œuvre – effectivement – la décentralisation mise en place et qui, au surplus, est le plus souvent expressément constitutionnalisée.

Ajoutons qu'au niveau des ressources humaines, la situation n'est guère plus reluisante dans tous les pays étudiés ….

Enfin, les contrôles exercés sur les actes des collectivités locales ne consacrent pas toujours, eux aussi, une véritable décentralisation.

Des contrôles bien souvent proches d'une tutelle a priori !

Les contrôles exercés sont particulièrement révélateurs de l'état d'avancement – réel – de la décentralisation dans les pays étudiés. Or, à cet égard, force est de constater que l'on est bien souvent plus proche d'une tutelle *a priori* que d'un contrôle (exclusivement) de légalité exercé *a posteriori* sur les actes d'entités censées être décentralisées et disposant en particulier du principe de libre administration.

Ainsi, au Bénin, le contrôle de légalité apparaît comme un contrôle a priori à travers la plupart des modalités par lesquelles il s'exerce sur les actes. L'approbation[54], qui subsiste au Bénin, est très clairement une intervention *a priori* par laquelle un représentant de l'État valide une décision de l'autorité locale. Mais par ailleurs, dans la mesure où les délibérations non soumises à approbation mais devant faire l'objet d'une transmission à l'autorité de tutelle ne deviennent exécutoires que quinze jours après cette transmission, le préfet a la possibilité d'intervenir éventuellement avant la mise à exécution de la délibération. Donc finalement, on est bien dans une configuration de maintien d'un contrôle *a priori*[55].

En Mauritanie, également, la tutelle se manifeste à travers des procédés tels que l'approbation, l'annulation, la substitution, la

---

[53] Rapportées à l'ensemble des ressources publiques nationales, les ressources locales seraient de l'ordre de : 2,14% en Mauritanie, 2,96% au Mali, 2,67% au Niger, 5,8% au Benin et 8,9% en Côte d'Ivoire.

[54] La loi portant organisation des communes prévoit dix cas d'approbation, et ce sans compter les cas complémentaires d'approbation.

[55] Pour plus de détails, voir *infra* : l'étude dédiée au Bénin.

suspension ou encore la révocation. Elle s'exerce, par conséquent, sur les organes, sur les personnes et sur les actes, en application des articles 22, 24 et 42 de l'ordonnance précitée n° 87-289 du 20 octobre 1987.

De même, en Guinée, il apparaît que l'État, par son intervention jugée « massive »[56], limite très largement les capacités et la libre administration des collectivités locales ; celles-ci sont en vérité dans une dépendance institutionnelle vis-à-vis de l'État : « Le Code des collectivités locales a certes supprimé la tutelle ; dans les faits, celle-ci vit encore ses beaux jours »[57].

Enfin, l'on peut observer aussi le maintien d'un contrôle *a priori* du représentant de l'État au Sénégal. En principe, a été certes consacrée la disparition du pouvoir d'annulation et du contrôle d'opportunité. Cependant, la loi de 2013 comme la réforme de 1996 a prévu le maintien de la tutelle administrative au titre d'une approbation préalable, sans compter qu'un certain nombre de pouvoirs d'investigation sur l'acte local – avant même son entrée dans l'ordonnancement juridique – ont été aménagés au profit du représentant de l'État. Le rôle de celui-ci dans le nouveau contrôle administratif des actes locaux reste donc en vérité très important : il dispose en effet d'un pouvoir de contrôle a priori, qui comprend l'exercice d'un pouvoir d'approbation préalable et de certains pouvoirs d'investigation, ainsi que d'un contrôle *a posteriori*, qui s'exerce après l'acquisition de leur caractère exécutoire par les actes de la collectivité locale, qui ne va néanmoins jusqu'à la faculté d'annuler lui-même l'acte local ; mais le représentant de l'État a le droit de saisir le juge d'une demande d'annulation d'un acte émanant d'une autorité régionale, communale ou rurale qu'il suspecte d'illégalité, ce qui intervient après un dialogue infructueux avec l'autorité locale ayant refusé d'obtempérer sur la modification ou le retrait de l'acte litigieux.

On le voit, demeure encore un fossé entre les principes affichés, qui sont effectivement ceux de la décentralisation, et la pratique de cette décentralisation.

---

[56] Pour reprendre le qualificatif utilisé par l'auteur de la contribution dédiée à la Guinée.

[57] Cf. Nemba Niang dans son étude sur la Guinée.

Cependant, rien ne se fait sans laisser du temps au temps : il a fallu bien du temps pour que l'ancienne puissance coloniale, certes largement sous la pression des faits, engage le processus, devenu sans doute irréversible, du moins à court et moyen terme, de la décentralisation. En France, ce ne fut pas, ce n'est pas « un long fleuve tranquille » ; l'ancienne puissance coloniale en est à l'acte III, et la dernière loi adoptée, la loi NOTRe, est loin d'avoir résolu toutes les difficultés. Preuve en est qu'une nouvelle réforme, annoncée comme particulièrement ambitieuse, est déjà en préparation ….

Il est clair que la question financière, et, de façon plus générale, celle des moyens humains et matériels constituent l'un des handicaps essentiels d'une mise en œuvre effective de la décentralisation dans les pays francophones d'Afrique de l'Ouest ; il faut aussi espérer que les dirigeants nationaux de ces pays sont aussi vraiment et sincèrement attachés à ce mode d'organisation administrative.

On peut d'ailleurs observer que les contributions ici rassemblées évoquent fort peu dans l'ensemble les questions de démocratie locale participative : cette question serait-elle une préoccupation de pays développés et en outre profondément et définitivement attachés à la démocratie ? Des changements de régimes à répétition, des coups d'état militaires ou constitutionnels, ne sont guère a priori favorables ou propices à la décentralisation et au développement de la démocratie locale participative, à l'utilisation des référendums locaux, au droit de pétition ….

L'on peut tout de même s'étonner que les préoccupations liées à l'intercommunalité ne soient pas plus sinon développées du moins déjà envisagées, à l'exception des contributions consacrées au Bénin et à la Mauritanie : la mise en place de structures intercommunales ainsi qu'aujourd'hui, en France, la création de communes nouvelles sont avant tout liées à la nécessité de faire des économies d'échelle et de mutualiser les services en raison de la baisse ou du niveau insuffisant des ressources financières. On pourrait penser qu'existe dans les pays africains étudiés sinon la volonté du moins la nécessité de réduire le nombre des collectivités locales de base eu égard à la faiblesse structurelle des ressources locales et mêmes étatiques ; mais tel n'est pas encore le cas, semble-t-il. On peut cependant noter l'existence de statuts particuliers, spécifiques, et donc dérogatoires pour les grandes villes, en particulier le plus souvent la capitale des pays francophones d'Afrique de l'Ouest, comme dans l'ancienne puissance coloniale.

*

* *

Le présent ouvrage, constitué de contributions écrites par des universitaires ou des experts et/ou des hauts-fonctionnaires, illustre parfaitement ces propos et réflexions synthétiques liminaires. Il démontre combien la décentralisation est encore une sorte d'idéal-type à atteindre, et que, si son principe semble être une donnée désormais acquise, elle est loin d'être une pratique effective, efficiente et efficace. Mais de même que le mouvement se démontre en marchant, c'est en s'impliquant pleinement et résolument dans ce processus que les pays concernés pourront et peuvent en apprécier les difficultés politiques et pratiques de mise en œuvre ainsi que les contraintes et les conditions qu'elle suppose. Paradoxalement, cette série de contributions relatives aux anciennes colonies peut aussi du reste être utile aux responsables politiques – nationaux et locaux – de l'ancienne puissance coloniale : elle montre notamment que la réussite de la décentralisation implique non seulement une détermination sans faille, mais aussi des moyens (matériels, financiers et humains) ainsi qu'un minimum de stabilité politique et une volonté claire et loyale des pouvoirs publics nationaux d'assurer véritablement cette décentralisation.

LA DÉCENTRALISATION AU BÉNIN

Marie Épiphane Sohouénou

*

* *

« La décentralisation est aujourd'hui le meilleur moyen de réaliser et d'accentuer la démocratie. Elle est, pour tous, la possibilité d'accéder à la responsabilité et à la liberté »[58]. Elle tient donc une place importante dans la vie politique. Il en est ainsi dans les États démocratiques en général et en République du Bénin en particulier. La République du Bénin, couramment appelée le Bénin[59], est une ancienne colonie du groupe de l'ex Afrique occidentale française (AOF) où elle était connue sous le nom de Dahomey. Au Bénin comme ailleurs, l'importance de la décentralisation se révèle à travers l'actualité. Celle-ci est marquée notamment, ne serait-ce que pour l'année 2018, par la tenue ou l'annonce d'élections locales[60] ainsi que

[58] MAUROY (Pierre), *Héritiers de l'avenir*, Paris : Stock, 1977.

[59] L'utilisation du nom « Bénin » comporte un risque de confusion. *« En effet, utilisé seul, [il] désigne la partie du Golfe de Guinée à l'ouest du delta du Niger [...]. Il est susceptible de s'appliquer à un ensemble géographique qui s'étend de la frontière du Ghana jusqu'au Nigéria »* (Marie Epiphane SOHOUÉNOU.- *L'encadrement juridique de l'aménagement des villes face aux défis de l'explosion urbaine au Bénin*.- Thèse de doctorat, Université de Tours, ANRT 2001, p. 2). Le risque de confusion est aujourd'hui plus limité qu'à l'origine. Par exemple, l'ancienne Université du Bénin (au Togo) est devenue, depuis lors, l'Université de Lomé. Mais ce risque subsiste. Ainsi, la ville dénommée Benin city se situe, non pas en République du Bénin, mais sur le territoire de la République fédérale du Nigéria.

[60] En Guinée, les premières élections communales et communautaires organisée depuis 2005 ont eu lieu le 4 février 2018. Voir à ce sujet Diawo BARRY.- « Élections locales en Guinée : le rendez-vous manqué » sur le site de *Jeune Afrique* à l'adresse https://www.jeuneafrique.com/mag/538680/politique/elections-locales-en-guinee-le-rendez-vous-manque/ consultée en novembre 2018. Le 13 octobre 2018, la Côte d'Ivoire a organisé des élections municipales et régionales dont *Radio France internationale* a rendu compte à travers, entre autres, l'article « Élections locales en Côte d'Ivoire : dans l'attente des résultats » sur son site à l'adresse http://www.rfi.fr/afrique/20181014-cote-ivoire-election-municipale-regionale-pdci-rhdp-participation consultée à la même période. Selon le journal *Le Monde Afrique*, « au Togo, la Commission électorale annonce la tenue de trois scrutins en décembre » 2018. Au nombre de ces élections figurent les élections locales. Voir l'article consulté en novembre 2018 à l'adresse :
https://www.lemonde.fr/afrique/article/2018/09/19/au-togo-la-commission-electorale-annonce-la-tenue-de-trois-scrutins-en-decembre_5357190_3212.html.

par la suspension, la révocation voire la condamnation de quelques élus locaux[61].

En réalité, la décentralisation est une notion complexe. Il en existe au moins deux conceptions, l'une anglo-saxonne, l'autre francophone. Même dans la conception francophone[62], qui prévaut au Bénin, le terme « décentralisation » est un générique. Il est susceptible de s'appliquer à différents secteurs d'activité[63]. Seul un qualificatif permet d'en préciser le sens. Quel que soit le secteur concerné, la décentralisation traduit une double évolution : une entité juridique préexistante en crée une ou plusieurs autres, tout en transférant à celle(s) -ci une partie de ses compétences initiales. En matière d'Administration publique, l'entité juridique préexistante est généralement l'État[64]. En fonction de la nature des nouvelles entités que crée l'État, la décentralisation (administrative) est dite, soit technique[65], soit territoriale. La décentralisation territoriale est la

---

[61] Voir notamment sur :

- la suspension puis la révocation de M. Léhady SOGLO, Maire de Cotonou, *Jeune Afrique*.- « Bénin : le gouvernement révoque le maire de Cotonou, Léhady Soglo », https://www.jeuneafrique.com/463453/politique/benin-le-gouvernement-revoque-le-maire-de-cotonou-lehady-soglo/, août 2017 ;

- la suspension, la condamnation et la révocation de M. Khalifa SALL, Maire de Dakar, *France 24*, « Sénégal : Khalifa Sall, maire de Dakar, condamné à cinq ans de prison en appel », https://www.france24.com/fr/20180830-senegal-khalifa-sall-peine-cinq-ans-prison-appel-maire-dakar-presidentielle, août 2018.

[62] Dans la conception anglophone également, le terme est un générique qui recouvre à la fois … la délégation, la déconcentration, la dévolution et la privatisation. Sur une présentation détaillée de cette comparaison et sa comparaison avec la conception francophone, voir SOHOUÉNOU (M. Épiphane).- *Cours approfondi de droit de la décentralisation : les mutations*.- Faculté de droit et de science politique de l'Université d'Abomey-Calavi, Master Recherche Droit public fondamental, polycopié, 2015, pp. 11 et ss.

[63] Il est parfois question de *décentralisation industrielle*, de *décentralisation politique*, voire de *décentralisation lyrique*. Dans certains cas, l'usage du terme *décentralisation* est quelque peu abusif.

[64] Même dans les cas où, historiquement, elle a préexisté comme communauté humaine à l'État en tant que forme d'organisation politique, la collectivité territoriale tient son existence et sa reconnaissance juridique de ce dernier, qui exerce le pouvoir souverain sur son territoire.

[65] Dans la tradition juridique française, la décentralisation dite *technique* est le mécanisme consistant pour l'État à créer des établissements publics et à leur transférer la gestion de certaines compétences. La notion de décentralisation technique est contestée par une partie de la doctrine française.

forme de décentralisation administrative correspondant au mécanisme par lequel l'État crée en son sein des personnes morales de droit public appelées collectivités territoriales ou collectivités locales[66] et leur transfère certaines compétences. Les collectivités territoriales sont des groupements humains géographiquement situés sur le territoire d'un État qui leur reconnaît la personnalité juridique et le pouvoir de s'administrer librement. Par convention, la décentralisation territoriale est seule visée lorsque, en Droit administratif, le mot décentralisation est utilisé sans l'adjonction d'un adjectif qualificatif, c'est-à-dire sans autre précision, comme dans le présent texte[67].

Puisque la décentralisation (territoriale) se traduit par la création de collectivités territoriales, pour attester de l'existence d'une décentralisation authentique dans un État, il faut pouvoir montrer qu'il existe dans celui-ci de vraies collectivités territoriales. Les critères juridiques de la décentralisation sont donc aussi de ceux des collectivités territoriales[68]. Selon les auteurs, le nombre de ces critères, à ne pas confondre avec les éléments d'identification de la collectivité territoriale[69] s'élève à trois ou à quatre. Mais il est possible de les regrouper autour de deux critères principaux : la personnalité juridique et ses conséquences logiques, d'une part ; la libre administration, d'autre part.

Les collectivités territoriales sont dotées de la personnalité morale de droit public. Ce premier critère les distingue des circonscriptions administratives. La reconnaissance de la personnalité juridique à une collectivité territoriale signifie que celle-ci est titulaire de droits, assujettie à des obligations et constitue un centre d'intérêts juridiquement protégés. En conséquence, cette collectivité territoriale :

---

[66] Sur la controverse relative à la distinction entre collectivité locale et collectivité territoriale, voir l'excellente synthèse du professeur Bertrand FAURE, *Droit des collectivités territoriales*, Paris : Dalloz, 4ème édition, 2016, p. 1.

[67] Cf. ROUQUETTE, *Dictionnaire du droit administratif*, Paris : Éditions du Moniteur, 2002, p. 224-225.

[68] Cf. SOHOUÉNOU (Marie Épiphane).- « Contribution à l'élaboration d'une échelle de la décentralisation territoriale en Afrique noire francophone » in *Revue béninoise des sciences juridiques et administratives (RBSJA)* n° 22, 2008-2009, pp. 147 et ss.

[69] Ces éléments sont le nom, la population et le territoire.

. est juridiquement distincte, à la fois de l'État, de chacun des habitants de cette collectivité territoriale et de chacune des autres collectivités territoriales ;

. a la capacité juridique lui permettant notamment de passer contrat, de mener d'autres actions de la vie civile, d'ester en justice, etc. ;

. est juridiquement responsable de ses actes et des leurs conséquences ;

. dispose d'un patrimoine propre distinct de celui de l'État, de ceux des habitants de la collectivité territoriale concernée et de ceux des autres collectivités territoriales ;

. a un personnel propre géré par les autorités locales suivant des règles plus ou moins spéciales ;

. ne subit le contrôle d'aucune autre collectivité territoriale et n'exerce de contrôle sur aucune autre.

La libre administration est le principe en vertu duquel une collectivité territoriale est habilitée à *« conduire, sans être [soumise] à des contraintes excessives,... diverses catégories d'opérations, et [à] prendre dans les mêmes conditions diverses catégories d'actes qui, eu égard à leur caractère administratif, peuvent faire l'objet d'un encadrement par la loi, et d'un contrôle par le juge administratif »*[70]. Le principe de la libre administration garantit l'autonomie locale en assurant sa protection contre les atteintes du pouvoir exécutif. Sous le contrôle du juge constitutionnel, le législateur jouit d'une compétence large pour la détermination des règles de la libre administration. L'élection des organes délibérants des collectivités territoriales est le minimum requis, une condition organique d'effectivité de la libre administration. Les conséquences pratiques de la libre administration peuvent être envisagées sur les plans juridique, administratif et politique puis du point de vue financier.

Sur les plans juridique, administratif et politique, chaque collectivité territoriale jouit d'un minimum de compétences correspondant aux *"affaires locales"* ou aux *"affaires d'intérêt local"*. Celles-ci peuvent être délimitées par différentes techniques (clause

---

[70] Conseil d'État (français), *Décentralisation et ordre juridique*, Rapport public 1993, cité par BATTEUR (Lise-Marie), « Le principe de la libre administration des collectivités locales : étendue et limites », sur http://www.oboulo.com.

générale de compétence, blocs de compétences, etc.). En tout état de cause, chaque collectivité territoriale est dotée d'organes propres auxquels est reconnu un véritable pouvoir de décision. Sur le plan financier, la collectivité territoriale dispose d'un budget autonome, voté et exécuté par ses organes propres. L'autonomie n'étant pas synonyme d'indépendance, la libre administration présente des limites. Celles-ci résultent principalement du contrôle de l'État sur les collectivités territoriales[71], du respect des prérogatives de l'État et des autres collectivités territoriales, de la conciliation avec d'autres principes[72], ainsi que de contraintes diverses comme le respect de l'intégrité de l'État et de l'unité nationale.

Dans l'ensemble colonial auquel il appartenait, le Bénin a fait une première expérience de la décentralisation sur le fondement de la loi municipale de 1955[73]. Les localités de Cotonou (sud), de Porto-Novo (sud-est), de Ouidah (sud-ouest), d'Abomey (centre) et de Parakou (nord-est) sont alors érigées en communes de plein exercice. Elles sont administrées, chacune, par une Assemblée, un Maire et des Adjoints élus. Elles disposent d'un budget autonome et exercent des compétences à elles transférées, tout en étant soumises au contrôle de tutelle des autorités coloniales françaises.

Limitée dans un premier temps aux grands centres urbains, la décentralisation au Bénin est étendue aux campagnes[74] par l'institution de collectivités territoriales rurales à autonomie plus réduite coiffant les villages. Mais l'expérience est interrompue par l'avènement de la Communauté franco-africaine[75] au sein de laquelle

[71] Ce contrôle doit exister tout étant le plus restreint possible.

[72] Égalité des citoyens devant la loi, liberté de l'enseignement, continuité du service public, etc.

[73] Il s'agit de la loi n° 55-1489 du 18 novembre 1955 relative à la réorganisation municipale en Afrique occidentale française, en Afrique équatoriale française, au Togo, au Cameroun et à Madagascar, promulguée en A.O.F par l'arrêté n° 9312 du 11 novembre 1955, JOAOF du 29 novembre 1955, p. 1953 et s.

[74] En effet, la loi de 1955 a été complétée par le décret n° 57-461 du 4 avril 1957 déterminant les conditions d'institution et de fonctionnement des collectivités rurales en AOF et en AEF

[75] Cette Communauté a été créée par la Constitution française du 4 octobre 1958. La caducité des dispositions constitutionnelles qui y sont relatives a été constatée par un échange de lettres entre le Premier Ministre français et le Président du Sénat de la Communauté le 16 mars 1961 suite à l'indépendance de la plupart des anciennes colonies françaises d'Afrique. Ces dispositions ont été finalement abrogées par la loi constitutionnelle n° 95-880 du 4 août 1995.

les colonies qui l'ont acceptée[76] bénéficient d'un régime d'autonomie et de transition vers l'indépendance. Par la suite, l'histoire de l'Administration territoriale au Bénin est une succession de réformes traduisant des flux et des reflux de la décentralisation.

Une première réforme intervient le 21 octobre 1960, c'est-à-dire très vite après l'indépendance[77]. Les cinq communes de plein exercice et les communes de moyen exercice sont maintenues. Les six régions sont transformées en départements, toujours au nombre de six, avec des assemblées élues mais des exécutifs nommés. Les départements sont découpés en vingt-neuf sous-préfectures et circonscriptions urbaines comprenant elles-mêmes des arrondissements. Dès le 26 février 1962, une deuxième réforme met fin au régime d'autonomie locale : les communes de plein exercice sont transformées en circonscriptions urbaines, les assemblées locales élues sont supprimées. Le 11 août 1964, une nouvelle expérience de la décentralisation est amorcée. Les cinq communes de plein exercice et les assemblées départementales élues sont rétablies. Le 31 mars 1966, le système centralisé est restauré.

Il en résulte qu'aucune des réformes de l'Administration territoriale initiées entre 1960 et 1966 ne dure plus de deux ans. Il en est ainsi en raison de la fréquence des coups d'État[78]. La Révolution[79] apporte la stabilité ayant fait défaut jusqu'alors. Avec la réforme du 13 février 1974[80], une nouvelle expérience de décentralisation est amorcée. Trois catégories de collectivités territoriales, dotées de la personnalité morale et de l'autonomie financière, sont créées. Il s'agit des

---

[76] En votant « non » au référendum du 28 septembre 1958 à l'instigation de Monsieur Sékou TOURÉ, la Guinée a opté pour l'indépendance immédiate.

[77] Le Bénin, alors appelé Dahomey, est devenu indépendant le 1er août 1960.

[78] La récurrence des coups d'État avait valu au Dahomey la triste réputation d'*« enfant malade de l'Afrique »*. Voir au sujet de l'instabilité chronique au Dahomey, BANÉGAS (Richard), *Le Dahomey, ''quartier latin'' et ''enfant malade'' de l'Afrique*, in *Encyclopædia universalis* à l'adresse : https://www.universalis.fr/encyclopedie/benin/2-le-dahomey-quartier-latin-et-enfant-malade-de-l-afrique/ consultée en novembre 2018.

[79] La Révolution, déclenchée le 26 octobre 1972 par les militaires, s'est prolongée jusqu'à la Conférence nationale des Forces vives tenue du 19 au 28 février 1990.

[80] Cf. Ordonnance n° 74-7 du 13 février 1974 portant réorganisation de l'administration territoriale in *JORD* n° 6 du 15 mars 1974, pp. 298-299. Cette Ordonnance est en réalité la première d'une série de textes adoptés à la même date.

départements, rebaptisés provinces, des districts (urbains ou ruraux) et des communes (urbaines ou rurales). Le découpage territorial opéré le 30 décembre 1978[81] consacre l'accroissement du nombre des entités par catégorie. Une loi de 1981[82] systématise la réforme en donnant une cohérence à l'ensemble mis progressivement en place à partir de 1974. Le système ainsi construit et consolidé est maintenu jusqu'en 1990. Malheureusement, il s'agit d'un système hypocrite d'inspiration marxiste : sous les apparences trompeuses d'un système parfaitement décentralisé, prospère un système dont la pureté est altérée par des principes comme ceux du centralisme démocratique et de l'unité du pouvoir d'État.

À l'instar de plusieurs États d'Afrique noire francophone, le Bénin renoue avec la décentralisation à la faveur du mouvement de démocratisation au début des années 1990. En février 1990, la Conférence nationale des Forces vives recommande la mise en œuvre d'une réforme de l'Administration territoriale centrée sur la décentralisation. Le 25 mai 1990, la loi du 10 octobre 1981 est abrogée. Une loi du 13 août 1990 aménage un régime de transition dans lequel l'organisation territoriale comporte des départements, des circonscriptions urbaines ou sous-préfectures, des communes et des villages ou des quartiers de ville.

Le 11 décembre 1990, la Constitution adoptée par référendum le 2 décembre est promulguée. Cette Constitution consacre son Titre X aux collectivités territoriales. Elle énonce à travers les articles 150 à 153 formant ce Titre, cinq principes fondamentaux applicables à la décentralisation. En premier lieu, renonçant à en créer lui-même quelque catégorie que ce soit, le Constituant confère une compétence exclusive au législateur pour créer les collectivités territoriales. Ce choix comporte l'avantage d'une grande flexibilité pour une réorganisation territoriale éventuelle. En revanche, il rend la décentralisation plus fragile, une loi pouvant suffire pour la remettre en cause. En deuxième lieu, le Constituant formule de manière explicite le principe de la libre administration des collectivités territoriales par des Conseils élus. Il institue un pouvoir d'autogestion

---

[81] Décret n° 78-356 du 30 décembre 1978 portant limites et dénominations des circonscriptions administratives in *JORD* n° 3 du 1er février 1979, pp. 29 et ss.

[82] Cf. loi n° 81-009 du 10 octobre 1981 portant création, attributions, organisation et fonctionnement des organes locaux du pouvoir d'État et de leurs organes exécutifs.

limité par la loi et un système de démocratie représentative au niveau local. En troisième lieu, le Constituant prescrit l'élection des Conseil délibérants. En quatrième lieu, il énonce le principe de la non-imputabilité aux collectivités territoriales des dépenses de souveraineté. En cinquième et dernier lieu, il impose à l'État d'assurer un développement harmonieux des collectivités territoriales par la solidarité nationale l'équilibre inter-régional.

En janvier 1993, des États généraux définissent les orientations stratégiques de la Réforme de l'Administration territoriale (RAT). Les avant-projets des lois de décentralisation sont élaborés entre 1993 et 1994. Un projet de loi dite d'orientation[83] est transmis à l'Assemblée nationale en juin 1995. Entre avril et juin 1997, trois structures de pilotage de la RAT sont mises en place. Il s'agit de la Direction générale de l'Administration territoriale (DGAT), de la Mission de décentralisation (MD) et de la Maison des Collectivités territoriales (MCL). Le processus législatif et celui de contrôle de constitutionnalité se poursuivent entre 1995 et 1998. Le 15 janvier 1999, quatre premières lois sont promulguées. La mise en conformité de la loi électorale intervient en octobre 1999 rendant possible la promulgation de cette cinquième loi le 9 mars 2000. Les premières élections communales et municipales de l'ère du Renouveau démocratique ont lieu en décembre 2002 et janvier 2003.

Contre toute logique, l'adoption des premiers textes juridiques et la formalisation des politiques applicables en matière de décentralisation sont postérieures à la mise en œuvre de la Réforme de l'Administration territoriale. Le document de la Politique nationale de décentralisation et de déconcentration (PONADEC) n'est approuvé qu'en 2009[84]. Il est complété par plusieurs autres documents de politiques spécifiques adoptés, pour certains, précédemment (Politique

[83] Cette qualification, jugée inconstitutionnelle, sera supprimée du texte faisant de celui-ci une loi ordinaire (loi n° 97-028 du 15 janvier 1999 portant organisation de l'Administration territoriale de la République).
[84] Décret n° 2009-709 du 31 décembre 2009 portant approbation de la Politique nationale de décentralisation et de déconcentration (PONADEC).

nationale de gestion des ressources humaines communales[85], et Politique nationale de coopération décentralisée[86] notamment).

Un Ministère spécifiquement dédié à la décentralisation est créé en juin 2007. Il est dénommé Ministère de la Décentralisation, de la Gouvernance locale, de l'Administration et de l'Aménagement du territoire (MDGLAAT). Son décret d'organisation pris le 2 octobre de la même année crée une Direction générale de l'Administration de l'État (DGAE) et une Direction générale de Décentralisation et de la Gouvernance locale (DGDGL). En novembre 2007, un forum bilan est organisé sur les cinq premières années de mise en œuvre de la Réforme. Une nouvelle loi électorale est promulguée le 23 novembre de la même année. Mais étant incomplète, cette loi coexiste avec celle de mars 2000. Après plusieurs reports, les deuxièmes élections communales et municipales sont tenues les 20 avril et 1er mai 2008 tout en étant couplées avec les premières élections locales (celles des Conseils de village et de quartier de ville). Entre mai 2008 et juin 2009, le cadre institutionnel de pilotage de la RAT est complété par la création de la Commission nationale des Finances locales (CONAFIL), du Fonds d'Appui au Développement des Communes (FADeC) et de l'Observatoire de la Gouvernance locale et de la Décentralisation (OGoLD). Alors que la Mission de décentralisation a déjà cessé ses activités, le Centre de Formation pour l'Administration locale (CeFAL) est créé le 30 décembre 2011. Une loi portant modalités de l'intercommunalité est rendue exécutoire le 13 août 2009. La loi n° 2013-05 du 27 mai 2013 portant création, organisation, attributions et fonctionnement des unités administratives locales en République du Bénin est modifiée par la loi n° 2015-01du 6 mars 2015. Un projet de délimitation des unités administratives tarde à se concrétiser[87]. Le 25 novembre 2013, un Code électoral est promulgué. Son Livre V est consacré aux élections communales, municipales et locales. Il subit quelques modifications légères dans la réforme du Code électoral traduite par l'adoption et la promulgation de la loi n° 2018-31 du 9 octobre 2018.

---

[85] Décret n° 2005-746 du 30 novembre 2005 portant approbation de la politique nationale de gestion des ressources humaines communales.

[86] Décret n° 2005-763 du 9 décembre 2005 portant approbation de la politique nationale de Coopération décentralisée.

[87] Voir à ce sujet e site web du Ministère béninois chargé de la décentralisation à l'adresse http://www.decentralisation-benin.org/.

Insérée dans un ouvrage sur la décentralisation en Afrique, une présentation de cette thématique au Bénin peut concourir à une meilleure connaissance de la décentralisation dans l'État visé en répondant à une double question : comment la décentralisation a-t-elle évolué et quel est son état aujourd'hui au Bénin ? Or, depuis 1999, la décentralisation au Bénin a pour cadre exclusif la commune. L'analyse de la décentralisation au Bénin porte donc principalement sur l'institution communale. Elle doit surtout refléter la spécificité historique, géographique, institutionnelle, sociologique, économique et politique de la question au Bénin. Il n'en demeure pas moins que, précisément en raison du cadre dans lequel elle s'inscrit et de l'exigence de comparabilité avec les présentations relatives aux autres États, la présentation de la décentralisation au Bénin doit, l'historique de la décentralisation ayant déjà été retracé *supra* à grands traits avec l'évocation des textes juridiques correspondants, rendre compte de l'organisation des communes, des finances locales, du système politique local, de la démocratie locale et de la participation citoyenne, des relations entre l'État et les communes, y compris en termes de répartition des compétences et de flux financiers, de l'inter-communalité et de la coopération internationale décentralisée, sans occulter la question du développement durable au cœur des politiques publiques locales. Il est possible d'aborder tous ces thèmes en envisageant la commune en soi (section 1) puis dans ses relations avec son environnement institutionnel (section 2).

*
* *

Section 1.- La commune en soi.

Exerçant l'une des compétences à elle reconnue par le Constituant, l'Assemblée nationale crée des collectivités territoriales dénommées communes. Sur le plan juridique, les communes sont dotées de la personnalité juridique et de l'autonomie financière[88]. Sur un plan plus factuel, elles sont identifiées, comme ailleurs, par des *« éléments [...]*

[88] Loi n° 97-028 du 15 janvier 1999, déjà citée, art. 21 ; loi n° 97-029 du 15 janvier 1999 portant organisation des communes, art. 1er al. 1.

auxquels le droit s'applique »[89] et qui sont également qualifiés de *« carte d'identité »*[90], voire d'*« état civil »*[91]. Concrètement, il s'agit du nom, du territoire et de la population[92]. Les noms des communes béninoises[93] correspondent essentiellement à des faits historiques relevant, à la limite, de légendes. N'étant connus généralement que par tradition orale, ces faits historiques font parfois l'objet de plusieurs versions de sorte que, pour un même nom, l'étymologie peut varier d'une source à une autre. Le nom de chaque commune est précisé par la loi qui la crée[94]. Sa modification est également opérée *« par voie législative après avis motivé ou à la demande du ou des conseils communaux concernés »*[95]. Le territoire est l'assiette géographique de la commune. Il correspond à une portion du territoire de l'État. Mais en raison de l'option en faveur d'une communalisation intégrale, aucune portion du territoire béninois n'échappe à la décentralisation. La délimitation des communes découle d'un découpage administratif. Globalement connue, elle souffre par endroits d'incertitudes qui sont parfois sources de tensions entre les communes. La modification des limites résultant de *« la fusion d'une commune avec une autre ou [de] la division d'une commune »*[96] s'opère dans les mêmes conditions que le changement de dénomination. Par-delà ces considérations, toutes les communes béninoises correspondent à une orientation délibérée (§1). Elles ont par ailleurs une organisation et un fonctionnement perfectibles (§2).

§1. Une orientation délibérée.

Ainsi que cela est apparu *supra*, la Constitution du 11 décembre 1990 se contente de fixer les principes juridiques fondamentaux

---

[89] MAZÈRES (Jean-Arnaud), Préface de DOAT (Mathieu), *Recherche sur la notion de collectivité locale en droit administratif français*, Paris, LGDJ, 2003, p. XI.
[90] Bruno RÉMOND et Jacques BLANC, *Les collectivités locales*, Paris : Presse de sciences politiques, 1989, p. 19.
[91] Cf. MOREAU *in* Mélanges J.-M AUBY, Dalloz 1992 ; LE MESTRE (Renan), *Droit des collectivités territoriales*, Paris : Gualino Éditeur, 2004, p. 91.
[92] Quelques repères sur la population des communes béninoises figurent *infra*.
[93] À l'opposé, les noms des départements béninois sont presque tous liés à la géographie. À l'origine, certains d'entre eux correspondaient à des points cardinaux (par exemple sud-est).
[94] Loi n° 97-029 du 15 janvier 1999, déjà citée, art. 7.
[95] *Idem*, art. 8.
[96] *Ibidem*.

applicables en matière de décentralisation au Bénin puis de conférer au législateur le pouvoir de créer les collectivités territoriales, toutes catégories confondues. Mais, par-delà la création des collectivités territoriales, il appartient au législateur de définir le statut et le régime juridiques de ces collectivités. Aussi faut-il, au préalable et d'un point de vue plus politique, arrêter les orientations stratégiques devant guider l'action du législateur. Les États généraux de l'Administration territoriale tenus en janvier 1993 s'inscrivent dans cette perspective. Même si certaines d'entre elles ont pu être modulées par la suite[97], les recommandations formulées au terme de ces assises déterminent, pour une large part, l'orientation actuelle de la décentralisation au Bénin. Conformément à ces recommandations, *« il est créé une collectivité décentralisée dénommée la commune »*[98]. La commune ainsi créée correspond à la fois à une catégorie unique mais plurielle de collectivités territoriales (A) et à une agence de services (B)..

A.- Une catégorie unique mais plurielle de collectivités territoriales.

Les communes constituent, depuis 1999, la seule catégorie de collectivités territoriales au Bénin. Le Bénin n'est pas le seul État en Afrique et dans le monde à opérer un tel choix[99]. Toutefois, celui-ci est suffisamment rare pour être souligné. De surcroît, il revêt dans le cas du Bénin, une portée particulière. En premier lieu, il représente *a priori* un recul par rapport au passé. En effet, sous la Révolution, l'organisation territoriale du Bénin a comporté jusqu'à trois catégories de collectivités territoriales[100]. En deuxième lieu, il s'agit d'une

---

[97] Par exemple, il y eu des variations sur le mode de désignation du maire. Dans l'une des versions initiales de la loi portant organisation des communes, il était prévu de faire élire l'autorité exécutive communale au scrutin universel direct, c'est-à-dire directement par la population de la commune.

[98] Loi n° 97-028 du 15 janvier 1999, déjà citée, art. 1er, al. 3.

[99] Au nombre des États ayant en commun ce choix, il est possible de citer la Finlande, la Lituanie et le Luxembourg en Europe, le Ghana et le Nigéria en Afrique.

Voir à ce sujet : CGLU, *La décentralisation et la démocratie locale dans le monde*, 1er rapport mondial, 2008, accessible à l'adresse : http://www.cities-localgovernments.org/gold/Upload/gold_report/gold_report_fr.pdf.

[100] Il s'agit de la province, du département et, dans une moindre mesure, de la commune. En effet, même si son budget ne constituait qu'une section du budget du district et que ses compétences décisionnelles étaient presque nulles, la commune

capitalisation des leçons de l'expérience. En troisième lieu, ce choix traduit un refus du mimétisme, réel ou supposé, caractérisant habituellement les institutions publiques des États africains. En quatrième lieu, le choix du Parlement béninois de ne créer comme collectivités territoriales que les communes traduit un souci de simplicité et de lisibilité de la carte administrative. L'idée est d'éviter, tout au moins au début du processus de décentralisation, la multiplicité de collectivités territoriales dont certaines catégories pourraient se superposer à des catégories de circonscriptions administratives rendant trop subtile pour la population la distinction entre celles-ci et celles-là[101]. Mais le choix d'une catégorie unique n'est pas définitif et irréversible. Il ne correspond qu'à une étape du développement de la décentralisation. En tant que tel, il est l'expression d'une progressivité qui apparaît plus tard comme orientation dans la Charte africaine des valeurs et des principes de la décentralisation, de la gouvernance locale et du développement local[102]. À preuve, les mêmes lois de décentralisation disposent que *« d'autres collectivités décentralisées peuvent être créées par la loi »*[103]. Il ressort de tout ce qui précède que le choix d'une catégorie unique de collectivités territoriales procède d'une démarche prudente et graduelle.

La catégorie unique de collectivités territoriales que constituent les communes n'est pas pour autant homogène. Il en est ainsi pour deux raisons.

était formellement qualifiée de collectivité territoriale. Au demeurant, le mode d'élection du maire était, à l'époque, plus démocratique que celui prévalant pour les provinces et les districts.

[101] À côté de la catégorie unique de collectivités territoriales que constituent les communes, il n'existe qu'une seule catégorie de circonscriptions administratives dénommées départements et recouvrant dans onze cas sur douze plusieurs communes.

[102] Cette Charte a été adoptée par la vingt-troisième session ordinaire de la Conférence des chefs d'État et de gouvernement de l'Union africaine (UA), tenue à Malabo (Guinée équatoriale) en juin 2014. Elle n'est pas entrée en vigueur, faute d'un nombre suffisant de ratifications.

Sur l'analyse de cette Charte et sa comparaison avec d'autre Chartes régionales de l'autonomie locale, voir SOHOUÉNOU (M. Épiphane), *Les Chartes régionales de l'autonomie locale : vers un droit international de la décentralisation ?, in Pouvoirs locaux*, n° 105 II/2015, pp. 7 et ss.

[103] Loi n° 97-028 du 15 janvier 1999, déjà citée, art. 1er *in fine*.

La première raison pour laquelle les communes ne forment pas une catégorie homogène est l'existence du statut particulier créé par le législateur au profit des *« grandes villes »*[104] ou *« grandes agglomérations urbaines »*[105]. L'existence de ce statut particulier permet de distinguer les communes qualifiées formellement de *communes à statut particulier* par la loi d'une part, celles apparaissant ainsi implicitement comme des *communes de droit commun*, d'autre part. Le statut particulier vise à prendre en considération la spécificité des aires urbaines, confrontées à des problèmes complexes[106]. Il se traduit notamment par : le transfert de compétences plus étendues ; la mise en place d'impôts comme la taxe foncière unique (TFU) et la taxe professionnelle unique (TPU) en remplacement d'une fiscalité composite précédemment applicable et maintenue dans les communes de droit commun ; des règles dérogatoires d'organisation[107] ; et l'application du qualificatif *« municipal »* par opposition à l'épithète *« communal »* réservé en conséquence aux communes de droit commun alors qu'une telle distinction ne se justifie pas du point de vue de la langue française[108].

Trois critères cumulatifs sont définis par le législateur pour identifier les communes devant bénéficier du statut particulier. Deux de ces critères sont objectivement vérifiables. Le premier est la taille de la population, fixée à un minimum de 100.000 habitants. Suivant le deuxième critère objectivement vérifiable, la commune à statut particulier doit s'étendre de manière continue sur 10 kilomètres au moins. La notion d'étendue n'est pas définie outre mesure. Au regard de son unité de mesure, elle paraît devoir être assimilée au ''diamètre'' ou à la longueur du territoire de la commune, c'est-à-dire à la distance à parcourir pour la traverser d'une extrémité à l'autre, *« de bord à bord »*[109]. Si cette compréhension se confirmait, il faudrait

---

[104] *Idem*, art. 32

[105] Loi n° 98-005 du 15 janvier 1999 portant organisation des communes à statut particulier, art. 1er.

[106] Gestion des déchets, sécurité, mobilité urbaine, etc.

[107] Voir *infra*, p. 13.

[108] Dans les dictionnaires de la langue française, le municipal se définit comme ce qui est *« relatif à l'administration d'une commune »* et renvoie à *communal*. Par la volonté du législateur béninois, ce qualificatif ne s'applique qu'aux seules communes à statut particulier.

[109] L'une des caractéristiques de chaque commune apparaissant dans l'*Atlas monographique des communes du Bénin* publié pour la première fois en 2001 par le

admettre que le critère de l'étendue n'est pas pertinent, puisque toutes les communes du Bénin s'étendent sur au moins 10 kilomètres[110]. Quant au troisième critère, il est beaucoup plus relatif[111]. En effet, il s'agit pour la commune à statut particulier de *« disposer des ressources budgétaires suffisantes pour faire face aux dépenses de fonctionnement et d'investissement »*[112]. La référence étant constituée par les dépenses de fonctionnement et d'investissement, qui ne peuvent être identiques d'une commune à statut particulier à l'autre, les ressources jugées suffisantes dans une commune peuvent ne pas l'être dans une autre. Toujours est-il que seule *« la loi fixe la liste des communes ayant accès au présent statut particulier des grandes villes »*[113].

En même temps qu'il institue le statut particulier en 1999, le législateur le confère à trois communes, probablement sur la base d'une évaluation réalisée cette année-là au vu des trois critères. Or, à l'exception de l'étendue qui, sauf reconfiguration de la carte communale ne saurait changer[114], les deux autres critères évoluent inéluctablement dans le temps. Il manque donc dans les lois de décentralisation la définition d'une périodicité pour l'évaluation des critères du statut particulier. Il en résulte une gestion statique de celui-ci, autrement dit un immobilisme qui est d'autant plus regrettable que le statut particulier pourrait être un outil de saine émulation entre les communes potentiellement bénéficiaires. En effet, la population d'une commune peut se réduire pour différentes raisons (fiscalité trop élevée, qualité médiocre des équipements et services, taux de

---

Ministère chargé de la Décentralisation avec l'appui de la Coopération allemande est la *« distance maximale de bord à bord »*.

[110] La commune de Porto-Novo est pratiquement la seule dont l'étendue corresponde au minimum des 10 km requis pour bénéficier du statut particulier. Dans la plupart des communes, l'étendue atteint deux à plus de dix fois ce minimum. L'étendue de 10 km est donc peu discriminante.

[111] Ce critère peut même être assez difficile à évaluer. En effet, si les principes budgétaires de l'équilibre et de la sincérité sont respectés, les dépenses sont ajustées en fonction des ressources disponibles. À moins de considérer les dépenses qu'induiraient les besoins réels de la commune. Mais alors, comment évaluer les besoins réels ?

[112] Loi n° 98-005 du 15 janvier 1999, déjà citée, art. 2, point 3.

[113] Loi n° 98-005 du 15 janvier 1999, déjà citée, art. 2 *in fine*.

[114] Dans la mesure où la carte administrative traduit déjà une communalisation intégrale du territoire national, il n'existe plus aucun espace d'extension possible pour les communes.

chômage, politique du logement, qualité de vie, meilleure attractivité de communes voisines, etc.). De même, les ressources de la commune peuvent baisser. L'évaluation peut fort bien conduite à attribuer le statut particulier à une commune qui n'en bénéficiait pas, à le maintenir ou à le retirer à une commune qui en jouissait. La perspective de cette évaluation devrait inciter, dans les communes remplissant au moins le critère physique de l'étendue, travailler pour mériter l'attribution ou le maintien du statut particulier. Il n'en est pas ainsi aujourd'hui : le statut particulier semble être ici une « *tente dressée pour le sommeil* »[115].

La deuxième raison pour laquelle la catégorie unique de collectivités territoriales que constituent les communes n'est pas homogène tient à la situation particulière de la commune de Cotonou. Plus grande ville ainsi que capitale administrative et économique du Bénin, Cotonou fait partie des trois communes à statut particulier. De surcroît, ses limites administratives coïncident avec celles du département du Littoral. Cotonou est donc, pour ainsi dire, à la fois une commune et un département. Il s'ensuit qu'elle se distingue de toutes les autres communes dont aucune ne forme, à elle toute seule, un département. Par ailleurs, la superposition, sur le même territoire, de la commune, collectivité territoriale décentralisée d'une part, du département du Littoral, circonscription administrative de l'État d'autre part, introduit dans l'organisation administrative du Bénin un élément de complexité. En dehors des dénominations, déjà distinctes (Cotonou pour la commune, Littoral pour le département), il faut recourir au statut juridique et aux compétences des deux entités ainsi qu'à la qualité de leurs autorités respectives pour les distinguer l'une de l'autre. Le souci de simplicité dont découle la création d'une catégorie unique de collectivités territoriales est quelque peu tempéré de ce fait sans être complètement remis en cause.

En revanche, toutes les communes béninoises sont conçues comme des agences de services.

---

[115] Paraphrase de Royer-Collard écrivant en 1820 que *« les Constitutions ne sont pas des tentes dressées pour le sommeil »* afin d'exprimer le caractère dynamique des lois fondamentales et le caractère inéluctable de leur révision.

B.- Des collectivités territoriales conçues comme des agences de service.

Deux conceptions traditionnelles de la commune coexistent dans le monde.

Selon celle de ces conceptions qui prévaut en France, la commune est fondée sur une communauté d'habitants. La commune française est ainsi définie par certains auteurs comme *« l'union indissoluble d'une communauté avec son terroir »*[116]. Le *« vouloir-vivre collectif »* entre les habitants est ainsi le critère sociologique de création d'une collectivité territoriale. L'application de ce critère a conduit à ériger en communes les paroisses de l'Ancien Régime. Il en résulte un nombre élevé de communes qui sont pour la plupart de petite taille. Elles ont beau être considérées par une partie de la classe politique comme *« une richesse »*, elles n'en posent pas moins des problèmes récurrents de viabilité. En dehors de la coopération intercommunale, l'une des solutions envisagées face à ce problème est la fusion. Mais *« l'esprit de clocher »* a eu raison de plusieurs fusions.

Selon la deuxième conception, la commune est une agence de services comme au Royaume-Uni. Ici, le critère prédominant dans la création d'une collectivité territoriale est, non pas sociologique, mais économique. Il s'agit de garantir la capacité de la collectivité territoriale à assurer à la population les services dont elle a besoin.

Au Bénin, plusieurs considérations auraient pu conduire à adopter la première conception. D'abord, pendant que les projets des lois de décentralisation étaient encore en préparation, certains experts étrangers ont tenté d'orienter vers cette conception en donnant en exemple le Mali notamment. En effet, cet autre État francophone d'Afrique occidentale s'est doté dès 1993 de 703 collectivités territoriales. Mais la comparaison avec le Bénin manque de pertinence à plus d'un titre. D'une part, le Mali a une superficie de 1.242.248 kilomètres carrés, soit onze fois celle du Bénin. D'autre part, au Mali, existent plusieurs communautés nomades. Toujours est-il que la logique qui a prévalu au Bénin est celle de la commune - agence de services. Ensuite, en principe, dans la plupart des États où n'existe qu'une seule catégorie de collectivités territoriales, celles-ci

[116] Il en est notamment ainsi de Maurice BOURJOL.

correspondent à l'échelon dit local[117] dans la théorie des trois niveaux[118] et sont donc les plus proches des citoyens. Pour appliquer rigoureusement cette logique, il aurait fallu ériger en collectivité territoriale le village ou quartier de ville qui est au Bénin *« l'unité administrative de base au sein de laquelle s'organise la vie en milieu rural ou en milieu urbain »*[119]. Au demeurant, certains chercheurs béninois ont tenté de montrer à travers leurs travaux que le village ou le quartier de ville constitue le niveau idéal de décentralisation[120] ; ils n'ont pas été suivis par le législateur. Enfin, avant 1999, les entités appelées communes au Bénin étaient des démembrements des districts rebaptisés en 1990 circonscriptions urbaines ou sous-préfectures. Elles constituaient donc le troisième échelon de l'organisation territoriale,

---

[117] Le qualificatif « local » est utilisé ici dans son sens général le plus large. En droit positif béninois, il ne s'applique qu'aux unités administratives de base que sont les villages et quartiers de ville.

[118] Par-delà la diversité de leurs appellations, les catégories de collectivités territoriales s'identifient à l'un des niveaux ou échelons qui sont le niveau local, le niveau intermédiaire et le niveau régional. Le niveau local est le premier généralement développé et le plus proche des citoyens. L'échelon intermédiaire est envisagé ici par rapport aux catégories de collectivités territoriales - dans une autre logique où la référence est l'organisation territoriale générale de l'État, il correspond à l'échelon situé entre les niveaux local et national. Ici il est celui situé entre les niveaux local et régional. Il a un rôle de coordination. Il a vocation à recevoir les nouveaux transferts demandés à l'État mais ne pouvant être attribués au niveau local parce que correspondant à des problèmes dont l'échelle n'est, ni locale ni nationale. Le niveau régional a tendance à se généraliser. Son émergence correspond au mouvement qualifié de « régionalisation ». Il constitue la réponse à des problèmes d'ordre économique. Sur la régionalisation en Afrique, voir : SOHOUÉNOU (M. Épiphane), « Les formes du régionalisme émergent en Afrique », *in Quelle organisation pour les grandes régions en France et en Europe ?* Actes du colloque de Reims, Dir. Jean-Claude NÉMERY, GRALE, Paris : L'Harmattan, 2015, pp. 311 et ss.

[119] Loi n° 97-028 du 15 janvier 1999, déjà citée, art. 43.

[120] À défaut d'avoir vu les villages constituer la catégorie unique de collectivités territoriales au début du processus de décentralisation, ces chercheurs espèrent encore les voir devenir le deuxième niveau de décentralisation. Voir dans ce sens GANDONOU (O. M. Diane) :

- « Les villages et quartiers au cœur de la décentralisation au Bénin », Saarbrücken, PAF 2015 ;
- « Les quartiers de ville, des paliers probables de décentralisation », *in L'effectivité de la décentralisation au Bénin,* Actes du colloque sur le bilan des 10 ans de la décentralisation in Les Cahiers du CeDAT, Dir. Ibrahim David SALAMI, mai 2015, pp. 205 et ss.

juste au-dessus des villages et quartiers de ville[121]. Mais ce niveau n'a pas été davantage choisi. Au contraire, comme le montre le tableau n° 1 ci-après, le législateur a procédé à une translation de l'institution communale vers un niveau qui la rende comparable à celle d'autres États. Il en a fait le deuxième niveau d'Administration territoriale en rebaptisant communes les anciennes sous-préfectures et circonscriptions urbaines. Or, les anciennes sous-préfectures et circonscriptions urbaines ainsi érigées en communes sont des ensembles hétérogènes[122] et non pas de véritables communautés. Le souci n'est donc pas celui de la cohésion sociologique. Il s'agit plutôt de disposer d'entités territoriales viables et capables d'assurer les services de base à la population.

Tableau n° 1 : La translation du niveau communal dans l'organisation territoriale au Bénin

NIVEAUX D'ADMINISTRATION TERRITORIALE[1]	DE 1974[2] à 1990[3]	DE 1990 À 1999[4]	DEPUIS 1999
1er niveau	Provinces (6)	Département (6)	Département (12)
2ème niveau	Districts urbains ou ruraux (84)	Sous-préfectures (67) Circonscriptions urbaines (10)	**Communes**
3ème niveau	Communes	**Communes**	Arrondissements
4ème niveau	Villages Quartiers de ville	Villages Quartiers de ville	Villages Quartiers de ville

Dans cette perspective, dès leur création en 1999, aucune des communes béninoises n'avait moins de 10.000 habitants sur la base du recensement général de la population et de l'habitation (RGPH) de 1992, et n'a une population de moins de 40.000 habitant en 2013[123].

[121] Elles correspondaient donc, pour la plupart, aux actuels arrondissements qui structurent les communes.

[122] À défaut d'avoir existé à l'origine, une certaine cohésion s'est construite avec le temps, car les sous-préfectures et circonscriptions urbaines érigées en communes en 1999 résultent du découpage territorial opéré pour l'essentiel en 1978, soit 21 ans plus tôt.

[123] Voir les populations des communes béninoises au Recensement de 2013 sur le site de l'Institut national de la Statistique et de l'Analyse économique (INSAE), à l'adresse :

Les communes béninoises sont donc toutes plus peuplées que la plupart des communes françaises[124]. Pourtant, cette taille n'est pas une garantie suffisante de la viabilité souhaitable des communes. Le législateur béninois en est conscient. Il est si préoccupé de la viabilité des communes qu'il dispose que :

« Pendant une période de trois ans à compter de la mise en place des organes des communes, l'État assure leur bon fonctionnement, en octroyant des subventions et des crédits spéciaux aux communes dont les ressources financières se révèlent insuffisantes pour l'équilibre de leur budget de fonctionnement.

(….)

La commune qui, deux ans après la suppression de la subvention de l'État, n'est pas en mesure de disposer de ressources financières propres pour son fonctionnement, peut faire l'objet d'une fusion… »[125].

En l'absence d'évaluation, aucune fusion n'a été envisagée jusqu'à la date de réalisation de la présente étude. En tout état de cause, la fusion est si risquée politiquement qu'elle a peu de chances d'être mise en œuvre un jour pour les communes béninoises non viables. Quel que soit le degré de viabilité des communes béninoises, leur organisation et leur fonctionnement restent perfectibles.

§2. Une organisation et un fonctionnement perfectibles.

Certains États francophones d'Afrique ont fait, dès le début du processus de décentralisation, le choix d'une loi unique recouvrant tous les volets de la décentralisation[126]. À l'opposé, d'autres se sont dotés d'une pluralité de textes législatifs et réglementaires qu'ils ont fini par réunir en un Code unique. La législation béninoise relative à la

---

https://www.insae-bj.org/images/docs/insae-statistiques/demographiques/population/Resultats%20definitifs%20RGPH4.pdf consultée en novembre 2018.

[124] Seules 446 communes françaises comptent 20.000 habitants et plus. Elles représentent 1,21 % des 36.681 communes dénombrées dans cet État en 2015. En relevant le seuil à 10.000 habitants, le nombre n'est que de 953, soit 2,59 %. Voir à ce sujet : CNFPT, *Les fondamentaux de la décentralisation : approches juridiques et historiques*, mars 2015, pp. 4 et ss.

[125] Loi n° 97-029 du 15 janvier 1999, déjà citée, art. 186 et 187.

[126] Organisation et fonctionnement des collectivités territoriales, compétences locales, finances locales, etc.

décentralisation est et demeure assez éclatée. Elle est constituée d'une loi générale sur l'Administration territoriale[127], complétée par une série de lois thématiques[128]. Une relecture de cet ensemble est en projet depuis plusieurs années ; elle pourrait permettre d'amorcer un mouvement de codification. En attendant, il faut se reporter à ces textes épars pour avoir une idée des règles d'organisation et de fonctionnement applicables, tant en ce qui concerne des organes et services assez classiques (A), d'une part, que la démocratie et la participation à consolider (B), d'autre part.

A.- Des organes et services assez classiques.

L'organe délibérant de la commune est le Conseil communal (communes de droit commun) ou municipal (communes à statut particulier). Il est composé de conseillers élus au suffrage universel direct pour un mandat de cinq ans[129]. Il délibère sur les affaires de la commune et donne les avis prévus par la loi. Il vote le budget de la commune. Il comprend obligatoirement au moins trois commissions permanentes chargées respectivement des Affaires économiques et financières, des Affaires domaniales et environnementales puis des Affaires sociales et culturelles[130]. Le Conseil communal ou municipal tient par an quatre sessions ordinaires. Chaque session ordinaire dure quatre jours au maximum[131]. Des sessions extraordinaires sont possibles pour deux jours au plus[132]. Installé par le Préfet[133], le Conseil communal ou municipal se réunit sur convocation du Maire

---

[127] Il s'agit de la loi n° 97-028 du 15 janvier 1999 portant organisation de l'Administration territoriale de la République du Bénin. Cette loi est apparue, dans l'une de ses premières versions, comme une loi d'orientation avant que la Cour constitutionnelle, jugeant que cette formule est susceptible d'être interprétée comme désignant une loi organique dans une matière où la Constitution n'en a pas prévue, prescrive de l'omettre.

[128] À la date de rédaction du présent texte une dizaine de lois thématiques relatives à la décentralisation ont été promulguées au Bénin. La liste de ces lois figure à la suite de la bibliographie fournie en fin de document.

[129] Les arrondissements constituent les circonscriptions électorales.

[130] Loi n° 97-029 du 15 janvier 199, déjà citée, art. 36.

[131] *Idem*, art. 16.

[132] *Idem*, art. 17.

[133] Sur le pouvoir d'installation des organes locaux conféré au représentant de l'États dans certains États et ses implications, lire l'analyse de : NANAKO (Cossoba), *Approfondir les processus de décentralisation en Afrique de l'Ouest francophone*, Cotonou : Les Éditions du CeDAT, Préface I. D. SALAMI, 2018, pp. 40 et ss.

ou à la demande de la majorité absolue de ses membres. Les sessions ordinaires ont lieu aux mois de mars, juin, septembre et novembre. La session de novembre est spécialement consacrée à l'adoption du budget[134]. La prédétermination des périodes des sessions ordinaires est pratique et favorise le respect de la périodicité prescrite par le législateur en vue d'un fonctionnement régulier de l'assemblée délibérante. Toutefois, il est permis de s'interroger sur la pertinence de la période choisie par le législateur béninois pour la session budgétaire.

En effet, pour l'élaboration de son budget, la commune a besoin d'informations figurant dans le budget général de l'État. Or, la session ordinaire consacrée par l'Assemblée nationale à l'étude du projet de budget général de l'État ne s'ouvre que *« dans le cours de la seconde quinzaine du mois d'octobre »*[135], le délai de transmission du projet de loi de finances de l'année par le Gouvernement court jusqu'à la dernière semaine précédant la période visée[136], et l'échéance pour l'adoption de ce projet est le 31 décembre de l'année n-1. Il est donc peu probable qu'au mois de novembre[137], les informations nécessaires pour régler définitivement le budget communal ou municipal soient disponibles.

Au demeurant, *« les informations relevant des services de l'État indispensables à l'établissement du budget et dont la liste est fixée par décret doivent parvenir au Maire au plus tard deux mois avant le vote du budget »*[138].

Mieux, *« le budget primitif doit être adopté avant le 31 mars de l'exercice auquel il s'applique. S'il n'est pas adopté avant cette date, l'autorité de tutelle règle le budget et le rend exécutoire. Ces dispositions ne sont pas applicables quand le défaut d'adoption résulte de la non-communication des informations indispensables à l'établissement du budget dans les délais prescrits par l'article 26 ci-dessus. Dans ce cas, le Conseil communal dispose de deux mois à*

---

[134] Loi n° 97-029 du 15 janvier 1999, déjà citée, art. 16 al. 2.

[135] Constitution béninoise du 11 décembre 1990, art. 87 al. 3.

[136] *Idem*, art. 109.

[137] Dans la pratique, depuis deux ans, les montants des dotations pour l'année n sont communiqués aux communes dès le mois d'octobre de l'année n-1. Mais ils ne constituent pas les seules informations utiles aux communes.

[138] Loi n° 98-007 du 15 Janvier 1999 portant régime financier des communes en République du Bénin, art. 26.

compter de cette communication pour arrêter et voter le budget de la Commune. Ce dernier délai est impératif »[139].

Au regard de ce qui précède, en règle générale, le budget primitif est adopté au cours de la session de novembre pour se conformer formellement à la loi en sachant qu'un budget supplémentaire s'imposera dès le début de l'année de référence au vu des informations qui ne peuvent être obtenues que *a posteriori*.

L'exécutif de la commune est le Maire. Il s'agit donc, non pas d'un organe collégial[140] comme dans certains États, mais d'une autorité individuelle. Le Maire est élu par le Conseil communal ou municipal en son sein pour un mandat de cinq ans. Comme tout choix, ce mode de désignation a des avantages et des inconvénients. D'un côté, il évite de conférer au maire une légitimité plus grande que celle des autres Conseillers et de le faire échapper au contrôle de ceux-ci. De l'autre, il peut être source d'instabilité lorsque l'exercice du pouvoir de destitution du Maire, subséquemment conféré au Conseil, est dicté par la politique politicienne. En tant qu'exécutif de la commune, le Maire convoque et préside le Conseil communal ou municipal, en exécute les décisions, et administre les propriétés de la commune. Il est l'ordonnateur du budget de la commune et est chargé de la police administrative. Il est le chef de l'Administration communale. Mais, il exerce certaines compétences au nom de l'État dans le cadre d'un dédoublement fonctionnel. En effet, en tant qu'agent de l'État, le Maire est officier d'état civil, officier de police judiciaire ; il assure la diffusion et l'exécution des lois et règlements. Deux Adjoints, élus dans les mêmes conditions que le Maire, l'assistent et le remplacent dans l'ordre de préséance en cas d'absence ou d'empêchement. Le Maire nomme aux emplois communaux, y compris celui de Secrétaire général de Mairie[141].

La commune est subdivisée en arrondissements (sans personnalité juridique ni autonomie financière). Le chef d'arrondissement est élu par le Conseil communal en son sein, autant que possible parmi les Conseillers communaux ou municipaux élus sur la liste de l'arrondissement. Exerçant sur délégation du Maire certains pouvoirs

---

[139] *Idem*, art. 28.

[140] Généralement appelé dans ce cas bureau du Conseil.

[141] Loi n° 97-029 du 15 janvier 1999, déjà citée, art. 48 et ss. Mais cette compétence semble se réduire dans le nouveau Statut général de la Fonction publique.

d'état civil, le Chef d'arrondissement est assisté d'un Secrétaire administratif. Il préside le Conseil d'arrondissement composé des chefs de village ou de quartier de ville et des conseillers élus dans l'arrondissement. Le Conseil communal ou municipal donne des avis au Conseil d'arrondissement. Les arrondissements sont à leur tour subdivisés en villages ou quartiers de ville (unités administratives de base sans personnalité morale ni autonome financière) dotés, chacun, d'un Conseil (de village ou de quartier de ville) dont les membres sont élus au suffrage universel direct. Le chef de village ou de quartier de ville est élu par le Conseil de village ou de quartier de ville en son sein. L'organisation de l'élection des Conseils de villages et de quartier de ville, initialement confiée au Conseils communaux et municipaux[142], a été dévolue à la Commission électorale nationale autonome (CENA) en 2013[143]. Le Code électoral promulgué en 2018 renvoie à un décret pour « *les conditions d'organisation et la structure en charge de l'organisation de cette élection* »[144].

L'organisation et le fonctionnement des communes à statut particulier comportent quelques spécificités. Chaque arrondissement compte, dans ces communes, au moins 30.000 habitants[145] et n'est subdivisé qu'en quartiers de ville[146]. Le nombre d'Adjoints est ici porté à trois au niveau central en sachant que chaque Chef d'arrondissement est également Adjoint au Maire. La réunion mensuelle du Maire et de tous ses Adjoints est ici dénommée formellement *« la municipalité »*[147]. Les Conseillers municipaux peuvent recevoir délégation de signature du Maire en cas d'absence ou

---

[142] Loi n° 98-006 du 9 mars 2000 portant régime électoral communal et municipal, art. 103-2

[143] Code électoral de 2013 déjà cité, art. 16 al. 2.

[144] Loi n° 2018-31 du 9 octobre 2018, déjà citée, art. 302.

[145] Dans les communes de droit commun, les anciennes communes ont été systématiquement érigées en arrondissement alors que, dans les communes à statut particulier, le législateur a procédé à des regroupements pour atteindre le seuil de population requis. Voir à ce sujet, la loi n° 98-005 du 15 janvier 1999 portant organisation des communes à statut particulier, art. 4.

[146] Dans les communes de droit commun, les arrondissements comportent aussi bien des villages que des quartiers de ville.

Malgré leur qualification formelle, certains quartiers de ville dans les communes à statut particuliers sont de gros villages au cœur de l'espace urbain, y compris à Cotonou.

[147] Cf. loi n° 97-029 du 15 janvier 1999, déjà citée, art. 64 al. 1er d'une part, loi n° 98-005 du 15 janvier 1999, déjà citée, art. 12.

d'empêchement des Adjoints[148]. Les Chefs d'arrondissement reçoivent d'office délégation de compétence pour la mise en place des infrastructures de proximité[149]. Dans la pratique, la délégation automatique et obligatoire aux Chefs d'arrondissement est peu effective en raison de l'inexistence de budget au niveau de l'arrondissement et d'une culture administrative faite de méfiance.

La qualification formelle des services publics des communes dépend de la taille de celles-ci. Par ailleurs, le principe de la libre administration implique, entre autres, la liberté pour les collectivités territoriales d'organiser les services publics locaux comme elles l'entendent. L'idée d'organigramme-type des communes, évoquée par certains lors des réflexions préliminaires sur la mise en œuvre de la décentralisation, a été abandonnée pour respecter la liberté de chaque commune. Dans la plupart des communes de droit commun, l'organigramme a pour unité principale le Service qui est organisé en Divisions. Dans des communes d'une certaine importance, les services sont regroupés en Directions. Quant à l'objet des services publics communaux ou municipaux, il recouvre les compétences transférées ou déléguées aux communes. En règle générale, l'organigramme de chaque mairie comprend : des unités opérationnelles (services à la population tels que l'état civil, lacarte nationale d'identité, l'urbanisme, la gestion des cimetières, les affaires foncières, les affaires sociales, les services techniques, etc.) ; des unités fonctionnelles (fonctions de ressources ou de support comme les affaires économiques et/ou financières, les affaires générales ou juridiques, dont la gestion des ressources humaines, la planification/le développement, la communication, etc.) ; un cabinet (dans les communes les plus importantes).

La coordination des services publics locaux est assurée généralement par un fonctionnaire. Celui-ci est dénommé Secrétaire général et constitue l'un des principaux collaborateurs de l'autorité exécutive locale. Il a un rôle d'impulsion, de mise en cohérence et de contrôle. Il est en outre responsable dans les faits[150] de la tenue du secrétariat du Conseil communal ou municipal. Le Secrétaire général

---

[148] Loi n° 98-005 du 15 janvier 1999, déjà citée, art. 13 et 18.

[149] *Idem,* art. 30

[150] En droit, le secrétariat du Conseil communal ou municipal est tenu *« à la diligence du Maire »* (cf. loi n° 97-029 du 15 janvier 1999, déjà citée, art. 31).

de mairie est nécessairement un agent de la catégorie A (Administrateur ou à défaut Attaché des services administratifs) ou équivalent. Alors qu'elles peuvent bénéficier de la mise à disposition de fonctionnaires de l'État, plusieurs communes ont choisi de recruter elles-mêmes leur Secrétaire général et donc de le rémunérer entièrement (traitement et indemnités) sur leur budget. Après un temps d'hésitation entre la contractualisation et la fonctionnarisation du personnel communal ou municipal, cette dernière a été retenue. Longtemps attendu, le Statut de la Fonction publique territoriale a été finalement intégré au nouveau Statut général de la Fonction publique[151] sous la forme de plusieurs Titres.

Comme l'organisation et le fonctionnement, la dynamique démocratique et participative en marche mérite également d'être consolidée.

B.- Une démocratie et une participation à consolider.

L'élection est *« le meilleur garant »*[152] de l'autonomie des collectivités locales, le minimum requis[153], *« une exigence de la démocratie »*[154]. Elle présente des garanties plus grandes que la nomination[155]. Ainsi que cela est apparu *supra*, le principe de l'élection des organes locaux est, non seulement admis, mais constitutionnalisé, tout au moins en ce qui concerne les assemblées délibérantes des collectivités territoriales[156]. À un moment donné, la Cour constitutionnelle a tant et si bien considéré l'élection comme un critère distinctif de la collectivité territoriale qu'elle a jugé inconstitutionnelle l'application du principe électif aux arrondis-sements, villages et quartiers de ville, simples subdivisions administratives infra-communales, non dotées de personnalité juridique. Le législateur a dû appeler "consultation démocratique" le mode de désignation des membres des organes consultatifs prévus à ces niveaux quoiqu'il s'agisse

---

[151] Loi n° 2015-18 du 13 août 2018 portant Statut général de la Fonction publique.

[152] QUILLIEN (Philippe-Jean), *Les collectivités territoriales en 15 leçons*. 3ème édition. Paris : Ellipses Éditions, 2006, p. 15.

[153] DANTONEL-COR (Nadine), *Droit des collectivités territoriales*. 2ème édition, Rosny-sous-Bois : BREAL, 2005, *op. cit.*, p. 11.

[154] QUILLIEN (Philippe-Jean), *op. cit.*, p. 15.

[155] CHAPUS (René).- *Droit administratif général*, 15ème édition. Paris : Montchrestien, 2001. Tome 1, p. 404.

[156] Constitution béninoise du 11 décembre 1990, art. 151.

en réalité d'élection[157]. Depuis lors, le terme "élection" s'est imposé même à ces niveaux sans suffire à en faire des collectivités territoriales. En tout état de cause, la création de collectivités territoriales, consacrée par des textes juridiques, ne revêt pas de portée pratique tant que, à la suite d'élections, il n'est pas procédé à l'installation des organes locaux. Ainsi, au Bénin, le point de départ concret du processus de décentralisation remonte seulement aux premières élections communales et municipales de décembre 2002 et janvier 2003 alors que les lois créant formellement des collectivités territoriales ont été promulguées dès 1999.

Depuis lors, des élections communales et municipales ont été organisées en étant couplées avec les élections locales (des conseils de village et quartiers) : en avril-mai mai 2008 ; et le 28 juin 2015.

Le mandat étant resté de cinq ans, il apparaît que les élections communales, municipales et locales n'ont jamais été organisées à bonne date. Si à la fin de la première mandature elles n'ont été différées que de deux mois, un retard de plus de deux ans a été enregistré à la fin de la deuxième mandature. L'installation des conseils communaux et municipaux ainsi que l'élection des maires, de leurs adjoints et des chefs d'arrondissement en 2015 ont été elles-mêmes retardées dans de nombreux cas. Or, par-delà l'organisation d'élections, la régularité de celles-ci est considérée comme l'un des indicateurs de la (bonne) gouvernance au niveau local. Certains plaident donc pour une constitutionnalisation des élections communales, municipales, et locales afin que, comme pour l'élection présidentielle, tous les acteurs se sentent obligés de se mobiliser pour éviter d'en retarder les échéances. Par ailleurs, le contentieux généré par les élections communales, municipales et locales est particulièrement abondant et complexe : sa gestion par la Chambre administrative de la Cour suprême est laborieuse et dure, dans certains cas, plusieurs années. Pour le contentieux des élections communales, municipales et locales, malgré la mise en place des Chambres administratives dans les juridictions du fond, le Code électoral adopté en 2018 maintient la compétence de la Cour suprême et lui prescrit un délai de six mois dont rien ne garantit *a priori* le respect.

En l'absence de référendum local, la participation des administrés à la gestion locale se résume, dans les lois de décentralisation, au caractère public des séances du Conseil communal ou municipal ainsi qu'au droit à

[157] Cf. Décision DCC n° 98-032 des 20, 21 et 31 mars 1998.

l'information et au droit de pétition. Le caractère public des sessions[158] permet à tout administré intéressé d'aller suivre les délibérations. Ce droit d'accès n'a d'intérêt pratique que si, en amont, la convocation de la session et la programmation des séances sont médiatisées de manière à atteindre le public le plus large possible. Tel qu'organisé par les lois de décentralisation, le droit à l'information des administrés sur la gestion communale ou municipale recouvre deux mécanismes. D'une part, *« un relevé des décisions signé du maire et du secrétaire de séance est affiché à la mairie à l'endroit destiné à l'information du public dans les huit jours suivant la séance »*[159]. D'autre part, *« toute personne a le droit de consulter sur place le procès-verbal et/ou le compte rendu des délibérations du conseil communal, les divers actes communaux et d'en prendre copie à ses frais »*[160]. Mais une fois encore, l'effectivité de ces droits dépend de la prise de conscience par les administrés de l'importance de leur implication dans la gestion locale. Fort heureusement, des organisations de la société civile ainsi que des projets/programmes soutenus par les partenaires techniques et financiers travaillent à l'éveil de la conscience citoyenne au niveau des communes. Ils promeuvent également une culture de la redevabilité chez les maires. Désormais, et pour la plupart, ceux-ci organisent périodiquement des séances publiques de reddition de comptes, à caractère général ou thématique, en cours de mandat. Le droit de pétition établi au profit de la population et de ses organisations résulte d'un règlement et a donc un fondement juridique moins solide[161].

Tout en apparaissant ainsi comme un espace dans lequel des relations complexes se nouent entre plusieurs catégories d'acteurs, la commune se situe dans un environnement où elle développe des interactions avec d'autres institutions.

Section 2. La commune dans son environnement.

Une collectivité territoriale ne peut pas vivre en autarcie. Elle évolue dans un double environnement national et international où elle entretient

---

[158] Loi n° 97-029 du 15 janvier 1999 portant organisation des communes, art. 30.
[159] *Idem*, art. 33 al. 1.
[160] *Idem*, art. 34.
[161] Décret n° 2001-414 du 15 octobre 2001 portant cadre général du Règlement intérieur du Conseil communal, art. 64-65.

des relations, à la fois avec l'État qui l'a créée, et avec des acteurs non étatiques. Dans certains États africains, il existe une représentation organisée des collectivités territoriales dans l'architecture institutionnelle de l'État. Cette représentation s'inscrit généralement, soit dans le cadre de la Chambre haute du Parlement, soit dans celui d'un organe spécifique du type Haut Conseil. Le Bénin ne dispose d'aucun de ces deux types d'organes. Par ailleurs, en l'absence de plusieurs catégories de collectivités territoriales, la question de la répartition des compétences est peu complexe : elle ne se pose qu'entre l'État et les communes. Celui-là reconnaît à celles-ci, à travers les lois de décentralisation, des compétences consultatives ou décisionnelles. Les compétences décisionnelles sont exclusives ou partagées, déléguées ou transférées. Quelle que soit leur nature, les compétences communales portent sur sept domaines principaux[162] auxquels s'ajoutent quatre autres pour les communes à statut particulier[163]. Pour le reste, les relations entre l'État et les communes au Bénin se limitent à la tutelle, dont est développée une conception binaire (§1). Quant aux acteurs non étatiques qui gravitent autour de la commune, ils sont nombreux et celle-ci a avec eux des relations multiformes (§2).

§1. Une conception binaire de la tutelle de l'État.

En France, le terme « tutelle » a été officiellement abandonné en 1982 et remplacé par l'expression *« contrôle administratif »* parce que les modalités de ce contrôle ont évolué et ne correspondent plus à l'idée qui en avait prévalu jusqu'alors mais qui est jugée désormais antinomique de l'autonomie locale. Cependant, l'expression *« contrôle de tutelle »* a survécu et continue d'être couramment utilisée dans le langage juridique. Au demeurant, pour certains auteurs comme le professeur CHAPUS, ce changement de formule était trop artificiel pour s'imposer. Toujours est-il que le mot *« tutelle »* subsiste dans le droit positif de la plupart des États africains francophones au nombre desquels figure le Bénin. Il recouvre

[162] Développement, aménagement, habitat et urbanisme ; infrastructures, équipement et transports ; environnement hygiène et salubrité ; enseignement primaire et maternel ; santé et action sociale ou culturelle ; services marchands et investissements économiques. Pour le détail, cf. loi n° 97-029 du 15 janvier 1999, déjà citée, art. 84 et ss.

[163] Enseignement secondaire et formation professionnelle ; transport et circulation, sécurité ; communication. Voir, à ce sujet, la loi n° 98-005 du 15 janvier 1999, art. 19.

ici deux volets distincts mais complémentaires[164] : un contrôle de légalité relativement contraignant (A) et une assistance bidimensionnelle (B).

A.- Un contrôle de légalité relativement contraignant.

Le contrôle de l'État détermine les limites de la libre administration. L'État exerce nécessairement sur les collectivités territoriales un contrôle sans lequel l'autonomie se mue en indépendance et les collectivités territoriales en ''États dans l'État''. Mais autant le contrôle de l'État sur les collectivités territoriales doit exister, autant il doit être le plus léger possible pour ne pas remettre en cause l'autonomie locale. Il ne peut en être ainsi que notamment si ce contrôle s'exerce *a posteriori,* c'est-à-dire s'il intervient, non seulement après la prise de la décision par les organes compétents de la collectivité territoriale, mais surtout après l'entrée en vigueur de la décision. Or, au Bénin le contrôle de légalité apparaît comme un contrôle *a priori* à travers la plupart des modalités par lesquelles elle s'exerce sur les actes.

En premier lieu, l'approbation, qui subsiste au Bénin, est très clairement une intervention *a priori* par laquelle un représentant de l'État valide une décision de l'autorité locale. Elle a pu être analysée par une partie de la doctrine comme une ''codécision''[165]. En principe, elle porte sur dix cas limitatifs énoncés dans la loi portant organisation des communes[166] et est enfermée dans les délais récapitulés dans le tableau n° 2 ci-après.

Mais les apparences sont trompeuses. D'une part, une lecture attentive des lois de décentralisation révèle l'existence de dispositions éparses élargissant le champ d'application de l'approbation ainsi que cela ressort du tableau n° 3 ci-après. Dans l'un des cas, l'élargissement résulte d'un règlement. D'autre part, dans quelques cas, le délai d'approbation est relativement long et comporte un risque d'inertie pour l'action publique locale.

Tableau n° 2 : Les dix cas d'approbation dans la loi portant organisation des communes

---

[164] Loi n° 97-029 du 15 janvier 1999, déjà citée, art. 142.

[165] Pour le professeur Maurice BOURJOL par exemple, l'approbation serait un indice de semi-décentralisation.

[166] En témoigne la formule : *« Les actes des autorités communales ne sont soumis à approbation que dans les cas ci-dessous »* (loi n° 97-029 du 15 janvier 1999, déjà citée, art. 144).

OBJET	AUTORITÉ/DÉLAI
Le mode de gestion des propriétés communales	Préfet 15 jours
La mission à l'étranger du maire et de ses adjoints	
Les décisions individuelles relatives à la nomination, à l'avancement de grade, aux sanctions soumises à l'avis du conseil de discipline et au licenciement d'agents de la commune	
Le budget communal et ses modifications en cours d'exercice	Préfet 1 mois
Les modalités de mise en œuvre des impôts, droits et taxes locaux et la fixation des tarifs et autres ressources non fiscales ainsi que leur modalité de perception	
Le montant, la durée, la garantie et les modalités de remboursement des emprunts	
Le montant, la garantie et les modalités d'octroi et de remboursement des avances et prêts	
La dénomination des rues, places et édifices publics	
L'élaboration de tous les documents d'urbanisme	Préfet 2 mois
Les conventions relatives aux marchés publics ainsi que les conventions de concession des services publics locaux à caractère industriel et commercial	

Jusqu'en 2016, seules six des douze préfectures créées dès 1999 étaient fonctionnelles. Chaque préfet assurait donc le contrôle de légalité des actes d'un nombre relativement important de communes. Ce nombre s'étant réduit avec l'opérationnalisation des six autres préfectures, une évaluation de la pertinence du maintien des délais les plus longs s'impose.

Tableau n° 3 : Les cas complémentaires d'approbation

Création d'organismes de coopération intercommunale dotés de personnalité juridique et d'autonomie financière (EPCI) Loi n° 97-029 – Art. 177 + Loi 2009-17 du 13 août 2009, art. 6 al. 2	Décret en Conseil des ministres
Établissement de relations de coopération décentralisée (Loi n° 97-029 – Art. 179)	Décret en Conseil des ministres - 15 j (décret n° 2005-764 du 19 décembre 2005)
Compte administratif (art. 53 de la loi n° 98-007)	Préfet - 1 mois
Arrêtés de délégation d'attributions du Maire (Décret n° 2005-372 du 23 juin 2005, art. 6)	Préfet

Les délibérations qui ne sont pas soumises à approbation ne doivent faire l'objet que d'une transmission à l'autorité de tutelle. Mais, contrairement à ce qui se passe en France, elles ne deviennent exécutoires que quinze jours après cette transmission. Il s'agit donc, ni plus ni moins, d'une forme de contrôle *a priori* puisque le délai ci-dessus mentionné permet au préfet d'intervenir éventuellement avant la mise à exécution de la délibération.

Telle qu'elle est conçue au Bénin, l'annulation pose trois séries de problèmes. D'abord, après avoir annoncé l'annulation comme étant l'une des modalités du contrôle de tutelle, le législateur béninois dispose que *« lorsque le conseil délibère illégalement, l'autorité de tutelle, par arrêté motivé, constate la nullité des actes concernés et demande au conseil communal de statuer à nouveau en toute légalité »*[167]. On passe ainsi, imperceptiblement, de l'annulation à la constatation de nullité. En toute rigueur, il y aurait une nuance entre l'annulation et la constatation de la nullité. La première suppose une action, une appréciation, un jugement de valeur tandis que la seconde est un simple constat sans prise de position. Mais, au fond, les deux ont la même conséquence pratique, l'anéantissement rétroactif de l'acte. Ensuite, la sanction de l'illégalité précède la mise en demeure (injonction de mise en conformité de l'acte incriminé avec la norme violée). Enfin, disposant du pouvoir d'annuler lui-même l'acte dont l'illégalité est présumée, le préfet est à la fois juge et

[167] Loi n° 97-029 du 15 janvier 1999, art. 148.

partie car il peut faire prévaloir son appréciation sur celle de l'autorité locale.

On occultera ici la substitution d'action qui sanctionne les cas d'inertie, d'inaction ou de défaillance de l'autorité locale, et qui suppose une mise en demeure restée infructueuse[168].

En définitive, étant entendu qu'ils n'ont pas à être transmis à l'autorité[169] de tutelle, les actes du maire non soumis à approbation sont seuls à échapper, en principe[170], à tout contrôle *a priori*. Ils deviennent exécutoires dès leur affichage ou publication pour les actes réglementaires, et de leur notification pour les actes individuels.

En ce qui concerne le *« contrôle sur les personnes »,* il s'exprime sous la forme de suspension, de révocation ou de dissolution. La révocation et la dissolution sont prononcées par décret du président de la République pris en Conseil des ministres. Les cas de dissolution du Conseil communal ou municipal et de révocation du Maire sont rappelés dans l'encadré ci-après.

Encadré n ° 1 : Les cas de suspension, de dissolution et de révocation

Cas de dissolution du conseil communal ou municipal (art. 154 – loi n° 97-029)

- Remise en cause de l'ordre républicain
- Atteinte grave à l'unité et à la cohésion nationales et à l'intégrité territoriale
- Non fonctionnement du conseil communal pendant six (6) mois

Cas de révocation du Maire (Faute lourde – art. 55 – loi n° 97-029)

- Utilisation des fonds de la commune à des fins personnelles
- Prêts d'argent effectués sur les fonds de la commune
- Faux en écritures publiques
- Refus de signer ou de transmettre, à l'autorité de tutelle, une délibération du Conseil communal
- Vente ou aliénation abusive des biens domaniaux
- Toutes autres violations des règles de déontologie administrative

Alors que la révocation frappe des autorités individuelles, la dissolution concerne des organes collégiaux. Mais les deux sanctions sont irrévocables. Cependant, elles peuvent être précédées d'une

---

168 *Idem*, art. 149.

169 Seules des délibérations sont concernées par l'obligation de transmission.

170 Dans la pratique, le préfet peut en avoir connaissance par la pratique administrative de l'ampliation.

suspension, mesure conservatoire prononcée par le Ministre chargé de la décentralisation pouvant s'appliquer aussi bien à une autorité (maire, Adjoint,...) qu'à un organe collégial (Conseil).

Il ressort de tout ce qui précède que le préfet joue un rôle prépondérant en matière de contrôle de tutelle. Cependant, contrairement à ce qu'indique le législateur, le préfet n'est pas *« l'unique autorité de tutelle de la commune »*[171] : il n'est que la principale autorité de tutelle des communes. En effet, d'autres autorités sont seules à exercer certaines modalités du contrôle de tutelle. Il s'agit du Ministre chargé de la décentralisation pour la suspension, et le président de la République, à la fois pour la dissolution et pour la révocation.

Le pouvoir d'initiative reconnu au préfet en matière de convocation du Conseil communal ou municipal semble se rattacher davantage au statut de représentant de l'État qu'à celui d'autorité de tutelle. Mais il est vrai que ces deux qualités sont intimement liées. Quant à la visite annuelle du préfet dans chaque commune du département, elle peut concourir à l'exercice du contrôle de tutelle mais ne s'y réduit pas. En effet, cette visite peut également permettre de contrôler l'exercice des compétences déléguées : elle peut alors revêtir le caractère d'une inspection. Par ailleurs, la visite annuelle n'est sanctionnée que par *« un rapport adressé au Ministre chargé de l'Administration territoriale, avec copie au maire qui la communique au Conseil pour information et/ou délibération si cela est nécessaire »*[172]. Elle semble donc participer moins du contrôle que de l'assistance-conseil, qui revêt un caractère bidimensionnel.

B.- Une assistance bidimensionnelle.

L'assistance de l'État aux communes est aussi bien technique que financière.

L'assistance technique, également appelée assistance-conseil, est la deuxième composante de la tutelle en dehors du contrôle de légalité[173]. L'assistance-conseil correspond à la dimension

---

[171] Loi n° 97-029 du 15 janvier 199, déjà citée, art. 141.

[172] *Idem,* art. 151.

[173] L'assistance-conseil est réglementée par le Décret n° 2007-629 du 31 décembre 2007 portant définition et modalités de mise en œuvre de l'assistance-conseil aux

pédagogique de l'État, par opposition à sa dimension ‘‘policière’’ qu'est le contrôle de légalité. Elle constitue une mission obligatoire de l'État, qui incombe au préfet en sa qualité d'autorité de tutelle. Elle consiste à mettre, à titre gratuit ou payant, l'expertise de l'État à la disposition des communes en vue d'un meilleur exercice de leurs compétences. Les principaux acteurs de l'assistance-conseil sont le préfet, les collaborateurs du préfet (Chargés de mission, Chefs de service de la préfecture) et les Services déconcentrés.

Les interventions liées à l'assistance-conseil peuvent être classées selon trois critères différents. En termes de prévisibilité, l'assistance-conseil peut donner lieu à des actions programmées dans le Plan annuel d'assistance-conseil (PAAC) ou à la réponse aux demandes ponctuelles. Par rapport à la nature des actions, il est possible de distinguer les conseils et avis, les prestations et la formation. Enfin, les modalités de l'assistance-conseil peuvent être les visites du préfet, les tournées des Chargés de mission, les entretiens, y compris téléphoniques.

L'assistance-conseil a un coût. Parce que son financement est en principe assuré par l'État sur les crédits déconcentrés, elle est gratuite pour les communes bénéficiaires. Mais, exceptionnellement, elle peut être payante pour celles-ci dans les conditions précisées par les textes précédemment mentionnés.

Sans être formellement rattachée par le législateur à la tutelle, l'assistance financière de l'État aux communes est une donnée non négligeable de leurs relations.

Initialement, le législateur avait prescrit la création d'un Fonds de solidarité intercommunale pour le développement équilibré des communes d'une part, d'une institution de financement des collectivités territoriales d'autre part. Finalement, seul a été créé un Fonds d'appui au développement des communes (FADeC) abondé à la fois par l'État béninois et certains partenaires techniques et financiers. Sa conception, son opérationnalisation et sa gestion sont sous-tendues par des principes affichés sur le site de la Commission nationale des Finances locales (CONAFIL) qui l'administre[174]. Les critères de répartition sont la population, le niveau de pauvreté, la superficie et la

---

communes et par l'Arrêté n° 008/MDGLAAT/MFE/DC/SG/DGAE du 7 mars 2011 portant définition et modalités de rémunération de l'assistance-conseil payante aux communes.

[174] Voir : http://conafil.org

performance. Le FADeC comporte des dotations affectées[175] et des dotations non affectées[176]. Les allocations correspondant au FADeC non affecté Investissement sont constituées d'une allocation fixe et d'une dotation de péréquation. La dotation fixe, qui n'était que de 21 millions de FCFA par commune pour 2017 est passée à 47 millions de FCFA en 2018[177].

Dans l'utilisation de ces ressources pour leur action, les communes collaborent avec divers acteurs non étatiques.

§2. Des relations de formes variables avec des acteurs non étatiques divers.

En dehors de l'État, dont elle relève, une commune peut entretenir des relations avec les autres communes béninoises et avec différentes composantes de la société civile sur le plan national. Elle peut également coopérer avec d'autres collectivités territoriales étrangères. L'analyse de ces relations conduit donc à s'intéresser à la coopération intercommunale ou intercommunalité, qui a été recentrée sur l'établissement public de coopération intercommunale, en abrégé EPCI (A), aux Associations de pouvoirs locaux désormais bien établies (B), à la coopération internationale décentralisée en plein essor (C) ainsi qu'aux relations avec la chefferie traditionnelle et le secteur privé en construction (D).

A.- Une intercommunalité recentrée sur l'EPCI.

Le régime juridique de l'intercommunalité résulte principalement de trois textes[178].

---

[175] Il s'agit de ressources transférées par les ministères sectoriels avec des affectations précises. Pour vaincre les résistances au transfert effectif des compétences et des ressources, une réflexion est engagée en vue d'un transfert direct aux communes des dotations affectées.

[176] Ressources dont l'affectation est décidée librement par chaque commune.

[177] Consulter à ce sujet le même site.

[178] Il s'agit :

. de la loi n° 97-029 du 15 janvier 1999 portant organisation des communes, une loi générale sur la décentralisation, qui consacre quelque disposition à l'intercommunalité ;

. de la loi n° 2009-17 du 13 août 2009 portant modalités de l'intercommunalité, une loi spécifiquement consacrée à la thématique ; et

La loi portant organisation des communes fixe quelques principes applicables à l'intercommunalité.

En premier lieu :

« Plusieurs communes peuvent décider de s'associer en vue de la réalisation et de la gestion d'équipements et de la création de services d'intérêt et d'utilité intercommunaux. Dans ce cas, une convention détermine les droits et obligations de chacune des parties »[179].

En deuxième lieu :

« Les organismes créés conformément à l'article 176 ci-dessus, peuvent être dotés de la personnalité morale et de l'autonomie financière

La création, l'organisation et le fonctionnement de ces organismes intercommunaux sont approuvés par décret pris en conseil des ministres et sur proposition du ministre chargé de l'administration territoriale »[180].

Au regard de ce qui précède, cette loi paraît libérale : elle reconnaît aux communes en matière d'intercommunalité une certaine liberté qui est le corollaire de l'autonomie communale. L'intercommunalité apparaît comme une faculté. La décision d'exercer cette faculté appartient aux communes concernées. La liberté s'applique à la fois à la décision d'entrer en intercommunalité, à l'identification des communes partenaires et au choix de la forme à conférer à l'intercommunalité. *A priori*, seule la signature d'une convention s'impose : la création d'une structure n'est pas obligatoire. Même dans l'hypothèse de la création d'une structure, celle-ci peut ne pas être dotée de la personnalité juridique. À la limite[181], il aurait été possible de penser qu'en décidant de conférer la personnalité juridique à une structure intercommunale, les communes ont encore le choix entre une Association (personne morale de droit privé) et un établissement public (personne morale de droit public). Lorsque les communes décident de conférer la personnalité juridique et

---

. du décret n° 2012-308 du 28 août 2012 portant règles de création, d'organisation et de gestion des établissements publics de coopération intercommunale (EPCI), pris pour l'application de la loi du 13 août 2009.

[179] *Idem*, article 176.

[180] *Idem*, article 177.

[181] L'obligation de faire approuver la création de la structure oblige à exclure l'Association qui, par nature, est soumise à une autre législation et donc à une autre procédure.

l'autonomie financière à l'organisme d'intercommunalité, la modalité d'exercice de la tutelle sur celui-ci est l'approbation par décret en Conseil des ministres[182].

Longtemps attendue, la loi spécifique relative à l'intercommunalité restreint la liberté des communes en la matière : alors que par son objet elle est censée définir les *« modalités de l'intercommunalité »*[183], elle ne traite que des établissements publics de coopération intercommunale (EPCI). Hormis les EPCI, il n'y aurait donc pas d'autres types d'organismes d'intercommunalité possibles. Même si elle traduit un effort de clarification[184], la loi du 13 août 2009 recentre donc l'intercommunalité, initialement plus ouverte dans la loi portant organisation des communes, sur les seuls EPCI[185]. Par ailleurs, la loi du 13 août 2009 fixe des règles d'organisation et de fonctionnement des EPCI en général peu satisfaisantes.

Au regard de tout ce qui précède, la question du maintien dans l'ordonnancement juridique de la loi du 13 août 2009 s'est posée. Certains ont plaidé pour sa révision immédiate. Or, malgré ses insuffisances, cette loi traduit des avancées. Pour la plupart, les insuffisances identifiées résultent de choix stratégiques regrettables, et de formulations maladroites. Par ailleurs, cette loi a été déclarée conforme à la Constitution par la Cour constitutionnelle dont les

---

[182] Toutefois, le texte ne précise, ni le délai d'approbation, ni la procédure d'approbation notamment la qualité de l'autorité compétente pour introduire le dossier en Conseil des Ministres.

[183] La marque du pluriel laisse penser à l'existence de plusieurs modalités.

[184] Par exemple, elle définit une typologie des EPCI résumée dans le tableau ci-après :

Tableau : Typologie des EPCI dans la loi du 13 août 2009 :

TYPES D'EPCI	CRITÈRE DISTINCTIF	PROBLÈMES POSÉS
Communauté urbaine	Toutes les communes membres sont *« à caractère urbain »*	La *« commune à caractère urbain »* est une catégorie juridique nouvelle. Il n'y a pas de définition légale de l'urbanité en droit positif béninois.
Communauté d'agglomération	L'une des communes membres est à statut particulier	Quid d'un éventuel EPCI ne regroupant que ce type de communes ?
Communauté de communes	Non précisé (déductif) : communes à caractère non urbain	Autre catégorie juridique inconnue au Bénin.

[185] Il s'agit d'un conflit de lois entre deux textes de même nature (lois ordinaires). Or la loi du 13 août 2009 est la plus récente, de surcroît un texte plus spécifique. Logiquement, elle l'emporte sur celle du 15 janvier 1999 dont les dispositions précédentes contraires seraient donc implicitement abrogées.

décisions s'imposent à tous. De même, le Gouvernement ne peut pas refuser d'appliquer une loi rendue exécutoire par la Haute juridiction, et engagerait sa responsabilité en ne prenant pas les mesures d'application dans des délais raisonnables. Enfin, sur un plan pratique, il n'est pas raisonnable d'engager le processus de révision d'un texte juridique avant de l'avoir appliqué. En tout état de cause, les communes n'ont pas attendu les textes juridiques pour enclencher la dynamique de l'intercommunalité. La loi du 13 août 2009 ne fait que changer les règles du jeu et imposer une adaptation des structures préexistantes. En conséquence, après de longs mois de débats, il a été décidé d'élaborer un décret d'application de la loi du 13 août 2009 pour combler les silences de cette loi, en préciser ou mettre en cohérence certaines règles. Tel est l'objet du décret n° 2012-308 du 28 août 2012 précédemment cité.

Toutefois, le recentrage de l'intercommunalité sur l'EPCI est théorique pour deux raisons. D'une part, la Délégation à l'Aménagement du territoire (DAT)[186] avait développé, avec l'appui de partenaires techniques et financiers, un réseau d'entités de coopération intercommunale appelées espaces de développement partagé (EDP). Les EDP participent de l'effort d'identification de territoires intercommunaux rationnels. Ils correspondent donc à des territoires intercommunaux ''pensés'' et définis sur des bases ''objectives'', des *« territoires homogènes et consensuels »*[187] définis *« sur la base de la combinaison de... facteurs... multiples »*[188], notamment des *« liens culturels, linguistiques et socio-anthropologiques qui puisent leurs fondements dans l'histoire... [et créent] une conscience identitaire »*[189]. L'idée qui sous-tend la création des EDP est de concevoir *« un échelon intermédiaire*[190] *de*

---

[186] La DAT est depuis 2016 un organisme sous tutelle du Ministère chargé de l'Environnement ou du cadre de vie.

[187] DÉLÉGATION (BÉNINOISE) À L'AMÉNAGEMENT DU TERRITOIRE (DAT), *Mission d'identification des « régions » comme unités de planification territoriale et de gestion du développement au Bénin*, rapport du Laboratoire d'analyse régionale et d'expertise sociale (LARES), avril 2005, p. 4.

[188] *Idem*, pp. 5 et 8.

[189] *Idem*, p. 8.

[190] La mission part du constat que, malgré l'adoption par le Bénin d'une Déclaration de politique nationale d'aménagement du territoire (DEPONAT), *« la cohérence voulue dans la planification du développement est encore loin d'être réalisée »* (DAT, *op. cit.*, p. 3) ; le Bénin ne dispose pour l'instant que deux échelles

planification [...] dans la perspective de promotion de pôles de développement économique, de cadres de planification et de gestion intercommunale du développement »[191]. D'autre part, les communes n'ont pas attendu la définition du cadre juridique de l'intercommunalité pour créer des organismes de coopération intercommunale. Les organismes intercommunaux ayant préexisté à la loi du 13 août 2009 et les EDP ont été créés sous la forme d'Associations. Celles-ci ne sont pas conformes à la loi du 13 août 2009 au regard de laquelle il n'y a d'intercommunalité possible que dans le cadre d'un EPCI. En conséquence, sans les viser expressément, le décret d'application de cette loi leur prescrit une adaptation au nouveau cadre juridique. Cette adaptation passe, soit par la transformation en EPCI, soit par la transformation en Associations de pouvoirs locaux[192].

B.- Des Associations de pouvoirs locaux bien établies.

Les Associations de pouvoirs locaux (APL) sont des regroupements d'élus locaux. Elles constituent le mode principal de mutualisation et de défense des intérêts des collectivités territoriales en Afrique. Au Bénin, elles sont organisées aux niveaux national et intermédiaire. Or, plusieurs APL de niveau intermédiaire ont préexisté à l'APL nationale. D'un point de vue juridique, celle-ci n'est donc pas une faîtière[193] et celles-là n'en constituent pas des démembrements. Au niveau intermédiaire, il existe onze APL, à raison d'une par département en sachant que seuls les départements de l'Atlantique et

---

de planification, l'une nationale, l'autre locale : la planification conduite à l'échelle nationale est essentiellement sectorielle donc thématique et présente un caractère diffus ; les plans de développement communal (PDC) à travers lesquels s'exprime la planification à l'échelle locale *« manquent de vision »* (*Ibidem*); le système de planification est caractérisé par *« une faible articulation [entre les échelles nationale et locale] du fait de l'absence d'un schéma directeur d'aménagement du territoire pour l'ensemble du pays »* (*Ibidem*).

191 DAT, *op. cit.*, p. 4.

192 Trois des associations concernées se sont conformées à cette exigence en se transformant en EPCI dont les Statuts ont été régulièrement adoptés en Conseil des Ministres. Il s'agit des 2 KP, de la COFORMO et de ANFANI.

193 L'ANCB est présentée sur son site internet comme une faîtière des Associations régionales. Si cette assertion était conforme à la vérité, les membres de l'ANCB seraient les Associations régionales et non les communes comme telles.

du Littoral[194] partagent une même APL. Ces APL portent des dénominations variables : Association, Groupement, Union, Communauté, etc. Sur le plan national se sont constituées l'Association nationale des communes du Bénin (ANCB) depuis 2003 et, l'Association nationale des élus locaux, communaux et municipaux (ANELCOM) regroupant des maires, des conseillers communaux, municipaux et locaux depuis 2017.

Comme les Associations régionales, l'ANCB se positionne comme une *« interface entre communes [d'une part...] pouvoirs publics [...] et partenaires d'autre part, afin de représenter et défendre les intérêts de ses membres »*[195]. Les communes béninoises et leurs regroupements adhèrent également à des APL régionales et internationales qui confinent à la coopération internationale décentralisée.

C.- Une coopération internationale décentralisée en plein essor.

La notion de coopération décentralisée est controversée. Dans plusieurs États, une distinction de principe est établie entre la coopération inter collectivités (dont la *« coopération inter-communale »* ou intercommunalité est une composante) d'une part, la *« coopération décentralisée »,* conçue comme une relation entre les collectivités territoriales de l'État considéré et des structures étrangères d'autre part. Au Bénin, dans la structure de la loi n° 97-029 du 15 janvier 1999, les articles 178 et 179 traitant de la coopération décentralisée figurent malencontreusement sous le Titre VII consacré à la coopération intercommunale, un peu comme si celle-ci englobait celle-là. Cette ambiguïté persiste un peu dans le décret n° 2005-763 du 9 décembre 2005 portant approbation de la politique nationale de coopération décentralisée. En effet, dans le document adopté par ce décret, la coopération décentralisée est *« toute relation de coopération se présentant sous la forme d'accords de partenariat entre au moins une collectivité locale béninoise et d'autres partenaires qui*

---

[194] Le littoral ne recouvrant que la commune de Cotonou, celle-ci ne peut pas, à elle seule, former une APL.

[195] Site de l'ANCB accessible à l'adresse suivante, consultée en novembre 2018 : https://www.ancbbenin.org/index.php?option=com_content&view=category&layout=blog&id=105&Itemid=109&lang=fr

participent à des programmes d'échanges et ouvrent ensemble à l'amélioration des conditions socio-économiques des populations »[196]. Finalement, l'ambiguïté est levée par le décret n° 2005-764 de la même date, portant conditions et modalités de la coopération décentralisée, qui y définie comme *« toute relation de coopération qui lie une collectivité locale décentralisée béninoise ou un groupement de collectivités locales béninoises à un partenaire étranger doté de la personnalité morale (collectivité ou ONG étrangère, Association internationale de ville, etc.) »*[197].

Comme en matière d'intercommunalité, les communes ont également anticipé sur la définition des règles juridiques applicables à la coopération décentralisée. Elles ont noué plusieurs accords de coopération décentralisée à partir de 2003, soit au lendemain de l'installation des premiers Conseils communaux ou municipaux élus. Dans certains cas, les communes ont hérité d'accords de coopération décentralisée mis en œuvre dès les années 1980, autrement dit, par les pseudo-collectivités territoriales de la période révolutionnaire. Aujourd'hui, plus de cinquante partenariats actifs sont dénombrés sur le territoire national. Ils concernent des secteurs d'activités variés : culture, appui institutionnel, environnement, aménagement du territoire, éducation/formation/renforcement des capacités, économie locale, santé, agriculture, développement local, microfinance, techniques de l'information et de la communication, hygiène/assainissement/voirie, finances locales, etc.

Une Commission nationale de la coopération décentralisée est créée en 2005. Elle comprend des élus locaux, des représentants de plusieurs ministères ou de la société civile. La même année, les modalités de mise en œuvre des interventions financières de la coopération décentralisée sont définies[198].

Quant aux relations avec la chefferie traditionnelle et le secteur privé, elles restent à construire et à consolider.

---

[196] Politique nationale de coopération décentralisée, annexée au Décret du 9 décembre 20015, déjà cité, p. 17.

[197] Art. 1er du décret.

[198] Décret n° 2005-393 du 29 juin 2005 fixant les modalités de mise en œuvre des interventions financière de la coopération décentralisée.

D.- Des relations en construction avec la chefferie traditionnelle et le secteur privé.

Au Bénin, la chefferie traditionnelle est définie, dans un sens strict[199], comme l'*« ensemble formé par les rois, les têtes couronnées, les dignitaires et les sages, gardiens de la tradition »*[200]. Pendant la période coloniale, l'Administration française s'est appuyée sur la chefferie traditionnelle pour administrer ses territoires, tout au moins à la base et *« surtout dans les zones étendues dont les chefs servaient de relais pour assurer l'encadrement de la population »*[201]. Dans cette perspective, *« les structures traditionnelles [...] avaient été maintenues et étaient [...] utilisées par l'Administration coloniale : la chefferie de canton et, à la base, le village [...] ; les chefs de canton et de village constituaient les intermédiaires entre l'Administration coloniale et la population, et étaient chargés [...] d'un certain nombre de missions »*[202]. Mais les Chefs traditionnels *« n'ont aucun pouvoir propre d'aucune espèce car il n'y a pas deux autorités dans le cercle : l'autorité française et l'autorité indigène ; il n'y en a qu'une. Seul le Commandant de cercle commande* (...). *Le Chef indigène n'est qu'un instrument, un auxiliaire de l'Administration »*[203]. Les chefs traditionnels n'exercent leur autorité que sur les populations rurales, exclues de la décentralisation. Après leur indépendance, plusieurs États d'Afrique occidentale, centrale ou du Nord ont édicté des textes juridiques pour organiser la chefferie traditionnelle et définir sa place dans l'Administration territoriale. Certains d'entre eux ont poussé la reconnaissance de la chefferie traditionnelle au point de la constitutionnaliser[204].

---

[199] Il existe dans d'autres États africains une conception large dans laquelle la chefferie traditionnelle est confondue avec la *« communauté traditionnelle »*, la *« collectivité traditionnelle »* ou la *« communauté coutumière »*. Il en est ainsi dans le décret camerounais n° 77/245 du 15 juillet 1977 aux termes duquel : *« Les collectivités traditionnelles sont organisées en chefferies ... »* (art 1er).

[200] Charte nationale béninoise sur la Gouvernance locale, art. 1er.
Cette définition est comparable à celle adoptée au Niger où la chefferie est perçue comme l' *« [...] ensemble des chefs traditionnels dépositaires de l'autorité coutumière »* (loi nigérienne n° 2015-01 du 13 janvier 2015, art. 2).

[201] BOCKEL (Alain), « l'Administration territoriale et locale », *in Encyclopédie juridique de l'Afrique, tome 1 : l'État*.- Yaoundé – Dakar : EJA, 1981, p. 172.

[202] *Idem*, p. 172-173.

[203] Gouverneur VAN VOLLEN-HOVEN, Circulaire du 15 août 1917.

[204] Il en est ainsi notamment au Togo, au Niger, au Cameroun, au Tchad.

Au Bénin[205], la première décennie après l'indépendance a été caractérisée par le maintien des chefs traditionnels avec des fonctions d'administration : *« Le village est administré par un chef de village assisté d'un Conseil de village »*[206]. En ce qui la concerne, la Révolution a procédé au démantèlement des institutions traditionnelles. Cette politique s'est traduite notamment par l'exclusion des candidatures des chefs traditionnels : *« le village ou le quartier de ville est administré par le Conseil révolutionnaire local qui a à sa tête le Délégué (...) élu en son sein »*[207]. Le Renouveau démocratique a favorisé une *« résurgence ambiguë »* de la chefferie traditionnelle[208]. Courtisés par le pouvoir politique, certains chefs traditionnels participent à des activités politiciennes et affichent des positions partisanes qui les discréditent largement.

Le Forum bilan sur les cinq premières années de décentralisation, organisé en 2007, après avoir rappelé le *« droit de tout citoyen d'être électeur et éligible »*[209], a mis en exergue les *« problèmes et risques auxquels pourraient s'exposer les gardiens de la tradition à s'impliquer dans la conquête du pouvoir politique et administratif local »* puis recommandé *« la création au niveau de la commune d'un cadre de concertation pour une meilleure implication de la chefferie traditionnelle dans le processus de décentralisation »*. La Charte nationale sur la Gouvernance locale stipule :

« La chefferie traditionnelle et les autorités religieuses sont impliquées dans les prises de décisions importantes engageant la vie de la communauté locale.
Elles constituent des relais de choix entre l'administration communale et les populations à la base.

---

205 La présente analyse a été présentée par l'auteur en octobre 2015, dans une communication présentée au forum bilan d'une décennie de la décentralisation au Bénin, sous le titre *« L'ingénierie territoriale au Bénin : diagnostic et esquisse de thérapie »*, notamment aux pages 15 et 16.

206 Loi n° 59-36 du 31 décembre 1959 portant organisation des villages au Dahomey et créant les Conseils de village, art. 6 ; ordonnance n° 15 PR/MISDM/T du 21 mars 1966 portant institution du village et attributions du Chef de village, art. 8.

207 Ord. n° 74-10 du 13 février 1974, art. 8 ; loi n° 81-001 du 10 octobre 1981, art. 244.

208 BAKO-ARIFARI (Nassirou) & LE MEUR (Pierre-Yves), « La chefferie au Bénin : une résurgence ambiguë », *in Le retour des rois : les autorités traditionnelles et l'État en Afrique contemporaine*, dir. Claude-Hélène PERROT et François-Xavier FAUVELLE-AYMARD, Paris : Karthala, 2003, p. 123 et s.

209 Cf. Actes du Forum, p. 76.

Leurs avis restent strictement consultatifs » (art. 18).

D'un point de vue juridique, il existe donc aujourd'hui une nette séparation entre la chefferie traditionnelle et l'Administration territoriale. Il ne subsiste dans le droit positif aucun texte régissant la chefferie traditionnelle et lui conférant un rôle administratif. Les chefs coutumiers, gardiens des us et coutumes, n'en conservent pas moins, dans les faits, un rôle important, parfois ambigu, dans la vie sociale et politique.

Récemment, les plus hautes autorités béninoises ont annoncé leur intention de réformer et de réorganiser la chefferie traditionnelle[210]. Mais la plus grande prudence s'impose en la matière. En effet, dans les États qui ont précédé le Bénin dans cette voie, les textes juridiques régissant la chefferie coutumière témoignent d'une ''fonctionnarisation'', voire d'une ''vassalisation'' des autorités traditionnelles par l'Administration publique. Il aurait été préférable d'ériger en principe la séparation entre le pouvoir administratif local et la chefferie traditionnelle.

Sur un autre plan, aux termes des lois de décentralisation :

« La commune exerce ses compétences en conformité avec les stratégies sectorielles, les réglementations et normes nationales en vigueur. Elle peut, dans ce cadre, solliciter en cas de besoin, le concours des services techniques de l'État. La commune peut créer ses propres services techniques. En outre, dans l'exécution des opérations qui en découlent et sous sa maîtrise d'ouvrage, elle peut déléguer, se faire assister, concéder, affermer, sous-traiter ou passer contrat.

À cet effet, elle a recours notamment aux services de l'État, aux sociétés ou organismes d'État, aux établissements publics, aux sociétés d'économie mixte ou agences d'exécution, aux organisations non gouvernementales, aux associations de droit béninoise habilitées, aux comités de gestion, aux partenaires au développement, aux sociétés privées, conformément à la réglementation en vigueur »[211].

---

[210] Voir par exemple Benjamin LAWSON, « Chefferie traditionnelle au Bénin : Talon veut réformer le secteur », sur le site internet de La Nouvelle Tribune accessible à l'adresse https://lanouvelletribune.info/2018/08/chefferie-traditionnelle-au-benin-talon-veut-reformer-le-secteur/ consultée en novembre 2018.

[211] Loi n° 97-029 du 15 janvier 1999, déjà citée, art. 108.

La liberté contractuelle des communes est une conséquence de leur personnalité juridique et de la libre administration. Comme la contractualisation, un partenariat peut être envisagé entre une commune et le secteur privé. Le Bénin s'est récemment doté d'une loi sur le partenariat public-privé[212]. Aux termes de cette loi, *« les collectivités territoriales et leurs groupements, [...] ne peuvent [...] conclure des contrats de partenariat public-privé que dans la mesure où ils y ont été autorisés par l'État »*[213]. Malgré sa formulation négative, cette disposition établit au profit des communes une faculté de conclure des contrats de partenariat public-privé. Elle n'impose qu'une autorisation, qui doit s'analyser comme une approbation préalable. Mais le partenariat public-privé reste peu développé au niveau local.

*

* *

Le Bénin a connu sa première expérience de décentralisation pendant la période coloniale. Cette expérience a été interrompue assez rapidement. Pendant les dix premières années qui ont suivi l'indépendance, l'évolution de l'Administration territoriale dans cet État est caractérisée par une succession de réformes traduisant des flux et des reflux de la décentralisation en raison d'une instabilité politique chronique. Un système de décentralisation en trompe-l'œil s'est construit progressivement sous la Révolution, à partir de 1974 et a été systématisé en 1981. Le Bénin n'a renoué avec la décentralisation qu'à la faveur du renouveau démocratique inauguré en 1990. Il a d'ailleurs fallu attendre une douzaine d'années pour que la décentralisation devienne effective. Dans une approche prudente et graduelle, les communes constituent la seule catégorie de collectivités territoriales créée. Depuis lors, l'expérience se poursuit. Au nombre des développements récents figure l'amorce d'une contractualisation entre l'État et les communes. Un accord-cadre a été ainsi conclu en 2018 entre le Gouvernement les communes du Grand Nokoué sur le projet dit Asphaltage. Dans un contexte caractérisé par la mondialisation, le Bénin subit aussi quelques influences extérieures

---

212 Loi n° 2016-24 portant cadre juridique du Partenariat public-privé (PPP) du 24 octobre 2016.

213 *Idem*, art. 10 al. 2.

qui concourent à distiller dans la pratique des éléments de la conception anglo-saxonne[214] de la décentralisation, relativement différente de la conception française que traduisent les textes législatifs et réglementaires en vigueur. Il est à regretter qu'au terme de vingt-cinq ans de mise en œuvre, les insuffisances du cadre juridique de la décentralisation, révélées par la pratique tardent à être corrigées. En attendant, suite à la priorisation des cibles des objectifs de développement durable (ODD) au Bénin, des actions de renforcement sont en cours pour faciliter l'intégration des ODD priorisés dans la *« planification communale, notamment à travers les plans de développement communal de troisième génération qui sont en cours d'élaboration »*[215].

[214] Sur les manifestations et les limites de cette influence, Cf. SOHOUÉNOU (M. Épiphane), « L'administration territoriale béninoise et le droit supranational de la décentralisation », in *L'effectivité de la décentralisation au Bénin*, déjà cité, pp. 29-30 notamment.

[215] GOUVERNEMENT DU BÉNIN et PNUD, *Priorisation des cibles des objectifs de développement durable (ODD) au Bénin*, Cotonou : juillet 2017, p. 76.

Repères bibliographiques

Ouvrages et thèses

BATOKO (Ousmane), *L'Administration régionale de développement au Bénin*, Thèse, Paris 2 - Panthéon Assas, 1992.

BOCKEL (Alain), « L'administration territoriale et locale » in *Encyclopédie juridique de l'Afrique, Tome 1 : L'État*, sous la direction de P.F. GONIDEC et M. GLÈLÈ AHANHANZO, NEA, 1982, pp. 171 à 199

GANDONOU (O. M. Diane), *Les villages et quartiers au cœur de la décentralisation au Bénin*.- Saarbrücken, PAF, 2015

NANAKO (Cossoba), *La libre administration des collectivités territoriales au Bénin et au Niger*, Thèse pour le doctorat en droit public, Université d'Abomey-Calavi, août 2016, 436 p.

Approfondir les processus de décentralisation en Afrique de l'Ouest francophone, Cotonou : Les Éditions du CeDAT, Préface I. D. SALAMI, 2018

NACH MBACK (CHARLES), *Démocratisation et décentralisation (genèse et dynamiques comparés des processus de décentralisation en Afrique subsaharienne*, Paris, Karthala/PDM, 2003, 528 pages

PDM, *L'État de la décentralisation en Afrique*, Paris : Karthala, 2003

Essais

ADJAHO (Richard), *Décentralisation au Bénin, en Afrique et dans le monde : état sommaire et enjeux*, Cotonou, août 2002

Décentralisation : La question de la tutelle de l'État sur les collectivités locales, Cotonou : Les éditions du Flamboyant, 2004

DOSSOU (Camille), *Décentralisation, déconcentration, et découpage territorial : ce qu'il faut savoir*, Cotonou, GTZ-DED, 2000

Articles et communications

HOLO (Théodore), « La décentralisation au Bénin : mythe ou réalité » in *Revue béninoise des sciences juridiques et administratives*, n° 7, décembre 1986.

SALAMI (Ibrahim David) (Dir.) *L'effectivité de la décentralisation au Bénin*, Actes du colloque sur le bilan des 10 ans de la décentralisation, in Les Cahiers du CeDAT, mai 2015

SOHOUÉNOU (M. Epiphane), « Contribution à l'élaboration d'une échelle de la décentralisation en Afrique noire francophone », in *RBSJA* n° 22 – Année 2009, pp. 143 et ss.

Textes juridiques
Constitution du 11 décembre 1990
Recueil de textes sur la décentralisation, Droits et Lois, Édition 2016, à compléter notamment par :
. la loi n° 2015-18 du 13 août 2018 portant statut général de la Fonction publique ; et
. la loi n° 2018-31 du 9 octobre 2018 portant Code électoral.

Revues et documents
Ministère chargé de la Décentralisation
Les Actes du Forum national sur le bilan de la Réforme de l'Administration territoriale et la gestion des communes, novembre 2007, 168 pages.
Politique nationale de décentralisation et de déconcentration, 2 volumes : 1. Rapport-synthèse du document cadre ; 2. Annexes, juin 2009.
Revue La Territoriale
Groupe de presse Le Municipal.- Journal Le Municipal
ANCB
Échos des communes
Courrier mensuel (électronique)

LE CADRE DE LA DÉCENTRALISATION EN CÔTE D'IVOIRE

Rameaux Koffi Niangoran

*
* *

Introduction générale

Paul BERNARD affirmait que : « *Les deux mouvements de décentralisation et de déconcentration sont des moteurs essentiels pour la réforme de l'État et de l'administration territoriale. Il ne s'agit pas de répondre à une mode, à un diktat mondialiste, ou de subir des modèles imposés*[216] ». L'idée générale qui se dégage de cette pensée est que chaque pays est appelé à retrouver la trajectoire de l'histoire du peuple pour mieux situer le sens de l'évolution à guider pour l'avenir. On constate un double mouvement naturel. Dans un premier temps, la centralisation est indispensable pour construire une nation solidaire. Ensuite, dans un deuxième temps, le partage du pouvoir s'impose sur le territoire pour deux raisons : la démocratie appelle la participation du plus grand nombre à la gestion des affaires publiques d'intérêt local et l'efficacité administrative exige la performance du service rendu sur place[217].

En effet, depuis la fin des années 1980, la décentralisation est devenue une priorité politique affichée par de nombreux pays africains. Elle est présentée comme une nouvelle voie pour bon nombre d'entre eux, longtemps restés sous un régime centraliste, comme un nouveau chemin de la démocratie et du développement. En tant que telle, la décentralisation prend sa place dans les exigences de restructuration et de modernisation des administrations publiques. L'Afrique des collectivités est une réalité. Elles sont aujourd'hui le "ciment" d'une unité nationale renouvelée, et la preuve qu'une bonne gouvernance peut être efficace pour l'amélioration des conditions de

---

[216] Paul Bernard, Ancien Préfet de région, Président d'Honneur de l'Association du Corps préfectoral & Vice-président de l'Institut français des Sciences administratives, « Décentralisation et déconcentration », (L'expérience française).
[217] *Idem*

vie des populations. Cependant, force est de reconnaître que plusieurs raisons expliquent la mise en place de cette politique de la décentralisation[218].

Sur le plan institutionnel, les pays les plus fragilisés par des crises politiques et/ou identitaires ont souvent opté pour des politiques de décentralisation radicales et rapides. Pour ces pays, c'était le seul moyen de sauvegarder l'unité nationale. C'est le cas de pays sortant de dictatures dures ou des pays d'Afrique australe marqués par une longue politique d'apartheid[219]. Les pays où l'administration centrale est forte ont choisi des stratégies plus progressives, avec la mise place de quelques collectivités territoriales dans un premier temps ; d'autres ont suivi selon un processus d'évaluation à mi-parcours du processus de décentralisation. De même, les États où la société civile et les acteurs politiques nationaux se sont engagés dans un débat interne sur la décentralisation connaissent des processus de décentralisation sans restriction donnant droit à toutes sortes d'expérimentations institutionnelles. C'est le cas des pays de l'Afrique de l'ouest, en particulier la Côte d'Ivoire[220].

En effet, le processus de la décentralisation s'inscrit dans le cadre des réformes de l'État et se doit de prendre en compte l'histoire institutionnelle du pays concerné. Le développement[221] qui devra suivre ce processus, qu'il soit local ou national est au prix d'une maîtrise du passé et de sa prise en compte dans les projets des politiques publiques. C'est en revisitant son passé, son histoire que le pays trouvera le juste milieu dans son processus de décentralisation. Aucun pays au monde ne s'est développé en tirant un trait sur son passé. La solution au problème du sous-développement des pays africains, ne saurait- être de mimer les institutions des pays

---

[218] François Paul YATTA, "La décentralisation fiscale en Afrique : Enjeux et perspectives", éd. Karthala, 2009, p.16

[219] *Idem*

[220] *Ibidem*

[221] Alice Degni-Segui, « L'administration locale ivoirienne », thèse soutenue à la faculté de droit d'Aix Marseille, 1982, pp 288 : *« la connotation politique de ce mot lui a fait revêtir plusieurs significations qui ne laissent pas d'impressionner et de dérouter. Certains auteurs et hommes politiques restent souvent assez vagues et imprécis, l'appréhendent tantôt comme la construction d'une nation ou la modernisation de l'idée de progrès et de ses applications à ce que l'on vient à appeler le monde sous-développé ou tiers monde ».*

développés. Une décentralisation ne peut être efficace que si elle est inspirée de la réalité sociopolitique du pays concerné et si elle est portée par la population.

La Côte d'Ivoire, à l'instar de nombreux pays africains, au lendemain de son indépendance, bien que libre politiquement, n'a eu d'autre choix que de mimer le modèle de la métropole. Les raisons de ce mimétisme furent : d'une part, le fait que les élites ivoiriennes avaient été formées et formatées à l'école coloniale ; et d'autre part, le fait que la chefferie traditionnelle était sortie de la colonisation très affaiblie, dénaturée et déstructurée. C'est ainsi qu'en 1960, la Côte d'Ivoire opte pour une politique de centralisation à la française. Mais, elle amorcera son processus de décentralisation dans les années 1980 avec la concrétisation d'un certain nombre de principes. Ce processus de la décentralisation couplé avec celui de démocratisation que connaît le pays dans les années 1990, accentuera le besoin de faire participer la population dans les prises de décision, et de rapprocher l'administration des administrés. Les régimes, qui se succèdent à la tête de l'État ivoirien, ne remettront pas en cause la volonté décentralisatrice du pays. Ils vont même la renforcer. Ainsi, la Constitution du 8 novembre 2016, confirme le « principe de la libre administration » des collectivités locales et consacre le statut constitutionnel de la commune et de la région. Ainsi, la législation sur la décentralisation en Côte d'Ivoire va se constituer par l'accumulation progressive de textes de lois, qui, avec le temps, s'est étoffée et est devenue très abondants en la matière[222]. Par conséquent, plusieurs lois votées sont restées lettres mortes, et n'ont jamais connu un début d'exécution[223]. Malgré cette inflation normative, la politique

[222] Quelques textes sur la décentralisation en Côte d'Ivoire : la loi n° 80-1180 du 17 octobre 1980 relative à l'organisation municipale ; loi n° 80-1181 du 17 octobre 1980 portant régime électoral municipal ; loi n° 95-892 du 27 octobre 1995 relative à l'orientation de l'organisation générale de l'administration territoriale ; loi n° 2001-476 du 09 août 2001 relative à l'orientation générale de l'administration territoriale ; loi n° 2001-477 du 9 août 2001 relative aux départements ; loi n° 2001-478 du 09 août 2001 portant création du district d'Abidjan ; loi n°2012-1128 du 13 décembre 2012 portant organisation des collectivités territoriales....

[223] Les transferts de compétences aux collectivités territoriales ivoiriennes se heurtent généralement à l'absence de textes d'application. La panoplie de lois votées à l'Assemblée nationale ne peut donner à elle seule, une opérationnalité aux transferts de compétences. Ce transfert des compétences n'est effectif qu'après l'élaboration des décrets et autres arrêtés d'application qui définissent dans les

de la décentralisation en Côte d'Ivoire semble réussir par rapport à celle de ses voisins de la sous-région.

La politique de la décentralisation a pu ainsi correspondre à deux objectifs distincts : "*Constituer, d'une part, un découpage administratif du territoire national en vue d'une plus grande efficacité en matière de développement local (...) et d'autre part, rapprocher les pouvoirs publics des populations et faciliter leur participation aux processus de décision*[224]». Elle se présente donc comme une école de la démocratie, selon l'heureuse expression de TOCQUEVILLE, et elle désigne « *le procédé technique qui consiste à conférer des pouvoirs de décision à des organes locaux, autonomes, distincts de ceux de l'État. Ces organes, appelés autorités décentralisées règlent les problèmes d'intérêt local, tandis que les autorités centrales prennent en charge ceux présentant un intérêt national*[225] ». La décentralisation appelle l'idée d'autonomie administrative, consistant, selon BOCKEL, à « *abandonner à des administrations autonomes la solution des problèmes qui les concernent* [226]». Cette autonomie se matérialise, on le sait, dans la personnalité juridique reconnue à la collectivité décentralisée et elle implique un transfert de compétences à une personne publique autre que l'État et inférieure à celui-ci[227]. Dans ce contexte, il semblait évident, pour de nombreux pays africains, que la fourniture équitable des services publics, partout et en tout lieu du territoire national, était la meilleure réponse aux différentes menaces contre l'intégrité de l'État. Dès lors, la promotion du développement local par les collectivités décentralisées s'impose comme l'une des solutions face à une situation de crise qui ne cesse de s'aggraver.

---

détails ces compétences. Par exemple, en Côte d'Ivoire, pas moins d'une cinquantaine de décrets d'application a été nécessaire pour définir les compétences transférées. Entre les lois votées et les décrets d'application, il peut s'écouler parfois plusieurs années, reportant d'autant le transfert effectif des compétences.

[224] Cf. Olivier Michel LECLERC, *« Éthique et coopération internationale »*, *in* Les sociologies critiques du capitalisme, éd. Paris, PUF 2002, p.180-181.

[225] René DEGNI-SEGUI, *« Droit administratif général »,* T.I portant sur "L'organisation administrative ivoirienne", éd. CEDA, Abidjan, 2012, P.56 et s.

[226] *Cf.* Alain BOCKEL, *Droit administratif*, C.R.E.D.I.L.A., N.E.A., Dakar, Abidjan, 1978, p. 249.

[227] Pour une étude critique de la notion, voir Robert HERTZOG, « L'autonomie en droit : Trop de sens, trop peu de signification ? », in Mélanges Paul AMSELEK, éd. Bruyant, Bruxelles, 2005, p. 445-470. Voir également Marc JOYAU, "De l'autonomie des collectivités territoriales françaises", éd. L.G.D.J, 1998.

Autrement dit, la politique de la décentralisation se révèle en définitive comme un vecteur essentiel utilisé pour favoriser, comme indiqué plus haut, la démocratie et le développement dans la mesure où elle s'intéresse au bien-être de la cité et aux populations locales. De ce fait, elle se caractérise par plusieurs volets[228] : le volet politique, le volet administratif et le volet financier. Le volet politique, d'abord, met l'accent sur les arrangements politiques nationaux : il s'agit du mode des élections locales, des modalités de choix des candidatures, du système électoral et de la régularité des élections locales. Ensuite, le volet administratif met l'accent sur le découpage territorial, les capacités institutionnelles des collectivités locales, les compétences transférées et l'articulation avec l'État pour la mise en œuvre des compétences transférées. Le volet financier, enfin, met l'accent sur l'ensemble des arrangements financiers entre l'État et les collectivités locales. Ces trois volets sont différemment traités selon les pays africains et résultent de l'histoire sociologique ayant donné naissance au processus de la politique de la décentralisation.

La Côte d'Ivoire n'est pas en marge de ces réformes administratives inspirées des idées de la gouvernance publique locale. Avec la décentralisation, les populations et les pouvoirs publics ivoiriens en espèrent à la fois l'enracinement de la démocratie à la base, une meilleure mobilisation des énergies pour le développement local, une meilleure satisfaction des besoins au niveau local, et enfin une plus grande participation des populations à la gestion des affaires publiques locales. Autant d'éléments qui permettent de comprendre que la politique, le social, l'économie et le culturel sont au rendez-vous de la politique de la décentralisation.

Cette contribution se propose de présenter une série de réflexions sur la politique de la décentralisation dans une étude tournée vers le modèle ivoirien, mais dont les analyses pourraient s'inspirer utilement des acteurs locaux africains confrontés à la problématique du développement local. Cette nouvelle politique de développement local qui s'inspire du droit français suscite tout de même deux grandes questions : comment la politique de la décentralisation s'est-elle construite en Côte d'Ivoire ? Et quelles sont les stratégies mises en place par les pouvoirs publics pour accomplir cette mission ?

---

[228] François-Paul YATTA, *op. cit.*, p.19.

Cette étude s'emploie à apporter des éléments de réponses à ces questions à partir d'une analyse juridique qui s'appuie sur les sources normatives[229] de la décentralisation en Côte d'Ivoire. Ainsi qu'on le verra, il s'agit d'une réflexion qui s'inscrit, au principal, dans le champ du droit administratif et plus spécifiquement du droit relatif aux collectivités territoriales. Cependant, bien que situé au principal, dans un champ disciplinaire, celui du droit administratif, le sujet déborde sur des questions plus ou moins liées à des considérations de droit constitutionnel[230] et de sociologie administrative. Pour ce faire, l'article s'organise en deux grands points : le premier retrace les bases de la politique de la décentralisation en Côte d'Ivoire (section 1), et le second expose la stratégie mise en œuvre par les pouvoirs en vue de développer les entités décentralisées (section 2).

Section 1. Les bases du processus de décentralisation en Côte d'Ivoire.

Le XXe siècle s'est achevé sur un engagement des États africains en faveur des politiques de décentralisation, pilier important de réformes institutionnelles plus larges[231]. Cependant, force est de reconnaître que les bases de cette politique de la décentralisation sont multiples. Elles se traduisent d'une part, par les bases politique et historique (§1), et d'autre part, par le maintien des grands principes de l'organisation administrative de la Côte d'Ivoire (§2).

---

229 Pour apprécier la dimension de la politique de la décentralisation, nous nous référerons aux textes régissant la décentralisation avant et après l'indépendance. Il s'agit des lois : Loi n° 55-1489 du 18 novembre 1955 relative à réorganisation municipale en A.O.F, en A.E.F au Togo, au Cameroun et Madagascar, *in JORCI*, n°58 du 10 sept.1959 ; Loi n° 80-1180 du 17 octobre 1980, relative à l'organisation municipale, *in J.O.R.C.I.* n°51 du 28 octobre 1980, p. 1097-1111 ; loi n° 2012-1128 du 13 décembre 2012 portant organisation des collectivités territoriales ; **Loi** n° 2014-451 du 05 août 2014 portant orientation de l'organisation générale de l'Administration Territoriale.

230 La dimension constitutionnelle du droit des collectivités territoriales est considérable du fait de la consécration par la Constitution du principe de libre administration des collectivités (art. 172 de la Const. de 2016).

231 Philippe HUGON, *« Les effets des politiques d'ajustement sur les politiques africaines »*, *in* Gérard CONAC (dir), *« l'Afrique en transition vers la démocratie"*, Actes de colloque de Paris, 11-13 décembre 1990, éd. Économica 1993, p.89 et s.

§1. La décentralisation en Côte d'Ivoire, un processus politique et historique.

Dès le début des années 1990, les États africains ont entrepris des réformes décentralisatrices dans un contexte marqué par une double crise : une crise sociopolitique et et une crise économique. La première se manifeste par une remise en cause des régimes au pouvoir pendant des décennies dans les différents pays. Il s'agit pour les populations de participer à l'élaboration des politiques publiques locales concernant la gestion des problèmes qui touchent à leur vie quotidienne. La crise économique et financière est également, entre autres, un facteur déterminant du malaise des États africains. Au cours de la décennie 1980, la baisse chronique des ressources budgétaires des pays africains accroît leur dépendance vis-à-vis de l'aide extérieure[232]. Lorsque celle-ci prend la forme de "Programmes d'Ajustement Structurel[233]" (PAS), la décentralisation apparaît comme une solution pour le désengagement de l'État, et la prise en charge du développement par les communautés de base selon une conception autogestionnaire. Ces faits vont avoir probablement un impact majeur sur la mise en œuvre de la politique de décentralisation. De la crise économique à la crise politique, les réformes décentralisatrices en Afrique, en général, et en Côte d'Ivoire, en particulier, au cours des années 1990 comportent essentiellement deux bases : la démocratie locale et le développement local (A). Cependant, le processus de décentralisation très avancé en Côte d'Ivoire se distingue de ce que l'on observe dans les autres pays de la sous-région. Si ces réformes sont mises en exergue dans les dernières stratégies publiques promues par les bailleurs de fonds, elles s'inscrivent dans l'histoire longue de l'administration du territoire ivoirien (B) qu'il convient d'examiner.

A.- Une politique instaurant la démocratie locale et le développement local.

La notion de démocratie locale dans le concept de la décentralisation est avant tout- l'idée d'un système de gestion

[232] Patrick GUILLAUMONT, « La vulnérabilité économique, défi persistant à la croissance africaine », Centre d'Étude et de Recherche sur le Développement International (CERDI) 2016, p.3.
[233] Gilles DURUFLÉ, " *L'ajustement structurel en Afrique : Sénégal, Côte d'Ivoire, Madagascar*, éd. Paris Karthala, 1988, p.47 et s.

politique du territoire, qui, pour s'accomplir doit favoriser la définition par les populations des solutions aux problèmes de leur cadre de vie. Cette exigence politique trouve sa traduction juridique dans l'institution du procédé électoral, au suffrage universel, comme mode de désignation des instances dirigeantes des collectivités territoriales. Sur ce point, la doctrine est quasi unanime. Jean-Marie AUBY et Robert DUCOS-ADER voient dans l'élection des instances locales au suffrage universel le critère de la décentralisation. Cette élection assurerait l'autonomie organique de la collectivité locale par rapport à l'État. Il s'agit de prémunir les autorités locales contre les incursions du pouvoir central dans l'administration des collectivités : *« il n'y a de véritable décentralisation,* pense Charles EISENMANN, *que si et dans la mesure où les autorités locales reçoivent le pouvoir de poser des règles ou des normes d'espèce avec la liberté que leur laisse la législation sans être soumises à une volonté d'une autorité administrative de l'État »*[234]. En se faisant désigner par les populations, les autorités locales échappent aux pressions des autorités centrales.

Mais pour autant, l'élection des dirigeants locaux n'est pas seulement destinée à les protéger contre les pressions du pouvoir central. Elle tient aussi compte du droit des populations à participer à la gestion des affaires publiques locales.

La liberté d'action des édiles locaux s'accompagne de leur comptabilité devant le corps électoral pour leur gestion. Le devoir de reddition des comptes est une dimension essentielle de la décentralisation. Le rite électoral est le moment pour le citoyen contribuable de sanctionner la gestion de l'élu à la tête de la collectivité. La décentralisation cesse ainsi d'être simplement un élément de technologie administrative pour devenir un processus politique[235]. En fait, le thème de la décentralisation comme facteur de la démocratie au niveau local est repris par tous les acteurs locaux de tous bords politiques. Pourtant, dans le fond, il semble que la recherche de la démocratie locale soit, pour les gouvernements

---

[234] Charles EISENMANN, "*Les structures de l'administration*", *in* Cours de droit administratif, t.1, éd. L.G.D.J, 1984, p.288.

[235] Nach Charles MBACK, *Démocratisation et décentralisation : genèse et dynamiques comparés des processus de décentralisation en Afrique subsaharienne*, éd. Karthala, 2003, p. 39 et s.

africains, un moyen d'atteindre d'autres objectifs. La plupart des États africains recherchent dans la décentralisation un objectif politique en rapport avec l'établissement ou le rétablissement de la paix sociale. Nombre de conflits internes, avec des enjeux territoriaux se sont éteints dès l'adoption de la décentralisation comme mode d'administration territoriale. Il en ainsi de la rébellion touareg au Mali et au Niger, ou encore de l'irrédentisme anglophone au Cameroun[236].

Même si les conflits n'y ont pas atteint l'ampleur de guerres civiles, la décentralisation a été un élément dans la solution des crises politiques en Côte d'Ivoire, au Bénin, au Burkina Faso et au Gabon[237]. Ce faisant, les gouvernements usaient d'un moyen commode pour réduire leur responsabilité dans la gestion de certains besoins des populations au niveau local.

Car décentraliser aura aussi signifié rendre les populations locales responsables de ce qui leur arrive[238]. C'est là une interprétation non officielle de "*vous déciderez vous-même de vos affaires*". Cela sous-entend que les intéressés en assumeront les charges. De ce point de vue, la démocratie locale comme base de la politique de la décentralisation au cours des années 1990 s'est résolue à satisfaire les revendications politiques au sommet de l'État. Elle a surtout entrepris de cantonner certaines crises à la base. Mais plus positivement, les États africains ont également vu -dans la décentralisation- le moyen par excellence de susciter l'adhésion des populations aux politiques de développement mises en œuvre au niveau local. En effet, la décentralisation est également associée au développement local. Cette association s'inscrit dans les théories qui en appellent à la réforme économique de l'État en termes d'une réduction de son interventionnisme économique[239]. L'État est considéré en Afrique à partir des années 1980 comme l'une des causes du sous-développement.

---

[236] Charles NACH MBACK, *op. cit.*, p. 36.

[237] *Idem*

[238] Alice DEGNI-SEGUI, « *L'évolution du processus de décentralisation en Côte d'Ivoire* », *in Les actes du colloque sur la décentralisation en France et en Côte d'Ivoire (législations comparées*), publié par le Centre de valorisation de la recherche, Abidjan, mai 1988, p. 23 et s.

[239] Pierre-Joseph LAURENT, « *Institutions locales et quelques aspects théoriques à partir de l'exemple du Burkina Faso* », *in* Paul MATHIEU, Pierre-Joseph LAURENT, Jean-Claude WILLIAMS (dir.), *Démocratie, enjeux fonciers et*

La décentralisation est alors appréhendée comme un instrument de réduction du poids de l'appareil de l'État centralisé, tout en inscrivant ce dernier dans une logique de fonctionnalité par rapport aux exigences du marché[240]. Ce discours sur la décentralisation, dominant durant les années 1990 lie le développement économique et social à un impératif d'adaptation des États aux nouveaux standards de l'économie mondialisée. Les Institutions de Bretton Woods (Banque Mondiale et FMI) en font un adjuvant des Politiques d'Ajustement Structurel (PAS) qu'elles proposent aux États africains pourtant en plein marasme économique[241]. En permettant d'obtenir plus facilement l'adhésion des populations aux politiques publiques locales, la décentralisation favorise la mobilisation fiscale du contribuable à renflouer les caisses des collectivités territoriales. D'ailleurs, dans son rapport de 1997, la Banque Mondiale soutient dans cette logique : « *les programmes publics donnent de meilleurs résultats lorsqu'ils sont exécutés avec la participation des bénéficiaires et lorsqu'ils exploitent le potentiel associatif de la collectivité*[242] ». La participation ainsi conçue comme étant à la fois individuelle et collective peut être obtenue grâce à une meilleure adaptation des services publics aux préférences des populations locales[243]. Par ailleurs, cette association de la décentralisation et du

---

pratiques locales en Afrique", Séminaire de Louvain-la-Neuve, 2-12 mai 1995, Cahiers africains, 1995, p. 48 et s.

[240] Ana ESTEVES, Pierre-Joseph LAURENT, Jean-Philippe PEEMANS, « *Stabilité politique, ethnicité et dimensions socio-économique de la gouvernabilité locale : synthèse théorique et application, les cas du Bénin et du Burkina Faso* », Louvain-la-Neuve, Institut d'études du développement (UCL), 1995, 71 p. Citation reprise par Pierre-Joseph LAURENT, *op. cit.* p.48

[241] Zéphirin BOLIGA, *Les conséquences sociales des politiques d'ajustement structurel en Côte d'Ivoire*, Thèse de Doctorat en Économie et de gestion, Université Paris VII, 199, p. 80 et s.

[242] Banque Mondiale, *L'État dans un monde en mutation,* Rapport sur le développement dans le monde en 1997, p. 11.

[243] Plusieurs avantages sont ainsi espérés de la décentralisation : le premier a trait à la fonction allocative : les décisions relatives aux dépenses publiques prises au niveau local ont plus de chance de refléter la demande des services publics locaux que de décisions prises par un gouvernement central lointain ; le second avantage consiste à un meilleur rendement de la fiscalité locale. En effet, la décentralisation devrait engendrer une mobilisation suffisante des ressources locales. La crise de confiance des populations vis-à-vis de l'État et l'absence de lien entre d'une part, les impôts et taxes payés par les populations et, d'autre part, les services rendus ont mis à mal le prélèvement public. Car, les populations locales sont plus disposées à payer

développement local, dans une relation de cause à effet n'a cependant rien de nouveau. Un ensemble de documents propres aux Institutions internationales révèle que ce n'est pas la première fois que la décentralisation, parée des vertus de développement est proposée comme solution aux difficultés économiques des pays africains[244].

En effet en 1964, les Nations Unies rendaient publique une étude au titre évocateur : « *La décentralisation en vue du développement national et local* »[245]. L'ONU y voyait une question des plus urgentes - à inscrire dans l'ordre des priorités - la politique de décentralisation dans les pays en développement : « *les gouvernements doivent décentraliser, le plus rapidement possible, les pouvoirs de décision pour accélérer leur développement économique et social et pour donner aux programmes un effet durable. La décentralisation revêt une importance particulière pour les pays en développement où l'expansion rapide des services publics accroît considérablement le nombre des interventions administratives et multiplie, en conséquence, les gaspillages des efforts inhérents à une centralisation trop poussée* »[246]. La décentralisation dans cette perspective est liée à sa capacité à consolider les liens socio-économiques à l'intérieur des collectivités territoriales, elles-mêmes assises sur un socle territorial clairement défini. Le développement local, dans le cadre de la décentralisation est appréhendé comme l'élargissement de la démocratie économique et sociale. Il se décline en des termes différents, selon qu'il s'agit de la problématique urbaine ou rurale. Dans les deux cas, cependant, décentralisation, démocratie locale et développement local se trouvent comme le souligne Charles NACH

---

pour des services qui répondent à leurs priorités, surtout lorsqu'elles ont participé à la prise de décision concernant la fourniture de ces services ; le troisième avantage de la décentralisation est l'efficacité productive. Cet avantage fait référence aux coûts trop importants des différents équipements publics construits par l'État. L'utilisation de ces infrastructures se traduit dans la plupart du temps par des tarifs élevés. Or les collectivités territoriales, parce qu'elles sont plus proches des électeurs, et de ce fait mieux contrôlées construisent des équipements de qualité dont l'usage reflète la capacité contributive de chaque habitant.

[244] Même dans l'histoire de la France, les tenants de la décentralisation avaient souvent présenté celle-ci comme le remède à tous les maux du pays. Sur ce point, voir : François BURDEAU, *Libertés, libertés chéries*, éd. Cujas, 1989, p. 28 et s.

[245] Nations Unies, *Décentralisation en vue du développement national et local*, New York, 1964.

[246] *Idem.*

MBACK, dans un « *mariage à trois*[247] ». Ces deux bases montrent que la décentralisation ne se fonde pas, *a priori*, sur une théorie juridique affirmée, mais constitue d'abord une réponse à des problèmes concrets qui se posent à une société. Mais cela étant, comment la décentralisation a été introduite en Côte d'Ivoire ?

B.-. (…) parcourant une histoire longue.

Il importe ici de rappeler dans ces grandes lignes, l'historique de la décentralisation en Côte d'Ivoire. Le processus de la décentralisation s'est imposé à la Côte d'Ivoire de la même manière qu'à l'ensemble des États africains. Seulement chaque État y est allé mettre en place sa décentralisation dans le cadre d'un processus qui lui est propre. C'est d'ailleurs pour cela qu'aujourd'hui, on s'aperçoit que certains sont très avancés. C'est le cas du Sénégal, du Bénin et même le Burkina Faso, entre autres. C'est également pour la même raison que certains États comme le Togo sont en retard dans la mise en œuvre du processus de la décentralisation. Et comme la décentralisation représente, en termes d'enjeux, à la fois recherche de démocratie et développement local, ces pays en question peuvent-être considérés comme étant en retard, du moins déficitaires du double point de vue de la pratique de la démocratie locale[248] et du développement local. Et pour ce qui nous concerne ici, c'est-à-dire la problématique du développement local, nous retenons plus ou moins que les États insuffisamment décentralisés sont ceux dans lesquels la question de la politique de la décentralisation est moins maitrisée, tant du point de vue normatif qu'institutionnel.

Cela étant, retraçons dans les lignes qui suivent l'historique de la décentralisation en Côte d'Ivoire.

Avant l'indépendance en réalité, la Côte d'Ivoire avait hérité de quelques dispositifs juridiques et de quelques entités territoriales de l'ancienne puissance coloniale que l'on peut considérer comme les prémices de collectivités territoriales. En effet, les premières expériences de la décentralisation en Côte d'Ivoire puisent leur source du temps colonial en tant qu'entité française de l'Afrique

[247] Charles NACH MBACK, *op. cit.*, p. 39.

[248] Au Togo par exemple, les maires sont nommés par le pouvoir central.

occidentale[249]. À cette époque, le territoire actuel était structuré sur le plan municipal par la loi du 5 avril 1884[250] et la loi du 18 novembre 1955[251]. Sous cette ère, trois catégories d'entités se partageaient le paysage communal ivoirien. Il s'agit des communes mixtes, des communes de moyen exercice et les communes de plein d'exercice.

Les communes mixtes étaient dotées de conseillers municipaux en partie élus et en partie nommés, avec à leur tête des maires désignés par l'autorité de tutelle. C'est le cas par exemple de Grand-Bassam (1914) et Abidjan (1915).

Les communes de moyen exercice étaient dirigées par des conseillers municipaux élus ayant à leur tête des administrateurs-maires désignés par le pouvoir central (Abengourou, Agboville, Daloa, Dimbokro, Gagnoa et Man créées en 1995).

Les communes de plein exercice sont créées en 1956, date du vote de la loi cadre : elles sont, à la différence des deux autres, administrées par des conseillers municipaux élus. Jusqu'en 1960, deux villes seulement (Abidjan et Bouaké) avaient le statut de commune de plein exercice. C'est ce qui explique qu'en prélude à la décentralisation, sur la base de la loi n° 61-84 du 10 avril 1961, relative au fonctionnement des départements, préfectures et sous-préfectures, le gouvernement ivoirien s'est employé à assurer une déconcentration progressive des pouvoirs de décision et un encadrement aussi étroit que possible des populations, en accroissant, par étapes successives, le nombre de circonscriptions administratives. De quatre départements (4) et cent-cinquante-neuf (159) sous-préfectures en 1975, aujourd'hui, quatre-vingt-onze (91) départements et trois-cent-quatre-vingt-dix (390) sous-préfectures dont trois-cent-quarante-quatre (344) fonctionnelles quadrillent le territoire ivoirien.

Cependant depuis 1991, dans un souci d'une meilleure coordination et d'une animation plus efficiente des structures et des services extérieurs de l'État, dans une vision plus large d'aménagement du territoire, l'administration territoriale s'est enrichie et renforcée d'un nouvel échelon, la région. Les premières régions ont été créées par le décret n° 91-10 du 16 janvier 1991. De dix régions

---

[249] Yapi YAP0, *Yakassé - Attobrou : initiatives municipales*, éd. Presse Universitaire d'Abidjan (PUA), 2010, p.15 et s.

250 Loi du 5 avril 1884 relative à l'organisation municipale en France, *in J.O.R.F* du 6 avril 1884, p.1557.

[251] Loi n° 55-1489 du 18 nov. 1955 relative à réorganisation municipale en A.O.F, en A.E.F au Togo, au Cameroun et Madagascar, *in JORCI*, n°58 du 10 sept.1959.

(10) administratives en 1991, on est passé à seize régions (16) en 1997, à dix et neuf (19) en 2001 puis à trente-deux (32) régions en 2011[252]. Selon les dispositions du décret n° 92-276 du 21 avril 1992, portant organisation et fonctionnement des circonscriptions régionales, « *les régions constituent désormais les pôles de convergence et de concertation des départements, des sous-préfectures et des communes, pour les actions et les opérations de développement telles que celles menées à travers les fonds régionaux d'aménagement rural (FRAR) sous le sceau des pays ruraux et le fonds d'investissement et d'aménagement urbain (FIAU)* ». À ces instruments pionniers d'appui aux communes, il faut adjoindre le Projet d'Appui à la Conduite d'Opérations Municipales (PACOM) géré par la Mission d'Appui à la Conduite d'Opérations Municipales (MACOM). Au total, de 1955 à 1960, l'essentiel de la décentralisation en Côte d'Ivoire a été mise en place. Ce qui signifie aussi que la prise de conscience des autorités ivoiriennes et de l'ensemble des acteurs locaux est assez claire au regard de la démocratie locale et du développement local. Mais cela ne signifie pas que tous les problèmes relatifs à la décentralisation étaient déjà résolus. La preuve, après l'indépendance de nouvelles lois vont-être adoptées pour poursuivre le processus.

Dès son accession à la souveraineté nationale et internationale, la Côte d'Ivoire a résolument mis en place les institutions et les structures qui lui paraissaient les plus aptes à assurer son développement dans la liberté, la paix et l'harmonie sociale. À cet égard, une attention particulière a été portée très tôt à l'organisation de l'administration territoriale considérée comme un levier du développement général du pays. Les pouvoirs politiques ivoiriens toujours dans cet élan de prise de conscience ont voulu aller plus loin, et naturellement se sont appuyés sur de nouvelles lois de décentralisation en Côte d'Ivoire. Parmi ces lois, il y a celles qui ont pour but de créer de nouvelles collectivités territoriales (la loi n° 80-1180 du 17 octobre 1980, relative à l'organisation municipale) ; d'autres ont pour objectif de préciser la répartition des compétences entre l'État et les collectivités (loi n° 85-582 du 29 juillet 1985, portant transfert des compétences de l'État aux communes et des décrets d'application). Certaines auraient été adoptées pour transférer

[252] Ordonnance n° 2011-262 du 28 septembre 2011, *portant orientation générale de l'administration de l'État, in JORCI*, numéro spécial du jeudi 20 octobre 2011.

des moyens de mise en œuvre des compétences (cf. la loi n° 2003-489 du 26 décembre 2003 portant régime financier, fiscal et domanial des collectivités territoriales). Ainsi, la poursuite de la décentralisation après l'indépendance se manifeste en trois grandes étapes : l'étape de l'expérimentation (1960-1980), l'étape du démarrage effectif (1980-1985), et l'étape du renforcement et d'approfondissement de la décentralisation (1985-2014).

L'étape de l'expérimentation (1960-1980).

Bien que la Constitution ivoirienne du 3 novembre 1960 ait prévu dans son article 68, la création de collectivités territoriales, la mise en œuvre de cette disposition constitutionnelle n'est intervenue qu'à partir de 1978. Le vote de la loi n° 78-07 du 9 janvier 1978 portant institution des communes de plein exercice en Côte d'Ivoire fut le premier acte de la nouvelle politique de décentralisation. Cette loi créait vingt-six (26) nouvelles communes de plein exercice, et maintenait celles qui existaient, en particulier, les communes d'Abidjan et de Bouaké. D'autres lois interviendront, en particulier la loi du 17 octobre 1980[253] qui crée dix (10) nouvelles communes et la ville d'Abidjan. Cette loi marque la charte municipale ivoirienne précisant les règles d'organisation et de fonctionnement des communes en Côte d'Ivoire.

L'étape du démarrage effectif (1980-1985).

Cette période est considérée comme la phase du démarrage effectif de l'opération de communalisation du pays. L'année 1985 marque la fin de la première phase de l'opération de communalisation et surtout le début de l'élargissement du paysage communal. En effet, par une loi du 17 octobre 1985[254], quatre-vingt-dix-huit (98) nouvelles communes ont été créées. Dans cette deuxième étape, ont été mis en place, tant au niveau de l'administration centrale qu'au niveau local, un ensemble de moyens : financiers, humains, techniques et matériels (les lois n° 81-1129 du 30 décembre 1981, *portant régime financier des communes et la ville d'Abidjan* et n° 81-1130 du 30 décembre 1981, *portant régime fiscal des communes et la ville d'Abidjan)* ainsi

---

[253] Loi n° 80-1182 du 17 oct.1980 portant statut de la ville d'Abidjan, abrogée par la loi n°2001-478 du 9 août 2001 portant statut du district d'Abidjan, in JORCI, n°51 du 28 oct.1980, p. 1115.

[254] Loi n° 85-1085 du 17 oct. 1985 portant création de quatre-vingt-dix-huit nouvelles communes, *in JORCI*, n°47 du 21 oct. 1985, p. 491.

que des instruments juridiques et administratifs susceptibles d'impulser et de soutenir l'action des communes et de la ville d'Abidjan. La loi n° 85-582 du 29 juillet 1985, *portant transfert des compétences de l'État aux communes et à la ville d'Abidjan* et des décrets d'application vont responsabiliser les communes dans plusieurs secteurs d'activités, notamment l'éducation, l'action sociale, la santé, la culture, la sécurité et la salubrité publique, etc.

L'étape du renforcement et d'approfondissement de la décentralisation (1985-2014).

Il faut noter qu'en 1995, avec la création de soixante-et-une (61) nouvelles communes et l'adoption de la loi d'orientation n° 2001-476 du 9 août 2001 portant l'organisation générale de l'administration territoriale, le paysage institutionnel de la Côte d'Ivoire est structuré autour de cinq (5) échelons de collectivités territoriales : les communes, les villes, les districts, les départements et les régions. Le décret n° 2002-142 du 11 mars 2002 portant création de cinquante-six (56) collectivités territoriales départementales, la loi n° 2001-478 du 9 août 2001 portant statut du district d'Abidjan, la loi n° 2002-44 du 21 janvier 2002 portant statut du district de Yamoussoukro, la loi n° 98-485 du 4 septembre 1998 relative à l'organisation de la région, et le décret n° 2005-314 du 6 octobre 2005 portant création de cinq-cent-vingt (520) communes vont donner une impulsion réelle à la communalisation totale du territoire ivoirien avec neuf-cent-quatre-vingt-sept (987) communes[255]. Depuis 2011, l'ordonnance du 28 septembre 2011 portant orientation générale de l'administration de l'État a réduit le nombre des collectivités territoriales à deux. Selon l'article 170 de la Constitution de 2016, *« les collectivités territoriales sont des régions et les communes »*. Ainsi, les départements sont aujourd'hui érigés en circonscriptions déconcentrées de l'État. Seules les communes et régions bénéficient du statut de collectivités territoriales. Par ailleurs, la loi n° 2014-454 du 5 août 2014 portant statut du District Autonome de Yamoussoukro et celle n° 2014-453 du 5 août 2014 portant statut du District Autonome d'Abidjan disposent, respectivement, que le District autonome de Yamoussoukro et celui d'Abidjan sont des entités territoriales particulières dotées de la personnalité morale et de l'autonomie financière.

---

[255] Il faut souligner que 198 communes fonctionnent en Côte d'Ivoire.

§2. Le maintien des grands principes de l'organisation administrative.

Le maintien des grands principes de l'organisation administrative fait partie intégrante des bases du processus de décentralisation en Côte d'Ivoire. Le statut constitutionnel des collectivités territoriales permet naturellement la reconnaissance du principe de leur libre administration (A). Le caractère démocratique de la République ivoirienne conduit également à offrir aux citoyens des droits qui leur permettent de participer à l'activité de ces collectivités territoriales qui, désormais sont appelées *« à prendre les décisions pour l'ensemble des compétences qui peuvent le mieux être mises en œuvre à leur échelon »*. Ainsi, le principe de la participation s'inscrit désormais dans l'administration des collectivités territoriales (B).

A.- La consécration du principe de libre administration des collectivités territoriales.

Le principe de la libre administration des collectivités territoriales est énoncé par l'article 172 de la Constitution de 2016 : *« La loi détermine les principes fondamentaux de la libre administration des collectivités territoriales, de leurs compétences et de leurs ressources »*. Ce principe doit être regardé comme un élément libéral de l'organisation de l'État, comme le sont les grandes libertés reconnues par les lois de la République, liberté d'aller et venir, liberté d'association, liberté de conscience, liberté individuelle. Le principe de la libre administration des collectivités territoriales s'énonce en deux propositions : les collectivités territoriales s'administrent librement par des conseils élus et disposent de l'autonomie financière. Mais, cette libre administration ne saurait cependant faire échec au rôle et aux compétences de l'État et porter atteinte à la souveraineté nationale. En effet, certains auteurs considèrent que la décentralisation suppose que les collectivités territoriales soient administrées par un conseil élu. Pour le doyen VEDEL, *« l'élection est par excellence la technique qui assure l'autonomie des organes chargés de la gestion des intérêts en question »*[256]. La traduction constitutionnelle républicaine prévoit que les collectivités territoriales s'administrent par les assemblées délibérantes élues.

---

[256] Georges VEDEL, *Droit administratif*, PUF, 1973, p. 641.

Ainsi, la loi municipale de 1884 énonçait que *« le conseil municipal règle par ses délibérations les affaires de la commune »*. Le législateur ivoirien avait retenu cette formulation identique pour toutes les catégories de collectivités, selon laquelle le conseil (qu'il soit municipal, de district, général ou régional) « *règle par ses délibérations les affaires de leur compétence* »[257]. Une telle programmation donne aux organes délibérants la primauté du pouvoir général d'administrer la collectivité territoriale[258]. Les assemblées délibérantes disposent de pouvoirs effectifs. Cela est considéré d'une façon générale comme un élément essentiel de la décentralisation. Ainsi, comme l'observe le doyen VEDEL à propos des intérêts locaux, leur gestion doit être *« confiée à des organes ayant une certaine indépendance par rapport au pouvoir central, faute de quoi il pourrait bien y avoir déconcentration mais non décentralisation »* [259]. Le principe de la libre administration des collectivités territoriales s'analyse également comme la détention d'un pouvoir réglementaire des collectivités territoriales prévue par l'article 192 et suivant de la loi n° 2012-1128 du 13 décembre 2012 portant organisation des collectivités territoriales en Côte d'Ivoire. Les exécutifs locaux, détenteurs d'un pouvoir de police, disposent dans ce domaine, de par la loi[260], d'un pouvoir réglementaire. En outre, les exécutifs locaux, en leur qualité de chef de service, disposent d'un tel pouvoir pour l'organisation des services placés sous leur autorité[261]. Au-delà de ce pouvoir réglementaire, les collectivités territoriales disposent d'une autonomie financières au regard des dispositions de l'article 173 al.1er de la Constitution de 2016 : « *Les collectivités territoriales bénéficient de ressources dont elles peuvent disposer librement dans les conditions fixées par la loi* ». Un pouvoir fiscal est reconnu aux collectivités territoriales puisqu'elles sont autorisées par le législateur à fixer l'assiette et le taux d'impôts dans les limites fixés par la loi.[262]

---

257 *Idem*.

258 TC, 7 juil. 1975, *Commune de Ponts-de-Cé c/ Poisson*, Rec., p.798.

259 Georges VEDEL, *ibidem*.

260 Article 69 al.14 : L'exécutif local exerce, en matière de gestion du domaine de la collectivité territoriale, les pouvoirs de police, notamment en ce qui concerne la circulation sur le domaine, sous réserve des attributions dévolues spécialement à chaque collectivité territoriale et aux représentants de l'État de son ressort territorial.

261 CE, 7 fév. 1936, *Jamart*, Rec. CE, p.172.

262 Loi n° 2003-489 du 26 décembre 2003 portant régime financier, fiscal et domanial des collectivités territoriales, *in J.O.R.C.I.*, numéro spécial, 28 avril 2004, p. 1-19.

L'article 173 al. 2 de la Constitution ivoirienne de 2016 prévoit que les recettes fiscales et les autres ressources propres des collectivités territoriales représentent une part déterminante de l'ensemble de leurs ressources. Le législateur ivoirien a défini le mode de calcul des ressources propres de chaque catégorie de collectivités territoriales : l'article 126 la loi du 26 décembre 2003 prescrit que *« la loi de finances détermine les impôts d'État dont le produit est ristourné aux collectivités territoriales. Elle fixe également les règles de répartition des impôts entre l'État et collectivités territoriales »*.

L'effectivité de l'autonomie financière des collectivités territoriales est assurée également lors des transferts de compétences de la part de l'État ivoirien. Ainsi, les transferts doivent-être accompagnés des ressources correspondant à l'exercice de ces compétences. C'est ce que prescrit l'article 174 de la Constitution de 2016 : *« Tout transfert de compétences entre l'État et les collectivités territoriales s'accompagne de l'attribution de ressources équivalentes à celles qui étaient consacrées à leur exercice »*.

B.- Un principe de participation limité.

Parallèlement au principe de la libre administration des collectivités territoriales, la Constitution et les lois ivoiriennes relatives à la politique de la décentralisation ont reconnu aux citoyens des droits en matière de gestion des collectivités territoriales.

Ainsi, les administrés bénéficient d'un droit à l'information sur la gestion des collectivités. Ils peuvent aussi décider, par des procédures de démocratie directe, des affaires de ces collectivités territoriales. Ils sont aussi appelés à participer à la gestion des collectivités territoriales. Cependant dans les faits, on relève une absence de participation des populations à la gestion locale. Loin d'être active, la participation de la population à la gestion des affaires locales en Côte d'Ivoire, est passive et se limite aux élections locales[263]. D'autres formes de participation populaire à la gestion des affaires locales, particulièrement dans les villages et dans les petites villes s'arrêtent à la fourniture de main-d'œuvre en cas d'opérations de construction ou d'aménagement engagées par les municipalités (construction de

---

[263] C'est aussi la thèse défendue par Yapi MAMBO dans ouvrage.

logements des enseignants du primaire, écoles, stades, réfection des voies publiques etc.)

Mais à regarder de plus près leur déroulement sur le terrain, on s'aperçoit que la portée participative de ces modes d'action est limitée. Ainsi, en ce qui concerne la réalisation des infrastructures sociales, il apparaît comme un *pis-aller*. L'administration locale n'y a recours que faute de mieux. C'est seulement à la suite de l'échec des programmes de construction *clés en mains* des sociétés immobilières publiques, qu'elle s'est engagée sur cette voie. À défaut de pouvoir produire en quantité suffisante des logements, des centres de santé ou des écoles pour les habitants, les autorités locales se sont vues contraintes de s'en remettre aux intéressés, en l'occurrence les populations, pour combler le déficit. Sinon, c'est la défaillance des pouvoirs publics qui les conduit à confier ou à associer des populations à la production de ces équipements locaux. Pour certains auteurs comme Antoine SAWADOGO, l'État africain n'a pas su répondre adéquatement aux questions sur la finalité de la décentralisation qui est entre autre, la démocratie participative. L'auteur estime que « *les processus actuels de décentralisation font bon marché des dynamiques organisationnelles endogènes, qui a pour conséquence d'accoucher des collectivités locales inappropriées comme espace de développement* »[264].

Section 2. Le cadre pratique de la politique de décentralisation.

Il s'agit ici de déterminer avec précision les normes qui régissent les compétences et les ressources financières devant être transférées aux entités décentralisées. C'est dire que le champ d'application de chaque règle appelle à une distinction entre les textes régissant le transfert des compétences et ceux organisant les moyens de mise en œuvre des compétences transférées. Á titre d'illustration, en ce qui concerne le transfert de compétences de l'État vers les collectivités territoriales, l'expérience de la Côte d'Ivoire a été acquise principalement dans le cadre de la loi n° 85-582 du 29 juillet 1985 déterminant le régime des transferts de compétences de l'État aux communes et à la ville d'Abidjan. En application de cette loi, les décrets n° 448 à 455

---

[264] Raogo Antoine SAWADOGO, *L'État africain face à la décentralisation : la chaussure sur la tête,* éd. Karthala, 2002. p.11 et s.

du 25 juin 1986 ont transféré aux communes et à la ville d'Abidjan les compétences dans les domaines suivants : les affaires sociales et sanitaires ; l'éducation ; la culture et les espaces verts, etc. Il importe de souligner que ces textes ont été renforcés par la loi n° 2003-208 du 7 juillet 2003 portant transfert et répartition des compétences de l'État aux collectivités locales.

S'agissant des moyens de mise en œuvre des compétences transférées, les autorités ivoiriennes ont mis en place un arsenal juridique pour encadrer ces derniers. L'un des textes de base définissant les ressources financières des collectivités locales en Côte d'Ivoire fut la loi n° 81-1129 du 30 décembre 1981, *portant régime financier des communes et de la ville d'Abidjan.* Elle a été également complétée par la loi n° 2003-489 du 26 décembre 2003, *portant régime financier, fiscal et domanial des collectivités territoriales.* Ce nouveau texte en vigueur aujourd'hui définit à la fois les ressources financières et matérielles devant être transférées aux entités décentralisées ivoiriennes. Il faut adjoindre à ces deux lois, d'autres textes non moins importants mais dont les différentes applications ont été déterminantes en matière d'emprunt des collectivités locales. Il s'agit du décret n° 85-08 du 4 janvier 1985, fixant les limites et conditions dans lesquelles les communes et la ville d'Abidjan peuvent contracter des emprunts. Ce décret a été le moins appliqué contrairement au décret n° 89-962 du 30 août 1989, portant création du Fonds de Prêts aux Collectivités Locales (FPCL). Notre démarche ici consistera à analyser d'une part, les textes organisant le transfert des compétences (§1), et d'autre part, ceux régissant les moyens de mise en œuvre des compétences transférées (§2).

§1. Un transfert de compétences strictement encadré.

Bien qu'autonomes, les collectivités territoriales ivoiriennes ne peuvent pas mener des actions en toute liberté. Le "cadre" de leur indépendance est fixé par des lois et règlements qui définissent les domaines dans lesquels elles peuvent intervenir. Dans chacun de ces domaines, il existe des actions obligatoires ou "intournables". Ainsi, à l'exception de quelques actions et opérations très particulières et généralement ponctuelles, les collectivités territoriales agissent dans un cadre strictement encadré par des lois et décrets. Car, non seulement ces textes rendent obligatoires l'exécution par les collectivités locales d'une mission déterminée, mais aussi ils en régissent dans certains domaines, l'exercice directement ou par des règlements d'application, en leur imposant la création et l'organisation du service public correspondant[265]. De ce fait, nous considérons qu'une distinction doit être faite entre les normes imposant les compétences obligatoires (A) à celles autorisant les compétences facultatives (B).

A.- Les normes imposant les compétences obligatoires.

Les lois ivoiriennes relatives aux répartitions des compétences consacrent et renforcent la vocation de toutes les collectivités territoriales (commune et région) en matière d'action sociale, de santé publique et d'éducation. Ces textes n'attribuent pas l'exclusivité de ces compétences à une seule entité territoriale comme le cas en France pour le département. C'est vrai, qu'avant la réforme de 2001[266], les communes ivoiriennes avaient le monopole de leurs compétences. Mais depuis la réforme opérée par la loi n° 2001- 476 du 9 août 2001, portant orientation sur l'organisation générale de l'administration territoriale en Côte d'Ivoire, le législateur de 2001 a transféré à chaque échelon administratif des compétences identiques.

En matière d'action sociale par exemple, le décret n° 86-455 du 25 juin 1986, portant transfert de compétences de l'État aux communes et à la ville d'Abidjan prévoit que l'action sociale relèvera désormais, en grande partie du moins, de la compétence des communes. Ce décret a été confirmé par celui n° 2005-264 du 21 juillet 2005, fixant les modalités d'application en matière de promotion de la famille, de la femme et de l'enfant de la loi de la loi n° 2003-208 du 7 juillet 2003. Ainsi, l'article 8 du décret du 21 juillet 2005 impose aux communes, l'élaboration et la mise en œuvre d'un plan communal d'action sociale qui se traduira, pour l'essentiel, par de nombreuses prestations sociales. Le schéma communal d'action sociale a pour mission la création, l'extension, la modernisation, l'équipement et la gestion des centres sociaux ; des foyers féminins ; des centres d'éducation préscolaire et des crèches. En ce qui concerne la santé publique, c'est le décret n° 86-449 du 25 juin 1986, portant transfert de compétences

[265] Amavi Gustave KOUEVI, *Le droit des interventions économiques des collectivités locales*, éd. L.G.D.J, 2003, p. 26 et s.

[266] Loi n° 2001-476 du 9 août 2001 d'orientation sur l'organisation générale de l'administration territoriale en Côte d'Ivoire.

de l'État aux communes et de la ville d'Abidjan qui a transféré aux communes le domaine de la santé publique. Les compétences de ces dernières sont limitées à la construction des dispensaires ; des centres de santé et des maternités de quartiers, etc. Leurs compétences s'étendent également sur l'hygiène publique vétérinaire en application du décret n° 86-454 du 25 juin 1986, portant transferts de compétences de l'État aux communes et la ville d'Abidjan en matière d'hygiène publique vétérinaire, et va consister en un contrôle sanitaire des produits et denrées d'origine animale sur les marchés et magasins situés dans le ressort des entités décentralisées.

Ces textes ont été complétés par la loi n° 2003-208 du 7 juillet 2003 précitée. C'est surtout en matière d'éducation que les textes relatifs aux transferts des compétences sont innovants. À la différence des lois et règlements liés à l'action sociale et de la santé publique, la loi n° 2003-208 du 7 juillet 2003 précise en quelque sorte la compétence de chaque collectivité territoriale en matière d'éducation : aux communes les écoles primaires, aux régions les collèges et lycées, la formation professionnelle et l'apprentissage. Il importe ici de préciser que le décret n° 86-453 du 25 juin 1986, *portant transferts de compétences de l'État aux communes et à la ville d'Abidjan*, prévoyait déjà la compétence de la commune dans le domaine de l'enseignement préélémentaire et élémentaire. Ce dispositif règlementaire a été renforcé par l'article 15-9 de la loi du 7 juillet 2003.

Cette nouvelle disposition définit les actions et opérations des entités décentralisées dans le domaine de l'éducation. De même, l'État ivoirien a transféré aux collectivités territoriales, les compétences en matière de cadre de vie. L'expression cadre de vie ici pourrait avoir une acception plus large qui correspond d'une part, à toutes les actions et opérations d'aménagement, et d'autre part, à la prise en compte de leur incidence sur le milieu environnant[267]. Elles sont définies par les décrets de 1986 issus de la loi n° 85-582 du 29 juillet 1985. Ces textes ont été complétés non seulement par la loi n° 2003-208 du 7 juillet 2003 et celle n° 2003-489 du 26 décembre 2003, mais également par le décret n° 2005-261 du 21 juillet 2005 fixant les modalités d'application en matière d'urbanisme et d'habitat de la loi du 7 juillet 2003. En pratique, ces compétences s'étendent sur tous les aspects de

[267] Olivier GOHIN, Michel MAITROT DE LA MOTTE, *"Droit des collectivités territoriales"*, éd. Paris Cujas, p. 152 et s.

la vie sociale et visent à améliorer les conditions de vie de la population locale. Ainsi, les règles qui régissent l'urbanisme et l'habitat sont définies par l'article 8 du décret n° 86-451 du 25 juin 1986, qui détermine la répartition des compétences en matière d'urbanisme et de construction et qui énonce : *« le territoire ivoirien est le patrimoine national. Chaque collectivité publique en est le gestionnaire et le garant dans le cadre de ses compétences »*.

B.- Les normes autorisant les compétences facultatives.

En plus des compétences obligatoires qu'exerce la collectivité locale, celle-ci peut engager de nombreuses actions complémentaires. Ici, les compétences facultatives s'entendent comme des compétences dont la loi prévoit l'existence mais dont la collectivité territoriale seule peut décider de leur exercice effectif. En général, l'exercice de ces compétences relève d'une décision discrétionnaire, l'autorité locale pouvant alors décider de la suppression, contrairement aux compétences obligatoires. Plusieurs règles encadrent cette catégorie de compétences. Ainsi, certaines définissent des compétences liées à l'amélioration de cadre de vie de la population locale, tels que l'aménagement d'espaces verts, parcs et jardins publics définis par le décret n° 86-450 du 25 juin 1986[268]. Ce décret offre aux collectivités locales la faculté de procéder à la création, à l'aménagement et à l'entretien des espaces pour apporter un minimum de confort à la population locale.

Allant dans le même sens, l'article 8 de la loi n° 2003-208 du 7 juillet 2003 dispose que : *« les collectivités territoriales ivoiriennes ont la possibilité d'intervenir dans le domaine de la sécurité et la protection civile »*. C'est en application de ce texte[269] que les entités décentralisées déterminent les conditions dans lesquelles ces collectivités devront mener leurs actions. En outre, l'article 14 de ce même décret autorise les communes à créer une police municipale dont la mission consistera à exercer une action préventive dans le maintien de l'ordre public et dans la lutte contre la délinquance. Il en

---

[268] Décret n° 86-450 du 25 juin 1986, *portant transferts de compétence de l'État aux communes et de la ville d'Abidjan en matière d'espaces verts, pépinières, parcs et jardins publics*

[269] Le décret n° 2005- 265 du 21 juillet 2005 fixant en matière de sécurité et le décret n° 2005-263 du 21 juillet 2005 fixant en matière de protection civile

va de même que le développement de la culture et du sport prévu par le *décret n° 86-448 du 25 juin 1986*[270]. Son article 1er dispose que : *"sont transférés aux communes, la construction, l'entretien et la gestion des bibliothèques, les musées, les théâtres et des centres culturels"*. D'autres règles autorisent également les collectivités à intervenir dans le domaine économique. Ainsi, l'article 12 de la loi du 7 juillet 2003 autorise les collectivités territoriales à promouvoir le développement économique et de l'emploi en adoptant et mettant en œuvre des mesures incitatives pour la promotion de l'agriculture, du commerce, de l'industrie, de l'artisanat et des services divers.

De même, la loi du 7 juillet transmet aux entités décentralisées, la possibilité de développer le transport et le tourisme. Pourtant, les lois décentralisatrices portant transfert de compétences aux collectivités territoriales en Côte d'Ivoire ne facilitent pas l'applicabilité des règles juridiques en vigueur. Une lecture attentive de la loi du 7 juillet 2003 et du décret[271] né de cette loi renseigne sur les anomalies du processus de transfert des compétences, si bien qu'il n'est pas excessif d'observer qu'ils invitent quelquefois à l'égarement. Le dispositif législatif existant pose âprement la question de l'harmonisation des différentes compétences transférées aux entités décentralisées. De même, des lacunes ont été également relevées dans l'utilisation des instruments de gestion des services publics locaux par les collectivités territoriales ivoiriennes. Les difficultés liées aux règles définissant la répartition des compétences transférées aux collectivités, ajoutées à une mauvaise utilisation des outils de gestion des SPIC locaux, sont à l'origine ici, des limites qui entravent la meilleure mise en œuvre de la politique de la décentralisation en Côte d'Ivoire.

§2. Une mobilisation des ressources financières confinée à un champ d'application réduit.

Aux termes de l'article 79 de la loi n° 2003-489 du 26 décembre 2003, « *les ressources des collectivités territoriales ivoiriennes sont constituées par : les ressources fiscales ; les taxes rémunératoires et*

[270] Décret n° 86-448 du 25 juin1986 portant compétence de l'État aux communes dans le domaine culturel.
[271] Décret n° 2005-261 du 21 juillet 2005, fixant les modalités d'application en de la loi n° 2003-208 du 7 juillet 2003 portant transfert et répartition de compétences de l'État aux collectivités territoriales, *in* Recueil du CNDJ, édité en 2007.

les redevances ; l'aide de l'État ; les fonds de concours et d'aide extérieure, les emprunts ; les revenus du patrimoine et du portefeuille ; les produits de l'aliénation de biens du patrimoine et du portefeuille ; les dons et les legs et les recettes diverses et accidentelles ». À côté des dispositions de cet article, il faut également adjoindre la loi de finances qui fixe chaque année le plafond des ressources devant-être allouées aux entités décentralisées. Ces ressources financières propres (A) et extérieures (B) permettent aux échelons administratifs de financer respectivement d'une part, les besoins de fonctionnement de leur administration, et d'autre part, les projets d'investissement d'intérêt général.

A.- Les ressources propres de fonctionnement garantissant l'autonomie financière des collectivités.

Les ressources propres s'entendent selon Gérard CHAMBAS comme « *l'ensemble des ressources fiscales, les taxes et redevances des collectivités locales dont la mobilisation ne dépend pas d'une décision discrétionnaire des autorités publiques centrales* »[272]. Autrement dit, il s'agit de l'ensemble des recettes fiscales recouvrées par les services de l'État central au profit des collectivités locales, y compris celles partagées ou non avec ce dernier, mais aussi l'ensemble des recettes non fiscales, en particulier les redevances, les droits et place de marché et les revenus de prestations de services rendus aux populations locales, etc.

. *Les ressources fiscales :* elles sont régies par deux textes de loi. Le premier, la loi n° 81-1129 du 30 décembre 1981 portant régime financier des communes et de la ville d'Abidjan définit les impôts et taxes d'État dont le produit est reversé aux collectivités ivoiriennes. En fait, cette loi institue un ensemble d'impôts nationaux qui sont partagés entre l'État et les entités décentralisées. Il s'agit : de la Contribution Foncière des Propriétés Bâties (CFPB) ; la Contribution Foncière des Propriétés Non Bâties (CFPNB) ; et la Surtaxe Foncière

---

[272] Gérard CHAMBAS, Jean-François BRUN, Grégoire Rota GRAZIOSI, *« La mobilisation de ressources propres locales en Afrique », in* Atelier de renforcement des capacités « Gouvernances locales et décentralisation au Forum, Décentralisation et gouvernance locale » Nations Unies, (Vienne, 26-29 juin 2007), disponible sur le site : *www.diplomatie.gouv.fr/.../La_mobilisation_de_ressources_propres_loc.*

des Propriétés Insuffisamment Bâties (SFPIB)[273]. Les secondes ressources fiscales sont des impôts d'État ristournés aux communes. Contrairement aux premiers, ces impôts appartiennent à l'État ivoirien qui les rétrocède en tout ou partie aux entités décentralisées. Ces impôts sont : la contribution des patentes[274] ; la contribution des licences[275] ; la contribution des licences[276] ; l'impôt synthétique[277] ; la taxe spéciale sur les véhicules à moteur[278]. Le second texte, la loi

[273] La Surtaxe Foncière des Propriétés Insuffisamment Bâties (SFPIB) a été instituée par l'article 7002 de la loi de finances de 1992. Elle a été créée dans le but de maitriser le recours abusif de l'impôt sur la Contribution Foncière des Propriétés Non Bâties (CFPNB) dans le cas de bâtiments inachevés ou insuffisamment valorisés par leurs propriétaires.

[274] Elle est instituée par la loi du 30 décembre 1981 et codifiée aux articles 264 à 299 du CGI ivoirien, la contribution des patentes est un impôt annuel payé par toute personne physique ou morale ivoirienne ou étrangère qui exerce en Côte d'Ivoire un commerce, une industrie ou toute profession non expressément exonérée (art. 264 CGI ivoirien). L'annexe fiscale de l'année 2005 fait désormais de la patente un impôt déclaratif alors qu'elle était avant cette date un impôt enrôlé.

[275] Elle est également un impôt direct créé par la loi du 30 décembre 1981 et inscrite aux articles 300 à 304 du CGI ivoirien. Sont assujetties à la contribution des licences, toute personne ou sociétés se livrant à la vente en gros ou en détail de boissons alcoolisées ou fermentées à consommer sur place ou à emporter, pour chaque établissement de vente, sans réduction pour les succursales (art. 300 CGI ivoirien). La licence est payée en plus de la patente (article 303 CGI ivoirien).

[276] Elle est également un impôt direct créé par la loi du 30 décembre 1981 et inscrite aux articles 300 à 304 du CGI ivoirien. Sont assujetties à la contribution des licences, toute personne ou sociétés se livrant à la vente en gros ou en détail de boissons alcoolisées ou fermentées à consommer sur place ou à emporter, pour chaque établissement de vente, sans réduction pour les succursales (art. 300 CGI ivoirien). La licence est payée en plus de la patente (article 303 CGI ivoirien).

[277] Il a été institué par la loi n° 94-201 du 8 avril 1994. Cet impôt est dit "synthétique" parce qu'il réalise la synthèse de trois impôts : patente, les bénéfices sur des sociétés (BIC) et sur la Taxe sur Valeur ajoutée (TVA) en une seule. Et en cela, il s'affirme comme un impôt unifié, consolidé. Cette consolidation réalisée dans l'impôt synthétique est également le premier gage de sa simplification et de sa rentabilité. L'impôt synthétique a été créé dans le but d'adapter la fiscalité au tissu économique et d'étendre l'imposition de façon raisonnable au secteur informel qui se développe considérablement dans les communes ivoiriennes.

[278] Elle a été créée par l'ordonnance n° 59-263 du 31 décembre 1959. Ce texte a été abrogé par l'ordonnance n° 60-437 du 27 décembre 1960 portant réorganisation de la taxe sur les véhicules à moteur. Depuis 2002, c'est l'ordonnance n° 2002-77 du 1er février 2002 qui détermine le plafond de la taxe à ristourner à chaque commune ivoirienne. Ne peuvent prétendre bénéficier de cette taxe que les communes abritant le siège d'une recette-perception, point de vente des vignettes. Elle est due par les propriétaires de véhicules à moteur (auto, moto, etc.).

n° 2003-489 du 26 décembre 2003 portant régime financier, fiscal et domanial des collectivités territoriales donne une certaine liberté aux collectivités locales, et le soin de prélever des taxes en leur faveur. Cette loi attribue en quelque sorte des taxes au profit de chaque échelon administratif local. Ces taxes transférées aux collectivités territoriales sont instituées par la loi n° 2003-489 du 26 décembre 2003. Son article 105 al. 2 et 3 distingue deux catégories de taxes : les taxes locales perçues par voie de rôle, c'est-à-dire des taxes dont les rôles sont émis par les services de l'État ivoirien et dont le produit est attribué aux communes ; et les taxes locales perçues sur titre de recettes. On peut citer, comme exemples de la première catégorie, la taxe forfaitaire des petits commerçants et artisans créée par l'ordonnance n° 61-123 du 14 avril 1961 et la taxe sur les locaux loués en garni définie par l'article 158 de la loi du 26 décembre 2003 : l'institution de ces deux impôts paraît pertinente dans la mesure où elle vise à assurer une fiscalisation satisfaisante du secteur informel. Cependant, dans la pratique, il s'avère que ce secteur est sous fiscalisé, ce qui provoque parfois une perte colossale de ressources financières des collectivités territoriales ivoiriennes ; une réforme fiscale dans ce domaine s'impose. Les taxes locales perçues sur titre de recettes sont des taxes attribuées à chaque collectivité territoriale. Elles sont régies par l'article 30 de la loi du 30 décembre 1981 et renforcée par de la loi du 26 décembre 2003 ; nombre de taxes entrent dans cette catégorie dont les taxes communales, de district, départementales et régionales.

. *Les ressources non fiscales :* ce sont les ressources que les collectivités locales ivoiriennes tirent, d'une part, des prestations et services qu'elles rendent à leurs administrés, et, d'autre part, des revenus du patrimoine et de portefeuille. Cette autonomie des collectivités territoriales à mobiliser ces ressources non fiscales est généralement grande. En réalité, ces ressources constituent les deux véritables ressources propres des entités territoriales ivoiriennes. Il s'agit des ressources des prestations de services. Celles-ci sont prévues par l'article 100 de la loi du 26 décembre 2003 : ce sont des recettes encaissées par la collectivité en contrepartie des services rendus aux usagers. En pratique, ces recettes proviennent de leurs services administratifs que sont : les recettes de services généraux[279] : les recettes de collectivités[280] ; les recettes des services sociaux[281], culturels et de promotion humaine et les recettes des services économiques[282].

Les revenus du patrimoine et de portefeuille constituent également des recettes non fiscales des collectivités territoriales en Côte d'Ivoire. Régis par l'article 100 de la loi du 26 décembre 2003, les revenus du patrimoine et du portefeuille découlent, d'une part du patrimoine immobilier de la collectivité, et d'autre part de son portefeuille. Les premiers (les revenus du patrimoine) sont constitués de trois grandes catégories de revenus : les produits provenant des locations de terrains, d'immeubles et de matériel du domaine privé de la collectivité ; les revenus liés à des concessions de cimetières, agricoles ou industrielles ; les revenus des biens communaux tels que les droits de voirie, de place de stationnement, les ventes de récoltes et les ventes de coupes de bois, etc. Les seconds (les revenus du portefeuille) émanent des actions, obligations ou des titres dont dispose la collectivité, c'est-à-dire des revenus des participations dans des organismes, entreprises ou sociétés d'économie mixte ; revenus des placements à terme ; les intérêts des prêts créances ou encore d'un remboursement de créances[283]. C'est ce que confirme l'article 100-2 de la loi du 26 décembre 2003 : « *les collectivités territoriales ivoiriennes peuvent immobiliser des capitaux par acquisition de valeurs de portefeuille ou placements à terme aux conditions déterminées par décret pris en Conseil des Ministres* ».

. *La Dotation Globale de Fonctionnement (DGF) :* elle est une somme d'argent versée à chaque collectivité ivoirienne pour lui permettre d'assurer ses charges de fonctionnement. Définie par les articles 60 à 65 de la loi du 30 décembre 1981, et renforcée par les

---

279 C'est le cas de la légalisation, de l'achat de timbres fiscaux pour les extraits d'actes de naissance, les recettes liées à une autorisation de permis de chasse ou de pêche, etc.

280 Ces recettes proviennent du paiement de droit de stationnement, de visite d'un parc naturel ou d'un jardin public, etc. Elles servent pour l'entretien de l'environnement, en l'occurrence la voirie et l'espace vert, etc.

281 Elles proviennent du droit d'entrée dans les piscines, des stades ou autres loisirs.

282 Elles résultent des SPIC locaux, en particulier des abattoirs, des marchés, des centres commerciaux et des gares routières.

283 René DOSIÈRE, Marc WOLF, *La commune, son budget, ses comptes : guide pratique d'analyse financière*, éd. Ouvrières 1988, p. 92 et s.

articles 86 à 89 de la loi du 26 décembre 2003, la DGF est attribuée aux institutions locales en fonction des critères préalablement définis par l'article 61 de la loi de 1980.

B.- Des ressources extérieures dont des ressources d'investissement peu prometteuses.

Comme dans le cas des ressources de fonctionnement, ici les ressources propres d'investissement sont constituées de ressources fiscales et de ressources non fiscales. Leur mobilisation pose énormément de souci, surtout en matière d'emprunt. Ce qui ne félicite pas le financement des actions et opérations dans les collectivités territoriales ivoiriennes.

. *Les ressources fiscales d'investissement :* un certain nombre de recettes fiscales, en particulier des revenus tirés de l'exploitation du domaine de l'urbanisme font l'objet d'une affectation pour le financement des investissements publics locaux. Il s'agit d'un grand nombre de prélèvements créés par le législateur ivoirien sans que leur nature juridique exacte soit vraiment évidente. Ils ont, par contre, un point commun : celui d'être affecté à une finalité précise, qu'il s'agisse du financement des équipements, des transports ou même de l'aménagement des espaces verts. Ces ressources se regroupent en deux taxes perçues sur titre de recettes : il s'agit de la Taxe Locale d'Équipement (TLE)[284] et le versement pour dépassement du Plafond Légal de Densité (PLD)[285].

. *Les ressources d'investissement de nature non fiscale :* nombre de ressources non fiscales entrent dans cette catégorie de ressources d'investissement dont les produits de l'aliénation des biens

[284] C'est un impôt indirect qui frappe la construction, la reconstruction ou l'agrandissement de bâtiments. Elle est instituée par la loi ivoirienne du 26 décembre 2003. Son article 161 dispose que : *« la TLE est perçue à l'occasion de la délivrance du certificat de conformité d'une construction ou de constat de mise en valeur. Le taux est fixé à 1% ».*

[285] Cette taxe est régie par la loi du 26 décembre 2003. Le Plafond Légal de Densité (PLD) vise toute construction dépassant ce plafond légal et donnant lieu de la part du constructeur à un versement pour dépassement du PLD. Il s'agit donc d'un impôt indirect s'analysant comme la contrepartie du droit de dépasser la limite légale de densité de toute construction.

du patrimoine et du portefeuille[286] et les produits des amendes de police[287].

. *Les subventions d'investissement :* les subventions d'investissement sont définies par la loi n° 81-1129 du 30 décembre 1981 complétée par celle du 26 décembre 2003. Il s'agit des subventions d'équipement accordées aux collectivités ivoiriennes pour financer leurs projets d'investissement locaux. C'est que confirme l'article 94 de la loi du 26 décembre 2003, « *des subventions d'équipement peuvent être accordées aux collectivités territoriales pour les aider à réaliser certaines opérations de leur programme de développement* ». Les subventions d'équipement sont devenues dans tous les pays ayant adopté la politique de la décentralisation le complément indispensable des ressources locales. Dans aucun pays au monde, le renforcement de l'autonomie financière des collectivités n'est envisageable sans les transferts de l'État.

. *Les produits d'emprunt :* l'article 68 de la loi n° 81-1129 du 30 décembre 1981 donne la possibilité au Conseil municipal de contracter des emprunts destinés à couvrir les dépenses d'investissement, mais il a fallu attendre d'abord le décret n° 85-08 du 4 janvier 1985 fixant les limites et conditions dans lesquelles les communes peuvent contracter des emprunts et surtout la création par le décret n° 89-962 du 30 août 1989 du Fonds de Prêt aux Collectivités Locales (FPCL) pour que l'emprunt fasse partie intégrante des ressources des entités décentralisées ivoiriennes.

[286] Ces revenus sont définis par l'article 101 de la loi du 26 décembre 2003 selon lequel « *les produits de l'aliénation des biens du patrimoine et du portefeuille des collectivités ivoiriennes constituent des ressources exceptionnelles qui sont prises en recette d'investissement* ». Il s'agit principalement des produits de l'aliénation du domaine immobilier, de l'aliénation du patrimoine mobilier, de l'aliénation des biens et droits incorporels, des dotations aux amortissements des immobilisations, et des plus-values sur cessions d'immobilisations.

[287] Depuis 1981, les communes ivoiriennes perçoivent une partie du produit des amendes de police en matière de circulation. Créées par la loi du 30 décembre 1981, ces sommes sont réparties par le comité des finances locales au prorata du nombre des contraventions constatées l'année précédente sur le territoire des communes et directement versées à ces dernières. Les sommes allouées aux communes ivoiriennes sont utilisées, soit au financement des opérations d'aménagement visant à améliorer la sécurité des usagers, notamment l'accueil du public, soit à construire des équipements tels que les réseaux routiers, les feux tricolores,

L'accès à l'emprunt des institutions locales ivoiriennes a été encore renforcé depuis l'adoption de la loi du 26 décembre 2003. D'ailleurs, c'est ce que prescrit l'article 99 de la loi du 26 décembre 2003 : *« le Conseil (municipal, de district, général ou régional) peut contracter des emprunts destinés à couvrir les dépenses d'investissement dans les limites et conditions fixées par décret pris en Conseil des Ministres sans préjudice de l'application des dispositions de la loi relative à l'organisation de la collectivité territoriale concernée ».*

. *Les dons et legs et autres recettes diverses :* prévus par la loi du 26 décembre 2003, les dons et legs et les recettes accidentelles sont des ressources exceptionnelles des collectivités territoriales ivoiriennes. Selon l'article 103 de la loi du 26 décembre 2003, *« les dons et legs faits aux collectivités ivoiriennes avec affectation particulière, et contribuant au patrimoine de la collectivité sont pris en recettes d'investissement ».* S'agissant des recettes diverses et accidentelles, l'article 104 de la loi du 26 décembre 2003 précise que *« les recettes diverses et accidentelles sont selon leur nature imputées aux recettes d'investissement ».* Les recettes accidentelles sont des produits divers non fiscaux de peu d'importance qui ne sont pas susceptibles d'être rattachées à une rubrique déterminée. C'est le cas, entre autres, des revenus perçus par la collectivité à la suite d'une décision de justice ou le versement d'un trop perçu à la collectivité, etc.

Mais pour autant, on assiste à une insuffisance ou à un affaiblissement des capacités financières, matérielles, humaines et techniques des collectivités territoriales. Ce qui n'est pas une particularité ivoirienne ; c'est même une constante africaine, une ecchymose sociologique qui gangrène durablement le processus de la politique de la décentralisation et qui perdure dans le temps. Le sous- développement économique généralisé dans lequel s'enlise progressivement le continent africain a des répercussions incontestables sur la politique du développement local. Les collectivités territoriales dans la plupart des pays africains disposent d'un potentiel de ressources relativement élevé. Pourtant, elles ont le plus grand mal à les exploiter. Très souvent, la mauvaise foi ou l'incivisme fiscal du contribuable local sont indexés comme cause des rentrées fiscales déficitaires des collectivités. Ainsi, l'expertise de la Coopération française conclut sur ce sujet : *« d'une façon générale, cette fiscalité est très mal acceptée par la population qui n'en sent pas la justification. De ce fait, une très faible part de cette population contribue au financement des collectivités locales »*[288]. Cette résistance fiscale des populations locales n'est en réalité que l'expression d'un ensemble de difficultés que rencontrent les entités décentralisées ivoiriennes dans la mobilisation de leurs ressources. Certaines de ces difficultés se rapportent à l'insuffisance persistante des ressources fiscales locales alors que d'autres sont liées aux moyens matériels.

Conclusion

Nous sommes partis de l'idée selon laquelle il pouvait être utile, pédagogiquement et scientifiquement, d'adopter une posture d'appréhension générale de la politique de la décentralisation en Côte d'Ivoire. Cette contribution nous a permis de présenter un éclairage général, à partir des exemples et des pistes opérationnelles pour engager un processus de renforcement et de modernisation du système de décentralisation. Au bilan, l'étude montre que l'effectivité du processus de la politique de la décentralisation ne peut s'apprécier qu'à travers des résultats concrets que sa mise en œuvre permet d'atteindre. Cette contribution révèle que les atouts de la politique de décentralisation en Côte d'Ivoire sont avérés. Contrairement à d'autres collectivités territoriales de la sous-région, les entités décentralisées ivoiriennes s'en sortent mieux.

Mais au-delà de ces considérations théoriques, la question de l'efficacité du processus de la décentralisation ou de son incidence positive est, en pratique, d'une particulière difficulté au regard des instruments et dispositifs législatifs existants. Plusieurs formes de limites entravent ici le processus de la politique de décentralisation en Côte d'Ivoire. Au plan institutionnel, on s'aperçoit que le découpage territorial en Côte d'Ivoire est problématique. Ce découpage n'a pas tenu compte des hameaux géographiquement éloignés, mais socialement rattachés à ces villages. Comment, dans un tel contexte, la politique de la décentralisation peut-elle atteindre son objectif qui est celui du développement local ? Mais la situation ne se limite pas là : nous constatons que la plupart des lois de décentralisation en Côte d'Ivoire renferment de nombreuses lacunes. Ces textes sont vagues et ne sont pas assez clairs. La loi du 7 juillet 2003, par exemple, définit 16 domaines de

[288] Ministère français de la coopération et du développement, *Rapport final sur la décentralisation en Afrique*, Paris 2015, p.60 et s.

compétences identiques à tous les échelons administratifs locaux. Cette situation peut provoquer des conflits de compétences entre les entités décentralisées. S'y ajoute un déficit de moyens financiers et matériels. Bien que non négligeables, les moyens financiers octroyés aux collectivités territoriales ivoiriennes n'ont pas toujours été à la hauteur du surcroît de fonctions qui leur reviennent. On a également relevé une pénurie de personnel territorial ivoirien non qualifié. En outre, fait non négligeable, les collectivités territoriales subissent des contraintes de toutes sortes dans la mise en œuvre de leurs compétences : contraintes techniques (elles n'ont pas toujours les compétences nécessaires pour certaines opérations comme le montage de dossiers de demande de financement d'un projet, la réalisation d'études de conception et le suivi des travaux, etc.) ; contraintes juridiques (respect de règles nationales et communautaires), et contraintes politiques (pressions locales) qui ne facilitent pas toujours leurs actions.

Mais quels perfectionnements possibles apporter en la matière ?

Quelques pistes peuvent être proposées.

Il faudrait redéfinir les dispositifs juridiques de la décentralisation ivoirienne en fixant clairement les compétences de chaque niveau de collectivité et en définissant la hiérarchie et la nature des objectifs à poursuivre, ainsi que la nature, les limites et modalités d'intervention des collectivités. S'impose aussi un cadrage normatif plus rigoureux et plus efficace des modes de gestion des SPIC locaux pour lutter contre toutes formes de pratiques anticoncurrentielles. Il faudrait également recourir à d'autres méthodes et sources de financement de l'investissement local, car celles-ci se révèlent de plus en plus nécessaires. Il faudrait en outre améliorer le rendement des ressources financières des collectivités territoriales ivoiriennes Il faudrait procéder à la réalisation d'un nouveau découpage territorial adapté au développement et à la démocratie locale. Il faudrait encore doter les collectivités d'une véritable fonction publique territoriale en vue du renforcement des capacités des agents territoriaux. Enfin, s'avère aussi nécessaire l'instauration d'un cadre de concertation entre les acteurs locaux, gage d'une bonne gouvernance politique locale.

Bibliographie

BOCKEL Alain, *Droit administratif*, C.R.E.D.I.L.A., N.E.A., Dakar, Abidjan, 1978

DEGNI-SEGUI Alice, « *L'évolution du processus de décentralisation en Côte d'Ivoire* », *in* les actes du colloque sur la décentralisation en France et en Côte d'Ivoire (législations comparées), publié par le centre de valorisation de la recherche, Abidjan, mai 1988

DEGNI-SEGUI, Alice, « *L'administration locale ivoirienne* », thèse soutenue à la faculté de droit d'Aix Marseille, 1982,

DEGNI-SEGUI René, *Droit administratif général*, T.I portant sur "L'organisation administrative ivoirienne", éd. CEDA, Abidjan, 2012.

DOSIÈRE, René, WOLF Marc, *La commune, son budget, ses comptes : guide pratique d'analyse financière*, éd. Ouvrières 1988.

EISENMANN Charles, « *Les structures de l'administration* », *in* Cours de droit administratif, t.1, éd. L.G.D.J, 1984.

HERTZOG Robert, « L'autonomie en droit : Trop de sens, trop peu de signification ? », *in* Mélanges Paul AMSELEK, éd. Bruyant, Bruxelles, 2005

HUGON Philippe, « *Les effets des politiques d'ajustement sur les politiques africaines* », *in* Gérard CONAC (dir), " *l'Afrique en transition vers la démocratie"*, Actes de colloque de Paris, 11-13 décembre 1990, éd. Économica 1993.

CHAMBAS Gérard, BRUN Jean-François, GRAZIOSI Grégoire Rota, « *La mobilisation de ressources propres locales en Afrique* », *in* Atelier de renforcement des capacités « Gouvernances locales et décentralisation au Forum, Décentralisation et gouvernance locale » Nations Unies, (Vienne, 26-29 juin 2007), disponible sur le site : *www.diplomatie.gouv.fr/.../La_mobilisation_de_ressources_propres_loc*.

JOYAU Marc, *De l'autonomie des collectivités territoriales françaises*, éd. L.G.D.J, 1998.

KOUEVI Amavi Gustave, *Le droit des interventions économiques des collectivités locales*, éd. L.G.D.J, 2003.

LAURENT Pierre-Joseph, « *Institutions locales et quelques aspects théoriques à partir de l'exemple du Burkina Faso* », *in* Paul MATHIEU, Pierre-Joseph LAURENT, Jean- Claude WILLIAMS (dir.), *Démocratie, enjeux fonciers et pratiques locales en Afrique"*, Séminaire de Louvain-la-Neuve, 2-12 mai 1995, Cahiers africains, 1995.

MAITROT DE LA MOTTE Michel, GOHIN Olivier, *Droit des collectivités territoriales,* éd. Paris Cujas.
MBACK, Nach Charles, *Démocratisation et décentralisation : genèse et dynamiques comparés des processus de décentralisation en Afrique subsaharienne*, éd. Karthala, 2003.
SAWADOGO Raogo Antoine, *L'État africain face à la décentralisation : la chaussure sur la tête »,* éd. Karthala, 2002.
VEDEL Georges, *Droit administratif*, PUF, 1973.
YATTA François-Paul, *La décentralisation fiscale en Afrique : Enjeux et perspectives*, éd. Karthala, 2009.

LA DÉCENTRALISATION EN GUINÉE

Demba Niang

*

* *

Introduction

Dès 1985, la Guinée s'est engagée dans une politique de décentralisation avec la création d'un Secrétariat d'État. Cette institution connaîtra une évolution dans son appellation et dans ses missions, en devenant progressivement Ministère de l'Intérieur et de la Sécurité, Ministère de la Décentralisation et du Développement Local et, aujourd'hui, Ministère de l'Administration Territoriale et de la Décentralisation (MATD). Cette dernière appellation traduit l'expression de la volonté des pouvoirs publics de réaffirmer leur engagement à promouvoir davantage une décentralisation articulée à une déconcentration effective et à un développement local participatif et durable.

Depuis les nombreuses réformes fondamentales engagées par la 2ème République pour refonder le cadre politique dirigiste hérité de la 1ère République, la décentralisation a certes connu des avancées mais, également, des difficultés de tous ordres. Elle sera consacrée, dans le discours programme du 22 décembre 1985, comme moyen choisi par le Gouvernement pour assurer une participation des populations à la gestion publique. Toutefois, les collectivités locales font face à plusieurs difficultés :

. <u>En termes de transfert de compétences</u>.

Aucun transfert de compétences sectorielles n'est réellement effectif, en dehors de l'état civil. Si les collectivités locales peuvent investir sur les infrastructures, aucun arrêté ne précise les transferts prévus par le code, notamment leur responsabilité dans la gestion des services afférents et l'articulation avec les services de l'État. Aucun transfert de patrimoine n'a encore été opéré. La planification des investissements publics relevant des collectivités locales s'opère toujours de manière centralisée, sans jonction véritable avec les Plans de Développement Locaux (PDL). La mise en œuvre de l'approche 2D tarde à être effective même si des démarches et des outils existent.

. En termes de ressources financières.

Il y a inadéquation entre les ressources des collectivités locales et les missions qui leur sont dévolues. Certes, la fiscalité a été revue, octroyant aux collectivités locales le bénéfice de nombreux taxes et impôts locaux. Malheureusement plusieurs facteurs limitent la mobilisation des ressources fiscales dont : i) les difficultés de recouvrement, ii) le système des taxes partagées (État/collectivités locales) et, plus globalement, iii) la complexité du système fiscal.

. En termes de ressources humaines.

Les collectivités locales, notamment les Communes Rurales (CR) n'ont pas de ressources humaines suffisantes en quantité et en qualité. L'État a fait un effort en mettant à leur disposition des secrétaires communautaires pour les ex CRD ou secrétaires généraux pour les CU, et des receveurs communautaires. Dans les CU, d'autres agents sont détachés notamment pour l'éducation et le développement rural, sachant que les services locaux concernés ont été rattachés à la collectivité locale, alors que dans les CRD devenues communes ces mêmes services restent rattachés aux sous-préfets. Par ailleurs, en dehors des grandes CU, le déficit en Ressources Humaines qualifiées est à combler dans la majorité des collectivités locales.

. En termes de gouvernance.

D'importants progrès sont nécessaires. La révision du mode de désignation des conseils de districts et de quartiers et l'amélioration de leurs rapports avec leurs collectivités locales sera un premier pas important. Sans le raffermissement des relations et de la confiance entre élus et citoyens, les collectivités locales ne pourront pas espérer développer leur territoire. Par ailleurs, le retard dans l'organisation des élections communales dans les délais légaux pose un problème de légitimité des organes exécutifs des collectivités locales.

Au-delà des difficultés liées au fonctionnement normal des collectivités locales, il faut remarquer qu'une des contraintes liées à l'évolution du processus de la décentralisation a été la négligence de l'autre pilier de l'administration qu'est la déconcentration. En effet, même si la structuration de l'administration au niveau préfectoral est satisfaisante, les différents services de l'État n'ont pas les moyens de fonctionner tant au niveau de l'administration territoriale que des services techniques déconcentrés ; en raison de l'absence de déconcentration des budgets dédiés aux sectoriels, une partie de ces services, dont l'administration territoriale, tire ses ressources des taxes et impôts partagés avec les collectivités locales ; c'est ainsi que des pratiques déviantes ont vu le jour.

La mise en place d'une administration territoriale compétente est un des enjeux à ne pas négliger. C'est ainsi que la Lettre de Politique nationale de décentralisation et de développement local (LPNDDL) adoptée en 2012, intègre à la fois des dimensions d'ordre spatial, systémique et institutionnel. En cela, elle se veut un moyen de renforcer les institutions et les mécanismes selon une perspective de développement durable portée par les collectivités locales en partenariat avec l'ensemble des acteurs. Elle constitue, de ce fait, pour tous les acteurs qui soutiennent la décentralisation, une opportunité de renforcer la mise en œuvre de réformes majeures dont celle portant sur la déconcentration qui a toujours été le parent pauvre des actions en faveur du local.

Dans ce cadre, l'État guinéen a priorisé deux exigences : i) celle de repositionner l'administration centrale dans un rôle de définition des orientations et des stratégies nationales de développement et en suivre les mises en œuvre ; ii) celle de promouvoir des administrations locales (déconcentrées et décentralisées) qui définissent les priorités locales et assument leurs responsabilités en matière de développement local. Le choix des autorités est articulé autour de quatre orientations majeures :

. la restructuration de l'appareil de l'État au niveau central et déconcentré ;

. la promotion d'espaces d'initiatives en matière de programmation, de réalisation des actions de développement et de fournitures des services publics de proximité ;

. la promotion de la bonne gouvernance et de la transparence dans la gestion des affaires publiques ; et

. la responsabilisation effective des exécutifs locaux à travers la création d'espaces de concertation et le renforcement des capacités techniques et institutionnelles des acteurs décentralisés et déconcentrés.

Au cours des dix dernières années, l'État s'est engagé dans de nouvelles dynamiques qui ont permis de mener plusieurs actions significatives dans le sens de renforcer la décentralisation :

. la mise en place d'un mécanisme de financement des collectivités locales avec la création prochaine de l'Agence Nationale de Financement des Collectivités Locales après l'institution du Fonds National de Développement Local par la Loi de finances initiale de 2016 ;

. la révision de la loi relative à la Fonction Publique Locale ;

. la révision des textes fondateurs de l'administration territoriale ;

. la réorganisation du dispositif de gestion des déchets solides avec la mise en place de l'Agence Nationale de l'Assainissement et de la Salubrité Publique ;

. l'institutionnalisation du CNFPCE en tant que dispositif de formation qui permettra d'en faire une institution de référence ;

. la mise en œuvre du projet expérimentale modernisation de l'état civil ;

. l'édition de plusieurs outils de gestion et de contrôle des administrations publiques centrales et déconcentrées (code de déontologie de l'autorité administrative, manuel de procédures d'audit et de contrôle du Ministère de l'Administration du Territoire et de la Décentralisation et la formation des inspecteurs, contrôleurs et auditeurs du MATD) ;

. la mise en articulation de la décentralisation et de la déconcentration qui permettra de promouvoir la territorialisation des politiques publiques en lien avec des collectivités locales dont les capacités seront renforcées à côté d'une Administration territoriale qui évoluera vers une Administration de développement ;

. le code des collectivités locales révisé et adopté en 2016, confirme la volonté de l'État de transférer treize blocs de compétences qui sont en passe d'être maîtrisés par les collectivités locales, notamment dans le domaine de la planification, de l'exécution des actions communautaires, de l'accès aux services sociaux de base de la gestion des ressources locales, etc.

Section 1. L'histoire politique et administrative de la décentralisation de la Guinée.

§1. Les actes posés par les pouvoirs publics qui se sont succédé à la tête du pays.

A.- Le discours programme du Chef de l'État de 1985.

Après la proclamation de l'indépendance politique de la Guinée le 2 octobre 1958, sous la direction de Feu Ahmed Sékou TOURE, les nouvelles autorités optèrent pour le socialisme avec un système dirigiste et centralisé qui, hélas, n'a pas permis le développement économique tant espéré. La Guinée connut la « révolution socialiste », la création des cellules du parti-État, appelé Pouvoir Révolutionnaire Local (PRL), détenant théoriquement le pouvoir politique à la base. Dans les faits, aucun pouvoir de décision et d'exécution en matière de développement n'a été octroyé à ces cellules de base.

Le changement politique intervenu le 3 avril 1984, avec la prise du pouvoir par l'armée, fut ressenti par les populations guinéennes comme une délivrance. Les autorités s'empressèrent d'opter pour un régime libéral et s'engagèrent dans de nombreuses réformes qui avaient pour objectif d'améliorer la gouvernance afin de répondre aux objectifs et aux besoins des populations.

Le discours-programme du Chef de l'État, le Général Lansana CONTE, prononcé le 22 décembre 1985, consacra la décentralisation. Les nouvelles autorités affirmèrent leur volonté de créer les bases d'une démocratie pluraliste et d'une participation effective des populations au développement local. En effet, le bilan de la gestion socialiste était jugé négatif, la non-participation des populations à la prise et à l'exécution des décisions en matière de développement était considérée comme l'une des causes, parmi tant d'autres, pour expliquer la situation de délabrement économique et social du pays. La décentralisation est apparue comme le moyen pour responsabiliser et promouvoir la participation des populations au processus de développement à travers des organes élus et dépositaires d'une légitimité institutionnelle reconnue.

B.- La confirmation de la décentralisation par le pouvoir militaire !

La décentralisation est restée une option des pouvoirs publics en dépit des évènements survenus en 2008 et qui marquent l'arrivée des militaires au pouvoir, le 22 décembre 2008. À travers l'ordonnance n° 032 du 19 janvier 2010, les nouvelles autorités militaires ont prorogé le mandat des élus qui avait expiré la même année. À l'époque, beaucoup de voix s'étaient levées pour demander la dissolution des conseils communaux dirigés par des élus qui appartenaient en majorité au pouvoir déchu et leur remplacement par des délégations spéciales. Au sein de la hiérarchie militaire, de l'administration publique, des partis politiques et de la société civile, des divergences se sont fait jour.

Finalement, la junte militaire a décidé de proroger le mandat des élus en promettant d'organiser des élections locales. Cette décision était jugée plus opportune, d'autant que l'Union Africaine, la CEDEAO et la communauté des bailleurs de fonds avaient toutes désapprouvé la prise du pouvoir par les militaires[289]. Dans ce contexte, les élus, pouvaient être des alliés de l'Armée qui avait besoin de légitimité auprès des populations. La rencontre des autorités militaires avec les maires et présidents de communautés rurales de développement, au Palais du Peuple, en août 2009, a renforcé la conviction de ceux qui avaient opté pour cette prorogation. En effet, à travers un texte lu et intitulé « Déclaration de Conakry », ces élus demandaient qu'un contenu réel soit donné à la transition en offrant la possibilité au Président du CNDD d'engager et de parachever, prioritairement, la matérialisation des enjeux (indiqués dans le texte) considérées comme des préalables à l'application des réformes constitutionnelles. La synthèse de ce texte fut également lue devant le Groupe de contact institué à l'époque par la CEDEAO pour mettre fin à la crise politique.

[289] Selon une déclaration devenue célèbre du Président Dadis CAMARA qui dirigeait le Conseil National de la Démocratie et du Développement (CNDD), *« le pouvoir était dans la rue, les militaires n'ont fait que le ramasser pour éviter au pays une guerre civile »*.

§2. Les périodes marquantes de la politique de décentralisation.

Trois périodes marquent la mise en œuvre de la politique de décentralisation :

. la période de 1986 à 1992, avec une mise en place progressive des collectivités locales ;

. celle de 1992 à 2009, constitutive d'un certain immobilisme, malgré une volonté de changement exprimée par des élus, d'une partie de la société civile et d'une fraction de l'administration ; et enfin

. la période de 2010 à 2017, avec une Lettre de Politique Nationale de Décentralisation et de Développement Local (LPNDDL) pour engager des réformes institutionnelles.

A.- De 1986 à 1992 : une mise en place progressive des collectivités locales.

Cette période correspond au lancement officiel de la politique de décentralisation. Un Secrétariat d'État chargé de la décentralisation a été créé, avec des services centraux, notamment la Direction Nationale de la Décentralisation chargée de la confection des textes relatifs aux collectivités décentralisées (les organes et leurs attributions). Durant cette période, les collectivités locales ont été progressivement mises en place. Un seul niveau de collectivité est institué, avec une distinction entre les Communes Urbaines (CU) et les Communautés Rurales de Développement (CRD). Une formation a été donnée à chaque groupe de collectivités locales installées. Les districts ruraux (2.600), subdivision des CRD, et les quartiers urbains (400), subdivision des CU, ont été installés à partir de 1988, les CRD (304) et les communes urbaines (38) en 1991. En 1992, toutes les collectivités locales ont été créées. La loi avait inclus les districts et les quartiers comme des sections des collectivités locales.

Cette période correspond à la première mandature des collectivités locales ; pour la première fois, les populations ont choisi leurs dirigeants ; une première série de textes avait été préparée pour encadrer le fonctionnement et l'organisation des collectivités locales ; ces textes donnaient à la tutelle un poids très fort avec un contrôle *a priori* sur pratiquement tous les actes des exécutifs locaux. ce qui limitait, de façon considérable, les responsabilités des collectivités locales ; cette situation était le fruit d'un compromis entre les forces en présence : celles qui acceptaient la création des collectivités locales, d'autres qui acceptaient, mais sous réserve d'un contrôle strict exercé par les services de l'État. Durant cette période, la plupart des décisions étaient prises par ordonnance.

B.- De 1992 à 2008 : la « politisation » des collectivités locales prend le dessus sur les véritables réformes en matière de décentralisation.

À partir de 1992, avec une nouvelle Constitution est adoptée et le multipartisme est instauré. Malheureusement, il y a eu une forte politisation des collectivités locales avec une mainmise du parti au pouvoir. Jusqu'en 2005, il n'y a pas eu renouvellement des organes élus. De plus, l'âge très avancé des élus et le taux d'analphabétisme élevé rendaient difficile la compréhension et l'application des textes.

Dans les faits, on a assisté progressivement à une mise en veilleuse du processus démocratique amorcé, ce qui a porté un coup dur à la décentralisation. Les instances n'ont pas été renouvelées de 1992 à 2005. Les élus ont ainsi perdu en légitimité. À cela, s'est ajouté la révocation systématique des maires et des présidents de CRD ayant des velléités d'opposition. Ils ont été remplacés par des personnes nommées par l'administration.

Alors que la décentralisation était encore balbutiante, l'État procéda à la révision de la Constitution mettant la décentralisation et la déconcentration en conflit de compétences. Selon des observateurs avertis et des acteurs du système, les raisons politiques avaient eu raison de la libre administration des collectivités locales et de la démocratie locale. Néanmoins, plusieurs actes posés ont évité de faire disparaître la décentralisation de la scène politique :

. les élections locales organisées en 2005 ont servi de point d'appui pour une nouvelle avancée ;

. le Code des collectivités locales, adopté en 2006, a accordé une autonomie financière et des prérogatives avec 33 compétences transférées ;

. un guide sur la procédure de planification locale est élaboré permettant ainsi aux collectivités locales de disposer de plans de développement locaux et de programmes annuels d'investissement ;

. des élus au sein de leurs associations se sont battus pour faire vivre leurs collectivités locales et les citoyens ont perçu l'intérêt, pour leur territoire, de disposer de collectivités locales comme outil de développement ;

. la mise en œuvre de projets et programmes financés par des partenaires au développement ont conforté la dynamique décentralisation/développement local en démontrant les bienfaits pouvant être tirés d'une implication des populations à la gestion des affaires locales ;

. au sein de la société civile, un courant s'est construit pour éviter un retour en arrière et pousser à une consolidation du processus de décentralisation.

Durant presque un quart de siècle, la décentralisation a été menée sans une véritable vision et un cadre stratégique. Au-delà des difficultés d'ordre institutionnel et administratif, on doit noter la faiblesse des moyens et compétences des collectivités locales et celle de la déconcentration.

La faiblesse des moyens et des compétences des collectivités locales.

Les collectivités locales sont confrontées à un manque de moyens et de compétences effectives.

. *En termes de ressources humaines*.

Les collectivités locales, en particulier les communes rurales, n'ont pas de ressources humaines suffisantes en quantité et en qualité ; l'État a fait un effort en mettant à leur disposition des secrétaires généraux et des receveurs communaux ; dans les communes urbaines, d'autres agents sont détachés, sachant que les services locaux concernés ont été rattachés à la collectivités locales, alors que dans les communes rurales ces mêmes services restent rattachés aux sous-préfets en tant que représentants de l'État auprès des communes.

. *En termes de transfert de compétences*.

En dehors de l'état civil qui est une compétence générale, les transferts de compétences sectorielles ne sont pas effectifs ; si les collectivités locales peuvent investir dans les infrastructures, aucun acte règlementaire ne précise leur responsabilité dans la gestion des services y afférents ; aucun transfert de patrimoine n'est encore opéré ; la planification des investissements publics relevant des collectivités locales conformément aux dispositions du code des collectivités locales, s'opère toujours de manière centralisée, sans articulation avec les Plans de Développement Locaux (PDL). Par conséquent, les financements destinés à ces transferts restent entre les mains des ministères sectoriels.

La faiblesse de la déconcentration.

Même si la structuration de l'administration publique au niveau préfectoral est jugée satisfaisante, les différents services de l'État n'ont pas souvent les moyens de fonctionner tant au niveau de l'administration territoriale que des services techniques déconcentrés. En l'absence de déconcentration des budgets de fonctionnement dédiés aux ministères sectoriels, une partie de ces services, dont l'administration territoriale, tire ses ressources des taxes et impôts partagés avec les collectivités locales. C'est ainsi que des pratiques déviantes ont vu le jour ; autrement dit, il n'est pas rare de voir des ponctions opérées sur des redevances ou subventions transférées aux collectivités locales en dehors des procédures prévues par la Loi.

Outre la très forte disparité spatiale dans la répartition des fonctionnaires sur le territoire national, avec une surconcentration à Conakry, se pose la question du mode de sélection et d'affectation qui, dans bien des cas, ne valorise ni l'expérience, ni la compétence. L'absence de rigueur dans la gestion des ressources humaines et l'absence de plan de carrière ne permettent pas de disposer d'un corps d'administrateurs qualifiés et motivés indispensables à la construction de tout État.

Les insuffisances notées dans l'application effective du Code des Collectivités Locales et la non adoption de décrets d'application ont aussi une incidence directe pour les collectivités locales : les services déconcentrés conservent des prérogatives qui devraient revenir aux collectivités locales ; ainsi, naissent des chevauchements de responsabilités qui sont sources de conflits.

C.- De 2009 à 2017 : un nouveau virage et l'engagement de réformes institutionnelles.

Entre 2009 et 2010, le Gouvernement a élaboré la Lettre de Politique Nationale de Décentralisation et de Développement Local (LPNDDL). À la suite de l'élection présidentielle tenue en 2010 et qui a porté l'actuel Président de la République au pouvoir, la décentralisation a connu un regain d'intérêt, du moins au plan institutionnel. La création du Ministère de l'Administration du

Territoire et de la Décentralisation a permis de réunir au sein d'un même Département ministériel l'administration du territoire et les collectivités locales. La LPNDDL est adoptée par décret présidentiel en 2012 et des réformes sont engagées.

À travers la LPNDDL, l'État s'est fixé trois objectifs :
. contribuer à la refondation de l'État ;
. améliorer les services apportés aux populations ; et
. assurer une participation des citoyens à la vie publique locale.

Quant aux réformes, elles portent sur :
. la modernisation de l'Administration à travers le Programme de Réforme de l'État et de Modernisation de l'Administration (PREMA) chargé de piloter l'élaboration du projet de Loi portant statut de la Fonction Publique Locale, la rédaction de la Charte de la Déconcentration, la révision des textes portant organisation de l'administration territoriale ;
. la révision du Code des Collectivités Locales en 2016, adopté par l'Assemblée nationale et promulgué par décret présidentiel en 2017 ;
. la création du Fonds National de Développement Local (FNDL) et de l'Agence Nationale de Financement des Collectivités Locales (ANAFIC) chargée de l'administration de ce fonds ;
. la révision du code électoral ;
. l'élaboration de la Charte de la déconcentration ;
. la préparation d'un projet de Loi portant Statut de la Fonction Publique Locale (FPL).

Ces initiatives engagées tous azimuts participent de la volonté de l'État de consolider le processus de décentralisation et d'asseoir les bases d'un développement économique durable, mais le contexte socioéconomique reste néanmoins très difficile. Les investissements dans les secteurs sociaux sont encore faibles. À titre d'exemple, le budget de la santé représente seulement 8 % en 2017 du total des dépenses de l'État. Autrement, la dépense publique de santé par habitant est de 26,8 dollars, un taux faible comparé aux pays comme le Benin, 34 dollars, le Burkina Faso 38 dollars, le Mali 45 dollars et la Mauritanie 58 dollars (Word Bank 2013).

En matière d'éducation de base, bien que portée au rang de priorité nationale, la part du budget national consacrée à l'éducation apparait plutôt insuffisante et représente 16 %, en moyenne annuelle des dépenses de l'État dans la période 2007-2016 contre un engagement de 25 % sur le plan africain.

L'économie a enregistré un ralentissement de la croissance du PIB en 2014 et en 2015, aggravée par l'épidémie Ebola survenue en 2014, avec des taux de croissance de 0,4 % et 0,1 % respectivement. La majorité de la population reste confrontée à des conditions de vie difficiles. La pauvreté s'est aggravée ces dernières années tant dans sa composante monétaire que dans sa composante multidimensionnelle fragilisant le développement humain du pays.

Le Rapport mondial sur le développement humain de 2015 classe la Guinée au 182ème rang sur 188 pays[290], avec un Indice de développement humain (IDH) estimé à 0,411 contre un IDH moyen de 0,52 pour l'Afrique subsaharienne.

Selon les données de l'Institut National des Statistiques, en 2012, plus de la moitié (55,2 %) des guinéens vit en-dessous du seuil de pauvreté monétaire. Quant à la pauvreté multidimensionnelle[291], elle touche 60,7 % de la population en particulier les femmes et les jeunes (World Bank 2016). Ce qui signifie que 3/5ème de la population (environ 7,5 millions de personnes[292]) souffrent de privations multiples en termes de biens durables et de services sociaux de base (éducation, eau potable, assainissement, électricité, logement, etc.).

Ces chiffres globaux cachent de fortes disparités entre les régions et les milieux de résidence. La pauvreté multidimensionnelle est plus présente en milieu rural (89,3 %) qu'en milieu urbain (18,6 %). En dehors de la région de Conakry (5,8 %), toutes les autres régions enregistrent chacune une proportion élevée de populations confrontées à des multiples privations

[290] PNUD, 2016.
[291] World Bank, 2016.
[292] RGPH, 2016.

Section 2. Les relations entre l'État et les collectivités locales.

L'observation du processus d'évolution de la décentralisation laisse apparaître un État qui en est l'acteur principal, malgré la crise économique et les politiques d'ajustement. Cette intervention jugée « massive » de l'État tend à limiter les capacités des communes à concevoir une politique de développement local cohérente. On est ici en face d'une logique de dépendance institutionnelle en défaveur des collectivités locales. Le Code des Collectivités Locales a certes supprimé la tutelle ; dans les faits, celle-ci vit encore ses beaux jours.

Au plan administratif, les ministères sectoriels dont les compétences sont transférées[293], ne collaborent pas de manière satisfaisante avec les collectivités locales. C'est pourtant le point de départ d'un réel transfert de compétences même si ces collectivités locales n'ont pas encore la même qualité d'expertise et ont du mal à se positionner comme des interlocuteurs pertinents.

Par ailleurs, dans la répartition des fonctions entre représentants et démembrements de l'État, une confusion semble s'installer, ce qui ne permet pas de distinguer clairement ce qui est de la responsabilité communale de ce qui est assumé par les services déconcentrés. Par exemple, en prenant le cas de Conakry, le Conseil de Ville constitué par les représentants des cinq communes de la capitale, est présidé par le Gouverneur qui est en même temps le représentant de l'État. Ce dédoublement fonctionnel amène les services propres du Gouvernorat à exécuter des missions qui relèvent des communes.

Selon Alain BERGE et Yabsa DIOP[294], de telles insuffisances justifient la nécessité de mettre en œuvre des programmes de formation susceptibles de prendre en compte les politiques nationales et de mettre en place des dispositifs d'étude et d'identification des besoins ainsi que des démarches d'appui aux porteurs de projets, à la maîtrise d'ouvrage communale, au montage des dossiers de projets. Dans ce cadre, la mise en place d'une administration territoriale

[293] Le Code des collectivités locales adopté par l'Assemblée Nationale a été promulgué en juillet 2017.
[294] Alain BERGE, Yabsa DIOP (2005), « Formation en aménagement : les attentes et les besoins des professionnels », *in* Col. J. L., GUIBBERT J.J. (éds.), *op. cit.*, pp. 299-305.

compétente et dotée de moyens nécessaires à l'exercice de ses fonctions, est un des enjeux à ne pas négliger. Tout comme la déconcentration des budgets dédiés aux secteurs si le pays s'engage dans une nouvelle dynamique qui permet d'entrer véritablement dans un processus de décentralisation et de déconcentration.

§1. L'organisation des collectivités locales selon les différents échelons locaux.

A.- Les Communes (urbaines et rurales).

Suivant les dispositions du Code des Collectivités Locales relatives à l'organisation des collectivités locales, nous avons choisi, à dessein, celles qui traitent du nombre de membres du conseil communal, de l'exécutif local, des responsabilités etc. Selon le code, la collectivité locale regroupe au moins 5.000 habitants (pour les communes) et 500.000 habitants (pour les régions).

Les organes de chaque collectivité locale se composent d'un organe délibérant appelé Conseil de la collectivité locale et d'un organe exécutif. Le Conseil de la collectivité locale est composé des conseillers élus et en fonction. Il est appelé « Conseil régional » dans les régions, et « Conseil communal » dans les Communes et « conseil local » sans distinction de type de collectivité.

L'exécutif de la collectivité locale est constitué de l'autorité exécutive locale et de ses adjoints. Le pouvoir exécutif local est exercé par le président du Conseil local ; il est appelé « Président du Conseil régional » dans les régions et « Maire » dans les communes, et « Autorité exécutive locale » sans distinction de type de collectivité.

Dans l'exercice de ses fonctions, l'autorité exécutive locale est assistée d'adjoints. Les membres de l'exécutif local sont élus par le Conseil conformément au code électoral et au code des collectivités locales.

L'article 85 détermine le nombre de membres du Conseil communal ainsi qu'il suit :

Population de la commune	Nombre de membres du conseil communal
Jusqu'à 10 000 habitants	11 conseillers
De 10 001 à 20 000 habitants	17 conseillers
De 20 001 à 40 000 habitants	23 conseillers
De 40 001 à 70 000 habitants	29 conseillers
De 70 001 à 100.000 habitants	33 conseillers
De 100 001 à 150 000 habitants	37 conseillers
De 150 001 à 200 000 habitants	41 conseillers
Plus de 200 000 habitants	45 conseillers

Les membres de l'exécutif de la commune exercent leurs fonctions au nom de la collectivité. Ils en sont redevables devant le Conseil et devant la population de la collectivité. L'autorité exécutive communale et ses adjoints résident obligatoirement sur le territoire de la commune.

B.- Les Régions

Quant au Conseil Régional, l'article 161 détermine le nombre de ses membres ainsi qu'il suit :

Taille de la Commune représentée	Nombre de conseillers
Les Communes de 10.000 habitants	02
De 10 001 à 30.000	03
De 30 001 à 40.000	04
De 40 001 à 50.000	05
De 50 001 à 60.000	06
De 60 001 à plus de 100.000	07

L'article 176 dispose que le Conseil Régional, outre ses compétences générales, en matière de développement économique, social et culturel, délibère sur plusieurs problématiques liées au développement régional et local.

D'autres dispositions portent sur la contribution attendue du Conseil Régional au développement économique et social du pays, notamment sa participation à l'élaboration et à la mise en œuvre du Plan National de Développement Économique et Social (PNDES) et aux charges de financement des établissements de formation professionnelle.

§2. La répartition des compétences entre les échelons locaux.

Le code des collectivités locales prévoit des compétences propres aux communes et aux régions et des compétences qui leur sont transférées par l'État.

A.- L'exercice des compétences par l'échelon communal.

Selon l'article 28 du code, les compétences propres des communes sont regroupées dans les 14 domaines suivants :

. la création, l'organisation, la gestion, la modification et la suppression des services administratifs et publics de la collectivité locale ;

. la gestion administrative, financière, budgétaire, comptable et de passation des marchés publics de la collectivité locale ;

. la planification, le développement local, l'aménagement du territoire, l'habitat et l'urbanisme ;

. les infrastructures sociales et administratives, les équipements, les transports, les voiries et l'entretien de l'éclairage public à travers des lampadaires solaires et assimilés ;

. la sécurité, l'environnement et le cadre de vie (hygiène et salubrité) ;

. l'enseignement préscolaire, élémentaire et secondaire ;

. l'alphabétisation et l'éducation civique ;

. la santé, l'action sociale et la culture ;

. les équipements marchands et les infrastructures à caractère économique ;

. l'entretien des équipements collectifs ;

. la gestion du patrimoine et des biens de la commune ;

. le renforcement de capacité des élus et du personnel des services déconcentrés et décentralisés ;

. l'état civil des citoyens de la collectivité ; et

. la lutte contre la divagation des animaux et des vermines dans la collectivité locale

B.- L'exercice des compétences par l'échelon régional

Pour ce qui est de la Région (article 29 du code), les compétences propres sont regroupées dans les domaines suivants :

. le soutien aux filières économiques régionales ;
. le soutien à l'innovation économique et technologique ;
. la formation professionnelle ;
. la protection de l'environnement ;
. l'enseignement secondaire général à travers la gestion des lycées ; et
. la santé à travers la gestion des hôpitaux préfectoraux et régionaux.

Il reviendra à la région de disposer d'une capacité de mobilisation des financements et des acteurs autour d'un projet de territoire cohérent. La région dégagera une vision, des orientations, elle sera l'animateur d'une dynamique autour des axes de développement de ce projet de territoire. Les régions seront dotées d'outils et des moyens pour assurer ce développement (ex. agence de développement régional, carte scolaire définie au niveau régional, outils de pilotage…). Le rôle de la région ne se limitera pas à une simple planification de projets.

À ce jour, il est difficile de porter une appréciation sur la répartition de ces compétences entre les deux niveaux de collectivités locales car les régions ne sont pas encore en place. Pourtant, le Gouvernement a fait réaliser depuis plus de cinq ans une étude sur la régionalisation dont les recommandations ne sont d'ailleurs toujours pas validées.

Section 3. La gestion financière des collectivités locales.

§1. Le régime financier des collectivités locales.

Les finances des collectivités locales et les établissements publics qui leur sont rattachés, sont gérés conformément aux dispositions de la Loi organique L/2012/n° 012/CNT/ du 6 août 2012 relative aux lois de finances, notamment en ses titres I, II, VI et VII (article 423).

Le Code des Collectivités Locales détermine, en son Titre V, le régime financier des collectivités locales qui traite des principes des finances et de la fiscalité, du budget, des ressources, des dépenses et enfin de la comptabilité des collectivités locales.

L'analyse des rapports issus des missions effectuées sur un échantillon de 81 Communes dont les cinq communes urbaines de la Capitale[295] donne une idée de la situation des finances locales.

§2. Les recettes fiscales et non fiscales.

L'une des principales caractéristiques des recettes fiscales réside dans leur faiblesse structurelle due principalement à : i) des taux de recouvrement très bas notamment en ce qui concerne les contributions sur les licences, les taxes sur les armes à feu (presque nulles) dans la plupart des communes et ii) la baisse des recettes d'année en année au titre des patentes, de la Contribution Foncière Unique et de la Taxe professionnelle Unique (TPU). Il s'y ajoute que dans les Communes, il n'existe aucun dispositif organisationnel pour assurer le recouvrement des restes à recouvrer.

De même, la mentalité et/ou la culture de la majorité des contribuables conduit ces derniers à considérer les agents de recouvrement comme des hommes à bannir de la société. De ce fait, il est pratiquement impossible de trouver des résidents issus des familles de la localité qui acceptent d'assurer le recouvrement des impôts et taxes dans leur terroir ; par conséquent ceux qui quittent d'autres localités pour la collecte des taxes, imposent souvent leurs conditions. Il est fréquent, une fois le recouvrement fait, que ces agents contractuels prélèvent directement leur rémunération avant de verser au trésor public le reste des sommes collectées.

Les données recueillies en 2015 et en 2016 dans ces 81 Communes urbaines et rurales ont permis de faire les constats suivants[296] :

---

[295] Ces missions ont été réalisées sous ma responsabilité en tant que Chef de la mission d'assistance technique du Programme d'Appui Sectoriel à la Décentralisation et à la Déconcentration en partenariat avec le Ministère de l'Administration du Territoire et de la Décentralisation et le Programme d'Appui aux Communautés Villageoises.

[296] Cf. Rapport de la mission exécutée dans le cadre du Programme d'Appui Sectoriel à la Décentralisation et à la Déconcentration financé sur les ressources du 10ème Fonds Européen de Développement.

. le personnel préfectoral affecté aux opérations de recensement et de recouvrement des impôts au niveau des communes est insuffisant ;

. en moyenne, les agents du fisc ne font que deux tournées de recouvrement par an ;

. la plupart des maires ne reçoivent pas copie des rôles émis au titre des impôts perçus sur leur territoire ;

. les vignettes relatives aux taxes sur les véhicules ne sont plus mises à disposition des communes régulièrement ;

. on note une insuffisance de transparence dans le processus de recouvrement des impôts sur le terrain, de leur répartition et de leur reversement.

Tableau sur le recouvrement des recettes fiscales locales

Année	Patentes	CFU	TPU	TUV
2012	90,39 %	60,72 %	52,53 %	72,77 %
2013	21,95 %	54 ; 20 %	16,10 %	58,23 %
2014	49,82 %	73,98 %	41,42 %	61,42 %

S'agissant des recettes non fiscales, les maires, dans leur grande majorité, confient le recouvrement de la plupart de ces recettes à des particuliers ou des personnes appelées « percepteurs » ou à des syndicats de transporteurs (gares routières) ou administrateurs de marchés (kiosques et stands dans les marchés) et parfois aux commissions « Finances » des conseils communaux. Dans bien des cas, les opérations de recouvrement sont effectuées sans contrat et sans document écrit. La plupart du temps, il s'agit d'ententes verbales entre le Maire ou le Secrétaire général et ces particuliers. Il est très fréquent que les bénéfices tirés de ces recouvrements par ces collecteurs « spéciaux » dépassent parfois le produit qui est reversé dans les caisses ou sur le compte de la commune. Cette situation a des causes et des conséquences préjudiciables à la bonne gestion des ressources publiques mobilisées :

. l'incapacité ou la fragilité des maires à négocier en faveur des communes avec les particuliers et les associations de transporteurs ou syndicats des marchés ;

. l'absence de contrat formel entre les prestataires et les autorités communales ;

. l'absence d'investissements structurants dans les marchés, les gares routières et parkings ;

. la méconnaissance des droits des communes sur les panneaux publicitaires et les pylônes placés par les opérateurs de téléphonie mobile sur leur territoire ;

. la recherche de popularité et de l'électorat qui préoccupe plus les maires que le rendement fiscal ; et

. le manque de visibilité sur l'usage qui est fait des taxes recouvrées.

A.- Les recettes provenant de l'État.

En ce qui concerne les ressources provenant des transferts de l'État, au titre des dotations de fonctionnement, elles ne sont pas prévisibles et sont aléatoires. De plus, elles ne sont pas souvent virées dans les comptes bancaires des communes et sont remises en totalité ou après « amputation » au profit des services préfectoraux.

Parfois, le règlement de ces transferts de l'État ou les subventions de l'État aux collectivités intervient presque à la clôture de l'exercice budgétaire, obligeant l'exécutif communal à agir de la sorte : i) reporter ces crédits à l'exercice suivant, au grand dam du principe de l'annualité budgétaire ou ii) procéder à un réaménagement budgétaire au début de l'exercice suivant.

La récente mesure prise par les Ministères en charge des collectivités locales et du Budget, consistant à paramétrer les comptes bancaires des communes, les seuls comptes reconnus par la Banque Centrale de Guinée, permettra, certainement, dans les années à venir, de mettre un terme aux déviances constatées dans les transferts financiers de l'État vers les communes. L'opérationnalisation de l'Agence Nationale de Financement des Collectivités locales pourrait également contribuer à assainir les mouvements financiers de l'État vers les communes[297].

---

[297] L'Agence Nationale de Financement des Collectivités Locales est créée par l'État pour administrer le Fonds National de Développement des Collectivités instituée en 2016 par la loi de finances initiale (art. 21 à 23).

B.- Les budgets.

Les budgets des communes sont soumis systématiquement à l'adoption des conseils communaux, puis transmis aux Préfets pour approbation. Très souvent, les débats budgétaires se déroulent en présence de la société civile qui y assiste et qui veille à ce que leurs besoins prioritaires soient pris en charge. Toutefois, les budgets sont approuvés parfois avec plus de 45 jours de retard par certains préfets, alors que le Code prescrit 15 jours après la transmission.

La plupart des budgets de l'année 2015 préparés en début d'année, ne sont devenus exécutoires qu'au mois de juin 2015. La période d'exécution n'a couvert donc que 6 mois au lieu de 12.

Il convient de noter également la difficulté de certains cadres des Services Préfectoraux de Développement (SPD) à exercer le contrôle-qualité et de conformité sur les documents soumis aux préfets et à analyser correctement les budgets et les comptes administratifs et de gestion.

La nomenclature budgétaire n'est pas respectée par certains secrétaires généraux qui ne maitrisent pas non plus la notion de section de fonctionnement et de section d'investissement, ainsi que le mécanisme d''autofinancement des investissements par le prélèvement de 60 % sur la section de fonctionnement (article 441 du Code des Collectivités Locales, 2ème alinéa).

Les règles qui régissent l'annualité budgétaire et la séparation des fonctions d'ordonnateur et de comptable, ne sont pas non plus respectées. En effet, l'insuffisance de receveurs communaux (il arrive qu'un receveur communal assure la gestion comptable pour 4 à 5 communes) et de secrétaires généraux, conduit au non-respect du principe de séparation des fonctions d'ordonnateur et de comptable. Dans plusieurs communes, les receveurs élaborent le budget, produisent le compte administratif et le compte de gestion et, bien souvent, répondent de l'exécution du budget. Dans d'autres communes où les receveurs ont abandonné leurs postes, ce sont les secrétaires généraux qui font office de comptables communaux. Ces cumuls de fonction présentent des risques fiduciaires importants pour les élus et les responsables de l'administration communale.

De façon générale, la gestion budgétaire des communes est caractérisée par un manque de rigueur, une absence de contrôle de réciprocité entre l'ordonnateur et le comptable d'une part, et de l'autre, entre les représentants de l'État et les conseils communaux.

Section 4. La démocratie locale et la participation citoyenne.

§1. Un processus de coproduction du développement local encore fragile.

Les politiques de décentralisation prenant principalement appui sur la communalisation à travers la mise en place des communes, ont donné lieu à des réformes qui, formellement, ambitionnent de renforcer les pouvoirs de décision des collectivités décentralisées et des acteurs à la base. Les exécutifs locaux sont ainsi mis devant la responsabilité de promouvoir le développement économique et social des territoires dont ils ont la charge. Parallèlement, les acteurs locaux se renforcent et, de plus en plus, se professionnalisent. Cela se traduit par la multiplication d'initiatives de la part des organisations communautaires de base qui aspirent, de la sorte, à une participation effective à la gestion des affaires publiques. Dans ce contexte, ces familles d'acteurs agissent quotidiennement pour améliorer les conditions de vie des populations en actionnant deux leviers : i) la démocratie de représentation, qui signifie la reconnaissance du pouvoir local élu ; ii) la démocratie de participation qui signifie la reconnaissance d'une citoyenneté véritable.

À partir de ces deux leviers, s'élaborent des démarches de développement local qui tentent de prendre en compte les différents aspects de la réalité locale. Toutefois, au regard des rapports entre les acteurs institutionnels, techniques, économiques et sociaux, il est légitime de s'interroger sur la capacité mais également sur la volonté des uns et des autres de se concerter, de réfléchir autour des véritables enjeux de développement pour apporter les réponses aux principales questions liées au développement.

Pour le cas de la Guinée, on s'interroge d'autant que le système d'acteurs est complexe et positionne plus certaines institutions comme lieux d'expression de conflits que comme lieux d'organisation de la chose publique. Dans beaucoup de régions du pays, les conflits entre collectivités locales limitrophes, les conflits domaniaux très fréquents dans les zones agricoles et minières, les attaques réciproques entre agriculteurs et éleveurs, sont autant de facteurs qui ont un impact négatif sur le processus de reconstruction de la paix sociale très affectée ces dernières années.

§2. Des initiatives pour conforter la démocratie locale et promouvoir la bonne gouvernance locale.

En dépit du contexte sociopolitique souvent très tendu du fait des mouvements sociaux récurrents et qui perturbent la quiétude des citoyens et les activités économiques, le pays a néanmoins engagé des initiatives dans le sens de promouvoir la démocratie locale et de renforcer les bases d'une bonne gouvernance locale :

. l'État a parachevé la généralisation à tout le territoire national des collectivités décentralisées (CR en milieu rural et CU en milieu urbain) gérées par des organes élus. Cette organisation administrative est reconnue par l'ensemble des acteurs institutionnels (l'État, les élus, et les leaders communautaires, la société civile et les partenaires au développement) ;

. le dispositif administratif déconcentré en place notamment au niveau préfectoral semble répondre à l'esprit d'une politique de décentralisation fortement liée à la déconcentration ;

. des Conseils Préfectoraux de Développement (CPD) sont installés dans la majeure partie des préfectures du pays. Ce sont des instances de concertation et de dialogue inter acteurs. Elles regroupent l'ensemble des familles d'acteurs : les conseils communaux, les organisations de la société civile, les organisations économiques, les représentants de l'État, les ONG, etc. Les CPD sont présidés soit par les élus, soit par les représentants de la société civile qui se sont beaucoup mobilisés lors de la mise en place de ces cadres de concertation ;

. le Programme National d'Appui aux Communes de Convergence (PNACC), une initiative du gouvernement conduite par le Ministère de l'Administration du Territoire et de la Décentralisation, est lancé dans 40 communes rurales. Il bénéficie pour le moment du soutien technique et financier des Nations Unies à travers l'UNICEF, le PNUD, l'OMS et le FNUAP.

L'objectif de ce programme est double :

. au plan stratégique, i) accompagner la mise en œuvre de la politique de décentralisation ; ii) appuyer les collectivités locales pour qu'elles se dotent d'une vision du développement socioéconomique local, notamment à travers les documents de planification et de programmation des investissements locaux, iii) faciliter la coordination et la mise en cohérence des appuis des Partenaires et des initiatives locales de développement ;

. au plan opérationnel, i) identifier les besoins en investissements publics locaux ainsi que les contraintes qui entravent l'effectivité de la maîtrise d'ouvrage locale, ii)) développer une collaboration entre les collectivités locales et les services techniques déconcentrés, iii) renforcer les capacités des élus locaux à promouvoir le développement participatif, iv) former les acteurs locaux au développement d'une culture citoyenne locale et renforcer leurs capacités d'innovation au travers de projets mobilisateurs notamment en faveur des femmes et des jeunes, v) favoriser une dynamique de mise en réseau et de partenariats entre acteurs concernés par les préoccupations d'accès aux services sociaux de base, vi) impulser une dynamique d'échanges entre territoires pour promouvoir l'intercommunalité et les partenariats ;

. le Fonds National de Développement Local (FNDL) est institué. C'est un mécanisme de financement des collectivités locales alimenté par : i) 15 % des redevances issues des recettes minières (article 165 du Code minier), ii) les dotations des budgets d'investissement des secteurs dont les compétences sont transférées aux collectivités locales ; iii) les contributions des partenaires au développement[298].

Si de telles mesures permettent i) de rapprocher l'État des administrés, ii) de favoriser une intermédiation entre les communautés de base et les collectivités locales, et iii) d'aider à améliorer la mobilisation des ressources fiscales, des dysfonctionnements naissent, liés à la position de certains acteurs locaux, publics comme privés, qui peuvent être juges et parties dans la gestion des affaires publiques locales. Des difficultés apparaissent, dues à la volonté de subordonner des intérêts particuliers à ceux du plus grand nombre. Ce hiatus a

[298] La Banque Mondiale et l'Agence Française de Développement ont déjà annoncé leurs contributions à l'alimentation du FNDL.

révélé parfois des manquements, souvent des contraintes qui entravent l'exercice du pouvoir local.

Ainsi, la politique d'impulsion du développement local est restée le ventre mou du processus de décentralisation qui laisse, pourtant, la latitude aux acteurs locaux de se donner les solutions adéquates de leur propre développement. Cette déficience structurelle est renforcée par la faiblesse des dynamiques locales de lutte contre la pauvreté aggravée par des insuffisances notées dans la politique de développement territorial. Certes, les initiatives pourront apporter des réponses appropriées à ces dysfonctionnements, en revanche, leur l'impact ne sera ressenti que dans quelques années.

§3. Des défis importants pour conforter les fondements de la démocratie locale.

Sur le plan politique, le défi est de veiller au lien indissociable entre démocratie de représentation et démocratie participative afin de permettre aux élus et aux citoyens de mettre en synergie leurs initiatives et de construire un dialogue basé sur les valeurs de solidarité, d'unité nationale, de justice et d'équité.

Au niveau économique et social, le défi est de créer les conditions d'un développement économique local et de permettre l'accès intégral aux services sociaux de base qui permettront de conforter la légitimité des élus locaux et des administrations territoriales. Il s'agit également de veiller à une meilleure redistribution des dividendes tirés de l'exploitation des ressources minières. Les mouvements d'une rare violence qui se sont produits dans certaines régions en 2017 et au début de l'année, devraient amener les autorités à un meilleur partage des richesses du pays qui appartiennent à toute la nation. À partir de ce moment, on engage de véritables dynamiques de développement économique local et de démocratie locale.

Au plan institutionnel, il s'agit de veiller au dialogue entre les acteurs et au renforcement des capacités qui permettraient à ces acteurs de mieux assumer leurs fonctions et leurs rôles sous le regard bienveillant des représentants de l'État qui auront la lourde responsabilité de garantir, de façon impartiale, la paix sociale et la sécurité.

Ces défis sont de taille, et pour les relever, l'État guinéen dispose d'atouts et un potentiel économique important. En, revanche, les systèmes de gouvernance locale (les régions, les communes urbaines et rurales, les nombreux cadres de concertation) doivent être en mesure d'orienter la gestion du développement de manière cohérente, de définir une vision partagée et de mettre en œuvre des solutions qui répondent aux besoins réels des populations, de construire des plateformes de dialogue démocratique fonctionnelles afin de faciliter la participation citoyenne. Dans ces conditions, un développement local harmonieux et durable est possible et la confiance entre les citoyens et les institutions pourra être rétablie. Sans le raffermissement des relations sociales et de la confiance entre élus et citoyens, les collectivités locales ne pourront pas espérer développer leur territoire et permettre aux populations de jouir des importantes richesses dont regorge le pays.

Bibliographie indicative

Rapport mondial sur le développement humain de 2015, PNUD, 2016.
Situation des indicateurs macroéconomiques de la Guinée ; World Bank, 2016.
Recensement Général de la Population et de l'Habitat, 2016.
Code des Collectivités Locales de la République de GUINEE, 2017.
Alain BERGE, Yabsa DIOP (2005), « Formation en aménagement : les attentes et les besoins des professionnels », *in* Col. J. L., GUIBBERT J.J. (éds.), *op. cit.*, pp. 299-305.
Rapports de mission sur les finances des collectivités locales : Programme d'Appui Sectoriel à la Décentralisation et à la Déconcentration, Ministère de l'Administration du Territoire et de la Décentralisation, Union Européenne ; 10ème Fonds Européen de Développement, Programme d'Appui aux Communautés Villageoises, 2015 et 2016.
Gouvernance locale, maitrise d'ouvrage communale et stratégies de développement local au Sénégal : l'expérience de la ville de Saint-Louis, thèse de doctorat, Université Toulouse-Le-Mirail, février 2007, 264 p.

LA DÉCENTRALISATION AU MALI

Salif Coulibaly

*

* *

Introduction

La réforme de décentralisation au Mali a mis fin à l'État jacobin qui a montré ses limites en Afrique. Fruit d'une réforme institutionnelle profonde et d'une importante dynamique collective, la décentralisation a abouti à un partage du pouvoir entre l'État, les élus locaux et les citoyens. Il ne s'agit pas d'un processus réalisé contre l'État. Mais il s'agit bien de mieux partager le pouvoir entre l'État et les collectivités locales. Cela représente l'avantage d'alléger l'État de tâches ayant tout lieu d'être mieux assurées par les élus locaux, de permettre à ces derniers de mobiliser des ressources locales jusque-là inaccessibles pour l'État, procurant ainsi un gain en efficacité à tous les niveaux, sans amoindrir en rien les prérogatives primordiales de l'État, bien au contraire. Il s'agit aussi de mieux partager le pouvoir entre les élus locaux et les citoyens.

La mise en œuvre de la décentralisation a donné naissance à une entreprise originale qu'est la commune. Le développement de cette nouvelle unité locale de gestion administrative est fonction du degré de compréhension de ses élus locaux et de ses citoyens.

L'existence des communes suscite certes des espoirs immenses, mais comporte aussi des défis majeurs qu'il importe de se préparer à relever. Un de ces défis est que les multiples acteurs impliqués dans ce processus de décentralisation de la gestion administrative du pays prennent la pleine mesure de leurs rôles respectifs afin de les assumer au mieux. Cela implique, entre autres, d'être suffisamment informés et formés. Dans le souci de contribuer à relever ce défi, nous tentons de donner à travers la première partie de ce mémoire des réponses aux multiples questions qu'un citoyen ou un nouvel élu peut se poser sur la commune. Par ailleurs, nous constatons que les communes du Mali disposent d'importantes ressources avec des possibilités offertes par l'article 11 de la loi n° 96-051 permettant au conseil communal de créer par délibération des redevances pour couvrir des charges et frais précis[299]. Et malgré l'existence de cette multitude de ressources alimentant les budgets des collectivités, les 19 anciennes communes ont été gérées à 80 % de manière déficitaire.

Cet état de fait est lié à l'insuffisance de la mobilisation des ressources, avec pour résultats un faible niveau de recouvrement et une crise de trésorerie permanente. Plusieurs raisons expliquent cette situation, à savoir entre autres : la non-implication des élus communaux dans les procédures de mobilisation et d'exécution des ressources prévues au budget ; le niveau généralement insuffisant des élus communaux en gestion financière des communes dont ils sont les décideurs ; l'absence totale de plan de trésorerie établi et suivi par les élus et le receveur communal ; l'incivisme engendré par la perte de confiance de la population, suite à un déficit d'information sur la destination des fonds perçus ; etc.

Aussi, en vue d'étudier ces problèmes, la deuxième partie de cette étude portera-t-elle sur les finances communales.

---

[299] La loi n° 96-051 déterminant les ressources fiscales des communes dispose en son article 11 : *« Le conseil communal peut, par délibération, créer des redevances en vue de couvrir les charges ou les frais d'établissement et d'entretien d'un ouvrage public communal »*.

Chapitre 1er.

LA NOTION DE COMMUNE

Section 1. Les principes généraux de l'organisation administrative et historique du phénomène communal au Mali.

§1. Les principes généraux de l 'organisation administrative.

L'administration communale comme toute administration moderne repose sur deux principes d'organisation : la déconcentration et la décentralisation. Toutes deux sont vues comme des aménagements rendus nécessaires par les inconvénients d'une centralisation absolue, c'est-à-dire d'un système administratif où les organes centraux sont seuls habilités à prendre toutes les décisions et à assurer leur exécution sur toute l'étendue du territoire.

On imagine aisément qu'une telle administration est synonyme de paralysie de décision et d'action. C'est pourquoi, il est fait appel, pour y remédier, à la déconcentration et à la décentralisation.

Mais la déconcentration et la décentralisation ne doivent pas être confondues, car elles procèdent de principes opposés : dans la décentralisation, la décision est prise au nom de l'État par un de ses agents ; dans la déconcentration, la décision est prise au nom et pour le compte de la personne décentralisée par un organe qui émane d'elle.

A.- La déconcentration.

La déconcentration est une technique administrative consistant pour les autorités centrales à confier certains pouvoirs de décision à des agents intermédiaires qu'elles nomment et placent à la tête de circonscriptions administratives ou de services n'ayant pas la personnalité morale. Ces agents appelés « autorités administratives déconcentrées » dépendent directement des autorités centrales par le truchement du « pouvoir hiérarchique ».

La déconcentration accroît le pouvoir de décision des fonctionnaires locaux quant à la résolution des problèmes des populations.

B.- La décentralisation.

La décentralisation *« est un système par lequel l'État accorde à d'autres entités juridiquement reconnues l'autonomie financière et de gestion dans des conditions prévues par la loi ».*

Traditionnellement, on distingue deux types de décentralisation : la décentralisation *technique* ou *fonctionnelle* (par exemple les sociétés d'État, les E.P.A n'entrant pas dans le cadre de notre travail), et la décentralisation *territoriale* (par exemple les communes), objet de notre thème.

La décentralisation territoriale ou géographique consiste à doter de la personnalité morale et de l'autonomie financière une communauté sociale infra-étatique ayant pour assise une portion du territoire national et pour lien une identité collectivité locale reconnue appelée collectivité territoriale. La réalisation exige trois conditions essentielles : la reconnaissance de la personnalité juridique permettant à la commune de s'autogérer, d'ester en justice, ce qui présuppose la reconnaissance d'affaires propres ; l'existence d'autorités distinctes de celles de l'État, généralement élues selon des modalités définies par le code électoral ; et l'autonomie financière, c'est-à-dire la faculté de mobilisation et de maîtrise des ressources nécessaires au développement de la collectivité territoriale.La décentralisation ne signifie ni indépendance ni moins d'État, mais mieux d'État. En effet, celui-ci se manifeste à travers son représentant dont les missions sont définies par un texte (cf. Décret n° 95-210 du 30 mai 1995).

§2. Historique du phénomène communal au Mali.

Le phénomène de la décentralisation au Mali remonte à l'époque précoloniale selon l'historien Sékéné Mody SISSOKO et le Docteur Mamadou SIMAGA. Mais l'institution communale actuelle date de l'ère coloniale qu'en constitue la première période. La seconde période correspond aux première et deuxième républiques. La troisième étape naît avec la Troisième République.

A.- Première Période.

Durant cette période, la législation municipale distinguait les communes mixtes, les communes de moyen exercice et les communes de plein exercice.

La première catégorie comprenait les communes de Kayes, de Bamako (1919) de Ségou, de Mopti (1952), de Sikasso (1954). Dotées de la personnalité morale ces communes étaient dirigées par un administrateur-maire, nommé par le chef du territoire et assisté d'une Commission Municipale dont le mode d'élection varie en fonction du degré d'évolution des citoyens.

La deuxième catégorie ne différait de la précédente que par l'élection de l'organe délibérant au suffrage universel. Y appartenaient les communes de Koulikoro, Kita, Kati, Nioro, Koutiala, San, Tombouctou et Gao, toutes créées en 1958.

La loi n° 55-1489 du 18 novembre 1955, modifiée par celle du 10 novembre 1956 permit l'érection des communes de Bamako, Kayes, Mopti, Ségou, plus tard de Sikasso en communes de plein exercice, donc avec un maire et un conseil municipal élus au suffrage universel. Telle était la situation à l'aube de l'indépendance.

B.-La deuxième période.

La volonté de décentralisation de la Première République était manifeste dans la Constitution du 22 septembre 1960 en son article 41, mais demeura sans concrétisation. Les 13 communes héritées de l'époque coloniale gardèrent le *statu quo* jusqu'en 1966, année d'adoption de la loi n° 69/AN-RM du 2 mars 1966 portant code municipal en République du Mali abrogeant la distinction entre elle et faisant de toutes des communes de plein exercice.

Sous le règne du Comité Militaire de Libération Nationale, il y très peu de changement. Seule la réforme administrative de 1977 apporta quelques modifications en érigeant Bamako en District composé de six communes, en prévoyant des organes de participation des populations et de programmation (conseil de circonscription, comité régional et local de développement) dans les circonscriptions administratives.

Outre les communes du District de Bamako, la Deuxième République créa celle de Bougouni en 1980 et mit en place les organes prévus par l'ordonnance 77-44 du 12 Juillet 1977 portant Réorganisation territoriale et administrative au Mali.

Donc, à la veille de la Troisième République le Mali comptait 19 communes. De mouvement de décentralisation faisant son chemin, mais sans encore une mise en œuvre concrète.

C.- La troisième période.

Sous la Transition, régime ayant succédé à la Deuxième République, la décentralisation a franchi une nouvelle étape par son option consacrée par le Titre XI de la Constitution et par la création de cinq nouvelles communes, mais non opérationnelles.

La Troisième République a favorisé l'accélération du processus de décentralisation.

Les nouvelles autorités mettent en place la Mission de décentralisation, chargée de la conception de la politique de décentralisation et de l'appui à sa mise en œuvre. À cette structure, on doit l'élaboration des textes suivants déjà adoptés :

. la loi n° 93-008 du 11 février 1993 déterminant les conditions de la libre administration des collectivités territoriales ;

. la loi n° 95-022 du 20 mars 1995 portant statut des fonctionnaires des collectivités territoriales ;

. la loi n° 95-034 du 12 avril 1995 portant code des collectivités territoriales en République du Mali ;

. le décret n° 95-210/P-RM du 30 mai 1995 déterminant les conditions de nomination et les attributions des Représentants de l'État au niveau des collectivités territoriales.

Ces textes confèrent au pays une nouvelle physionomie administrative.

§3. La nouvelle organisation territoriale.

Selon les dispositions de la Constitution et des lois précitées, la décentralisation s'étend à l'ensemble du pays, et se réalise progressivement.

Au niveau inférieur de la pyramide, se trouvent les communes urbaines et rurales dont la création est prévue sur toute l'étendue du territoire national[300]. Leur carte géographique est établie à partir des concertations villageoises et du libre regroupement dans populations, tout en tenant compte, entre autres, des critères suivants : le respect des solidarités communautaires ; le facteur démographique ; la viabilité économique et sociale ; et le facteur de distance d'accessibilité.

Au niveau médian, se rencontrent les cercles, collectivités territoriales regroupant des communes. Leur création intervient en seconde étape. Les régions, formées de cercles, occupent le sommet de la pyramide.

L'élection des membres du haut conseil des collectivités, ultime étape de la décentralisation, parachève la mise en place des institutions de la République.

À tous les niveaux, il y a des organes élus et un représentant de l'État dont les missions sont définies par le décret n° 95-210 du 30 mai 1995 précité.

Actuellement, le Mali compte 703 communes (urbaines et rurales) de plein exercice.

---

[300] La loi n° 96-059 (portant création des communes) a consacré la création de 682 communes sur tout le territoire du Mali en précisant les villages, quartiers et / ou fractions les composants ainsi que leur chef–lieu._Actuellement, le Mali compte 703 communes (urbaines et rurales) de plein exercice.

Section 2. La commune.

§1. Définition de la commune.

La commune est la collectivité territoriale de base de la nouvelle organisation administrative décentralisée et démocratique de l'État malien. Elle est un espace de liberté de participation et d'initiative des citoyennes et citoyens pour toutes les affaires relevant directement des intérêts locaux.

Du point de vue plus économique, la commune est un espace géographique, économique, social et culturel, communautaire. Elle est un espace de développement.

§2. Les enjeux.

La réforme de décentralisation et plus particulièrement, la création des communes, traduisent deux enjeux fondamentaux du Mali d'aujourd'hui : un enjeu démocratique et un enjeu de développement.

A.- L'enjeu démocratique.

La commune est le fruit d'une démocratisation de l'administration qui confère à chaque citoyen dans sa localité une part de responsabilité et de liberté dans la gestion des affaires de la localité. La création des communes renforce ainsi le processus de démocratisation en créant les conditions et les modalités d'une participation directe des citoyens aux processus de prise de décision locale. Ils redeviennent les acteurs de leur destin et les vrais partenaires d'un État qui ne peut plus exister en dehors d'eux.

La création des communes entraîne ainsi forcément un mouvement de reconnaissance des hommes et des femmes là où ils vivent, et de revalorisation de leur savoir-faire et de leurs cultures. C'est un droit pour tous les maliens sur tout le territoire du Pays.

B.- L'enjeu de développement.

La commune est un espace de développement les citoyens de la commune partagent dorénavant avec l'État la responsabilité du développement de leur commune. Ils en deviennent le principal moteur en participant aux processus de prise de décision en matière de programmation du développement et de gestion des ressources et de l'environnement. Les politiques, de développement ne partent plus exclusivement d'en haut pour redescendre vers la base. Elles sont d'abord et avant tout, conçues à la base. C'est ainsi que les communes bénéficient d'un patrimoine et de ressources propres et sont en charges de la gestion de ce patrimoine » et de ces ressources aux fins de générer un développement économique et social de la collectivité.

§3. Les compétences de la commune.

La commune détient deux sortes de compétences : des compétences générales, et des compétences spécifiques.

A.- Les compétences générales.

Ces compétences générales appartiennent à toutes les catégories de collectivités territoriales sans distinction.

Les compétences générales découlent logiquement de la mission générale de la commune et de sa responsabilité en matière de développement. Elles doivent toujours et naturellement être comprises dans les limites autorisées par la loi et dans le cadre exclusif de l'intérêt de la commune.
Exemples : La préparation, le vote et l'exécution du budget ainsi que les comptes.

B.- Les compétences spécifiques.

Les compétences spécifiques sont celles exclusivement dévolues à la commune par rapport à sa position dans l'échelonnement territorial. La commune est la collectivité territoriale décentralisée de base. Elle se voit dès lors confier des compétences liées aux intérêts qu'elle peut assurer proportionnellement à sa dimension territoriale et à ses ressources propres.
Exemples : L'enseignement préscolaire ; l'alphabétisation ; le premier cycle de l'enseignement fondamental.

La liste de ces compétences n'est pas limitative.

C.- Les limites des compétences des communes.

Premièrement, les compétences des communes sont régulées par la loi nationale. Aucune décision d'une commune même relevant de ses compétences spécifiques ne peut être illégale. Toutes les décisions prises par la commune doivent être conformes à la loi applicable sur tout le territoire du pays.

Ensuite, certains pouvoirs de décision sont soumis à une approbation préalable de l'autorité administrative de tutelle de la commune. Il s'agit principalement des décisions relatives aux compétences générales de la commune. Cette approbation ne concerne que l'examen de la légalité. Elle est une garantie de cohérence et d'unité nationale.

Enfin, la commune doit consulter certaines institutions infra-communales sur des questions qui les concernent directement. Ces institutions sont les conseils de villages et/ou de fractions ou les chefs de quartiers concernés. Ils doivent obligatoirement être consultés pour les questions telles que : le transport public, l'organisation des activités du domaine public, ….

D.- Les autres compétences.

La commune est également indirectement compétente pour certaines matières qui relèvent pourtant des compétences de l'État ou d'autres collectivités territoriales décentralisées. Ainsi, pour l'implantation de projets d'aménagement ou d'équipement ainsi que pour la fusion, la scission et toute modification des limites de la commune, cette dernière doit être obligatoirement consultée.

§4. L'organisation de la commune.

La commune est placée sous la responsabilité d'un organe élu le conseil communal au sein duquel sont désignés le Maire et ses adjoints qui forment le bureau communal. Le bureau communal dirige les services de la commune afin que cette dernière remplisse ses fonctions : le secrétaire général chargé d'assister le Maire dans la gestion administrative de la commune, le service d'état civil, les services financiers, les services techniques (voirie, domaine etc.) et les services de développement.

Le conseil communal exerce dès lors un pouvoir et des responsabilités confiés par les habitants de la commune. Il a à ce titre des comptes à rendre aux citoyens qui ont un droit de regard sinon même un devoir de participation.

§5. Le rôle de l'État.

La réforme de décentralisation ne signifie pas un affaiblissement de l'État, bien au contraire. La décentralisation nécessite un État fort mais dans le cadre d'une redéfinition de ses missions. L'État a pour nouvelles tâches d'assurer la tutelle l'appui et le conseil des communes. La tutelle est le contrôle de la légalité des actes et des organes de la commune. Ce contrôle s'exerce généralement *a posteriori* sauf pour les matières importantes qui impliquent également l'intérêt national. L'État a également un rôle essentiel d'intégration nationale. Dans ce sens il doit inciter et encourager les initiatives locales gérer l'environnement macro- économique, juridique et réglementaire de ces initiatives et coordonner à son niveau tous les acteurs du développement.

L'État doit se réorganiser en vue d'assumer ces nouvelles responsabilités.

Le tableau suivant résume le rôle de l'État dans la gestion dans communes :

Tableau n° 1 : Rôle de l'État dans la gestion des Commune

RÔLE DE L'ÉTAT		QUI ?
	Contrôle *a posteriori* de la légalité des actes Le contrôle à prion de la légalité des actes dans certaines matières (finances, personnel, public, administratif, fiscalité,...)	Le délégué du gouvernement au niveau du cercle
Appuis et conseil	Appuis administratifs Appuis techniques	Administration territoriale Services déconcentrés
Intégration	Péréquation Incitation Environnement juridique et économique Coordination	
ARBITRAGE		Gouvernement Pouvoir Judiciaire

Chapitre 2

LES FINANCES COMMUNALES

Le domaine des finances fait référence à plusieurs notions et approches, qui peuvent être regroupées en quatre domaines : le budget, la comptabilité, le financement et la gestion, qui seront analysées dans quatre sections successives.

Le budget regroupe les techniques relatives aux prévisions et autorisations de dépenses et de recettes pour une année, classées et inscrites dans un seul document qui doit répondre à un certain nombres de règles, et assorties d'opérations d'ordre qui permettent une meilleure compréhension de certains aspects budgétaires.

La comptabilité concerne l'exécution du budget, c'est à dire la pratique de la nomenclature budgétaire et comptable, les émissions de titres et mandats, les dépenses engagées, l'enregistrement des différentes opérations.

La collectivité doit optimiser son financement, ses dépenses et ses recettes pour mener bien sa mission de service public. Cela suppose l'utilisation de techniques et outils appropriés, une bonne connaissance du force et faiblesses, des atouts et handicaps.

L'objectif à atteindre ayant été clairement déterminé, la gestion consiste à opérer un choix parmi les modes d'exploitation du service public permettant d'atteindre le but recherché.

Ces quatre domaines sont intimement liés, et il est difficile de déterminer avec précision la frontière qui les sépare.

Section 1. Le budget et les principes budgétaires.

Pour atteindre les objectifs de développement local que l'on peut définir comme étant la mobilisation des ressources locales (humaines, matérielles et financières) en vue d'atteindre un niveau maximal de bien-être des citoyens, il faut des outils.

L'outil essentiel à cet effet est le budget. Il peut être vu comme un instrument de planification annuelle plus souple et s'adaptant mieux aux données politiques, économiques et sociales sans cesse changeantes.

Le budget est l'acte par lequel est prévu et autorisé l'ensemble des charges et des ressources des collectivités territoriales (Article 170 loi n° 95-034 du 12 avril 1995 portant code des collectivités territoriales en République du Mali). C'est un acte de prévision et d'autorisation.

§1. L'élaboration du budget.

A.- Le cadre réglementaire et comptable de l'élaboration.

Le budget est conçu dans un cadre réglementaire et comptable défini par décret. Ce cadre divisé en section, titres, sous-titres, chapitres, articles et paragraphes est composé de deux parties, tant en recettes qu'en dépenses. La deuxième partie comprend la section d'investissement ou extraordinaire.

La section ordinaire ou de fonctionnement doit contenir toutes les recettes courantes de l'année. Il s'agit notamment : des recettes fiscales ; des redevances pour service rendus ; des produits d'exploitation ; et des produits divers.

Au niveau des dépenses, toutes les charges courantes relatives au fonctionnement des services de la commune sont prises en compte. Il s'agit : des dépenses de personnel ; des dépenses de fournitures, d'entretien ; des dépenses de voirie ; et de diverses dépenses de gestion.

La section d'investissement ou section extraordinaire qui permet à la commune d'accroître son patrimoine, d'améliorer ses équipements, fait appel à des ressources extraordinaires par : des aliénations des biens du domaine ; des subventions, dons et legs ; des emprunts qui seront remboursés ; l'autofinancement qui constitue un prélèvement des recettes de la section de fonctionnement du budget des collectivités qui sera affecté à l'investissement (article 180 5e alinéa CCT)[301].

En dépenses, y seront inscrits : les gros travaux ; les aménagements ; et les acquisitions (terrains, véhicules).

B.- Les principes de l'élaboration.

L'ordonnateur (le maire) est tenu de respecter, dans l'élaboration du budget, certaines règles essentielles sur lesquelles repose ce budget communal, à savoir : l'unité, l'annualité, l'équilibre, l'universalité, la spécialisation budgétaire, la non affectation des recettes aux dépenses.

En effet, l'ensemble de recettes et des dépenses doivent être regroupées dans un document unique ; l'autorisation de dépenses accordées par le budget est valable pour une année seulement ; les recettes doivent permettre de couvrir les dépenses ; le budget doit comprendre l'intégralité des recettes et des dépenses sans compensation ; le maire est limité dans son action par les inscriptions budgétaires, et tout crédit ouvert à une imputation déterminée ne peut être employé que pour la dépense inscrite sans dépassement ; les recettes de fonctionnement ne sont pas affectées, alors que les recettes extraordinaires sont affectées à une opération précise, sauf exception prévue par la loi.

Sur un autre plan, l'ordonnateur est obligatoirement tenu de faire figurer en dépenses certaines charges courantes de fonctionnement telles que : les charges du personnel ; les charges d'entretien du patrimoine ; les charges de fonctionnement des services ; et les charges des annuités de remboursement des emprunts.

Au niveau des recettes, il est fait une évaluation assez correcte des recettes sur la base des résultats antérieurs et des politiques envisagées.

Le budget élaboré par le service de la comptabilité avec l'assistance des services d'assiette est présenté au vote du conseil communal par le maire pour adoption. Il s'agit du budget primitif élaboré par le Maire.

---

[301] Autrement dit, ce prélèvement sur les recettes de fonctionnement constitue une épargne brute, destinée à couvrir en priorité le remboursement des annuités de la dette en capital et pour le solde, les autres dépenses d'investissement : utilisé seul, le terme « autofinancement » désigne alors ce solde (ou épargne nette).

Celui-ci peut élaborer un budget additionnel qui vient ajuster en cours d'exercice et corriger les prévisions du premier.

NB : Un budget bien préparé constitue une lanterne pour l'exécutif local et permet à l'équipe communale d'atteindre son objectif essentiel à savoir la satisfaction de l'intérêt général des populations.

§2. Le vote et l'approbation du budget.

Après son élaboration par le Maire, le budget est soumis au vote du conseil communal qui le fait par chapitre et par article et peut modifier, rejeter, accepter les propositions du Maire ou leur substituer les siennes.

Une fois adopté par le conseil communal, le budget est soumis par le maire à l'approbation de l'autorité de tutelle. Celle-ci a le même pouvoir d'action que le conseil communal à bien des égards.

En cas d'un budget voté en déséquilibre, l'autorité de Tutelle le renvoie au Maire dans un délai de 15 jours suivant son dépôt. Le conseil municipal en est saisi 10 jours au plus par le Maire pour en délibérer une seconde fois. Il a 8 jours pour statuer.

Si l'équilibre et le délai légal ne sont pas respectés, l'Autorité de Tutelle règle le budget (article 176 du Code des collectivités territoriales).

Si le conseil communal ne vote pas le budget dans le délai prévu ou le rejette entièrement l'autorité de tutelle le convoque et le met en demeure de la voter. S'il s'abstient ou refuse de le faire, cette dernière dresse et règle un budget ne prenant en compte que les dépenses obligatoires. Une fois approuvée, le budget est exécuté par le Maire sous sa responsabilité.

Le budget additionnel est établi et voté dans les mêmes formes que le budget primitif du compte de gestion du payeur.

§3. L'exécution du budget.

Généralités :

L'exécution du budget se traduit par l'encaissement des recettes et le paiement des dépenses. Elle est caractérisée par la séparation de fonction entre ordonnateurs et comptables pour garantir l'emploi correct des deniers publics et la transparence de la gestion financière.

Autant l'ordonnateur (le maire) détient le pouvoir de décision en matière de recettes et de dépenses, autant le comptable détient les fonds et le pouvoir de payer.

Dans ce contexte, l'exécution budgétaire comporte une phase administrative en recettes et en dépenses et une phase comptable dans les mêmes rubriques.

A.- L'exécution des dépenses.

1.- La phase administrative - le rôle du maire.

Cette phase comprend trois opérations dissociables :

. l'engagement :

C'est l'acte qui va rendre la commune débitrice à l'égard d'un tiers sous réserve d'exécution par ce dernier des obligations qui lui incombent.

Exemple : Un bon de commande constitue un engagement de dépense (fait générateur)

Le Maire ne peut engager une dépense que s'il existe des crédits disponibles au chapitre intéressé.

. la liquidation :

Elle a pour objet d'évaluer avec précision le montant de la dépense. Elle tire son nom du fait qu'elle transforme la créance en « argent liquide ». Elle consiste à vérifier : d'une part, que la livraison du bien ou la prestation de service a été effectuée. C'est la règle du "service fait" qui interdit de payer d'avance le créancier de la commune ; et d'autre part, que les documents qui justifient la dépense (factures, etc.) ont été correctement établis (mentions obligatoires, factures exactitudes des calculs) et sont conformes à l'acte d'engagement.

. le mandatement (parfois appelé l'ordonnancement :

C'est l'ordre donné par l'ordonnateur (Maire) au comptable (receveur municipal) de payer une dépense.

Cette phase donne lieu à l'établissement : de mandats qui sont inscrits sur un bordereau récapitulatif ; et d'ordre de virement. L'enregistrement est fait selon les règles de la comptabilité publique. Enfin, les mandats, les ordres de virement et les pièces justificatives sont envoyés au comptable.

2.- La phase comptable.

Cette phase comptable se matérialise par le paiement effectif des sommes dues au créancier de la commune et relève de la compétence du receveur municipal qui est seul habilité en sa qualité de comptable du Trésor à manier les fonds. Il vérifie la régularité des opérations préalables. Cette vérification porte sur : l'exacte imputation de la dépense, la disponibilité des crédits budgétaires ; et la validité de la créance (service fait exactitude de la liquidation).

À la suite de ces contrôles, et si tout est régulier, le receveur municipal appose son visa sur le mandat et procède au paiement.

L'ordonnateur ne doit pas émettre de mandats dont le montant dépasse la trésorerie disponible. Le comptable à son tour doit périodiquement informer l'ordonnateur de la situation de la trésorerie.

La réquisition du comptable : article 205 CCT (loi n° 95-034)

Le comptable est tenu d'acquitter les dépenses mandatées à concurrence des crédits accordés.

Néanmoins, il peut refuser d'effectuer les paiements lorsque : la qualité de l'ordonnateur est mise en cause ; la somme mandatée n'est pas bien imputée ; les pièces justificatives sont insuffisantes ou irrégulières ; le rapprochement des diverses pièces n'est pas conforme ; il y a une erreur de calcul.

Toutefois, en cas de refus du comptable, l'ordonnateur peut procéder à la réquisition de ce dernier ; dans ce cas, il y a transfert de responsabilité personnelle du comptable vers l'ordonnateur.

B.- L'exécution des recettes.

1.- La phase administrative – le rôle du maire.

Pour exécuter le budget en recettes le Maire, ordonnateur émet des titres de recettes qui se caractérise au plan administratif par : la constatation des droits acquis en faveur de la commune ; la vérification de ce droit et la fixation du montant de la créance (liquidation) ; et l'établissement d'ordre de recettes.

2.- La phase comptable – le rôle du receveur municipal.

Le receveur municipal est un comptable public c'est à dire un agent qui a la responsabilité du maniement des deniers publics. Agent du Trésor public, il exerce la fonction de comptable de la commune cumulativement avec celle de comptable de l'État. Comptable principal de la collectivité et à ce titre, détenteur des deniers communaux, le receveur municipal bénéficie d'une situation privilégiée qui lui permet de participer efficacement à la gestion rationnelle des disponibilités.

2.1. La mise en œuvre des moyens de recouvrement.

Le receveur municipal doit assurer le recouvrement des ordres de recettes. En cas de non-paiement par le contribuable, les poursuites exercées par les receveurs municipaux pour le recouvrement des produits communaux ont lieu comme en matière de contributions directes : Ainsi disposent-ils de certaines prérogatives exorbitantes du droit commun (avis à tiers détenteur, vente globale de fonds de commerce, contrainte par corps). Ils doivent s'attacher à les mettre en application afin d'obtenir un recouvrement rapide des créances communales et d'assurer de ce fait une certaine aisance à la trésorerie de la collectivité.

2.2. Le Receveur Municipal - informateur et conseiller de l'ordonnateur en matière de trésorerie communale.

Le receveur municipal est tenu d'informer le Maire sur l'évolution de la trésorerie communale. En effet, détenteur exclusif des deniers communaux, il est seul habilité à connaître des encaissements et des décaissements enregistrés. À ce titre, il adresse périodiquement au Maire une situation des disponibilités et une situation de trésorerie. La situation des disponibilités indique le montant du solde débiteur du compte commune au Trésor. La situation de trésorerie, établie sous forme de carte postale, présente un résumé des résultats figurant au journal centralisateur et indique par grandes catégories d'opérations, les recettes et les dépenses constatées depuis le début de la gestion.

De même, la communication périodique de la balance générale des comptes permet d'informer l'ordonnateur sur l'évolution de la trésorerie sur une plus longue période.

Par ailleurs, le receveur municipal peut assumer un rôle efficace de conseiller d'une part en appelant l'attention du Maire sur certaines indications découlant d'une analyse de la comptabilité communale et d'autre part en lui suggérant les mesures à prendre afin d'obtenir une gestion rationnelle des disponibilités. L'analyse de la comptabilité communale permet de déterminer selon quel rythme évolue le volume des disponibilités et à quels moments les besoins de trésorerie sont les plus importants. Pour cette fin, il doit rechercher avec le concours des comptables locaux tous les éléments d'information qui lui permettront d'apprécier la situation afin, d'éclairer le maire et l'assemblée locale. En effet il convient de considérer que la comptabilité communale n'est pas une donnée statique, mais au contraire, reflète l'activité financière de la collectivité, qui doit tendre à forger un instrument perfectionné d'appréciation de la situation et des possibilités financières.

Exception au principe de la séparation des fonctions de l'ordonnateur et du comptable : les régies de recettes et les régies d'avances.

Définition :

Une régie est une dérogation au principe général d'exécution des recettes et des dépenses de la commune, car elle permet pour des raisons de commodité à des agents placés sous l'autorité administrative et sous la responsabilité du comptable d'exécuter de manière limitative et contrôlée un certain nombre d'opérations de recettes et de dépenses (art 192-200 et 208-209 de la loi 95-034 du 12 Avril 1995 CCT. Cela facilite l'encaissement des recettes au comptant ou le paiement des dépenses urgentes ou de faible montant.

Il existe deux sortes de régies : la *régie de recette*, et la *régie d'avance*. C'est ainsi que l'agent chargé du recouvrement est appelé *régisseur de recettes* et celui chargé des dépenses *régisseur d'avances*. La loi a prévu, qu'en matière de recettes ou dépenses, la commune peut instituer des services propres de régie de recettes ou de dépenses qui exercent pour le compte du receveur communal.

Régie de Recettes :

La régie des recettes est créée par arrêté du Maire après délibération du conseil et approbation de l'Autorité de Tutelle. Elle est créée pour recouvrer les produits exigibles au comptant comme en matière de droits de marchés : pour assurer la bonne exécution du service ou réduire les formalités de déplacement à imposer aux contribuables. Il peut être crée plusieurs régies de recettes au sein d'une commune.

Le Maire procède à la nomination du Régisseur après avis de l'Autorité de Tutelle. Cet agent est astreint au versement d'un cautionnement et agit sous l'autorité du Receveur Municipal. En cas de négligence en matière de contrôle, la responsabilité du Receveur peut être engagée notamment sur le versement régulier des recettes. Le régisseur de recettes n'est pas habilité à effectuer des opérations de dépenses. Il doit donc en référer au Receveur chaque fois qu'il est requis par l'ordonnateur.

Régie de dépenses :

En application du principe de la séparation des fonctions d'ordonnateur et de comptable, toutes les opérations de dépenses sont en principes payées par le comptable du Trésor (receveur). Cependant, la loi a prévu une procédure particulière pour permettre au Maire de payer certaines dépenses sans passer par le circuit normal.

La régie d'avance est créée par le Maire après délibération du conseil communal et approbation de l'Autorité de Tutelle. Elle est instituée pour payer les menues dépenses sur les avances qui lui sont consenties par le Receveur. Ainsi, le Receveur dans ce système avance à un agent de la commune, le régisseur d'avances, des sommes pour régler les menues dépenses. Le montant de l'avance ne peut excéder un plafond fixé conjointement par arrêté du Ministre des Finances et du Commerce et du Ministre de l'Administration Territoriale chargé des collectivités. Le régisseur est nommé par arrêté du Maire après avis du payeur. Il est astreint au versement d'un cautionnement et bénéficie d'indemnités de responsabilité. L'arrêté de nomination fixe le montant de l'avance. Le régisseur doit justifier de l'emploi de l'avance dans un délai de trois mois à compter de la remise de fonds et annuellement. L'avance est régularisée par un mandat budgétaire émis par le Maire à l'ordre du Receveur accompagné des pièces justificatives. Le compte du Régisseur est soumis au contrôle de l'ordonnateur et du comptable.

§4. Le contrôle de l'exécution budgétaire.

Le contrôle de l'exécution du budget s'exerce sur les deux principaux documents de gestion du budget communal que sont : le compte administratif du Maire et le compte de gestion du receveur municipal.

Le maire ordonnateur du budget établit la comptabilité administrative de sa gestion pour chaque exercice. Cette comptabilité est établie suivant la contexture du budget en recettes et en dépenses. Elle décrit les opérations relatives à la constatation des droits acquis contre les débiteurs, à l'engagement, à la liquidation et au mandatement des dépenses budgétaires.

Ce compte élaboré par le maire est soumis à la délibération du conseil après la clôture de l'exercice. Ce compte fait ressortir l'état de l'emploi des recettes grevées d'affectation spéciale, et le montant des restes à employer. De même, l'état des restes à recouvrer, des restes à payer est soumis à la sanction du conseil communal.

Au plan comptable, le receveur tient une comptabilité des dépenses des comptes deniers et des comptes valeurs ; en matière de recettes un compte retraçant toutes les opérations de recettes de l'exercice. La situation des disponibilités est envoyée également chaque mois à l'ordonnateur. Il adresse chaque trimestre à l'ordonnateur et au payeur un relevé de certificats de recette et dépenses. En fin d'exercice, le payeur dresse le compte de gestion qui fait ressortir la situation financière de la commune. Un exemplaire est adressé à l'ordonnateur qui le soumet en même temps que le compte administratif à la sanction du conseil communal. Il doit y avoir conformité entre le compte de gestion et le compte administratif.

Le cycle budgétaire suivant résume cette première section :

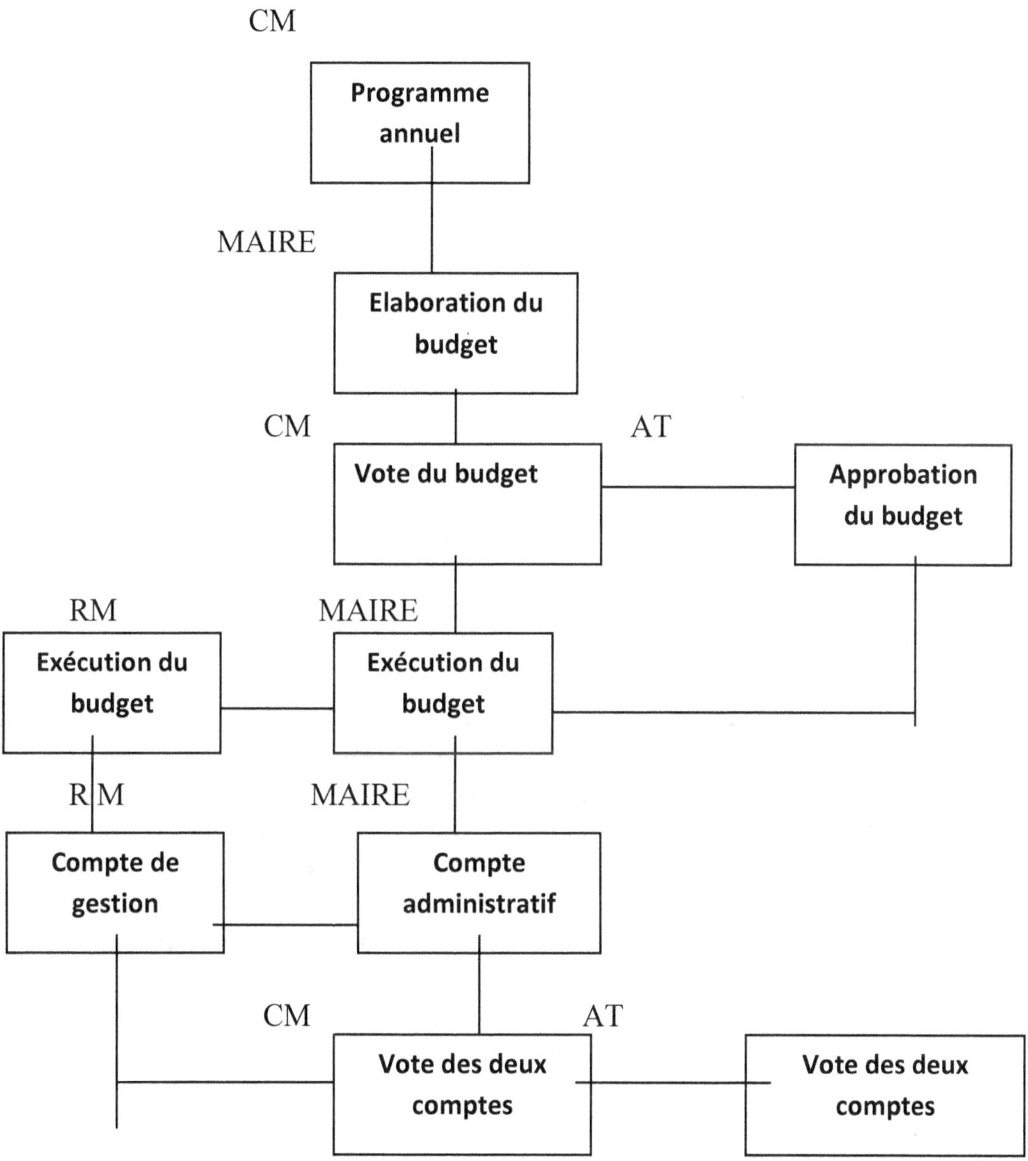

CM = Conseil Municipal
AT = Autorité de Tutelle
RM = Receveur Municipal

Section 2. Les documents budgétaires et comptables.

Habituellement, les communes connaissent cinq types de documents budgétaires (§1) et comptables (§2)

§1. Les documents budgétaires.

A.- Le budget primitif.

Le budget primitif est l'acte par lequel est prévu et autorisé l'ensemble des charges et des ressources des collectivités territoriales. Il est établi pour une durée d'une année.

Plusieurs tableaux statistiques doivent être annexés au budget primitif : la balance générale qui laisse apparaître les résultats du budget section par section, par dépenses et par recettes ; le tableau de la dette ; le tableau du personnel ; l'état des restes à recouvrer, des restes à payer à la date donnée ; et l'état des disponibilités.
Le budget primitif peut aussi comprendre les budgets annexes décrivant les opérations de services communaux.

B.- Le budget supplémentaire.

Le budget supplémentaire est d'abord un budget d'ajustement, un budget de report. Lors du vote du budget primitif, en début d'année, il n'est pas systématiquement possible d'appréhender les dépenses et les recettes avec toute l'exactitude souhaitée. Il se peut que certains postes budgétaires aient été sous-estimés ou surestimés ; le budget supplémentaire intervient donc pour réajuster, en cours d'exercice, les prévisions du budget primitif (art. 173 du code des collectés territoriales)

C.- Les autorisations spéciales ou les décisions modificatives.

Une autorisation spéciale est une autorisation d'engagement à soumettre au vote de l'organe délibérant en l'absence d'inscription budgétaire au budget primitif ou supplémentaire (art. 179, al. 2 du code des collectivités territoriales). En effet, le budget, une fois approuvé, ne peut être modifié en cours d'année ; toutefois, l'organe délibérant peut prendre une décision que l'on appelle autorisation spéciale ou décision modificative dans les cas suivants : lorsque des recettes supplémentaires peuvent être ouvertes, après autorisation du ministre chargé des collectivités territoriales ; pour insuffisance de crédit de fonctionnement - dans ce cas des virements peuvent être opérés par l'ordonnateur d'article à article à l'intérieur du même chapitre après délibération de l'organe délibérant de la collectivité, ou de chapitre à chapitre à l'intérieur du même sous-titre et sur le chapitre des dépenses imprévues après délibérant de l'organe délibérant et approbation de l'autorité de tutelle ;

Il est à noter qu'aucun virement de crédit ne peut augmenter le crédit initial de plus de 20 %.

§2. Les documents comptables.

A.- Le compte administratif.

Le budget primitif et le budget supplémentaire sont des états de prévisions. Il est nécessaire après de constater comment et dans quelle mesure ces prévisions ont été concrétisées. Cette constatation se fait au travers du compte administratif qui est, en effet, le relevé exhaustif des opérations, financières des recettes et des dépenses qui ont été réalisées dans un exercice comptable donné (art. 215, loi n° 95-034 CCT). Le compte administratif a pour fonction essentielle de présenter à la clôture de l'exercice, les résultats de l'exécution du budget par le maire. Il est établi à partir de la comptabilité administrative. Il se présente dans la même forme que le budget primitif mais se clôture avec des balances établies par section qui permettent de dégager des résultats.
Titre émis – Mandats émis = Résultat brut de clôture

À ce résultat, l'on ajoute les recettes restant à encaisser, et l'on soustrait les dépenses restant à payer : on obtient ainsi le résultat général net de clôture.

L'organe délibérant vérifie la concordance du compte administratif de l'ordonnateur avec le compte de gestion du comptable public. À la clôture de l'exercice, plusieurs documents doivent être établis et annexés au compte administratif : l'état de l'emploi des recettes grevées d'affectation spéciale faisant ressortir le montant des restes à employer, et l'état des restes à payer et à recouvrer (l'organe délibérant doit statuer sur l'admission de cet état des restes en non-valeur, dans le budget supplémentaire).

B.- Le compte de gestion.

Le compte de gestion est le document établi par le receveur communal et qui permet de justifier l'exécution du budget (et des budgets annexes). Il comprend deux parties :

- une première partie, qui retrace l'exécution du budget par ordre croissant de chapitres suivis des numéros d'articles (dépenses et recettes de la section d'investissement, puis dépenses et recettes de la section de fonctionnement) ;
- et une deuxième partie, qui doit présenter la situation financière et patrimoniale de la commune.

Section 3. Les ressources financières des communes.

L'article 1er de la loi n° 95-034 portant code des collectivités territoriales en République du Mali, est ainsi rédigé : *« La commune urbaine ou rurale est une collectivité décentralisée dotée de la personnalité morale et de l'autonomie financière »*.

Cela signifie que la commune doit librement utiliser au mieux ses ressources afin de pouvoir exécuter ses projets et programmes de développement dans l'intérêt de la collectivité. Mais le contexte de rareté des ressources financières de notre pays doit obliger les collectivités territoriales et notamment les communes à améliorer et à mieux assainir leurs finances.

La loi n° 95-034 du 12 avril 1995 portant code des collectivités territoriales en République du Mali est très explicite sur ce point, notamment dans son article 180. Les ressources des collectivités comprennent : des ressources budgétaires ; des ressources fiscales ; des produits par nature ; les emprunts autorisés ; l'autofinancement brut local ; les dons et legs ; et d'autres ressources (à savoir les subventions des partenaires extérieurs).

Les ressources budgétaires sont constituées de transfert du budget de l'État aux collectivités, et comprennent : la dotation générale de décentralisation, qui repose sur le principe que tout transfert de compétences de l'État aux collectivités s'accompagne d'un transfert de ressources ; la dotation du fonds de péréquation, qui assure une péréquation des ressources entre les différentes collectivités en fonction de leurs caractéristiques propres ; et les subventions spéciales de l'État destinées au fonctionnement et/ou à l'investissement.

Les ressources fiscales comprennent : les impôts d'État transférés aux collectivités, étant précisé que ces transferts se font par affectation sur le produit desdits impôts. Un décret détermine la clé de répartition des affectations ; les impôts et taxes directs, qui résultent des produits des bases d'imposition par les montants fixés par des délibérations des conseils des collectivités ; et les impôts et taxes indirects.

Les produits par nature sont constitués par : les produits de l'exploitation et les recettes tarifaires ; les produits financiers ; et les revenus du domaine.

Les emprunts autorisés sont exclusivement destinés aux financements des investissements.

L'autofinancement brut local constitue un prélèvement des recettes de la section de fonctionnement du Budget des collectivités et qui sera affecté à l'investissement.

La loi n° 96-051 fixe et détermine les ressources fiscales des communes, à l'exception de celles constituant le district de Bamako qui fait l'objet d'une autre loi, à savoir la loi n° 96-058 du 16 octobre 1996.

Il est possible de classer ainsi les types de ressources cités par la loi en trois grandes familles :

. les ressources financières transférées par l'État aux collectivités ;

. les ressources ordinaires de la collectivité ;

. et les ressources extraordinaires ou extérieures.

§1. Les ressources financières transférées de l'État vers les collectivités.

Il s'agit là essentiellement de la dotation générale de décentralisation, du fonds de péréquation et des subventions spéciales que l'État peut accorder exceptionnellement, comme cela a été le cas pour les régions du Nord. La caractéristique principale de ces ressources repose sur leur aspect ponctuel. Encore une fois, pourquoi décentraliser en partant de l'idée que l'argent viendrait d'en haut ?

La dotation de décentralisation ne vient que dans le cadre du financement des transferts de compétences : par conséquent, elle ne fait qu'assurer à la collectivité concernée la compensation intégrale des charges engendrées par les compétences transférées, et qui ne sont pas couvertes par des transferts de fiscalité ; elle n'est donc pas opérationnelle lorsqu'il s'agit de financer des investissements et équipements qui devront par conséquent être pris en charge par les collectivités.

§2. Les ressources ordinaires.

Ces ressources ordinaires ne sont en fait que les impôts et taxes collectés dans la commune, en plus des recettes engrangées par l'exploitation des équipements locaux. Elles ne sont autres que le fruit des efforts internes. Leur niveau est donc fonction du potentiel fiscal et du revenu des habitants de la collectivité, d'une part, et de la capacité des percepteurs à mobiliser les ressources internes, d'autre part. L'efficacité des services de recouvrement et l'esprit de civisme sera déterminant pour maximiser les recettes.

Il est possible à cet égard de lever une ambiguïté. Beaucoup de citoyens pensent qu'une conséquence fondamentale de la décentralisation réside dans le fait que les impôts et taxes recouvrés dans une collectivité doivent être intégralement investis dans celle-ci sans ristourne aucune pour le Trésor Central. Il est important que cette idée soit corrigée. Certes, l'essentiel de ces recettes devra servir à couvrir les besoins de fonctionnement et d'équipement de la collectivité. Mais les citoyens doivent savoir, qu'au-delà de l'investissement local, il est indispensable de procéder à des investissements régionaux et même nationaux. Ainsi, la partie à rétrocéder à l'État est indispensable pour couvrir ces investissements. La responsabilisation dans les choix stratégiques en matière du développement local ne doit en aucune façon, occulter l'exigence de participation à l'œuvre de construction nationale. La solidarité entre régions d'un même pays doit prendre le pas sur la culture d'égoïsmes locaux ou régionaux.

§3. Les ressources extraordinaires.

Ces ressources extraordinaires sont constituées essentiellement des subventions des partenaires au développement, bilatéraux, multilatéraux ou dans le cadre des jumelages-coopérations ; de l'apport des expatriés originaires de la localité ; des possibilités nouvelles que les communes auront pour contracter des emprunts, lesquels seront d'ailleurs sous contrôle de l'État. Il est vrai que jusqu'à présent les ressources extraordinaires ou extérieures financent la quasi-totalité des projets de développement et des équipements des communes. Mais cela pourra-t-il continuer éternellement ?

La conséquence immédiate et irrémédiable est la fragilisation de la collectivité, par une dépendance vis-à-vis de l'extérieur. Ainsi, en comptant uniquement sur ces ressources extérieures, les collectivités inscrivent leur développement dans l'aléatoire.

Section 4. La gestion financière des communes.

La gestion financière vient compléter utilement un budget communal bien élaboré, une bonne gestion implique une politique financière rationnelle en matière de trésorerie.

§1. La gestion de la trésorerie communale.

La gestion de la trésorerie des communes est devenue par ces temps de rigueur, une véritable nécessité car une trésorerie pléthorique coûte de l'argent et constitue également une caractéristique de mauvaise gestion. Aussi, la trésorerie d'une commune est-elle synonyme de « Fonds en attente d'emploi » : il s'agit d'excédent des encaissements par rapport aux paiements.

Le plus souvent, on a tendance à confondre le *fonds de roulement*, qui correspond au stock de disponibilités financières pris en considération à un moment donné (il correspond en principe au résultat global de clôture du compte administratif), et la *trésorerie*. Cependant, le fonds de roulement comprend la trésorerie proprement dite plus les créances à très court terme (moins de 2 mois) moins les dettes à très court terme. Si les dettes à très court terme sont égales aux créances à très court terme, alors le fonds de roulement et la trésorerie coïncident.

Certaines contraintes pèsent sur la gestion de trésorerie. Il s'agit de : l'obligation faite aux collectivités de déposer leurs fonds au trésor (principe de l'unité de caisse) ; et de la règle de la gratuité (non rémunération) de ces dépôts

En vertu du principe de l'unité de caisse, l'ensemble de la trésorerie de la collectivité est déposé dans un compte au trésor public. L'ensemble des recettes, quelles que soient leur origine et leur nature, est utilisé par le comptable du trésor pour assurer le paiement des dépenses. En principe, les collectivités n'ont pas le droit d'ouvrir des comptes bancaires ou postaux dans d'autres établissements financiers et bancaires. Elles ne peuvent effectuer des placements. Il leur est interdit d'accorder des prêts et avances.

Le flux global de trésorerie de la collectivité est la résultante d'une combinaison de flux de recettes et de dépenses. Le flux de recettes n'a pas une périodicité constante ; il dépend du rythme de versements effectués par les percepteurs/receveurs, d'une part, et la nature de la recette, d'autre part. Les flux de dépenses sont également peu maîtrisables ; en effet, outre les charges de personnel, l'essentiel des dépenses n'a pas un rythme d'enregistrement certain.

Des titres de recettes doivent être émis dès que les droits de la commune sont susceptibles d'être constatés : à cet égard, le receveur doit appeler l'attention du maire sur la nécessité de procéder sans retard à l'émission des titres de recettes, afin de faciliter leur recouvrement et d'obtenir une alimentation rationnelle de la trésorerie communale. L'amélioration des prévisions de recettes et de dépenses ainsi que la recherche de leur adaptation dans le temps conditionnent toute politique de trésorerie, la recherche d'une rentabilité de la trésorerie donnant lieu à des placements des excédents de trésorerie, par dérogation au principe du dépôt obligatoire des fonds communaux au trésor sans bénéfice d'intérêt (loi n° 95-034, art. 212 CCT).

A.- Solutions à une trésorerie pléthorique.

En cas d'excédents importants de trésorerie, plusieurs solutions sont possibles. On peut entre autres :

. ralentir le versement des emprunts de l'année (Il faut éviter à tout prix une mobilisation prématurée des emprunts, car cela coûte de l'argent sous forme d'intérêts versés inutilement aux organismes bancaires) ;

. rembourser par anticipation certains anciens emprunts, et spécialement les plus onéreux (cela revient à rembourser avec l'argent se trouvant en trop dans la trésorerie et par anticipation d'anciens emprunts ayant des taux d'intérêts élevés) ;

. accélérer les dépenses budgétaires (Il s'agit d'accélérer les procédures de mandatement des dépenses budgétaires, pour éponger l'excédent de trésorerie) ;

. faire des placements financiers avec l'excédent de trésorerie (Une commune disposant d'une trésorerie importante peut décider d'en placer une partie, ce qui lui rapportera des intérêts (loi n° 95-034, art 212 CCT).

B.-Remèdes à une trésorerie temporairement insuffisante.

Au cas où une commune, pour une raison ou pour une autre, se trouve avec une trésorerie insuffisante ou déficitaire, plusieurs solutions sont envisageables :

. accélérer le recouvrement et l'encaissement des ressources fiscales ;

. ralentir les dépenses en les programmant à une période de rentrée élevée de recettes ;

. solliciter une avance de trésorerie auprès de l'État ou d'un organisme de prêt.

§2. Le tableau prévisionnel de gestion de la trésorerie.

Pour une meilleure gestion de la trésorerie, l'ordonnateur se doit de tenir un plan de trésorerie et de profiter des facilités qui s'offrent à lui. Véritable tableau de bord, le plan de trésorerie est un échéancier qui répertorie les flux prévisibles de recettes et de dépenses et qui permet de faire des projections sur la situation de la caisse.

Afin de réguler la trésorerie, le tableau prévisionnel ci-après de gestion de la trésorerie est proposé comme modèle. Cet échéancier laisse apparaître les dépenses et les recettes dites structurées qui reviennent mensuellement et celles dites de conjoncture qui sont occasionnelles.

TABLEAU PRÉVISSIONNEL DE GESTION DE LA TRÉSORERIE
(Tableau n° 2)

Mois Intitulés	janvier	février	mars	avril	mai	juin	juillet	août	septembre	octobre	novembre	décembre
A- Trésorerie au 1er du mois												
B- Recettes sûres prévisibles pour le mois												
C- Total : Trésorerie + Recettes												
D- Dépenses incompressibles pour le mois												
E- Solde : Recettes – Dépenses												
F- Emprunts nécessaires pour l'équilibre												
G- Situation de trésorerie à la fin du mois												

En cours d'exercice, un tableau de comparaison s'avère nécessaire.

Des écarts vont être constatés et analysés ; et des mesures correctives vont être prises.

D'où l'utilité d'un tableau comparant les prévisions initiales et les réalisations effectives comme le tableau n° 3 ci-après.

TABLEAU DE COMPARAISON DES PRÉVISIONS ET DES RÉALISATIONS
(Tableau n° 3)

1er Trimestre				2e Trimestre				3e Trimestre				4e Trimestre			
prévisions	Réalisations	Ecarts	%	prévisions	Réalisations	Ecarts	%	prévisions	Réalisations	Ecarts	%	prévisions	Réalisations	Ecarts	%

Conclusion

La décentralisation est de nos jours un processus réellement enclenché au Mali. Elle s'appuie sur la démocratie et l'État de droit qui ne sauraient être occultés avec le respect des différences dans le choix du développement de chaque citoyen et la justice sociale. Ce qui établit solidement la confiance entre les administrés et leurs gouvernants.

Les programmes de développement local visent essentiellement : l'amélioration du cadre de vie ; l'égal accès à l'éducation et à la formation technique et professionnelle ; la santé pour tous et une action sociale conséquente ; une bonne politique de jeunesse, des sports, des arts et de la culture ; la promotion d'un secteur économique dynamique et assaini ; etc...

La réalisation de tous ces objectifs nécessite sans doute des moyens financiers, matériels et humains, mais surtout un esprit imaginatif.

Les citoyens de la commune partagent avec l'État la responsabilité du développement de leur commune. Ce développement local est en effet sans nul doute lié à l'information des citoyens et au niveau de formation des élus locaux (acquisition de connaissances en matières de techniques de gestion et principes budgétaires des communes et de se familiariser avec des instruments performants de cette gestion). La décentralisation en tant que processus de responsabilisation crée un lien direct et efficace entre les besoins des populations, leurs ressources, la mobilisation et la gestion de celle-ci pour satisfaire leurs besoins.

En tout état de cause, la décentralisation serait un vain mot si elle n'aboutissait pas à une formidable mobilisation des ressources (humaines et financières) nationales, si elle ne donnait pas, enfin un contenu à la formule plus d'une fois répétée dans ce pays à savoir « compter sur ses propres forces ».

Ainsi, pour surmonter les difficultés et améliorer substantiellement le niveau de recouvrement des ressources les autorités politiques et administratives de la commune doivent mettre en œuvre une politique de mobilisation de ressources tendant : à amener le contribuable, par l'information et la sensibilisation, à s'acquitter librement et, spontanément de toutes ses obligations vis-à-vis de la commune, et surtout de ses obligations fiscales ; à instaurer un système de formation continu des agents de recouvrements et des élus de telle sorte que cette mobilisation de ressources ne soit plus l'apanage des seuls receveurs et des collecteurs ; à soumettre les élus à des formations leur permettant de démystifier la gestion financière et entraînant leur implication conséquente à celle-ci ; et à établir une étroite collaboration et une liaison directe entre les agents des impôts, les receveurs communaux, les collecteurs et les élus par l'établissement et le suivi d'un plan de trésorerie (tableau de bord) mensuel trimestriel, semestriel ou annuel.

Ce système permettra de garantir un recouvrement constant des impôts et taxes et d'assurer une trésorerie permanente et abondante pour la commune, de réglementer le secteur informel qui devient de plus en plus important ; d'équiper et d'informatiser les structures de recensement d'émission et de recouvrement des ressources ; de motiver les agents de recouvrement ; d'instaurer un système de rotation et de contrôle permanent des agents de recouvrements et des collecteurs ; de disposer d'un fichier de tous les contribuables ; et d'observer et d'appliquer strictement l'article 10 de la loi n° 96-051 pour le recouvrement des impôts et taxes impayées.

En effet, la loi n° 96-051 déterminant les ressources fiscales des communes prévoit en son article 10 que *« Le recouvrement des taxes impayées est poursuivi comme en matière de contribution directe sur la base d'un état de liquidation émis et rendu exécutoire par le maire ».*

Bibliographie

Ouvrages :

La commune en question, Mission de décentralisation, édition 1996, Bamako.

Guide pratique du maire et des conseillers communaux, République du Mali, Primature – Mission de décentralisation, 1997.

Formation des élus locaux (Cahier du formateur), Mission de décentralisation, édition juin 2000.

J.-M. MAURY, *Environnement économique et juridique*, Les éditions Foucher, Paris 1990.

Revues :

Le Démocrate, édition spéciale, juillet 1995.

Agripromo, n° 47 octobre 1984 (Budget familial).

Textes législatifs et réglementaires :

Lois et décrets de la décentralisation, République du Mali, Primature – Mission de décentralisation : Février 1997.

Constitution de la République du Mali de 1992.

Mémoires :

M. DIALLO, *Administration du Trésor : gardienne des deniers publics au Mali*, M – 707 – 708, Bamako 1976.

H. COULIBALY, *La gestion de la trésorerie publique au Mali*, Mémoire Sciences économiques, M – 6742 – 6743.

A. SISSOKO, *Le financement des budgets communaux au Mali : Réalités et perspectives*, M – 3962.

LA DÉCENTRALISATION EN MAURITANIE : UN PARCOURS ERRATIQUE

Yahya Ould Kebd

*
* *

L'auteur de la présente contribution tient à rendre hommage en exergue au Professeur Ahmed Salem OULD BOUBOUT :

Je tiens à préciser que c'est feu Ahmed Salem OULD BOUBOUT, Professeur agrégé de droit public de renommée internationale qui m'avait proposé de coécrire avec moi cette contribution à cet ouvrage collectif sur la décentralisation. J'ai accepté volontiers, non sans une certaine excitation, du fait de l'amitié et du prestige académique et scientifique dont jouit cette personnalité hors du commun. Malheureusement non seulement le Professeur n'a pas pu, en raison de la maladie qui l'a subitement emporté, mettre sa précieuse touche sur ce travail, mais, en homme honnête et se sentant déjà trop affaibli pour pouvoir y apporter sa contribution, il a décliné catégoriquement mon offre de mentionner son nom comme cosignataire de l'article. C'eût été, pourtant, pour moi un immense honneur.

J'ai respecté bien évidemment ses volontés, mais c'est le lieu de rendre un hommage bien appuyé à ce brillant esprit et juriste éminent qui a marqué d'une empreinte indélébile les institutions administratives de son pays et laissé un vide incommensurable dans le monde universitaire mauritanien.

Qu'Allah l'accueille en son vaste paradis.

YK

Comme dans la plupart des États nés des « dépeçages coloniaux », l'organisation territoriale mauritanienne est restée largement tributaire du modèle de l'ex-puissance administrante. C'est, d'ailleurs, d'autant plus compréhensible que, dans ce pays, en dépit de quelques exceptions historiques notables[302], le déficit atavique d'autorité et donc l'absence d'une administration structurée à la base, étaient criants à la veille de la colonisation, compte tenu de la forte prévalence de la *sayba*[303] à cette époque. Malgré la farouche résistance des populations locales face à la pénétration coloniale, la *pax Gallica* a fini, tout de même, par rétablir l'autorité sur l'ensemble du territoire national.

Il en découlera l'implantation d'une organisation administrative complexe et hiérarchisée dont le but était, avant tout, de répondre aux impératifs de commandement et de maitrise des territoires. Les velléités d'assouplissement de ce mode d'administration aux relents autoritaires à travers l'introduction, à la veille de l'indépendance, d'un embryon d'administration décentralisée, se sont révélées marginales et sans effet sur l'orientation foncièrement jacobine de l'administration coloniale.

Il aura fallu attendre l'accession du pays à l'indépendance pour voir s'amorcer des évolutions plus ou moins significatives par rapport à la trame administrative originelle.

Devant l'infortune de ce « *prêt-à-porter institutionnel* », les gouvernements, qui se sont succédé depuis l'indépendance, n'ont eu de cesse, en effet, de chercher des modes d'organisation plus ou moins adaptés au contexte local dans l'objectif de faire émerger une

---

302 Il s'agit de l'Empire du Ghana qui a régné sur une bonne partie du territoire de l'actuelle Mauritanie, et l'État Almoravide qui a pu établir son autorité sur la totalité du territoire pendant une cinquantaine d'années et dont le legs religieux et culturel a impacté durablement la société mauritanienne.

303 Le concept de say*ba,* évoqué notamment par un auteur mauritanien du 19e siècle du nom de Cheikh Mohamed Elmamy, exprime l'état d'anarchie qui régnait, à cette époque, dans le pays en raison de l'absence d'un pouvoir intégrateur, de telle sorte que celui-ci était connu sous l'appellation de *bilad as-sayba* (pays de l'anarchie), voir sur ce point : Ould Cheikh Abdel Wedoud, *Nomadisme, Islam et pouvoir politique dans la société maure précoloniale (11e-19e siècle)*, Thèse de Doctorat, Paris,1985, pp. 801-802.

administration territoriale plus proche des administrés et pouvant être un vecteur de développement économique et social du pays.

Même si les efforts entrepris n'ont pu véritablement bouleverser les rapports de pouvoir entre l'administration centrale et les structures administratives locales, celles-ci étant restées fortement arrimées à celle-là[304], les nombreuses réformes ou tentatives de réformes engagées pour créer des entités territoriales fiables, dénotent autant du malaise des gouvernants face à un modèle d'administration univoque que des difficultés, pour eux, de trouver des solutions alternatives de gouvernance territoriale, à même de concilier les exigences de l'État unitaire et la reconnaissance de pouvoirs locaux autonomes, dotés d'une certaine légitimité auprès des populations qu'ils sont appelés à servir.

La versatilité des choix opérés en matière de décentralisation a fait que celle-ci a évolué en dents de scie, au gré des régimes politiques qu'a connus le pays, ce qui montre la pusillanimité des gouvernements successifs à aller de l'avant pour aboutir à des compromis territoriaux satisfaisants.

La présente contribution entend justement analyser ce parcours assez singulier. Elle s'articulera, ce faisant, autour de deux axes majeurs, dont l'un passera en revue, sous un regard critique, toutes les péripéties qui ont marqué l'évolution de la décentralisation, de la colonisation à nos jours (Chap. 1er), tandis que l'autre, s'attèlera à dégager les contraintes qui pèsent sur ce processus malgré les enjeux qu'il représente pour le pays (Chapitre 2).

---

304 OULD KEBD Yahya, « *La Gouvernance territoriale en Mauritanie, entre les réflexes mimétiques et les velléités d'innovation* », article publié dans la Revue de la recherche Juridique, Droit Prospectif, Presses Universitaires d'Aix-Marseille, XXXVI-137 2011-2.

Chapitre 1er
L'ÉVOLUTION DU PROCESSUS DE DÉCENTRALISATION, DE LA COLONISATION À NOS JOURS

*
* *

Le processus de décentralisation en Mauritanie a commencé par quelques timides tentatives sous l'administration coloniale, pour connaitre des évolutions- sous diverses formes- au lendemain de l'indépendance du pays, avant de prendre sa configuration actuelle, avec la grande réforme communale engagée dans le milieu des années 1980 et d'évoluer, enfin, vers ce qui s'annonce déjà comme une mutation territoriale, à la faveur de la réforme régionale décidée tout récemment.

Section 1. Les prémices coloniales.

En plus de l'organisation administrative complexe installée progressivement dans les différentes zones du territoire national et dont le but était avant tout de se servir de l'organisation sociale autochtone plus adaptée à la nature du pays, avec un encadrement sécuritaire très rapproché des populations, par l'intermédiaire des chefs de tribus ou de fractions en milieu nomade et des chefs de villages et de cantons, en milieu sédentaire (sur la rive du fleuve), le pouvoir colonial entendait atténuer progressivement son emprise directe sur les populations par la mise en place de structures communales pour la gestion certaines cités.

C'est dans ce cadre que furent créées en application d'un décret du 4 septembre 1920 portant réorganisation des communes *mixtes* et des communes *indigènes* en Afrique Occidentale Française (AOF), les communes *mixtes* d'Atar, de Kaédi et de Rosso par rapport aux communes dites de *plein exercice* qui existaient au Sénégal voisin, et ce, en vertu d'un arrêté du 26 janvier 1953 ; la ville de Boghé bénéficiera du même statut en 1955.

Deux organes se partageaient alors l'administration de la commune dite mixte : l'administrateur maire nommé par le chef du territoire de la colonie, qui assurait l'exécutif, et la commission municipale désignée également par ce même chef du territoire, mais parmi une liste de notables établie par l'administrateur de la circonscription.

La commission municipale n'avait, cependant, rien d'un organe de décision. Elle disposait tout au plus, d'un pouvoir consultatif sur les questions qui lui étaient soumises par le chef de la circonscription administrative. On était donc bien loin d'un schéma de décentralisation conventionnelle qui se traduit généralement par une autonomie réelle de décision. Mais ce fut, tout de même, une ouverture sur les populations indigènes qui marqua un début de municipalisation du territoire.

Toutefois, du fait de son introduction tardive, peu avant l'indépendance, et à une échelle territoriale bien réduite, l'administration décentralisée sous la colonisation est restée marginale et de faible impact sur les administrés. Aux yeux du pouvoir colonial, les populations autochtones n'étaient, d'ailleurs, pas considérées suffisamment matures pour pouvoir s'autogérer. C'est ce que fit remarquer, d'ailleurs, vertement, le Gouverneur de l'AOF, Jules Brévié, dans une de ses circulaires : « *presque partout les populations de l'Ouest Africain paraissaient trop attardées pour être admises à s'administrer elles-mêmes...* »[305].

Sous l'euphorie de l'indépendance, le nouveau pouvoir s'affichera, en revanche, plus volontariste en termes de responsabilisation des populations locales, tout au moins au début.

Section 2. Les premières expériences postcoloniales.

Comme pour se démarquer de l'administration coloniale, le pouvoir issu de l'indépendance va engager très tôt une vaste réforme

[305] Jules BREVIE, Gouverneur Général de l'AOF, Circulaire du 28 septembre 1932, Journal Officiel de l'AOF, du 22 octobre 1932, p. 938.

communale, mais il ne va pas tarder à revoir son ambition à la baisse pour recentrer son action sur la région selon une logique différente.

§1. La communalisation des années 1960.

Le processus engagé avec l'adoption des lois n° 60.016 du 16 janvier 1960, n° 60.135 du 25 juillet 1960 et n° 63.017 modifiées a abouti à la création de communes avec une diversité du régime juridique. La constitution de 1961 en son article 53 posa le principe de la division du territoire en communes. Trois catégories de communes furent donc instituées, avec des statuts différents : communes urbaines, communes rurales et communes pilotes.

A.- Les communes urbaines.

Ce sont les localités dont la population atteint un seuil minimum de 1500 habitants et ayant un développement suffisant pour qu'elles puissent disposer de ressources nécessaires à l'équilibre de leur budget. Les quatre villes d'Atar, de Boghé, de Kaédi et de Rosso qui avaient déjà, sous la colonisation, le statut de communes mixtes, seront élevées au statut de communes urbaines, en plus de la ville de Nouakchott.

Les organes de la commune urbaine sont constitués du conseil municipal comme organe délibérant et du maire et de ses adjoints comme exécutif. Les conseillers municipaux sont élus, théoriquement, au suffrage universel direct et élisent, parmi eux, au scrutin secret un ou plusieurs adjoints. Mais en raison du monolithisme politique de l'époque, le choix des candidats par le parti unique au pouvoir tenait lieu en lui-même d'élection ou plutôt de cooptation des conseillers municipaux. Autrement dit, il n'y avait d'élection que de nom.

B.- Les communes rurales.

Comme les communes urbaines, les communes rurales sont dotées de la personnalité morale et de l'autonomie financière. La commune rurale est créée dans chaque subdivision administrative et épouse les limites de cette dernière. Elle a la capacité d'ester en justice, d'emprunter et de recevoir des dons et des legs.

La commune rurale est administrée par un conseil rural élu, en principe, au suffrage universel mais, de fait, désigné par un collège de notables traditionnels représentant les différentes composantes tribales. Le nombre de conseillers est déterminé proportionnellement au nombre des habitants de la commune.

Le conseil de la commune rurale est présidé par le chef de subdivision qui, lui-même, est désigné par le pouvoir central et c'est là une différence fondamentale avec la commune urbaine. Il est assisté d'un vice-président élu annuellement par le conseil au scrutin secret et qui le remplace en cas d'empêchement[306]. Cette dualité de l'exécutif était donc biaisée par la primauté du chef de subdivision sur les autres organes de la collectivité, en sa qualité de représentant du gouvernement central.

C.- Les communes pilotes.

Les communes pilotes furent instituées par la loi n° 63-017 du 18 janvier 1963, dans certaines villes moyennes appelées à devenir des centres urbains importants. Elles étaient soumises au régime juridique des communes urbaines. La seule différence avec ces dernières est que les communes-pilotes sont dirigées pendant cinq ans par un maire délégué du gouvernement assisté d'un conseil élu. Cette formule était considérée comme une transition vers le statut de commune de plein exercice. C'était le cas de Port-Etienne (Nouadhibou), Fort Gouraud (F'derik) et Aioun-El-Atrouss.

Comme, on le voit, il s'agissait d'une organisation assez sophistiquée avec un traitement différencié des communes, en fonction de leur niveau d'urbanisation. Mais elle témoignait de la volonté du pouvoir naissant d'impliquer les populations dans la gestion de leurs affaires. L'activité de toutes ces entités était soumise, néanmoins, à un contrôle strict du pouvoir central à travers le Ministre de l'intérieur et les commandants de cercles, voire même à un pouvoir hiérarchique en raison de la double casquette des exécutifs des entités communales en tant que représentants de ces celles-ci et représentants du pouvoir central, dans les communes rurales et les communes

[306] Ce vice-président était souvent le conseiller rural qui disposait de l'appui de la plus grande coalition tribale ou clanique au niveau de la commune.

pilotes. Pour autant, ces entités disposaient d'une capacité juridique, d'un budget, d'un patrimoine propre et pouvaient débattre et décider des questions relevant de leurs compétences.

Toutefois cette restructuration du paysage local fut bien éphémère. En effet, les dysfonctionnements de ce dispositif vont apparaître très tôt : mainmise du pouvoir traditionnel avec ses clivages et antagonismes, inconsistance économique et démographique des entités créées, faiblesse des moyens humains, techniques et financiers de ces nouvelles collectivités territoriales fiancées, à l'époque, quasi-exclusivement par une subvention du Gouvernement central.

Face à ces difficultés, le gouvernement a décidé d'abandonner cette approche communale, au profit d'une décentralisation régionale jugée plus réaliste à une époque où l'État naissant cherchait surtout à renforcer l'unité nationale et à rationaliser les moyens dans un contexte d'extrême rareté de ressources.

§2. De la commune à la région.

Même si la réforme régionale est en quelque sorte une réponse à l'échec de la communalisation, elle visait, en même temps à s'affranchir de l'organisation administrative léguée par la colonisation dont la pièce maitresse était le commandant de cercle comme autorité déconcentrée et principal relai territorial de l'État. Ainsi, aux termes de la loi n° 68-242 du 30 juillet 1968 et les textes subséquents, une réforme de l'administration territoriale, dans son ensemble, est engagée qui va toucher tous les niveaux infranationaux de représentations étatiques. Dans ce cadre, les postes administratifs seront transformés en arrondissements, les subdivisions en départements et les cercles en régions. Mais ces dernières auront, désormais, une double casquette de collectivités décentralisées dotées de la personnalité juridique et de circonscriptions administratives déconcentrées de l'État[307]. Contrairement à l'expérience de décentralisation communale qui était caractérisée par la diversité des

[307] L'agglomération de Nouakchott du fait de sa situation particulière a été érigée en district en vertu du décret n° 68-344 du 24 décembre 1968 ; mais en tant que région, elle aura, à quelques exceptions près, les mêmes attributions que les autres régions du pays.

régimes juridiques, la décentralisation régionale privilégia l'uniformité statutaire.

La région était donc gérée par une assemblée régionale comme organe délibérant présidée, dans la plupart des cas[308], par le gouverneur qui, par un dédoublement fonctionnel, assurait l'exécutif et présidait l'assemblée régionale.

D'après les autorités de l'époque, la régionalisation ainsi opérée répondait à des préoccupations principalement économiques. Il s'agissait de mettre en commun les moyens humains et matériels de toutes les entités administratives composant la région pour en optimiser l'utilisation dans le cadre d'un plan régional de développement. Elle devait permettre aussi de diluer l'influence des forces traditionnelles qui sont appelées à agir désormais dans un cadre plus large, afin de renforcer l'unité nationale, qui constituait, en elle-même, « *l'un des buts essentiels de la réforme* »[309].

Toutefois, en raison de l'hégémonie du gouverneur sur les institutions régionales et du fait que ces dernières n'étaient pas issues d'un processus électif, on peut valablement s'interroger sur la portée de cette réforme qui aura marqué le paysage territorial mauritanien pendant dix-huit ans (1968-1986). Autrement dit, cette démarche s'inscrivait-elle dans une logique de décentralisation ou plutôt de déconcentration ?

Certes, la région est dotée de la personnalité morale et d'un budget propre, mais est-ce-ce suffisant pour que l'on puisse parler d'une autonomie d'action vis-à-vis de l'autorité centrale ? Ne faudrait-il pas une autonomie réelle et non formelle pour que l'on puisse parler d'une véritable décentralisation ? Si l'on se réfère au conceptualisme d'un auteur comme Charles Eisenmann, la véritable décentralisation, exige, en effet, que des « *organes locaux* aient *la maîtrise juridique de leur activité* », au point de prendre la décision qu'ils veulent, dans le

[308] Il y eut un moment où la présidence de l'organe délibérant était confiée à une personne distincte du gouverneur, désignée parmi les ténors du parti unique de l'époque, mais cette formule n'a pas duré longtemps.
[309] Moktar OULD DADDAH, premier président de la Mauritanie, in *La Mauritanie contre vents et marées*, Karthala, 2003, Paris, p 365.

respect des lois et règlements[310]. On peut, tout au plus, parler d'une « *semi-décentralisation* »[311] même si l'article 1er de la loi n° 68-242 portant organisation l'administration territoriale, est sans équivoque, puisqu'il définit la région, comme « *une circonscription administrative de l'État et une collectivité territoriale décentralisée* ».

Bien qu'ayant doté la collectivité régionale des attributs classiques d'une décentralisation administrative (personnalité juridique, autonomie financière, organe délibérant, patrimoine propre, etc.), la décentralisation régionale décidée à partir de 1968, procédait, de fait, de la volonté de l'État de mieux reprendre les affaires territoriales en main, à travers son représentant, le gouverneur, dont la prépondérance était incontestable dans le nouveau dispositif. Ce qui pose à l'évidence la question de savoir si la région était le lieu de représentation des intérêts locaux ou plutôt le prolongement du pouvoir central.

On serait porté à dire que, compte tenu des attributions du gouverneur auquel revenait l'exclusivité de l'exécutif de la collectivité et qui, lui-même était nommé et demi par le pouvoir central auquel il rendait compte, en priorité, la région mauritanienne était davantage un lieu d'exercice de l'autorité du pouvoir central que l'émanation des populations locales.

Le fait que le gouverneur incarnait seul le pouvoir de l'État et avait autorité sur les services technique sous ce qu'on pouvait appeler une unité de direction, prouve que le bicéphalisme organique entre l'assemblée et le gouverneur tournait donc nettement à l'avantage de ce dernier.

Pourtant cette expérience est considérée, globalement bien plus concluante, en termes de résultats économiques et politiques, que la décentralisation communale qui l'avait précédée. Les entités régionales se sont révélées, en effet, nettement plus consistantes et sont restées viables jusqu'au moment où les pouvoirs publics ont décidé de la grande réforme communale du milieu des années 1980, abandonnant, du même coup, la décentralisation régionale.

---

310 *La décentralisation*, Presses Universitaires de France, QSJ n° 1879, 128 p., 2004.
311 Ch. EISENMANN, *Centralisation - décentralisation*, p. 87 et s., Ed. DALLOZ 1948.

Mais n'est-ce pas là une illustration de plus, de la sempiternelle hésitation des autorités quant au choix du niveau pertinent de décentralisation ?

Section 3. La réforme communale des années 1980.

Dans sa recherche de légitimation, le nouveau pouvoir né du coup d'État du 12 décembre 1984 voulait, à défaut d'une ouverture démocratique plus large qu'il n'était pas prêt à accorder, de sitôt, se démarquer de ses prédécesseurs issus eux aussi, depuis le 10 juillet 1978, d'une lignée prétorienne en lâchant du lest politiquement, à travers la création de communes de plein exercice sur l'ensemble du territoire national.

Cette réforme surprise est, par conséquent, le résultat d'une décision calculée du pouvoir plutôt que d'une demande de l'opinion publique à une époque où le Comité Militaire de Salut National (CMSN) concentrait tous les pouvoirs.

Ainsi, l'annonce faite par le Chef de l'État de l'époque, à l'occasion du premier anniversaire de son accession au pouvoir le 12 décembre 1985, d'instituer les communes, sur la base d'élections pluralistes quoique non multi- partisanes[312] sonnait comme un coup de maître pour insuffler un sang nouveau à une gouvernance au bout du souffle. Il s'agissait d'offrir un visage plus édulcoré du régime militaire, d'où les dessous éminemment politiques de cette réforme, reléguant au second plan ses finalités administratives et économiques.

Il n'était, donc, pas question de s'attarder, outre mesure, sur la faisabilité financière et économique de la réforme afin de voir si les conditions étaient bien réunies pour prendre en charge ce nouveau palier de l'administration territoriale qui verra la naissance au forceps de 208 communes[313].

[312] Les partis politiques n'étaiet pas encore autorisés.
[313] Ce nombre devra évoluer après, à 219 entités communales (2001 et 2017).

Quoi qu'il en soit, la décentralisation communale, sous sa nouvelle version, est une réforme inédite, et pour cause[314] :

. les entités territoriales nouvellement créées, sont issues, pour la première fois dans l'histoire du pays, de droit et surtout de fait, du suffrage universel[315] direct, marquant ainsi un début de pluralisme politique jusqu'ici inconnu dans le pays ;

. les nouvelles communes sont dotées d'un statut uniforme avec les attributs habituellement reconnus, en droit public, aux communes de plein exercice ;

. les organes de la nouvelle collectivité et notamment l'exécutif, sont déconnectés du pouvoir étatique dont ils continuent certes à être sous-tutelle, mais n'en sont plus l'émanation, puisqu'ils sont issus d'un processus électif.

Le choix de la décentralisation communale au lieu de la décentralisation régionale procédait peut-être, aussi, d'un autre calcul des autorités de l'époque qui entendaient prendre le moins de risques possibles en dédiant la commune à cette première ouverture démocratique, plutôt que la région qui, en raison de son poids sur l'échiquier territorial, présentait un enjeu bien plus important.

L'ordonnance n° 87-289 du 20 octobre 1987 abrogeant et remplaçant l'ordonnance n° 86-134 du 13 août 1986 instituant les communes est l'acte fondateur de cette réforme. Ce texte maintes fois modifié, confère à la commune mauritanienne, qu'elle soit rurale ou urbaine, le statut de collectivité territoriale de droit public lui permettant de disposer de la personnalité juridique et des autres attributs rattachés à ce statut (budget, patrimoine et personnel propres).

Il n'y a de régime dérogatoire par rapport au droit commun que celui qui sera institué plus tard, à Nouakchott, par la loi n° 2001-51 instituant la communauté urbaine de Nouakchott (CUN), sur fond

---

[314] Adapté de OULD KEBD Yahya, Thèse de Doctorat, *« Déconcentration-décentralisation à Nouakchott, des origines à nos jours »*, Université Paul Cézanne-Aix-Marseille III, Faculté des Sciences Juridiques et politiques, Aix-en-Provence/France, 2006, p 148 et suiv.

[315] Ce suffrage universel n'a pas empêché quelques immixtions du pouvoir en place notamment dans le choix des candidats mais il n'en constituait pas moins un progrès démocratique significatif, à cette époque.

d'intercommunalité[316]. Ce régime conférait à la CUN le statut d'un établissement public *sui generis,* pour répondre au cas particulier de Nouakchott, capitale du pays. Il y a lieu de préciser qu'aux termes de la réforme régionale en cours, la CUN va d'ailleurs céder sa place à la région de Nouakchott et les communes qui la composent réintégreront le droit commun (voir *infra*).

Mais, revenons à l'ordonnance n° 87-289 susmentionnée qui fixe le régime statutaire de la commune dont nous présentons ici les principales caractéristiques, successivement au niveau des compétences (§1), des organes (§2), de la tutelle (§3), et des ressources financières (§4).

§1. Les principales caractéristiques au niveau des compétences.

Une clause générale de compétence, qui se lit à travers l'article 2 : « *La commune est chargée de la gestion des intérêts communaux. Elle assure les services publics répondant aux besoins de la population locale et qui ne relèvent pas, par leur nature ou leur importance, de la compétence de l'État* » et de compétences d'attribution qui sont énumérés, à titre non limitatif[317] par ce même article.

Même si la formulation « … *qui ne relèvent pas, par leur nature ou leur importance, de la compétence de l'État* » est manifestement ambiguë, elle laisse entrevoir que la commune pourrait bien faire valoir le principe de subsidiarité à travers l'exercice de compétences dites de proximité en sus des compétences qui lui sont spécifiquement attribuées par la loi. Celles-ci sont au nombre de quinze et englobent des domaines aussi divers que la voirie la locale, la construction et l'équipement des écoles fondamentales et des dispensaires, l'organisation des marchés, l'eau, l'hygiène, les cimetières, les transports urbains, etc.

---

[316] En sachant toutefois que les communes de Nouakchott qui remplaçaient l'ex-commune de Nouakchott, dont les limites se confondaient avec celles de toute l'agglomération, sont soumises, en matière de fonctionnement, aux mêmes règles de droit commun que celles applicables aux autres communes du pays.

[317] L'ordonnance édicte, en effet, toujours en son article 2, « *les compétences de la commune comprennent notamment…* ». Or, le « notamment » laisse entendre justement que l'énumération n'est pas exhaustive, mais indicative.

§2. Les principales caractéristiques au niveau des organes.

L'ordonnance détermine le corps municipal de la commune composé du conseil municipal et de la municipalité.

A.- Le conseil municipal.

Le conseil municipal qui est l'organe délibérant, dispose-lui aussi, d'une présomption de compétence générale, puisqu'il « *règle par ses délibérations les affaires de la commune* » et qu'il exerce plus spécifiquement les attributions suivantes :

. il vote le budget et approuve le compte administratif et le compte de gestion ;

. il détermine les ressources de la commune en conformité avec le code général des impôts ;

. il programme les actions de développement en concertation avec l'autorité administrative locale ;

. il décide du classement, du déclassement, de l'affectation et de la désaffectation, des biens du domaine public de la commune ;

. il crée et organise les services publics municipaux et définit leur mode de gestion ;

. il crée les emplois municipaux ;

. il adopte le cahier des charges des concessions domaniales accordées par l'état à la commune ;

. il autorise les transactions d'un montant supérieur à un seuil fixé par arrêté conjoint des ministres en charge de l'intérieur et des finances ; et,

. il autorise l'acceptation des dons et legs.

Le conseil dispose, en outre, de compétences consultatives pour ce qui est de toutes les affaires qui présentent un intérêt local, notamment aux plans administratif, économique, social et culturel et sur tout document d'urbanisme et plan de lotissement élaboré par l'État ou tout autre organisme public sur le territoire de la commune. Il peut émettre des vœux sur tous les projets d'intérêt communal, à l'exclusion de ceux ayant un caractère politique.

Le nombre de conseillers municipaux varie entre 9 et 21 en fonction du nombre des habitants de la commune. Ils sont élus au suffrage universel direct pour un mandat de cinq ans.

Après l'intermède de la transition politique de 2006-2007 qui a institué le système de représentation proportionnelle intégrale pour les conseillers municipaux, le système d'élection de liste à deux tours, en vigueur auparavant, jugé plus stable politiquement, a fait son grand retour. Ainsi, le scrutin sera à un tour si l'une des listes obtient la majorité absolue des suffrages exprimés. Dans ce cas, la répartition des sièges à pouvoir se fait à la représentation proportionnelle avec utilisation du quotient électoral et attribution des restes des sièges selon le système du plus fort reste des voix obtenues par les listes. Il sera à deux tours si aucune liste n'a recueilli la majorité absolue des suffrages. Dans ce cas, le second tour sera organisé entre les deux listes ayant obtenu le plus grand nombre de suffrages.

B.- La municipalité.

La municipalité est formée du maire et des adjoints. Le maire détient le pouvoir exécutif. Il a la double casquette qu'on lui reconnait habituellement, de représentant de la commune et accessoirement d'agent de l'État.

Les pouvoirs confiés au maire en sa qualité d'exécutif de la commune peuvent être résumés comme suit :

. pouvoir de représentation de la commune en justice et dans tous les actes de la vie civile et administrative ;

. pouvoir général d'exécution des délibérations du conseil municipal et d'administration de la commune ;

. pouvoir financier : préparation et exécution du budget et établissement du compte administratif ;

. pouvoir de procéder aux actes de location, vente, partage, transaction, passation des marchés autorisés par la réglementation, acceptation des dons et legs ;

. pouvoir de surveillance de la bonne exécution des travaux communaux ;

. pouvoir sur le personnel : recrutement et gestion ; et

. pouvoir patrimonial : conservation et administration des biens du domaine public et du domaine privé de la commune.

À la différence du conseil municipal qui dispose d'une compétence générale, le maire dispose de compétences d'attribution et ses pouvoirs sont dérivés de ceux du conseil ; ils sont généralement conditionnés par une délibération préalable de ce dernier.

Pour autant, la latitude du maire n'en reste pas moins importante compte tenu du fait qu'il prépare les délibérations et apprécie, à sa discrétion, les modalités de leur mise en œuvre.

Le maire exerce également des attributions en tant qu'agent de l'État. À ce titre, il est chargé de :

. l'exécution et l'application des lois, des règlements et, de façon générale, de toutes décisions ou instructions des autorités supérieures ;

. la publication et la notification des actes administratifs et de la légalisation des signatures ;

. l'exercice de la police municipale.

Au titre de la police municipale, le maire assure, sous le contrôle de l'autorité administrative locale, le bon ordre, la salubrité, la tranquillité et la moralité publique sur le territoire communal et peut demander, au besoin, l'assistance des services de l'État chargés de la police pour l'exécution de ses décisions.

En ce qui concerne l'élection, le maire – et c'est là peut-être l'originalité mauritanienne – est issu directement du suffrage universel. En effet, initialement élu parmi les conseillers municipaux, le maire est maintenant élu au suffrage universel direct en même temps que le conseil municipal[318]. Il est obligatoirement le premier inscrit sur la liste candidate ayant obtenu la majorité des voix à l'élection.

Cette innovation du droit mauritanien par rapport au droit français, dont il s'inspire largement, est dictée par des considérations politiques, par suite des multiples défections de conseillers, constatées dans plusieurs communes du pays et qui, par le passé, ont abouti, dans plusieurs cas, à l'élection par le conseil d'un maire qui n'était pas celui qui était pressenti comme tel, par les électeurs, car n'étant pas issu de la liste majoritaire. La nouvelle disposition est donc une

318 Adopté aux termes de la loi n° 2001-027 du 7 février 2001, ce mode d'élection a été supprimé en 2007, au profit de l'ancien mode d'élection indirect adopté en 1986 qui consistait à faire le maire par le conseil municipal et voilà que depuis 2013 on est revenu au système d'élection directe du maire

réponse du législateur à la faiblesse de l'engagement politique des conseillers municipaux qui sont parfois plus influençables par le jeu des alliances locales que par leur appartenance partisane et qui, du fait de ces considérations, sont amenés, parfois, à détourner la volonté des électeurs au profit de leurs propres désidérata.

Cette disposition crée, en tout cas, une situation atypique par rapport au régime de l'élection du maire dans la sous- région. Le maire prend cette qualité par le seul fait qu'il est à la tête de la liste gagnante et, en cas de cessation de fonction, il est remplacé par le conseiller qui le suit dans l'ordre de la liste majoritaire. Il découle de cette formule d'élection directe un renforcement de la posture « présidentielle » du maire, dont le rôle est déjà prééminent au niveau de la commune. Mais puisque le maire tire désormais sa légitimité directement des électeurs, n'est-on pas en droit de s'interroger sur l'opportunité de maintenir la disposition de l'article 42 de l'ordonnance n° 87-289 susvisée selon laquelle le conseil municipal peut démettre le maire et ses adjoints par un vote à la majorité qualifiée de deux tiers. Le maintien de cette disposition met un bémol au « présidentialisme municipal » qui semblait se profiler non seulement dans la pratique, du fait de l'hégémonie du maire sur la vie municipale, mais à travers la légitimité que lui confère son élection au suffrage universel direct.

Quant aux adjoints, ils sont élus au scrutin secret par le conseil municipal, en un seul tour à la pluralité des voix. Le nombre des suffrages obtenus détermine l'ordre des nominations. En dehors du fait que les adjoints font partie de la municipalité, ils ne disposent pas de pouvoirs propres. Cependant, le maire, peut, sous sa surveillance et sa responsabilité, déléguer par arrêté une partie de ses fonctions à un ou plusieurs adjoints en fonction de ses préférences et sans être tenu de respecter l'ordre de nomination.

§3. Les principales caractéristiques au niveau de la tutelle.

La tutelle se manifeste à travers des procédés tels que l'approbation, l'annulation, la substitution, la suspension ou encore la révocation. Elle s'exerce, par conséquent sur les organes, sur les personnes et sur les actes, en application des articles 22, 24 et 42 de l'ordonnance n° 87-289.

Sur les organes : avec la possibilité de dissoudre le conseil municipal par décret pris en Conseil des Ministres, sur proposition motivée du Ministre chargé de la Décentralisation, mais sans que la loi n'ait indiqué des motifs précis qui peuvent être invoqués pour justifier cette dissolution ; le Conseil municipal peut aussi être suspendu par arrêté du Ministre chargé de la Décentralisation, en cas d'urgence ;

Sur les personnes avec :

. la démission d'office du conseiller municipal qui n'a pas répondu à trois convocations successives aux réunions sans motif valable - dans ce cas, le conseiller démissionnaire perd son éligibilité pendant cinq ans ;

. la suspension ou la révocation du maire et des adjoints ; la première intervenant par simple arrêté du ministre chargé de la décentralisation, la deuxième par décret motivé en conseil des ministres sur proposition de ce même ministre, en cas de faute grave constatée après une mission d'enquête. là aussi, la législation n'a pas défini ce qu'on entend par « faute grave » ; autant dire qu'en matière de sanctions des édiles municipaux, la marge de manœuvre du pouvoir discrétionnaire reste importante.

Sur les actes :

La tutelle se manifeste par un contrôle *a priori* de la plupart des délibérations du conseil municipal et des décisions de l'exécutif, par l'État central ou ses représentants territoriaux. Le contrôle varie, néanmoins, selon la nature et l'objet des actes pris. Ainsi, comme ailleurs, la nullité d'office est constatée pour les délibérations portant sur un objet étranger aux attributions du conseil municipal ou celles prises en dehors des sessions légales, etc. Quant aux actes portant sur les aspects budgétaires (budget initial, budget complémentaire, décisions modificatives, assiette, etc.) ou patrimoniaux (classement, déclassement, affectation du domaine public communal, vente, location, acquisition de biens, etc.), ils sont soumis à un contrôle préalable, avec des délais plus ou moins longs, en fonction de la nature de l'acte (allant de 10 à 45 jours), durant lesquels l'administration peut notifier son opposition, ou alors approuver tacitement lesdits actes, à l'expiration des délais indiqués. Il faut dire que le recours à l'approbation tacite est rarissime ; les autorités municipales, préférant l'approbation expresse, moins risquée à leurs yeux, face aux éventuelles réprimandes de l'Administration.

§4. Les principales caractéristiques au niveau des ressources financières.

La législation prévoit essentiellement trois sources pour le financement des communes :

. les recettes à caractère fiscal qui sont constitués, pour l'essentiel, de quatre mamelles fiscales : la contribution foncière, la patente, la taxe d'habitation et la taxe communale ;

. les prélèvements non fiscaux qui sont alimentées, pour l'essentiel, de redevances, de droits domaniaux et assimilés (recettes provenant du patrimoine) et de recettes de services (recettes générées par les différents services de la commune) ; et

. les dotations de l'état et fonds de concours provenant des diverses coopérations (coopérations bi et multilatérale, coopération décentralisée, etc.).

Les collectivités locales disposent d'une fiscalité distincte de celle de l'État. Mais comme elle fixe un régime uniforme pour toutes les communes, elle est jugée peu adaptée puisqu'elle ne tient pas compte de la diversité des situations de ces dernières en termes de potentiel fiscal. La fiscalité locale est considérée globalement comme peu rentable. En conséquence, les communes comptent beaucoup sur les transferts de l'État qui sont insuffisants (voir infra : partie B).

*

* *

Tels sont les traits marquants de la décentralisation qui, comme on l'a vu, reposait depuis près de trois décennies sur la commune comme seule collectivité territoriale décentralisée.

Ce n'est que récemment que les pouvoirs publics ont décidé de créer un nouvel étage de décentralisation, qui ne manquera pas d'impacter substantiellement le paysage territorial longtemps parqué par une certaine monotonie.

En raison de l'importance de cette réforme, nous allons essayer, dans le chapitre suivant, d'en saisir la portée, sachant qu'elle reste à l'état de projet, car la loi organique qui l'organise n'a pas encore été mise en œuvre.

Section 4. Qu'en est-il de la réforme régionale en cours ?

C'est dans la foulée des réformes constitutionnelles issues du référendum du 5 août 2017, que la Mauritanie s'est dotée d'un deuxième niveau de décentralisation, par l'érection de la région en collectivité territoriale décentralisée.

Les pouvoirs publics ont tenu à inscrire la région comme collectivité territoriale dans la loi fondamentale, alors que la Constitution du 20 juillet 1991 prévoyait déjà (article 98) que les collectivités territoriales « *sont les communes ainsi que les entités auxquelles la loi confère cette qualité* ». Autrement dit, on aurait pu s'en tenir à la loi pour l'institution de la région. Mais, le gouvernement voulait, sans doute, donner un accent particulier à cette réforme en accordant à la région, la même légitimité juridique que la commune et l'inscrire, ainsi, dans la durée.

Avant d'aborder le contenu de cette réforme et des interrogations qu'elles suscitent (2), il serait peut-être utile d'approcher le concept même de « région » tout en essayant d'apprécier la pertinence de la création de cette nouvelle collectivité dans le contexte mauritanien (1).

§1. Qu'entend-on par « région » et en quoi cette réforme est-elle pertinente pour la Mauritanie ?

La région est-elle une entité physique, ethnoculturelle, historique ou simplement une entité juridico- administrative ?

La doctrine distingue deux types de régions :

. le premier serait, pour ainsi dire, *imposé* par la nature ;
Il est le produit de la géographie ou de l'histoire, ses limites épousent les frontières façonnées par les solidarités historiques ou culturelles qui se sont formées, au gré des interactions entre les hommes et leur milieu naturel ; c'est le résultat d'une alliance de l'homme avec son environnement qui s'est forgée avec le temps, pour créer une identité propre à une communauté dans un territoire donné ;

. le second est dit *artificiel*, puisqu'il est né du décret, c'est-à-dire d'une décision autoritaire voulue par les gouvernants.

C'est le fait du prince qui relève d'une logique de pouvoirs qui peut transcender, ignorer ou se plaquer sur les réalités naturelles ou sociologiques. Ce type de région génère parfois des frustrations, car il peut briser les solidarités tribales ou ethniques qui se sont formées à travers l'histoire.

Il faut reconnaître cependant que la raison historique ou culturelle a rarement prévalu dans les choix des gouvernants, particulièrement dans les nations ne disposant pas d'une longue tradition d'État centralisé, puisque, dans ce cas, c'est généralement l'État qui crée la nation et non l'inverse[319].

Il est aisé de comprendre, en effet, qu'au nom des impératifs de l'unité nationale, les États nés des morcellements coloniaux, ont préféré bâtir leur organisation territoriale sur le legs hérité de l'ancienne puissance coloniale, où la logique de commandement primait sur les autres considérations et où, donc, les découpages territoriaux ne coïncidaient pas forcément avec la réalité physique, culturelle ou même économique locale.

Néanmoins, les pouvoirs issus des indépendances, ont misé sur le fait, qu'avec le temps, des communautés d'intérêt vont se former, s'homogénéiser et permettre l'émergence d'une nouvelle identité régionale façonnant les consciences et créant de nouvelles solidarités dans les limites du territoire régional.

La Mauritanie ne fait pas exception à la règle, elle qui a établi sa carte régionale *grosso modo* sur la base de l'héritage colonial qui, comme dans les autres ex-colonies, obéit à une logique administrative et politique et non pas forcément économique.

Pourtant, comme nous l'avons déjà signalé, la Mauritanie a tenté, peu après son indépendance, une recomposition de la carte régionale héritée de la colonisation dans un but essentiellement économique. Le nombre de cercles[320] (régions), initialement de douze, s'est vu réduire dans un premier temps, à sept, en sus du district de Nouakchott considéré comme région autonome. Ainsi, les cercles de l'Assaba et du Guidimagha étaient-ils regroupés pour former la 3ème région ; ceux

[319] OULD KEBD Yahya, Thèse de Doctorat, *op.cit.*, p. 80.

[320] Le cercle désignait la région au temps de la colonisation. Sous l'indépendance, cette appellation va disparaitre pour laisser place à la « région », puis à la wilaya (appellation arabe francisée).

du Brakna et du Tagant, la 5ème région ; ceux de l'Inchiri et du Trarza, la 6ème région, ceux de l'Adrar, de la Baie du Levrier et du Tris Zemmour, la 7ème région.

Toutefois, les pouvoirs publics se sont rendu compte que certaines régions, en raison de leur taille, étaient devenues particulièrement ingouvernables, au regard de la faiblesse des infrastructures de communication à cette époque (c'est le cas notamment des 5ème et 7ème régions), et ont fini par revenir à l'ancienne configuration territoriale léguée par la colonisation.

Mais la question qui se pose naturellement, aujourd'hui, lorsque qu'on veut faire sortir la région de la sphère administrative *stricto sensu* pour en faire un levier de développement économique et social, est de savoir si la région actuelle, la wilaya, constitue un niveau pertinent de programmation du développement économique et d'aménagement du territoire en Mauritanie, alors que l'expérience de décentralisation communale n'a pas totalement fait ses preuves et pour des raisons qui ne sont pas toujours endogènes, mais relevant principalement d'un problème de ressources financières.

Dans un pays vaste et peu peuplé comme la Mauritanie, on peut imaginer facilement, que la collectivité régionale, compte tenu de son rôle fédérateur, pourrait avoir une plus-value économique réelle et permettre une plus grande mobilisation des acteurs territoriaux et donc une meilleure valorisation du capital social endogène. En tant qu'échelon intermédiaire infra-étatique, la région offre, également, un cadre approprié de convergence des politiques nationales et des politiques locales.

Du fait de sa taille, de sa démographie et de sa consistance économique, la région, désormais dotée des attributs juridiques nécessaires, a vocation à canaliser les sous-espaces, valoriser les potentiels endogènes, mobiliser les ressources pour jouer le rôle de locomotive du développement territorial.

La réforme serait, par conséquent, l'expression d'une volonté de recherche du seuil optimal « d'administrabilité » économique du territoire, à travers la création d'un niveau territorial intermédiaire entre les administrations centrales et les communes, où puissent s'élaborer la programmation du développement local en synergie avec la programmation nationale.

La rationalité économique de l'échelon régional semble donc être plus évidente, en ce qu'elle offre un cadre plus étendu et plus agrégatif que la commune qui dispose d'un potentiel démographique et économique bien plus réduit.

Pour autant, la commune maintient sa vocation de première cellule de développement à la base, devant assurer un indispensable service de proximité aux populations. La nouvelle réforme n'est, par conséquent, pas destinée à l'affaiblir, mais bien au contraire, à la renforcer, par sa valeur ajoutée économique et technique.

Mais, comment faire pour sortir des sentiers battus et faire de la région un cadre approprié en vue de :

. la réalisation d'équipements structurants et d'aménagement du territoire ;

. la promotion du partenariat public-privé ;

. la canalisation et l'impulsion des dynamismes locaux ;

. la promotion des solidarités régionales ;

. la coordination des interventions sectorielles dans le cadre d'un programme régional intégré qui tienne compte des avantages comparatifs de chaque région.

C'est là tout l'enjeu de la réforme régionale en cours, si l'on veut éviter de retomber dans les travers de l'expérience communale par la création d'une nouvelle structure « budgétivore » qui servirait davantage de « décor institutionnel » que de véritable instrument de développement.

§2. Le contenu de la réforme.

Voilà donc la région qui émerge ou plutôt ré-émerge comme collectivité territoriale décentralisée, au même titre que la commune (article 98 (nouveau)). Les pouvoirs publics, avions-nous dit, voulaient ainsi, donner à la région un fondement constitutionnel pour ne pas laisser entendre que la nouvelle collectivité, vue sous l'angle de la hiérarchie des normes, est moins importante que la commune.

Les nouvelles dispositions de ce même article 98 de la Constitution mauritanienne, introduisent également le principe de la « libre administration des collectivités territoriales », ce qui n'était pas le cas avant, le constituant s'étant contenté jusqu'ici, de l'énoncé selon lequel « *les collectivités sont administrées par des conseils élus, dans les conditions prévues par la loi* ». Cette consécration constitutionnelle de *« la libre administration des collectivités territoriales »*, soulève un problème de cohérence, en matière de contrôle, avec la nouvelle loi organique relative à la région, que nous aborderons plus loin.

Tout en s'inspirant assez largement de l'ordonnance n° 87-289 relative aux communes qui, décidément, constitue le socle de référence de la décentralisation en Mauritanie, notamment pour ce qui est du fonctionnement du conseil régional, de son mode d'élection, de l'exercice de la tutelle et de la gestion financière de la région, qui sont une quasi-transposition du régime communal à celui de la région, la nouvelle collectivité a tout de même ses particularités statutaires propres, dont nous présentons, ici, les éléments topiques relatifs successivement aux compétences régionales (A), aux attributions des organes régionaux (B), aux ressources régionales (C), au contrôle (D) et aux statuts particuliers de Nouakchott et Nouadhibou (E).

A.- Les compétences régionales.

La région a une mission générale, dévolue par la loi organique n° 2018-010 du 12 février 2018, en son article 3, de « *promouvoir le développement économique, social, culturel et scientifique... dans le respect de l'intégrité, de l'autonomie et des attributions des autres collectivités territoriales. Elle a une fonction de mise en cohérence des stratégies de développement et d'aménagement du territoire* ». Elle a donc une vocation principalement économique, scientifique et d'aménagement du territoire comme c'est le cas dans les autres pays francophones ayant opté pour une décentralisation régionale, à côté du niveau communal.

En vertu de cette disposition, la région est dotée d'une capacité d'initiative de principe qui lui permet d'intervenir dans les domaines ci-dessus, bien que cette clause générale soit moins ouverte que celle attribuée à la commune dont la capacité d'initiative, quand il s'agit de domaines touchant aux intérêts communaux n'est pas limitée à un domaine précis tant qu'elle n'empiète pas sur ceux qui, par leur nature ou leur importance, relèvent de l'État (cf. *supra*).

La région dispose, également, de compétences d'attribution qui couvrent les huit domaines suivants et qui sont détaillés par l'article 4 de ladite loi organique : planification et aménagement du territoire de la région ; investissements ; environnement et gestion des ressources naturelles ; tourisme ; éducation, alphabétisation et formation professionnelle ; santé et action sociale ; jeunesse, sports et loisirs ; culture.

Mais ces compétences, comme pour les communes, sont imprécises et peu délimitées. Car, d'une part, plusieurs prescrits commencent par des formules comme : « *contribution à..* » ou « *participation à...* », et c'est là une source potentielle de conflits avec les services de l'État, et, d'autre part, en dépit de ces énoncés qui laissant entendre que ces domaines de compétence sont attribuées de plein droit, l'article 5 est venu ajouter de la confusion quand il édicte que la région exerce les compétences transférées dans les domaines que sont : les équipements et les infrastructures à dimension régionale ; le commerce ; la santé ; l'industrie ; l'enseignement ; l'énergie, l'eau et l'assainissement.

Or, parmi ces domaines, il y en a qui, comme la santé, l'éducation et mêmes les infrastructures sont censées être des compétences d'office de la région. S'agit-il d'une restriction qui fera que la dévolution de ces compétences sera conditionnée par leur transfert effectif ou simplement d'une volonté du législateur d'ouvrir le champ des compétences de la région bien au-delà de ceux dévolues par l'article 2 ? En tout cas, la voie de l'interprétation reste largement ouverte.

Pour lever toute ambiguïté, on aurait dû ne pas évoquer dans ces domaines « transférables », des domaines qui sont censées être dévolues *de facto* par l'article 4, même si certaines formulations de ce même article prêtent à confusion, comme, par exemple, dans le domaine de la santé : « *appui aux structures de santé dans la région* » ; de quelle forme d'appui (construction, équipement, assistance technique... ?) et de quelles structures s'agit-il ? (Structures communales ou structures régionales comme les hôpitaux régionaux, par exemple ?).

B.- Les attributions des organes régionaux.

1.- Le conseil régional.

Le conseil régional en tant qu'organe délibérant est doté d'un éventail assez large d'attributions propres qui englobent des domaines aussi divers que toutes les questions relatives au budget et aux comptes, le Plan de développement régional, les actions nécessaires à la promotion de l'investissement, les prises de participation, les mesures relatives à la formation professionnelle, à l'emploi, à l'éducation et à la santé ainsi que les conventions passées par la région, les marchés publics, etc.

Le conseil est investi aussi d'un pouvoir de proposition et de suggestion, concernant notamment les actions à entreprendre pour promouvoir le développement de la région lorsque lesdites actions dépassent le cadre des compétences de la région ou excèdent ses moyens ou ceux mis à sa disposition et suggère toute mesure concernant le choix des investissements ou d'aménagement à réaliser dans la région et donne son avis sur l'implantation, dans la région, des établissements universitaires et des hôpitaux.

En outre, le conseil régional propose la création et les modes d'organisation et de gestion des services publics régionaux. Et c'est là une différence notable avec le conseil municipal qui a le pouvoir de décider (et non de proposer) de la création et de l'organisation des services publics municipaux et de leur mode de gestion.

En matière de création de services publics régionaux, le conseil régional n'a donc qu'un pouvoir suggestif. Le conseil régional n'a, en revanche, aucun pouvoir en matière d'organisation de sa propre administration, puisqu'une telle organisation est fixée par décret pris en conseil des Ministres. Il y a donc là manifestement une limitation à l'autonomie administrative de la région.

2.- L'exécutif régional.

À la différence du maire qui a une double casquette de représentant de la commune et d'agent de l'État, le Président de la région n'a qu'une seule casquette, celle d'assurer l'exécutif de la collectivité régionale et donc de mettre œuvre les délibérations du conseil régional. À ce titre il procède notamment, aux actes de location, vente et acquisition, assure l'exécution du budget et établit le compte administratif.

Les vice-présidents qui vont de deux à cinq, selon le nombre des conseillers régionaux n'ont de pouvoir que ceux qui leur sont délégués par le Président.

C.- Les ressources régionales.

La région a la particularité, par rapport à la commune, que ses ressources proviennent, pour l'essentiel, des dotations de fonctionnement et d'investissement, accordées par la loi des finances et, accessoirement, des produits de l'exploitation de son patrimoine et des redevances pour services rendus. Elle n'a donc pas de fiscalité propre comme la commune.

S'agissant des recettes autres que celles provenant de l'État et qui ne sont pas de nature fiscale, le conseil régional est doté d'une compétence générale en matière de détermination des tarifs des taxes rémunératoires du domaine et des services rendus par la région, à condition, toutefois, de rester dans les limites fixées par les lois et règlements en vigueur.

La région peut, en outre, recourir à l'emprunt pour la réalisation de ses investissements qui peuvent ou non bénéficier de la garantie de l'État.

Par ailleurs, une commission des finances locales est créée, pour proposer au gouvernement le montant des transferts financiers vers les régions, leur répartition, le suivi de leur utilisation et d'observer l'évolution des finances locales. Et c'est là un dispositif spécifique aux finances régionales qu'on aurait dû étendre pour englober l'ensemble des finances locales.

D.- Le contrôle.

Toutes les dispositions relatives à la tutelle sur les organes, les personnes et les actes prévues pour les communes, en vertu de l'ordonnance n° 87-289 susvisée, sont reconduites par la loi organique relative aux régions. Cette dernière va même plus loin en disposant (article 45, alinéa 2) que les délibérations portant sur les questions financières ne peuvent être exécutées qu'après approbation de l'autorité de tutelle. La tonalité de cet énoncé qui ne figure pas dans l'ordonnance communale, laisse entendre, en effet, que pour la région, il est exigé une approbation préalable (expresse et non tacite) des actes financiers.

Pourtant, ce même article, reprenant une disposition de l'article 34 de l'ordonnance relative aux communes, dispose que les délibérations sont considérées comme approuvées, vingt jours pour les délibérations autres que budgétaires et quarante-cinq jours, pour les questions budgétaires, après leur dépôt auprès du représentant de l'État, si elles n'ont pas fait l'objet d'une opposition de celui-ci.

Ces deux formulations paraissent quelque peu contradictoires, car la première laisse entendre clairement qu'il y a une approbation tacite, même pour les aspects budgétaires, après écoulement du délai imparti, alors que l'alinéa suivant, affirme le contraire pour ces mêmes questions. Faut-il y voir les signes d'un durcissement de la tutelle envers les collectivités territoriales ou simplement la volonté du législateur de garder la haute main sur les régions en raison du volume des financements en jeu ?

Quoi qu'il en soit, la tutelle est maintenue dans ses formes les plus tatillonnes de censure préalable des actes des collectivités territoriales, alors qu'on s'attendait, à l'instar de certains pays francophones qui ont consacré la « libre administration » dans leur constitution à ce que la loi reflète cette liberté d'action des collectivités territoriales, introduite, pour la première fois en Mauritanie, comme principe constitutionnel.

Ainsi, au lieu d'un contrôle *a priori* qui frise le contrôle d'opportunité, la loi aurait dû opter pour un contrôle juridictionnel de légalité. Dans ce cas, l'autorité de tutelle devrait se contenter de déférer au juge administratif les actes qu'elle juge illégaux- qu'elle peut, néanmoins, dans des cas très particuliers, assortir d'une demande de sursis à exécution- et il appartient à celui-ci d'en apprécier la légalité, faute de quoi il est difficile de parler de « libre administration ».

Il est vrai que certains domaines sensibles qui engagent les finances locales sont parfois exceptées de ces contrôles *a posteriori* et sont soumis à examen préalable du représentant de l'État.

Mais en règle générale, le contrôle devrait rester à caractère juridictionnel et *a postériori* et l'on s'étonne que la loi organique qui dans son article 1er se réfère à l'article 98 de la constitution, ait complètement ignoré cet aspect.

E.- Les statuts particuliers de Nouakchott et Nouadhibou.

Chacune des villes de Nouakchott et Nouadhibou, respectivement, capitale politique et capitale économique du pays, est érigée, en vertu de la nouvelle loi organique, en collectivité régionale. Mais chacune a sa particularité.

L'agglomération de Nouakchott doit ce statut à sa taille qui en faisait déjà avant cette réforme, la seule communauté urbaine du pays regroupant neuf communes. Avec sa transformation en région, les communes qui la composent sont reversées, pour ainsi dire, dans le droit commun. Celles-ci redeviennent par conséquent, des communes de plein exercice, au même titre que les autres communes du pays.

Le problème est que la nouvelle région hérite de la communauté urbaine de Nouakchott (CUN) alors que cette dernière était un établissement public de coopération intercommunale (EPCI) et non une collectivité territoriale. Ce qui soulève deux problèmes :

1) Comment se fait-il que le patrimoine de la communauté urbaine de Nouakchott qui est un EPCI revienne à la région qui a une tout autre vocation et non aux communes qui composaient cet organisme de coopération intercommunal et qui partageaient avec ce dernier un certain nombre de compétences liées à la gestion de la ville comme par exemple la gestion des ordures ménagères qui est une

compétence communale et non régionale, l'aménagement urbain, etc. ?

2) Quel sera le vis-à-vis « déconcentré » de la collectivité régionale, sachant que pour les autres régions du pays elle a le même ressort territorial que la wilaya correspondante[321] ? La région de Nouakchott (collectivité territoriale) aura donc la particularité de couvrir les territoires de trois wilayas qui sont des régions administratives déconcentrées regroupant, chacune trois moughataas (ou préfectures départementales).

Nouadhibou est, en revanche beaucoup moins peuplée que Nouakchott, mais compte tenu de la création d'une zone franche dans cette ville portuaire située sur une baie, les compétences de la région de Daklet-Nouadhibou dérogent au droit commun. Du coup, la région Dakhlet-Nouadhibou exerce uniquement les compétences relatives à : l'environnement et la gestion des ressources naturelles ; l'éducation, l'alphabétisation et la formation professionnelle ; la santé et l'action sociale ; la jeunesse, sports et loisirs ; la culture.

Les autres compétences sont laissées à la zone franche. Mais, la région, peut passer, d'après la formulation non dénuée d'euphémisme avec cette dernière, « *des contrats de partenariat en ce qui concerne notamment le développement économique et social de la région* ».

[321] Il est vrai que cette situation atypique existait également avec la communauté urbaine de Nouakchott (CUN) depuis que le gouvernement a décidé en 2014 de créer, trois wilayas à Nouakchott. Du coup, la CUN s'est retrouvée subitement sans vis-à-vis déconcentré.

Chapitre 2
LIMITES ET ENJEUX DU PROCESSUS

*
* *

Comme, on peut facilement le déduire du parcours erratique analysée, ci-dessus, la décentralisation, en Mauritanie, apparait comme un chantier en perpétuel recommencement.

Cette approche omniprésente, dans le discours officiel, l'est beaucoup moins sur le terrain. Sa mise en place effective, achoppe sur des contraintes majeures qui amoindrissent considérablement sa portée (section 1) et ce, en dépit des enjeux colossaux qu'elle représente pour le pays et dont nous essaierons, au bout de cette analyse, d'en dégager les grandes lignes (section 2).

Section 1. Des contraintes majeures.

Comme la régionalisation est encore à l'état de projet, nous nous limitons ici aux problèmes que soulève l'expérience communale de décentralisation que vit le pays depuis une trentaine d'années.

En dépit de son ancienneté relative, la décentralisation communale a du mal à prendre son rythme de croisière du fait de nombreuses pesanteurs dont on relève notamment : la problématique du transfert de compétences (§1), l'inexistence de moyens de contrainte à disposition des communes (§2), l'insuffisance des ressources financières et humaines (§3) la gestion « aristocratique » de l'institution communale (§4) et, la faiblesse de la déconcentration (§5).

§1. La problématique du transfert des compétences.

Les difficultés, à ce niveau, résident d'abord dans une délimitation imprécise des compétences et dans l'ineffectivité de leur transfert aux communes.

A.- Des compétences mal délimitées.

Telles qu'elles sont énoncées, les compétences sont assez ambiguës et peuvent, en conséquence, générer des conflits entre l'État et les autorités municipales ou tout au moins servir de prétexte à l'une ou l'autre des deux collectivités publiques pour se dérober de ses responsabilités. En effet, si certaines compétences ne sont pas sujettes à interprétation telles que l'enlèvement des ordures ménagères, les infrastructures éducatives et sanitaires ou encore les cimetières, il n'en est pas de même pour un certain nombre de compétences parmi lesquelles, on peut relever[322] :

La voirie locale : comment peut-on la déterminer par rapport à la voirie nationale ou, le cas échéant, régionale et ce, en l'absence d'une répartition claire entre ces trois échelons ? Et puis dès lors que l'on a parlé que de voirie locale, quel rôle précis attribue-t-on à la commune : est-ce au niveau de la conception, de l'exécution ou de l'entretien ? Il faut noter à cet égard, tout de même, que la convention signée le 20 septembre 1993 entre le Ministère de l'équipement et la commune de Nouakchott fait avancer la pratique administrative dans ce domaine, car, elle précise que la commune est chargée *« des études, constructions, contrôle et entretien de la voirie locale »*, mais cette convention n'a pas été élargie aux autres communes du pays.

Eau et éclairage public : l'ordonnance n° 87-289 attribue *« l'alimentation en eau »* aux communes, mais la notion d'alimentation n'est pas claire, d'autant que les textes régissant cette ressource (ordonnance n° 85-144 et textes subséquents) classent celle-ci dans le domaine public de l'État. On pourrait en déduire que la commune serait responsable des installations superficielles (système d'exhaure et réseaux de distribution) qui servent à approvisionner les populations en eau potable. Pourtant la pratique est tout autre. La Société Nationale d'Eau (SNDE) assume, en effet, les fonctions de productions et de distribution de cette denrée en milieu urbain et l'Office National du Service de l'Eau en milieu Rural (ONSER)[323] s'est vu confier la gestion des systèmes d'alimentation en eau potable

[322] Adapté de OULD KEBD Yahya, Thèse de Doctorat, *op.cit.*
[323] L'ONSER a remplacé, en 2010, l'Agence nationale de l'eau potable et de l'assainissement (ANEPA) qui était l'opérateur en milieu rural.

en milieu rural et semi-urbain alors que ces deux opérateurs, auraient dû agir en tant que concessionnaires de la commune qui a la responsabilité d'après l'article 2 de l'ordonnance n° 87-289 d'alimenter les populations en eau même si en cas de concession, il revient au conseil des Ministres d'en approuver le cahier des charges.

Il en est de même de l'éclairage public qui continue à être géré par la Société Mauritanienne de l'électricité (SOMELEC) sans qu'une convention de délégation n'ait été passée avec la commune à ce sujet.

La gestion urbaine et foncière : sur ce plan, l'ordonnance édicte que la commune est investie de la mission d'aménagement et de gestion « *des zones concédées par l'État à la commune* ». Ce qui veut dire que la commune ne peut intervenir que dans les zones qui lui seraient données en concession par l'État. Il en résulte que la commune, en dehors de la voirie locale ou des servitudes qui lui sont liées, ou des équipements collectifs qui relèvent expressément de ses compétences conformément à l'article 2 de ladite ordonnance, n'a pas d'emprise sur l'espace.

Le décret n° 2000-89 du 10 juillet 2000 abrogeant et remplaçant le décret n° 90-020 portant application de l'ordonnance n° 83-127 sur l'organisation foncière et domaniale, n'attribue qu'une compétence consultative aux communes, notamment, en matière de lotissements.
En revanche, d'autres textes sectoriels reconnaissent certaines compétences à la commune en matière de gestion de l'espace et, par conséquent, complètent le corpus juridique à ce niveau. Ainsi, le code forestier (loi n° 97-007 du 20 janvier 1997) reconnaît un domaine forestier à la commune et l'associe à la gestion des forêts, à travers l'exécution du plan d'aménagement des forêts. Il en est de même du code pastoral (loi n° 2000- 044 du 26 juillet 2000) qui associe les communes de manière substantielle à la gestion de l'espace pastoral.

Malgré ces avancées sectorielles par rapport à la formulation ambiguë de l'ordonnance n° 87-289, les compétences de la commune en matière de gestion de l'espace restent peu claires et très peu départagées avec l'État.

En conséquence, la commune n'a aucun pouvoir effectif en matière de gestion du foncier. La preuve est qu'elle n'est même pas consultée sur les opérations de lotissement que les services de l'État accomplissent, de temps à autre comme cela est prévu par le décret 2000-89 sus-évoqué. Elle n'a pas de réserves foncières ; d'où les énormes difficultés rencontrées par les autorités communales pour trouver des sites pour l'implantation de leurs propres ouvrages collectifs.

Les équipements sportifs et culturels : tous les équipements de cette nature sont du ressort de la commune à condition qu'ils soient affectés à celle-ci (article 83 de l'ordonnance 87-289). Mais à défaut d'une affectation qui sous-entend une délimitation claire entre le domaine de l'État et celui de la commune, en cette matière comme dans bien d'autres, il est difficile de dire quel est précisément le périmètre d'intervention de la commune.

Il faut dire que l'ambiguïté dans la délimitation des compétences, réside, en Mauritanie comme ailleurs, dans l'utilisation de l'épithète « local » pour départager la commune de l'État qui est censé agir au niveau national. Si, dans de rares cas, on peut distinguer l'intérêt local de l'intérêt national en se fondant sur la nature de l'ouvrage et l'usage qu'on en fait, il est souvent très malaisé de dissocier les deux niveaux. Le législateur mauritanien n'a pas fait preuve d'imagination, en transposant dans son droit positif les mêmes notions qui, dans la doctrine, suscitent plus de réserves qu'elles n'apportent de solutions comme la notion d'intérêt local[324].

Ce manque de délimitation des compétences des communes rejaillit déjà sur celles des régions qui, comme nous l'avons vu plus haut, sont formulées de façon équivoque et donc potentiellement conflictuelles. Il est à craindre, en effet, que, sur ce plan, on soit en train de rééditer l'expérience communale pour les nouvelles collectivités régionales.

B.- Des compétences non assumées.

Si l'ordonnance créant les communes a tenté de définir les domaines de compétences de ces entités, avec une certaine ostentation, celles-ci sont restées non seulement ambiguës mais surtout peu prégnantes sur le terrain.

Deux raisons, au moins, expliquent cet état de fait.

---

[324] Sur le débat doctrinal concernant cette question et la problématique qui s'y rapporte, voir : J.-M. PONTIER, *La répartition des compétences*, LGDJ, Paris 1978, pp. 149 et suiv.

L'ordonnance prévoit, en son article 89, une disposition de transfert de compétences qui n'a jamais été véritablement opérationnalisée. Ledit article dispose en effet qu'« *une convention déterminant les biens et les services transférés à la commune est conclue entre les autorités représentant les collectivités publiques concernées et le maire* ». Or, cette convention qui devrait intervenir au plus tard, à la fin du trimestre suivant l'élection du conseil municipal du premier mandant n'a pas été traduite dans les faits. Le seul acte de transfert, hormis le décret relatif au transfert de patrimoine dans le cadre de l'intercommunalité à Nouakchott en 2001, est celui que nous avons signalé précédemment entre le Ministère de l'équipement et l'ex-commune de Nouakchott qui a permis de départager les rôles entre l'État et la commune en matière de voirie mais à Nouakchott uniquement.

La législation mauritanienne ne prévoit pas, à l'instar de nombreux pays de la sous-région comme le Maroc, le Sénégal ou encore le Niger, le principe selon lequel tout transfert de compétences doit être accompagné d'un transfert concomitant de ressources et moyens nécessaires à l'exercice de cette compétence.[325] À titre d'exemples, des compétences qui étaient auparavant assurées par les départements ministériels, comme la construction et l'équipement des écoles primaires et la construction et l'équipement des dispensaires et centres de santé sont dévolues aux communes et pourtant les budgets de ces deux départements (Education et Santé) auxquels ces charges étaient rattachées, n'ont pas été affectés par ces compétences en moins, qui passent de la sphère centrale à la sphère locale.

Tout se passe comme si la création de la commune était une fin en soi, mais quand il s'agit de lui donner les moyens nécessaires à l'accomplissement de sa mission, les pouvoirs publics sont bien plus circonspects. Cela s'explique par le fait que l'État n'a, peut- être pas, les moyens de sa politique, d'où le décalage entre le volontarisme affiché et la réalité du terrain. A cela s'ajoutent des résistances au sein

[325] En France, ce principe de compensation financière des compétences transférées aux collectivités locales a même été érigé en principe constitutionnel à l'occasion de la révision constitutionnelle du 28 mars 2003, en vertu de l'article 72-2 de la Constitution lequel dispose que « *tout transfert de compétences entre l'État et les collectivités territoriales s'accompagne de l'attribution de ressources équivalentes à celles qui étaient consacrées à leur exercice* ».

de l'administration étatique dont les responsables sont, généralement, jaloux de leurs prérogatives et, donc, peu disposés à en être dépossédées.

Il en résulte que les communes n'exercent que très peu des compétences qui leur sont théoriquement dévolues, même si la situation varie en fonction des ressources dont dispose chaque commune et des ententes que le Maire, du fait de son influence personnelle, peut trouver avec l'État.

§2. L'absence de moyens de contrainte légitime.

Du fait de sa fonction, le maire est investi d'un pouvoir en matière de police sur lequel le conseil municipal n'a pas prise. Les principaux domaines qui pourraient faire appel à l'intervention de la police municipale sont la propreté des voies publiques, la protection du domaine public, les infractions en matière d'hygiène, de la divagation des animaux et de stationnement des véhicules. En milieu rural, le maire a un rôle à jouer dans la protection des forêts et des pâturages.

Dans ce cadre, le maire peut être amené, notamment, à :

. définir les interdictions et obligations dans un règlement de police municipale ;

. appliquer les amendes prévues pour d'éventuelles infractions ;

. compléter le dispositif réglementaire par des arrêtés limités ou temporaires : interdiction de stationner dans une rue étroite, interdiction d'un axe donné à la circulation des camions, fermeture temporaire d'une voie, interdiction de la coupe d'arbres, arrêt d'une nuisance préjudiciable à la tranquillité publique, etc. Toutes ces mesures ne peuvent, bien entendu, avoir pour conséquence, de limiter les droits et libertés des personnes qui sont garanties par la Constitution.

Pour faire appliquer ces actes et, de façon plus générale, pour faire appliquer les décisions de la commune, l'autorité municipale, pourrait avoir recours à la contrainte légitime en faisant intervenir la force publique. Mais puisque le corps de police est étatisé, la commune est souvent tributaire de ses bons ou mauvais rapports avec l'autorité administrative locale.

Certes, les communes des grandes villes peuvent disposer des agents d'hygiène qui sont censés réprimer, au nom du maire, les infractions dans ce domaine. Cependant, non seulement le champ de leur intervention est limité par leur spécialisation mais surtout ils ne détiennent aucun signe d'autorité (armes, uniformes, etc.) et ne peuvent pas user du pouvoir coercitif. C'est pourquoi les décisions de la commune peuvent rester sans effet et sa crédibilité, auprès des citoyens, ne pourrait que s'en ressentir.

Cette absence de la force publique à la disposition des autorités municipales est une des complaintes des exécutifs communaux qui la considèrent comme l'un des obstacles majeurs à la fiabilité des communes et à leur respectabilité. Ce problème est particulièrement ressenti dans les communes rurales dont les sièges sont parfois éloignés des centres de pouvoirs de l'État. La force, ou tout au moins son exhibition, est souvent nécessaire pour assurer un minimum d'autonomie d'action des communes dans un contexte de rapports très personnalisés avec l'autorité préfectorale.

La méfiance de l'État quand il s'agit de doter les collectivités locales de la force publique, peut s'expliquer par le fait que l'existence d'une telle force à disposition des communes et particulièrement dans les grandes villes, fut-ce de manière limitée en nombre et en moyens, peut concurrencer celle de l'État et lui porter ombrage tout en créant des charges salariales que les communes auraient du mal à supporter. Mais ne pourrait-on pas trouver des compromis qui puissent concilier entre le souci de préserver la prééminence de l'État et la nécessité de faire respecter les décisions de la commune ?

§3. L'insuffisance des ressources financières et humaines.

Bien que l'État ait institué en 1990 une fiscalité locale (Ordonnance n° 90-04), dans le but de renforcer l'autonomie fiscale des collectivités territoriales, la mobilisation des ressources par les communes reste bien modeste. Ainsi, d'après les indicateurs fournis par l'Étude sur la fiscalité locale en Mauritanie en 2015[326], le niveau

[326] Étude commanditée par le Ministère de l'Intérieur et de la Décentralisation et financée par le Programme National intégré de décentralisation, développement local et l'emploi (PNIDDLE), Ahmed Mahmoud Boilil, décembre 2015.

des ressources locales par tête d'habitant converti en FCFA serait de 4.561,5 FCFA en Mauritanie, 3.100 FCFA au Mali, 3.900 FCFA au Benin, mais de 11.000 FCA au Sénégal et de 12.400 FCA en Côte d'Ivoire.

Rapportées à l'ensemble des ressources publiques nationales, les ressources locales seraient de l'ordre de 2,14 % en Mauritanie, 2, 96 % au Mali, 2,67 % au Niger, 5,8 % au Benin et 8,9 % en côte d'Ivoire.

La Mauritanie se situe donc en deçà de la moyenne des pays de la sous-région en termes de ressources générées par les collectivités locales.

Si l'État fait des efforts, en termes de transfert de ressources aux collectivités locales, à travers le mécanisme du Fonds Régional de Développement (FRD) dont le montant est de 3,5 milliards d'ouguiya-ancien (soit 8,7 Millions d'Euros, représentant moins de 1 % du budget de l'État) et les subventions directes faites à la communauté urbaine de Nouakchott qui sont de l'ordre de 3,7 Milliards d'ouguiya-ancien, pour la prise en charge des frais d'enlèvement des ordures ménagères, le volume total de ces transferts aux communes (hors programmes de développement financés en partenariat avec les bailleurs de fonds), est inférieur à 2 % du budget de l'État lequel s'établit en 2015 à 460 milliards d'ouguiya- ancien[327].

La capacité de mobilisation des ressources propres reste particulièrement faible. Ainsi, les recettes fiscales (impôts communaux, redevances, droits, etc.), n'atteindraient que 2,765 milliards d'ouguiya- ancien, soit seulement 1,03 % des recettes fiscales de l'État[328].

Il faut dire que le potentiel fiscal est très faible, surtout dans la quasi-totalité des 163 communes rurales (sur les 218), compte tenu de l'insignifiance du tissu économique dans ces communes. En outre, même s'il existe un potentiel fiscal, les élus locaux sont bien peu

[327] Rapport Général sur les finances locales en 2015, Ministère de l'Intérieur et de la décentralisation, avec l'appui de la coopération française, à travers la SCAC.
[328] *Ibid.*

disposés à engager des actions de recouvrement à l'encontre de leurs électeurs en raison de l'impopularité qui en résulterait pour eux.

Les communes mauritaniennes dépendent donc fortement pour leur financement, du transfert de l'État, à travers le FRD qui constitue pour la plupart des communes moyennes ou rurales, sinon l'unique ressource budgétaire, du moins la source principale de leur budget.

Les deux grandes villes du pays que sont Nouakchott et de Nouadhibou, respectivement capitale politique et économiques, accaparent, à elles seules plus de 90 % des capacités d'autofinancement de l'ensemble des communes. Il en découle une marge d'autofinancement (épargne nette, hors FRD) faible à inexistante pour les communes urbaines moyennes et rurales, de telle sorte que près de 80 % des communes n'arrivent pas à couvrir 10 % de leurs dépenses courantes de fonctionnement par des recettes propres.

La faible mobilisation des ressources propres des communes, s'explique aussi par l'inadaptation de la fiscalité locale aux réalités des communes. Les trois principaux impôts qui sont censées alimenter, en priorité, la fiscalité locale mauritanienne (contribution foncière, patente, taxe d'habitation) ne sont, en fait, qu'une vague transposition de l'ancienne fiscalité locale française qui a été généralisée pour toutes les communes du pays sans aucune modulation en fonction des catégories des communes et des capacités contributives de chacune de ces catégories.

Si cette fiscalité répond à un besoin évident d'autonomisation financière des collectivités locales, elle manque, néanmoins, de souplesse et d'efficacité. À titre d'exemple, la patente n'est percevable que dans certaines grandes villes faute de patentables dans la quasi-totalité des communes. Il en va de même pour la contribution foncière dont l'assiette est certes beaucoup plus étendue que la patente, mais puisque son taux est fixé en fonction de la valeur locative et que celle-ci est insignifiante dans la plupart des communes, son apport est peu significatif.

En outre, en l'absence d'une politique de sensibilisation sur le civisme fiscal, les populations ont du mal à accepter les prélèvements fiscaux qui, à leurs yeux ne se justifient pas, au regard des maigres prestations rendues par la commune. Il s'y ajoute le peu d'engagement des receveurs municipaux et des services des impôts, aux côtés des communes, lesquels services sont plus préoccupés par le recouvrement des impôts d'État.

Les recettes non fiscales (redevances, droits, recettes de services…) sont, en revanche, plus acceptées par les populations mais leur produit est fortement corrélé au développement des services publics locaux qui sont encore, soit embryonnaires, soit très insuffisants.

Au niveau des ressources humaines, la situation n'est guère plus reluisante. Ainsi, selon le Rapport sur les capacités institutionnelles des communes mauritaniennes[329], publié en janvier 2017, le nombre d'employés municipaux par 1000 habitant s'élève, en moyenne, à 0,42 à l'échelle du pays. Il est de 0,68 employé pour les grandes communes urbaines qui disposent de moyens financiers plus importants pour exercer leurs compétences (Nouadhibou et Nouakchott Ouest étant les communes présentant le taux le plus élevé), mais s'avère près de deux fois inférieur dans les communes rurales (0,37 employé par 1.000 habitants). Parmi ce personnel, seuls 18 % des employés ont des capacités en maitrise d'ouvrage, surtout dans les grandes villes.

Cette insuffisance est due au manque d'attractivité des communes pour les cadres de haut niveau du fait à la fois de la précarité du statut du personnel qui n'a pas les mêmes garanties de carrière que pour le personnel de l'État mais aussi de l'insolvabilité de ces entités dont la survie dépend, en grande partie des transferts de l'État : seul un tiers du personnel est payé régulièrement et seulement 16,5 % des postes de l'organigramme sont pourvus[330].

On comprend, dès lors, pourquoi la prise en charge par les collectivités territoriales de leurs compétences est si faible. Ainsi, sur environ dix-sept compétences reconnues aux communes, seules, sept en moyenne sont partiellement exercées par ces entités[331]. Il faut dire

---

[329] Rapport élaboré par la Direction Générale des Collectivités Territoriales avec l'appui du GIZ sur la base d'une enquête menée entre 2013 et 2016 dans les 218 communes du pays.
[330] *Ibid.*
[331] *Ibid.*

qu'aucune évaluation du coût de ces compétences n'a été menée jusqu'ici, pour déterminer avec exactitude les besoins de financement des collectivités territoriales.

§4. La gestion « aristocratique » de la commune.

Même si les communes sont issues d'un système électif, elles sont globalement gérées comme une administration ordinaire, où les procédures bureaucratiques définies selon les usages classiques de l'Administration publique, priment, sur les interactions qui doivent exister en permanence entre les élus et les populations locales. Il faut dire que les textes mauritaniens relatifs à la décentralisation, sont peu diserts en matière de participation citoyenne à l'action publique. L'article 15 de l'ordonnance n° 87-289 instituant les communes prévoit que : « les *séances du conseil municipal sont publiques* », en s'empressant d'ajouter « *cependant sur demande du maire, l'autorité de tutelle ou du tiers des membres du conseil, le huis clos peut être prononcé* ». En réalité, cette disposition est peu connue du public et les conseils municipaux, n'en font pas usage. La culture du secret largement répandue dans l'administration publique est également de mise dans la gestion communale.

Il est vrai, qu'avec l'adoption en 2011 d'un arrêté ministériel sur la préparation du Plan de Développement Communal (PDC) qui prévoit la création par le maire d'un comité de concertation citoyenne (CCC) pour l'aider à l'élaboration du PDC, les mentalités commencent à évoluer dans certaines communes qui font appel de plus en plus à ces structures de concertation à l'occasion de la préparation de projets importants, notamment à la demande d'un bailleur de fonds.

Mais la démocratie locale reste surtout basée sur une démocratie représentative qui consiste à confier l'administration des collectivités territoriales à un organe agissant en lieu et place, et au nom des habitants de celles-ci. L'élection des conseils locaux au suffrage universel est acquise certes, ce qui leur confère une légitimité démocratique au regard de la constitution, mais est-ce suffisant dans « *des contextes où survivent des légitimités non démocratiques* »[332] ?

Une fois élu, le conseil municipal, n'a de compte à rendre, au regard la loi, qu'à sa tutelle ; il communique peu et ses décisions ne trouvent pas de cadre infra- communal pour en faire l'écho auprès des populations et les faire approprier par ces dernières. La commune devient, de fait, une structure de l'État récupérée, en partie, par le pouvoir notabiliaire. Elle est davantage un instrument entre les mains du pouvoir central ou de ses représentants locaux, dont elle attend des directives, plutôt qu'un véritable animateur de la vie locale.

C'est le système dit élitiste qui légalise par des procédés modernes l'emprise des aristocraties locales sur la commune. Il conduit à la « *dualisation de la société* » [333] et instaure une « *citoyenneté à deux vitesses* », érigeant le conseil municipal et singulièrement son exécutif, en un pouvoir à caractère oligarchique avec des méthodes paternalistes qui marginalisent les populations. Ce système renferme *« les vices cachés de la démocratie et trahit le développement de ses vertus* », pour reprendre la belle formule de Aly Diouf[334].

Même au sein du conseil municipal où la décision est censée être prise collégialement, l'hégémonie du maire sur le fonctionnement de la commune est souvent déplorée. Rien ne peut se faire, en effet, sans ce dernier si bien que le service public local est parfois paralysé quand il s'absente et, c'est souvent le cas. S'il arrive qu'il accorde des délégations, à l'un de ses adjoints, ce sont souvent des délégations de faible portée se limitant, sauf pour de rares cas, à de simples délégations de signature et non de pouvoirs.

---

[332] Charles Nach Mback, *Démocratisation et décentralisation, genèse et dynamiques comparées des processus de décentralisation en Afrique subsaharienne*, Karthala, 2003, p. 347.

[333] Aly Diouf, *« Les formules Communication sur " l'expérience sénégalaise de décentralisation" »*, Colloque de Dakar sur le thème « approche comparée de la régionalisation en France et au Sénégal », Université Cheikh Anta Diop, Faculté des sciences juridiques et politique, 1er- 3 Juillet 1996.

[334] *Ibid.*

§5. Une déconcentration insuffisante.

Comme on est dans un système administratif d'inspiration française, la décentralisation est inséparable de la déconcentration, celle-ci participant de la même logique que celle-là, car il s'agit dans les deux cas de rapprocher, au mieux, le service public de l'usager.

Pour leurs missions quotidiennes, les collectivités locales ont souvent besoin de l'assistance des services extérieurs de l'État qui sont, dans bien des cas, embryonnaires, et dépendent principalement de leurs Ministères respectifs ; la déconcentration demeurant, de fait, verticale, malgré les prérogatives accordées aux autorités administratives, qui en font, implicitement, une déconcentration de type horizontal[335].

Il semblerait donc que chaque Ministère tienne à avoir son étiquette territoriale sans qu'il ne soit prêt à aller au-delà, et sans que cela ne s'inscrive dans une stratégie globale de redéploiement des services et des moyens de l'état, du niveau central vers les niveaux déconcentrés.

Les services déconcentrés sont souvent squelettiques, de faible qualification et sans moyens de transport ni de ressources budgétaires conséquentes pour jouer leur rôle d'acteurs de développement territorial. De plus, les services techniques d'une certaine importance ne sont représentés que dans le seul chef -lieu de la wilaya, pénalisant ainsi les communes éloignées de la capitale régionale dans un pays marqué par les distances et l'enclavement.

L'organisation des services déconcentrés est conçue selon une logique de reproduction des organigrammes nationaux et non en fonction des pôles de compétences devant répondre avant tout, aux priorités locales.

Comme les structures nationales fonctionnent selon des logiques sectorielles, leur articulation au niveau territorial devient difficile, malgré l'existence d'un représentant unique de l'État dont la mission

---

[335] Notamment, le décret n° 2011-282 définissant les attributions des responsables territoriaux et portant organigramme des circonscriptions administratives, abrogeant en partie, le décret n° 80-166 du 18 juillet 1980 fixant les attributions des gouverneurs, de leurs adjoints, des préfets et des chefs d'arrondissement en tant que représentants de l'État.

principale est justement d'assurer la cohésion des structures étatiques au niveau territorial.

La déconcentration demeure, en conséquence, trop marquée par la « sectorialité », alors que dans une logique d'harmonisation du développement territorial, elle devrait être transversale ou interministérielle, avec une unité de direction effective sous l'autorité du représentant de l'État (wali au niveau de la région et hakem au niveau du département).

L'absence d'un texte spécifique régissant la déconcentration fragilise la cohérence de l'organisation territoriale et laisse la porte ouverte aux interprétations quant aux règles devant régir les rapports entre l'administration territoriale et les services déconcentrés.

Le problème réside dans la difficulté de trouver le compromis équilibré entre la déconcentration horizontale qui permet aux services déconcentrés d'agir dans le cadre d'une synergie d'action et la nécessité de maintenir des liens techniques avec l'administration centrale pour assurer à la fois une transversalité de l'action territoriale et une cohérence entre la programmation nationale et la programmation territoriale.

Il y a lieu, par conséquent, de repenser la déconcentration, afin de définir des périmètres de compétences élargis pouvant être délégués aux représentants de l'État et aux services techniques déconcentrés, de manière à désengorger l'administration centrale et à responsabiliser l'administration territoriale pour avoir la possibilité de procéder à des regroupements fonctionnels des services déconcentrés. Dans le même esprit, il est nécessaire de renforcer la déconcentration financière, pour permettre une globalisation des crédits affectés aux services territoriaux et une allocation de ceux-ci en fonction d'une programmation locale.

Section 2. Les enjeux de la décentralisation.

Tous les facteurs cumulés analysés précédemment, font que la décentralisation a encore peu d'impact en termes d'amélioration du cadre de vie des populations locales. Les communes, seules collectivités territoriales existant jusqu'ici en Mauritanie, restent plutôt des structures marginales et ont du mal à s'intégrer dans la prospective nationale.

Pourtant, dans un contexte mondial où la compétitive des nations se mesure de plus en plus à l'aune des libertés accordées aux entités locales et à leur efficience économique, il n'est plus possible d'ignorer les ressorts territoriaux du développement, dont les collectivités décentralisées sont les vecteurs attitrés.

Autant dire que la décentralisation est une approche institutionnelle vers laquelle évoluent, à des degrés variables, toutes les nations du monde même si ses résultats sont plus ou moins probants en fonction du contexte socio-institutionnel de chaque pays, des dynamismes locaux, des moyens mis en œuvre et de la volonté des parties prenantes. Elle devient, par la force des choses, une dimension majeure de la réforme de l'État et un thème récurrent dans le débat public face à l'échec des approches descendantes de développement.

Pour un pays vaste comme la Mauritanie, où le mode d'occupation de l'espace se caractérise par l'anarchie et où la logique de gouvernance est restée longtemps d'inspiration jacobine, la décentralisation soulève des enjeux de taille : enjeu politique, enjeu de développement économique, de bonne gouvernance, enjeu sociétal, enjeu de renforcement de l'esprit civique et enjeu sécuritaire.

Se pose d'abord un enjeu politique pour un meilleur partage des pouvoirs entre les différents échelons territoriaux et un renforcement de la démocratie locale par une plus grande participation des populations dans la gestion de leurs propres affaires.

Se pose aussi un enjeu de développement économique à travers l'exploitation des potentialités locales selon une approche de développement qui se décline du niveau macro au niveau micro en passant par le méso. Il s'agit désormais de faire du « local » un vrai maillon de la chaîne productive, par la promotion de petites unités de production qui sont plus porteuses que les macro-unités. De ce fait, la collectivité locale, trouvera sa consécration comme référent et cadre d'impulsion du développement du pays et deviendra ainsi le refuge et la soupape de sécurité en cas d'effondrement d'un pan de l'économie nationale.

Intervient également un enjeu de bonne gouvernance par le redéploiement de l'État au niveau territorial en vue d'une plus grande efficacité des interventions publiques et un contrôle plus rapproché des acteurs locaux sur l'utilisation des ressources publiques.

Se pose encore un enjeu sociétal, car la démocratie locale contribue à transformer les mentalités et développer le capital humain, pour aider à transcender les particularismes néfastes et les replis identitaires et contribuer ainsi à l'homogénéisation de la société qui se trouverait mobilisée autour de projets intégrateurs.

Mais peuvent être évoqués d'autres enjeux importants :

. en premier lieu, un enjeu d'aménagement du territoire pour la résorption des inégalités entre les différents territoires et la création de bassins de vie dans l'arrière- pays afin de favoriser un développement harmonieux et équilibré du territoire national ;

. en deuxième lieu, un enjeu de renforcement de l'esprit civique, car l'exercice du jeu démocratique est de nature à susciter l'engouement à la chose publique de la part des populations et impulser par conséquent le sens civique et l'esprit d'initiative des citoyens ;

. et enfin, en troisième et dernier lieu, un enjeu sécuritaire, car la responsabilisation des populations, à travers leurs représentants directs et la dynamique d'interaction qui va se créer entre ces derniers et leurs électeurs sont les meilleurs gages de prévention contre les déviations nées des frustrations de toute sorte.

Tous ces enjeux, qui constituent autant de défis à relever, exigent un véritable renouveau de la gouvernance territoriale, comme condition d'une renaissance sociétale, dont le pays ne peut faire l'économie.

Conclusion

On l'aura compris, la décentralisation, en Mauritanie, comme dans nombre de pays, à travers le monde, a évolué selon une courbe bien sinueuse.

Assez balbutiante au cours des premières décennies de l'indépendance du pays, malgré une certaine longévité sous le régime hybride de la décentralisation régionale, elle semble, aujourd'hui prendre une trajectoire plus ascendante.

En dépit de certains avancées indéniables en termes de fourniture de services aux administrés, au rôle d'intermédiation et d'animation de la vie locale qu'on reconnait de plus en plus aux communes et à l'amélioration de l'assise juridique de la décentralisation, la fonctionnalité des communes demeure insuffisante en raison de facteurs multiples que nous avons exposés plus haut et qui tiennent à des contraintes structurelles liées à la faiblesse des moyens humains et financiers, à la dilution des compétences, au manque de formation des élus locaux, aux survivances de traditions bureaucratiques et au déficit d'encadrement technique de l'État. Autant dire que la décentralisation, en Mauritanie, comme ailleurs, apparait toujours comme une réforme inachevée.

Peut-être faudrait-il rappeler à la décharge des pouvoirs publics, qu'un tel processus de responsabilisation des acteurs locaux ne saurait être perçu comme l'effet d'une génération spontanée. Il est par nature lent et itératif et relève d'une construction progressive et non d'un programme préconçu aux effets garantis d'avance. Par conséquent, il ne suffit pas pour le faire aboutir d'édicter des textes et d'organiser des élections périodiques, mais il faudra prendre en compte le contexte social qui le sous-tend pour l'inscrire dans une vision plus systémique en s'appuyant sur les dynamiques endogènes afin de faire émerger une vraie citoyenneté locale, seul gage de pérennité des actions de décentralisation.

Il s'agit donc de refonder la gouvernance locale sur la base d'une démarche ascendante qui reconnaît au citoyen sa capacité d'agir et de se réapproprier son cadre de vie. L'objectif est de faire des territoires des bassins de vie porteurs d'espoir et des administrations locales des acteurs effectifs de développement et non des « consommateurs » passifs des politiques publiques.

Avec la régionalisation décidée récemment, la décentralisation élargit son champ territorial et ajoute un nouveau palier qui ne manquera pas d'avoir des répercussions importantes sur la gouvernance territoriale dans son ensemble.

Mais saura-t-on capitaliser l'expérience de de décentralisation communale, avec ses succès et ses échecs pour éviter qu'une telle réforme qui suscite déjà autant de craintes que d'espoir ne soit pas une réforme de plus qui n'aura pas plus de valeur ajoutée qu'elle n'induira de charges pour la collectivité nationale ?

C'est sans doute là, la grande question à laquelle les pouvoirs publics vont devoir apporter une réponse au cours des toutes prochaines années.

Bibliographie

Ouvrages/thèses et autre documentation spécialisée (sélection) :

AUBRY (François-Xavier), La Décentralisation contre l'État (l'État semi-centralisé), Paris, LGDJ, 1992.

BOCAR (Coulibali), « Le Statut des collectivités locales en Mauritanie », communication in l'Administration territoriale au Maghreb (ouvrage collectif) C.M.E.R.A, Les Editions Guessous, 1989, RABAT.

BOURDON (Jacques), PONTIER (Jean-Marie) et RICCI (Jean-Claude), Droit des collectivités territoriales, 2e édition mise à jour 1998, PUF, (ouvrage collectif), Thémis, sous la direction de Didier TRUCHET.

CHABANE (Benaakezouh), La décentralisation en Algérie, du centralisme au « déconcentralisme », Office des publications universitaires, avril 1984, 1 place centrale de Ben Aknoun.

DEBBACSH (Charles) & COLIN (Frédéric), Droit Administratif, 8ème édition, ECONOMICA, Paris, 1998.

DIDERICHS (Olivier) et LUBEN (Ivan), Léon AUCOC, maître des requêtes au Conseil d'État, Introduction à l'Etude du droit administratif, in Que sais-je, La déconcentration, PUF, 1995.

EISENMANN (Charles), Centralisation - décentralisation, DALLOZ 1948.

GOHINE (Olivier), Institutions Administratives, 4ème éditions LGDJ, Juin 2002.

FERAL (François), Approche dialectique du droit de l'organisation administrative. L'appareil de l'État face à la société civile, préface de F. Paul Benoît, l'Harmattan, 2000.

NACH MBACK (Charles), Démocratisation et décentralisation, genèse et dynamiques comparés des processus de décentralisation en

Afrique subsaharienne, in Edition KARTHALA et PDM, 2003, Paris.

NIEWIADOWSKI (Didier), Organisation Administrative de la République Islamique de Mauritanie, École nationale d'administration (ENA), 1977.

NIEWIADOWSKI (Didier), Précis de Droit administratif mauritanien, ENA, 1979.

OULD BOUBOUTT (Ahmed Salem) & Aly Fall, Le régime des communes en République isalamique de Mauritanie, 2003, Ministère de l'intérieur, des Postes et télécommunications, Direction des collectivités locales.

OULD BOILIL (Ahmed Mahmoud), Etude de la fiscalité et des finances des communes en Mauritanie, Ministère de l'Intérieur et de la Décentralisation/Programme National intégré de décentralisation, développement local et l'emploi (PNIDDLE), Rapport final, décembre 2015.

OULD CHEIKH (Abdel Wedoud), Nomadisme, Islam et pouvoir politique dans la société maure précoloniale (11e-19e siècle), Thèse de Doctorat, Paris, 1985.

OULD DADDAH (Moktar), La Mauritanie contre vents et marées, Karthala, 2003, Paris

OULD KEBD (Yahya), « Nouakchott, entre la déconcentration et la décentralisation, des origines à nos jours », Thèse de doctorat en Droit public, Université Paul Cézanne- Aix-Marseille III, Faculté de Droit et de Sciences Politiques, 2006.

OULD KEBD (Yahya), « La Gouvernance territoriale en Mauritanie, entre les réflexes mimétiques et les velléités d'innovation », in Revue de la recherche Juridique, Droit Prospectif, Presses Universitaires, D'Aix-Marseille, XXXVI-137 2011-2.

OULD KEBD (Yahya), « La Territorialisation du pouvoir en Mauritanie », Revue mauritanienne de science politique » n° 002, septembre 2014.

OULD MOUKNASS (Hamdi), Thèse pour le doctorat de droit public sur « l'organisation administrative en Mauritanie », Université de Paris, faculté de droit et des sciences économiques, 1968.

PONTIER (Jean-Marie), La répartition des compétences, LGDJ, Paris 1978.

SALIFOU (Bertrand), Les Chefs Traditionnels et leur participation au pouvoir politique en Afrique : les cas du Burkina Faso et du Niger, thèse de doctorat en Sciences Politiques, Université de Reims, Faculté de Droit et de Science Politique, année académique 2006/2007.

SEDJARI (Ali), L'Administration locale, adaptation des structures pour un développement endogène, Thèse de doctorat, Faculté de Droit et de Sciences Politique de l'Université de Clermont I, 1985.

SEDJARI (Ali) (dir.), État-Nation et Prospective des territoires, ouvrage collectif, Gret, Ed. L'Harmattan, Rabat 1996.

SMIRES (M'Faddel), Centralisation et décentralisation au Maroc, Thèse en droit, publiée par Université Sidi Mohamed Ben Abdallah, Faculté des Sciences Juridique Economique et Sociales, Série Thèses 1, Fès, 2001.

Autres références (Textes juridiques) :

Constitution Mauritanienne du 20 mai 1961.
Constitution Mauritanienne du 20 juillet 1991 consolidée 2017.
Code Général des Collectivités Territoriales (françaises), Edition 2001, Dalloz.
Code général des collectivités territoriales au Burkina Faso, 2004.
Code Général des Collectivités Locales du Mali, 2012 mis à jour en 2016.
Code Général des Collectivités Territoriales de la République du Niger, 2010.
Code Général des collectivités Locales du Sénégal, 2013.
Décret n° 64-041 du 27-02-64, JO, avril 1964 ; décret n° 65-078 du 29-04-65, JO août 1965 ; décret n° 66-057 du 07-04-66, JO mai 1966 ; décret n° 67-059 du 2 mars 1967, JO du 22 mars 1967 ; décret n° 68-121 du 30 mars 1968, JO du 17 avril 1968, RIM.

Décrets n° 64-055 du 06-04-64, n° 64-056, du 08-04-64, n° 64-120 du 14-07-64, n° 64-119 du 14-07-64, Journaux Officiels de RIM, mai 1964 et août 1964.
Journaux Officiels de l'Afrique Occidentale Française (AOF), 3 septembre 1932 et du 22 octobre 1932, Archives Nationales de Mauritanie (ANM).
Loi organique relative n° 2018-010 du 12 février 2018, Documentation du Ministère de l'Intérieur et de la Décentralisation.
Loi organique relative aux communes Dahir n° 1-15-85 du 20 ramadan 1436 (7juillet 2015) portant promulgation de la loi organique n° 113-14 relative aux communes Bulletin Officiel N° 6440 du 9 Joumada I 1437 (18 Février 2016).
Recueil de textes applicables aux communes et à la communauté urbaine de Nouakchott, publié par le Ministère de l'Intérieur et de la Décentralisation, avec l'appui de l'Ambassade de France, Juillet 2017, Nouakchott, Mauritanie.
Recueil de textes sur les communes urbaines et rurales de la RIM, 1964, Imprimerie Bière.
Recueil des textes relatifs à la régionalisation en Mauritanie, Pr/SG de la Présidence de la République, Imprimerie Nationale, 1974.

LA DÉCENTRALISATION AU NIGER : ITINÉRAIRE D'UNE RÉFORME INSTITUTIONNELLE EN CONSTRUCTION

Halidou SAÏDOU

*
* *

Introduction

Pays francophone d'Afrique héritier du modèle administratif français, le Niger est un État unitaire de forme républicaine. Depuis son accession à l'indépendance le 3 août 1960, il a connu plusieurs régimes politiques, allant du multipartisme au parti unique (première République : 1958-1974), au régime d'exception de type militaire (1974-1987), puis au parti unique (1989–1991). Depuis 1992, le pays, qui en est à sa septième (7ème) Constitution en cinquante-huit (58) ans, vit à nouveau sous un régime constitutionnel avec séparation des pouvoirs (législatif, exécutif et judiciaire), suite à la Conférence Nationale (29 juillet – 3 novembre 1991), qui a consacré le retour au multipartisme intégral avec acceptation de plusieurs courants politiques et expression plurielle des idées.

Depuis cette date, le Niger, qui a certes connu quelques soubresauts au plan politique au cours de ces dernières décennies (trois coups d'État militaires presque dans la même décennie), apparaît aujourd'hui comme un des pays de la sous-région les plus engagés dans la voie de la démocratisation. À l'actif du processus en cours, on peut mettre : l'organisation réussie de plusieurs scrutins (élections présidentielles, législatives et locales) selon les principes et règles répondant aux standards internationaux, l'installation de toutes les institutions de la République telles que prévues par la Constitution, incluant les collectivités territoriales.

Le processus de décentralisation en cours, dont la communalisation intégrale, effective depuis le 24 juillet 2004, constitue assurément une étape importante, a été inauguré au début des années 60. Après une phase de fondation (1960-1974), la décentralisation a été mise en veilleuse par le régime militaire (1974-1989), avant d'être remise sur les rails dans la foulée du vent de libéralisation politique des années 90. Elle est entrée dans sa phase de réalisation sous la 4ème République avec la mise en place du dispositif institutionnel et juridique qui devait déboucher avec la 5ème République au découpage territorial actuel et aux élections locales. La création des communes rurales s'est basée sur les cantons et certains groupements.

C'est dire que, en dépit de l'actualité du débat sur la décentralisation dans la sous-région ouest africaine, cette réforme administrative n'en reste moins un processus paradoxalement ancien au Niger.

Section 1. L'histoire politique et administrative de la décentralisation au Niger.

L'essor que connaît la décentralisation est aujourd'hui tel que, tous les acteurs internationaux et nationaux, étatiques et non étatiques, voient en elle une des avenues la plus sûre pour sortir de la double crise socio-politique et économique que traversent nombre de nos pays. En d'autres termes, la réduction du déficit démocratique et l'amélioration du mieux-être des populations locales passeront par le renouvellement des politiques de décentralisation après les réussites manquées des premières expériences de l'État postcolonial.

C'est pourquoi, dans la plupart des pays africains en transition démocratique, la décentralisation se retrouve en bonne place dans les principes fondamentaux proclamés par la dernière génération des Constitutions massivement adoptées par référendum au cours de la décennie 90. Dans nombre de ces pays, le corpus juridique conçu à cette fin se veut ouvert et inclusif, et particulièrement favorable à la société civile désormais dopée par la perspective d'une participation effective à la gestion des affaires locales dans laquelle elle entend jouer un rôle de premier plan.

§1. L'ouverture démocratique au centre des débats politiques des années 90.

La décennie 90 est sans conteste celle où la problématique de l'instauration de l'État de droit, de la démocratisation de la vie publique, du respect des libertés individuelles et collectives, et conséquemment de la définition de cadres adéquats de participation des populations au développement économique et social s'est posée comme un impératif catégorique en Afrique. Ces exigences ont pour origine immédiate un certain nombre d'évènements qui ont marqué la décennie précédente aux plans économique et politique.

Au plan économique, ce contexte s'est caractérisé par une accélération de la mondialisation sous-tendue par une logique néo-libérale implacable que les économies faibles et dépendantes des pays africains ont de plus en plus du mal à suivre. Ce libéralisme triomphant a conduit à la redéfinition du rôle de l'État dans l'économie dont la conséquence immédiate a été, singulièrement en Afrique, les programmes d'ajustements structurels (PAS) successifs dont les mesures phares étaient, entre autres, les privatisations des entreprises publiques et la réduction sensible des interventions des États dans le secteur social.

Cependant, cette ouverture de l'espace économique n'a pas eu les effets attendus, notamment en termes d'amélioration des performances de l'économie de ces pays, et partant du bien-être des populations. Paradoxalement, l'on assista, selon les cas, à la stagnation, voire même à l'accentuation de la pauvreté. L'aggravation de la crise à la fois économique et sociale est telle qu'elle amena les partenaires bi et multilatéraux à orienter leurs démarches d'intervention vers de nouvelles stratégies de lutte contre la pauvreté.

Ce mouvement aussi bien au niveau mondial qu'au niveau des pays pris individuellement a entraîné du même coup une ouverture du champ politique. Cela a du reste été favorisé par la disparition du « mur de Berlin » et l'écroulement progressif du bloc des pays dit de l'Est, consacrant de fait l'instauration d'un monde unipolaire, sans contre-pouvoir. Cette « marche forcée » vers la démocratisation de la vie publique en Afrique francophone, qui fait également suite au discours prononcé par F. Mitterrand en 1990 lors du sommet France-Afrique de La Baule (France), s'est concrétisée par les conférences nationales organisées par nombre de pays de la région. Elle était d'autant plus forcée que les appuis au développement sont désormais conditionnés par les progrès réalisés en matière de démocratie et de respect des libertés et des droits humains.

Ce « linkage » a donc obligé les régimes les plus autoritaires du continent à réviser leur Constitution et à adopter des législations beaucoup plus ouvertes afin d'une part, de permettre la création des partis politiques et des organisations de la société civile, et d'autre part, de favoriser l'émergence des médias non gouvernementaux.

§2. Une forte coïncidence entre pressions externes et besoins internes.

Mais s'il est vrai que la variable externe a été déterminante dans cette évolution, il n'en demeure pas moins qu'elle a rencontré un fort besoin d'expression et de participation à la gestion des affaires publiques au plan interne. La preuve en est la rapidité avec laquelle les partis politiques, les associations et les syndicats autonomes se sont créés.

Ces mutations à la fois politiques et économiques ont également induit des changements au niveau des approches en matière de développement. C'est ainsi que les approches centralisées de type « top down » qui ont caractérisé les décennies 60 et 70 ont été progressivement abandonnées au profit d'une démarche ascendante qui fait de plus en plus appel à la participation des populations à toutes les phases des projets et programmes conçus à leur intention. Cette situation montra d'emblée que les réformes politiques ne devaient plus se limiter uniquement à la mise en place des institutions nationales élues (parlement, exécutif élu, etc.). Elles doivent impérativement créer des espaces susceptibles d'assurer à la fois la participation politique et économique des citoyens à la base.

Cette exigence de la démocratie à la base amena la plupart des pays à engager des processus de décentralisation politique, seule cadre pouvant garantir une gestion participative et citoyenne des affaires publiques à tous les niveaux. À propos de cette relation entre décentralisation et participation des populations au développement, Charles Nack Mback note que cette dernière, outre sa dimension politique, *« ... est également censée donner un nouveau souffle au développement en Afrique, en libérant les énergies à la base.*
En ce sens, la participation des populations à l'élaboration des politiques de développement dans les domaines qui les concernent est censée assurer leur adhésion à leur exécution et, par voie de

conséquence, une appropriation locale des politiques de développement »[336].

Nonobstant cette marche commune à l'ensemble des pays africains vers les réformes institutionnelles tant au niveau national qu'au niveau local, il faut, en revanche, noter que les modalités d'accès présentent quelques spécificités. Comme l'indique en substance Ch. Nach Mback, pendant que certains pays ont négocié ces réformes globales qui intègrent aussi la problématique de la décentralisation dans le cadre des conférences nationales (Bénin, Togo, Gabon, Congo-Brazzaville, Mali, Tchad, etc.), d'autres ont adopté la formule des assises nationales, des commissions nationales, conférence tripartite ou des commissions constitutionnelles[337].

§3. Les premières tentatives décentralisatrices de l'État post-colonial.

La décentralisation en tant que mode d'organisation territoriale était déjà prévue dans les constitutions du 12 mars 1959 (titre IX, article 57) et du 8 novembre 1960 (titre X, article 68). Mais c'est avec la loi n° 61-50 du 31 décembre 1961 que le nouvel État indépendant marque sa volonté de rompre d'avec l'organisation administrative coloniale. À son accession à l'indépendance, le Niger était organisé en seize (16) cercles comprenant trente-une (31) circonscriptions administratives, plus une (1) commune de plein exercice (Niamey) et deux (2) communes mixtes (Maradi et Zinder)[338]. Les cercles unitaires et les subdivisions sont remplacés par des circonscriptions érigées en collectivités territoriales disposant de la personnalité morale et de l'autonomie financière. Les circonscriptions sont dotées de conseils de circonscription élus au suffrage universel.

Mais dans la pratique, les élections n'ont jamais été organisées, et les 31 circonscriptions ont continué à être dirigées par des administrateurs nommés par le niveau central. C'est avec la réforme

[336] Charles Nack Mback, *La décentralisation en Afrique : Enjeux et perspectives, in* Afrique Contemporaine, Documentation française, Paris, Vol.199, juillet-septembre, 2001, 3ème trimestre, p. 96.
[337] *Idem* p. 98.
[338] Communes créées pendant la période coloniale par la loi n° 55-1489 du 18 novembre 1955 portant réorganisation municipale en Afrique de l'Ouest.

de 1964 que les premières lois organisant l'architecture administrative et territoriale du Niger furent adoptées. Il s'agit de la loi n° 64-023 du 17 juillet 1964 portant création de circonscriptions administratives et de collectivités territoriales avec un découpage à trois niveaux de circonscriptions administratives départements, arrondissements et communes.

Ont été ainsi créés sept (7) départements et trente-six (36) arrondissements, avec un statut de circonscriptions administratives déconcentrées. De même, cette loi a servi de base à la création de vingt-une (21) communes et a conféré aux arrondissements un double statut de circonscription administrative et de collectivité territoriale, conférant ainsi à la décentralisation un véritable statut, déjà fondé sur le principe de la communalisation intégrale et progressive du territoire national.

Sur le même registre figurent : la loi n° 64-039 du 5 novembre 1964 fixant le nom, les chefs- lieux et les limites des arrondissements et des départements de la République du Niger ; la loi n° 64-040 du 5 novembre 1964 modifiant la loi n° 64-023 du 17 juillet 1964 ; la loi n° 65-005 du 8 février 1965 déterminant l'organisation des arrondissements et des communes, leurs compétences ainsi que les attributions de leurs organes de délibération et d'exécution.

Le décret n° 65-159/MI du 4 novembre 1965 définissant les modalités de création et de fonctionnement des postes administratifs complète ce dispositif. Il faut noter ici que les postes administratifs n'ont pas de compétence territoriale dans les zones nomades pastorales. Leur compétence s'étend sur des groupements et des tribus.

De nouvelles lois seront votées en 1971-1972 pour renforcer le cadre juridique et institutionnel de la décentralisation. C'est notamment : la loi n° 71-34 du 6 septembre 1971 relative aux ressources des collectivités territoriales ; la loi n° 71-35 du 6 septembre 1971 déterminant l'administration des arrondissements et des communes, les règles d'aliénation et de la gestion de leur domaine public et privé ainsi que leurs ressources ; la loi n° 72-5 du 17 février 1972 autorisant les arrondissements, les villes et communes à instituer des taxes spécifiques destinées au financement des travaux d'extension de leurs réseaux de distribution d'eau et d'électricité.

Conçue et mise en œuvre dans le cadre du premier Plan de développement économique et social dit "Plan intérimaire (1961-1964)", cette réforme structurelle était d'abord perçue comme un moyen stratégique de réalisation des objectifs prioritaires dudit plan qui s'articule autour de trois axes majeurs, à savoir : l'unité nationale, l'amélioration du niveau de vie des populations et l'indépendance économique dans l'interdépendance.

La construction de l'unité nationale et l'amélioration du niveau de vie des populations étant envisagées dans le cadre des missions des services publics à l'intérieur d'un État unitaire, leur réalisation passait nécessairement par la réorganisation de l'appareil administratif et du territoire hérités du régime colonial. Aussi, le plan préconisait-il une réorganisation de *« ... l'administration régionale et locale du pays dans le sens de la responsabilisation des populations »*[339]. L'idée force à travers une telle option était de mettre en place une solide armature administrative afin de créer les conditions d'émergence d'une véritable "administration de développement" pour reprendre cette expression de l'époque.

La conviction des autorités était telle que, *« sans une solide armature administrative, il serait vain d'espérer tout progrès en matière économique, sociale et culturelle, il serait vain de prétendre à l'amélioration des conditions de vie des masses, à la croissance économique, à l'indépendance économique »*[340].

Dans les faits, cette réforme reste limitée du fait du contexte politique caractérisé par la prééminence du parti unique dans toutes les structures, d'une part, et de la forte présence des représentants du pouvoir central qui étaient les présidents des organes exécutifs des arrondissements et des communes, d'autre part. Ceci s'expliquant par un discours idéologique dont la dimension la plus importante est la

[339] Saïdou Halidou, *Processus de décentralisation au Niger : Problématique de définition d'un palier autonome de gestion*, Mémoire option administration générale, niveau supérieur de l'ENA, Niamey, 1995, p. 2.
[340] Message à la Nation du Chef de l'État de l'époque, 11 octobre 1965.

construction de l'unité nationale qui du reste, constitue le premier axe des plans de développement de l'époque.

Les effets conjugués de ces deux facteurs excluaient de fait les populations, et toutes les structures étaient dominées par quatre acteurs fondamentaux, à savoir les responsables locaux du parti, les représentants de l'État (préfets, sous-préfets), les chefs traditionnels et les cadres des services déconcentrés, tous ceux-ci pouvant être ramenés au parti pour rejoindre les propos de Diallo Aoudi qui relevait à ce sujet *« qu'il s'en est suivi une forte emprise du parti unique de l'époque sur les conseils et les exécutifs des collectivités »*[341].

L'analyse de l'expérience de cette époque a conduit M. Danda aux mêmes conclusions en ce sens que les deux réformes (1961 et 1964) ont créé des structures et instances locales théoriquement décentralisées, mais demeurées des *« ... simples relais du pouvoir central qui exerçait une forte emprise sur le fonctionnement des institutions administratives régionales et locales. Le handicap majeur dans ce domaine réside dans la forte mainmise qu'exerçait le parti unique*[342] *de l'époque sur l'appareil de l'État et les collectivités. L'analphabétisme et l'ignorance jouaient contre une population non sensibilisée ; les cadres du parti avaient verrouillé le système pour s'assurer le contrôle des assemblées locales... »*[343]. Au regard de ce qui précède, l'on peut affirmer qu'en dehors des chefs traditionnels, des cadres locaux de l'État et des responsables des structures du parti unique, les autres composantes de la population locale étaient exclues du jeu du pouvoir.

Nonobstant ces limites globalement imputables au contexte propre du pays, avec le dispositif de base mis en place, même si le processus de décentralisation ne s'est pas traduit par un réel transfert de pouvoirs

[341] Aoudi Diallo, *Processus de décentralisation au Niger*, *in* quotidien nigérien d'information « SEEDA », N° 007, octobre 2002.

[342] Il était unique de fait et non de droit puisque la Constitution de l'époque consacrait le multipartisme.

[343] M. Danda, *Décentralisation et insertion institutionnelle des projets d'aménagement de terroir au Niger : cas de la région de Tahoua*, Mémoire de Maîtrise en aménagement du territoire et développement local, Ecoles des Gradués, Université Laval, 1993, p. 41

aux collectivités territoriales, il reste que le régime de la première République a légué un socle d'instruments juridiques et institutionnels importants sur lequel pouvait se bâtir une véritable armature administrative et territoriale.

Le coup d'État militaire d'avril 1974 a mis fin au projet de réforme administrative initié précédemment. Il a fallu attendre l'ère de la décrispation de la deuxième (2ème) République (1987-1990) et surtout la Conférence nationale (29 juillet – 3 novembre 1991) pour relancer le processus de réformes dont celle de la décentralisation.

§4. La Conférence Nationale : le redémarrage du débat sur la décentralisation au Niger.

Si la Conférence Nationale constitue incontestablement un cadre politique favorable aux réformes, il reste cependant que la relance du débat sur la décentralisation intervient dans un contexte économique et social tendu. En effet, malgré les mesures mises en œuvre dans le cadre des différents programmes d'ajustements structurels (le premier PAS a été signé en 1983) auxquels le pays a souscrit, celles-ci n'ont pas permis d'améliorer son économie. Au contraire, la crise s'est davantage approfondie avec la chute du prix de l'uranium, principal produit d'exportation du pays. La part de ce produit dans le budget national est passée de 28 milliards de FCFA en 1982 à 6,7 milliards de FCA en 1990. Le PIB qui était de 2,5 milliards de dollars US en 1980 est tombé à 1,8 milliards de dollars US en 2000. Le revenu par habitant s'élève à 180 dollars US en 2000 alors que la dette par habitant est d'environ de 150 dollars US.

En somme, la pauvreté des populations s'est accentuée. Ainsi, selon les résultats d'une enquête réalisée entre 1990 et 1993, 63 % de nigériens sont pauvres et 34 % extrêmement pauvres, c'est-à-dire vivant avec moins de 35.000 F CFA en milieu rural et moins de 50.000 F CFA en milieu urbain.[344] En outre, par rapport à l'indice de développement humain du PNUD, le Niger est classé avant-dernier des 174 pays membres de l'Organisation des Nations-Unies. Ce rang occupé par le Niger perdure depuis plus d'une dizaine d'années.

---

[344] PADEM : Enquête Budget Consommation, 1993.

L'incapacité de l'État à faire face aux dépenses de souveraineté (salaires des fonctionnaires, fonctionnement des services publics, bourses des étudiants), la détérioration des services sociaux (santé, éducation, etc.) avaient conduit à une montée des mouvements sociaux dont le plus symbolique est la marche des étudiants de l'Université de Niamey le 9 février 1990 qui s'était soldée par de nombreux blessés et la mort de trois (3) étudiants. Ces mouvements portés par des syndicats revêtirent ensuite un caractère politique avec la création du CCLD[345] dont les revendications essentielles étaient, à l'image du Bénin, la convocation d'une conférence nationale souveraine (tenue du 29 juillet au 3 novembre 1991) en vue de créer les conditions d'instauration de la démocratie et de l'État de droit. Elle devait aussi donner une réponse aux rébellions armées des régions Nord et Est dont la principale revendication politique est une réforme de type fédéral au Niger.

La Conférence nationale devait donc procéder à une véritable réforme de l'État qui répondrait à la fois aux besoins de plus de participation politique de larges couches de la société et aux revendications de la rébellion armée. C'est pourquoi, le projet de constitution, dont les grandes lignes en sont issues, a consacré non seulement les grands principes de l'État de droit et de la démocratie, mais aussi l'option pour une décentralisation intégrale, tout en sauvegardant le caractère unitaire de l'État. Par cette décentralisation poussée, *« les forces vives de la nation »* se proposaient à la fois de résoudre le problème posé par la rébellion, mais aussi d'élargir le champ de participation politique et économique au profit de toutes les composantes de la population.

Aussi, la réforme qui s'est voulue dès le départ ambitieuse, devait-elle s'articuler autour d'objectifs aussi volontaristes que l'approfondissement et l'enracinement de la démocratie à la base, la responsabilisation des populations dans la gestion de leur développement, et la promotion d'un nouveau type de gouvernance.

[345] Comité de Coordination des Luttes Démocratiques qui regroupait les syndicats, les associations de défense de droits de l'homme et les partis politiques récemment créés.

Section 2. L'organisation territoriale et administrative du Niger.

L'organisation territoriale et administrative du Niger, reflète une histoire complexe, fruit de réformes successives et inachevées. En rappel, c'est la réforme de 1964 qui établit les fondements du système à travers la loi n° 6 4-023 du 17 juillet 1964. Elle crée sept (7) départements et trente-six (36) arrondissements, toutes circonscriptions administratives, mais aussi vingt-une (21) communes dotées de la personnalité morale et de l'autonomie financière. En outre le dispositif de 1964 anticipe sur l'avenir, en conférant aux arrondissements un double statut de circonscription administrative et de collectivité territoriale. De même, le principe de la communalisation progressive et intégrale du territoire national a été posé par les concepteurs de la réforme, avec comme objectif à terme, la création de cent cinquante (150) à deux cents (200) communes à la base, dans les limites des arrondissements[346].

En attendant l'installation complète des communes à la base de l'organisation administrative et territoriale, le dispositif a admis l'existence d'un échelon singulier à savoir « le Poste administratif » qui n'a ni statut propre, ni attributions précises. Jusqu'en 2011, vingt-sept (27) postes administratifs créés dans les limites territoriales de certains arrondissements, complètent la carte administrative du Niger[347].

§1. La relance graduelle de la réforme sur la décentralisation au Niger : une progressivité au rythme des turbulences politiques.

Tirant les leçons des premières tentatives de réformes et capitalisant les idées forces de la Conférence nationale, le processus de décentralisation a été, dans son évolution, tributaire des turbulences politiques et des difficultés économiques et financières qu'a connu le pays.

C'est principalement la Commission politique et la plénière de la Conférence Nationale qui ont servi de cadres aux débats sur les

[346] E. F. HENTGEN, *Étude et propositions de réforme des structures régionales et municipales du Niger*, Nations Unies, février 1964, page 176.
[347] La loi n° 2011-22 du 8 août 2011 érige les vingt-sept (27) Postes Administratifs en Départements.

réformes structurelles et institutionnelles que devraient engager le Gouvernement de transition. Dans le domaine de l'administration territoriale notamment, les recommandations préconisaient à la fois *« la révision de la carte administrative du pays dans le sens d'une plus grande décentralisation, l'élaboration d'un schéma national et des schémas régionaux d'aménagement du territoire, et la mise en œuvre urgente des réformes fiscales, foncières et domaniales, afin d'assurer une affectation judicieuse et équitable des ressources financières aux collectivités décentralisées »*[348].

La réforme préconisée intervient donc principalement pour corriger les insuffisances du système administratif qui se traduisent par l'éloignement excessif des centres de décisions par rapport aux populations rurales et la non implication conséquente de celles-ci dans la gestion des affaires publiques, notamment celles qui les concernent en premier lieu (les affaires locales). Dans son organisation, ce système se caractérise particulièrement par un réseau administratif hybride dans lequel la juxtaposition des structures fait cohabiter « le traditionnel » et « le moderne » dans une situation de coexistence-complémentarité entre un maillage administratif de l'État qui s'arrête au niveau intermédiaire, et une chefferie traditionnelle dont le territoire d'ancrage correspond « au pays réel ».

Intervenant dans un contexte de transition démocratique, la réforme ne s'inscrit pas moins dans une logique de rupture et s'oriente au plan administratif et politique vers une redéfinition du rôle de l'État à travers un partage de pouvoirs et de responsabilités entre ce dernier (l'État) et des collectivités territoriales dotées de la personnalité morale. Enfin, cette réforme qui s'appuie sur les nouvelles idées de liberté et de démocratie est perçue par ses concepteurs comme un des canaux stratégiques pour imprimer les changements souhaités par les forces vives du pays, par l'émergence d'un fort esprit citoyen. En cela, elle constitue un pari sur l'avenir.

---

[348] Comme nous le verrons plus loin, le rapport de la Commission Politique de la Conférence Nationale donne déjà des indications précises sur la réorganisation territoriale en prévoyant notamment la création des régions , départements et communes comme collectivités territoriales dirigées par des assemblées élues, et des arrondissements comme simples circonscriptions administratives ayant pour seule mission la tutelle administrative et technique des communes.

§2. Les empreintes de la troisième République.

Inscrite en gras dans le cahier de charges du Gouvernement de Transition, c'est finalement aux autorités de la 3eme République qu'il revient de poser les premiers gestes consacrant la relance de la réforme décentralisatrice.

Sur les traces de la Conférence nationale dont elle reprend les idées forces, la Constitution de la 3e République adoptée par référendum le 26 décembre 1992 consacre son titre 10 aux collectivités territoriales. À son article 115 elle dispose que *« l'administration territoriale repose sur les principes de la décentralisation et de la déconcentration »* consacrant ainsi ouvertement le caractère dualiste de l'organisation administrative, en même temps qu'elle proclame *« le principe de la libre administration des collectivités territoriales »*. La Constitution laisse cependant le soin au législateur de créer les collectivités territoriales, et d'en déterminer le contenu et la teneur des principes fondamentaux, ainsi que les compétences et les ressources des dites collectivités.

Signe d'une réelle prise en charge de ces directives constitutionnelles, deux organes spécifiques furent successivement créés :

. en décembre 1994 : la Commission Spéciale chargée de réfléchir sur le Redécoupage Administratif (CSRA)[349] ;

. en août 1995 : le Haut-Commissariat à la Réforme Administrative et à la Décentralisation (HCRAD), administration de mission, chargée notamment de la définition des principes, des règles et des procédures de décentralisation[350].

C'est donc véritablement sous la troisième (3eme) République (1993-1996) qu'une volonté politique en faveur de la mise en route du processus de décentralisation va s'exprimer avec des mesures institutionnelles importantes : création d'un ministère chargé de la réforme administrative (1993), mise en place d'une commission spéciale chargée de réfléchir sur le redécoupage administratif (arrêté

---

[349] Arrêté n° 10/MRAD du 16 mai 1994.

[350] Décret n° 95-132/PRN/PM du 15 août 1995, déterminant les attributions du Haut-Commissaire à la Réforme administrative et à la Décentralisation, art. 1er.

n° 10/MRA/D du 16 mai 1994)[351], création d'un Haut-commissariat à la réforme administrative et à la décentralisation (décret n° 95 – 132 du 15 août 1995).

Les négociations autour des accords de paix avec les fronts de la rébellion, la pression des bailleurs de fonds et le contexte sous-régional ont été des facteurs importants dans ce coup d'accélérateur. En effet, l'une des principales revendications de la rébellion était l'autonomie des régions septentrionales. Finalement, le principe d'une décentralisation poussée a été retenu à l'issue des négociations. Un groupe d'ex-combattants a été associé aux premières missions sur le redécoupage territorial dans le cadre des travaux de la CSRA.

A.- Le redécoupage administratif : premier jalon de la réforme post conférence nationale.

C'est à la CSRA qu'a~~il~~ été confiée la mission de réfléchir et de proposer un nouveau découpage territorial qui soit principalement fondé sur *« le vouloir vivre ensemble des populations »* et le désir de construire une nation unie et solidaire. Les objectifs du découpage, rappelés dans le Rapport final[352] de la CSRA, traduisent cette orientation de la réforme en ces termes :

. rapprocher l'administration des administrés en vue d'un encadrement plus efficaces des populations au regard des distances parfois considérables qui les séparent ;

. réduire la surcharge des structures due à la forte concentration des populations et au nombre élevé de villages ou tribus. Cette surcharge limite fortement la satisfaction des besoins de cette population et la promotion de sa participation ;

. tenir compte, dans le contexte nouveau de démocratie et d'État de droit, des spécificités qui caractérisent l'espace nigérien dans sa double dimension, sédentaire et pastorale ;

. favoriser l'intégration des populations à travers la reconnaissance à chacun du droit de résider dans le cadre approprié à son épanouissement ;

---

[351] Celle-ci avait proposé en 1996 14 régions, 55 départements, 155 arrondissements, 774 communes dont 156 urbaines et 618 rurales.

[352] *Le redécoupage administratif de la République du Niger*, Niamey, janvier 1996.

. créer des pôles homogènes de développement économique, social et culturel ; et

. viabiliser l'espace nigérien au regard des potentialités dont il regorge.

"Distances", "nombre de villages ou tribus", "dimension sédentaire et pastorale", "cadre approprié", "pôles homogènes de développement", "espace" et "potentialités", autant de termes qui traduisent une volonté d'irruption du réel dans l'épure institutionnelle.

Pour la première fois donc, à partir de 1995, la CSRA donne un contenu à la notion de volonté de vivre ensemble qui consiste pour les populations d'avoir :

. le sentiment d'appartenir à une même communauté, non pas forcément mono-ethnique, mais constituée d'éléments vivant en harmonie sur un même espace ;

. le sentiment d'un destin solidaire et commun c'est à dire d'avoir plus d'intérêts communs que de divergences ou d'antagonismes ;

. le désir et la volonté de construire ensemble ce destin solidaire.

Le découpage territorial est donc envisagé comme une entreprise de restructuration, sur des bases concrètes, traduction du vécu et des aspirations des populations.

B.- Les propositions de la CSRA : élargir les bases du pays légal.

La CSRA inscrit ses travaux et leurs résultats, dans une perspective d'élargissement de la base du pays légal. Tenant compte des indications données par la Conférence Nationale et des engagements des pouvoirs publics par rapport aux accords de paix signés avec la rébellion Touarègue, la CSRA propose une réorganisation administrative complète du territoire national sur la base de critères généraux et spécifiques qu'elle a préalablement définis.

Ces critères visent notamment : *« l'homogénéité dans les grands ensembles géographiques, économiques et humains ; le respect des limites territoriales des collectivités coutumières ; le critère démographique qui est d'application moins rigoureuse dans la zone pastorale vaste et peu peuplée que dans la zone agricole ; le consentement des populations qui n'est utilisé que dans des cas spécifiques ; et la viabilité conçue à la fois comme objectif et comme potentiel existant »* (rapport final CSRA : 10).

Le rapport final de la CSRA précise les grandes lignes de la nouvelle armature administrative et territoriale proposée qui met en exergue les options suivantes :

. une régionalisation au sommet qui prend essentiellement en compte l'homogénéité géographique, économique et sociologique des différents espaces du territoire national ;

. une départementalisation de la région en zones de proportions géographiques, démographiques et sociologiques maîtrisables pour une gestion efficace des affaires publiques sous le double contrôle des populations et de l'État ;

. une communalisation intégrale entendue comme une opération visant à intégrer tout groupement humain du territoire dans une commune ; et

. une déconcentration au niveau de l'arrondissement dont les contours géographiques, démographiques et administratifs sont fonction du nombre des communes et cela dans le respect des limites territoriales des entités coutumières.

Sur la base de ces orientations et en application des critères cités plus haut, la CSRA est parvenue à une organisation territoriale qui prévoit la création de « 14 Régions, 55 Départements, 155 Arrondissements, 774 Communes dont 156 urbaines et 618 rurales » (rapport final CSRA : 58).

Il ressort ainsi de ce schéma, une carte administrative organisée autour :

. de trois (3) paliers de décentralisation et donc de responsabilisation des populations (région, département et commune), étant entendu que les collectivités territoriales seront désormais gérées par des organes délibérants et exécutifs élus au suffrage universel,

. et de trois (3) échelons de déconcentration (région, département et arrondissement) au niveau desquels l'État reste très présent aux côtés des populations d'abord à travers ses représentants nommés (gouverneur, préfet et sous-préfet) et ensuite par le canal des différents services déconcentrés.

Ces propositions vont servir de base à deux lois du 6 février 1996, déterminant l'architecture de la décentralisation et le fonctionnement des collectivités territoriales à savoir :

. la loi n° 96-05 du 6 février 1996[353] qui réorganise le territoire de la République en circonscriptions administratives et en collectivités territoriales. Au titre de cette loi, la région, le département et la commune deviennent à la fois des circonscriptions administratives et des collectivités territoriales, alors que l'arrondissement reste un simple échelon déconcentré de l'État qui aura pour « rôle d'assurer l'encadrement, l'assistance, le conseil et le contrôle a posteriori des communes » (rapport final CSRA : 19) ; et

. la loi n° 96-06 du 6 février 1996 déterminant les principes fondamentaux de la libre administration des régions, des départements et des communes, ainsi que leurs compétences et leurs ressources.

Ce dispositif juridique et institutionnel qui intègre décentralisation et déconcentration cherche à répondre à une triple préoccupation, à savoir rapprocher l'État des populations, créer des cadres d'exercice de la démocratie locale et de responsabilisation des communautés de base dans le développement social. Mais les contestations par rapport à la configuration géographique et sociale de ces nouvelles entités et les nombreuses questions sur les capacités propres de l'État à faire face aux exigences de la mise en œuvre d'une telle réforme conduisent à la mise en veilleuse de ces propositions sans qu'elles ne soient soumises à une instance d'approbation.

§3. Le revirement de la quatrième République.

Jugeant les propositions de la CSRA trop maximalistes, les autorités de la quatrième (4eme) République font plutôt l'option d'un schéma intermédiaire moins complexe et conçu à partir de :

- la transformation des sept (7) anciens départements en régions (circonscriptions administratives et collectivités territoriales) ;
- la transformation des trente-six (36) anciens arrondissements en départements ;
- la communalisation des vingt-sept (27) postes administratifs qui sont transformés en communes rurales ;

---

[353]Portant création de circonscriptions administratives et de collectivités territoriales.

- la communalisation des chefs-lieux d'arrondissements qui n'étaient pas encore des communes ;
- la confirmation du statut communal des vingt-une (21) communes existantes.

Conçu à partir du réaménagement de l'existant pour servir de cadre d'organisation des élections locales et régionales de février 1999, ce schéma jugé plus maitrisable, a donné lieu à l'adoption d'un important corpus juridique dont : les lois n°s 98-29, 98-30, 98-31 du 14 septembre 1998, créant respectivement 73 communes (31 rurales, 42 urbaines), 36 départements, 7 régions, à partir de la transformation des départements existants en régions, des arrondissements en départements, des chefs-lieux des arrondissements en communes urbaines, des postes administratifs en communes rurales, les 21 communes existantes conservant leur statu quo. Les lois n° 98-32 et 98-33, de la même date, déterminent le statut des Communautés urbaines et crée la Communauté urbaine de Niamey.

Tout en optant pour l'intégralité de la communalisation couplée à la progressivité de sa mise en œuvre, toujours d'actualité, les lois de 1998, modifient radicalement cette option dans son ampleur à deux égards :
. par rapport au nombre, en créant 73 communes (31 rurales, 42 urbaines), 36 départements et 7 régions ;
. par rapport aux dénominations et aux statuts, en reclassant les départements en régions, les arrondissements en départements, les chefs-lieux des arrondissements en communes urbaines, les postes administratifs en communes rurales, les 21 communes existantes conservant leur statu quo.

Le raidissement du climat politique consécutif aux élections locales et régionales de février 1999 déboucha sur un changement politique suite à une transition de neuf (9) mois. L'annulation de ces élections renvoie, pour ce qui est de la mise en place effective des collectivités territoriales, à la case départ. La carte administrative demeure donc inchangée, le schéma de 1964 restant toujours d'application.

§4. Le schéma 2000 de décentralisation : la marque de la 5ème République.

La réforme est reprise en main par la 5ème République et s'inspire manifestement des réflexions de la CSRA. Elle renoue avec les principes de 1996 tout en capitalisant les acquis du schéma de 1998. Le dispositif de la décentralisation tire son fondement de la Constitution du 9 août 1999, en vertu de laquelle :

« L'administration territoriale repose sur les principes de la décentralisation et de la déconcentration. »

« L'État veille au développement harmonieux de toutes les collectivités territoriales sur la base de la solidarité nationale, des potentialités régionales et de l'équilibre inter-régional » (art. 127 et 128), ce dispositif se caractérise par le volontarisme de ses objectifs conjugué avec le pragmatisme de sa démarche.

S'appuyant sur le dispositif institutionnel mis en place en 1998 dont il conserve l'essentiel des structures, le schéma adopté en 2000 par les autorités de la cinquième République se caractérise par l'option pour un maillage complet du territoire qui se traduit par :

- trois (3) niveaux de décentralisation : région, département, commune ;
- une communalisation intégrale : chaque portion du territoire est désormais inscrite dans l'aire d'une commune ;
- le couplage décentralisation-déconcentration, le schéma proposant là aussi trois (3) niveaux de déconcentration - région et département qui, par dédoublement fonctionnel, ont à la fois qualité de collectivité territoriale et de circonscription administrative ; et arrondissement, circonscription de proximité et en particulier, siège de l'exercice de la tutelle sur les communes.

Quant à la mise en place des collectivités, la 5ème République opte dès juillet 2000 pour une formule de communalisation, préparée par le HCRAD, dite "schéma 2000", qui, inchangée quant à la volonté de couverture du territoire, se situe en retrait par rapport aux propositions de la CSRA relatives au nombre des communes identifiées dans l'immédiat. De plus, ne seront dans un premier temps effectives comme collectivités, que les communes, instance de base de la démocratie de proximité et de développement privilégiée dans le processus.

La marque de la 5ème république a été le choix opéré à la base à travers la communalisation intégrale. Ainsi, la recherche d'une unité territoriale de base avec une existence historique réelle et à laquelle les populations pourraient s'identifier amena les nouvelles autorités à retenir, en zone rurale, les cantons et certains groupements comme espace pouvant « loger » les communes. Ainsi, l'option a été d'ériger en collectivités territoriales de niveau communal, les cantons et groupements présentés comme des espaces reconnus et appropriés par les populations.

Ce choix des pouvoirs publics en faveur des espaces traditionnels pour asseoir les nouvelles collectivités communales serait justifié d'une part, par la nécessité de bâtir la décentralisation à la base sur des entités existantes, et d'autre part, par des considérations liées à la prudence et à la progressivité érigées en principes de base de la réforme.

Avec ce schéma, la carte administrative du Niger, substantiellement enrichie par rapport à l'état antérieur, bien qu'encore inachevée, comprend désormais :

- 7 régions : Agadez, Diffa, Dosso, Maradi, Tahoua, Tillaberi et Zinder, plus la Communauté urbaine de Niamey qui a rang de région,
- 36 départements,
- 3 communautés urbaines n'ayant pas rang de région (Tahoua, Maradi, Zinder),
- 52 communes urbaines, et
- 213 communes rurales.

Ce schéma sert de soubassement à un nouveau corpus juridique qui balise l'espace de la décentralisation.

A.- L'encadrement juridique du schéma 2000 de décentralisation.

L'adoption du schéma 2000 de décentralisation a été soutenue par un important travail législatif ayant abouti à l'adoption d'un corpus juridique de base qui par la suite a fait l'objet d'un effort de relecture et d'adaptation à l'épreuve de l'opérationnalisation de la première génération des communes.

1. Les lois de base encadrant le schéma 2000.

Adoptées à partir de 2001, les lois encadrant le schéma 2000 de décentralisation traduisent la volonté des autorités de la cinquième République de réaliser une profonde réforme de l'administration territoriale, tout en restant sur la ligne de la progressivité. Ces lois constituent pratiquement « l'acte II » de la décentralisation, après celles de 1996 et de 1998.

La première loi est la loi n° 2001-23 du 10 août 2001 portant création des circonscriptions administratives et des collectivités territoriales[354] organise le territoire de la République du Niger en circonscriptions administratives (régions, départements, arrondissements et communes) ; elle érige les régions, les départements et les communes en collectivités territoriales dotées de la personnalité morale et de l'autonomie financière. L'arrondissement reste une circonscription administrative d'encadrement des communes. En outre, la loi intègre les structures de la chefferie traditionnelle dans l'organisation administrative du territoire, au sein des circonscriptions administratives[355].

Enfin, la loi donne une définition générale des circonscriptions administratives et des collectivités territoriales et établit au sein de ces dernières, une typologie en distinguant deux (2) types de communes :

- la commune urbaine qui est une agglomération composée de quartiers, de villages et/ou de tribus dont l'activité dominante relève du secteur tertiaire et dont la population est d'au moins dix mille (10.000) habitants.
- la commune rurale qui est un regroupement de villages, de tribus et/ou de quartiers appartenant à un même terroir dont l'activité dominante relève du secteur primaire et dont la population est d'au moins cinq mille (5.000) habitants.

Après, suivirent d'autres lois, dont six lois en date du 11 juin 2002.

[354] Elle reprend l'essentiel des dispositions de la loi n° 96-05 du 06 février 1996 qu'elle abroge *in fine*.

[355] Article 6 : *« Les sultanats, provinces, cantons, groupements, villages et tribus participent à l'organisation administrative des circonscriptions administratives dans lesquelles ils sont implantés et demeurent régis par les textes qui leur sont propres dans tous les cas où ceux-ci ne sont pas contraires à la législation en vigueur. »*

La loi n° 2002-12 du 11 juin 2012. Cette loi détermine, conformément aux prévisions de la Constitution citées ci-haut, détermine les principes fondamentaux de la libre administration des régions, des départements et des communes ainsi que leurs compétences et leurs ressources. En reprenant l'essentiel des dispositions de la loi n° 96-06 du février 1996, elle pose le principe de la création des communautés urbaines dans les conditions qu'elle précise[356]. Plusieurs dispositions de cette loi traduisent la volonté de promouvoir la libre administration et la montée en puissance des collectivités territoriales dans le nouveau pays institutionnel en construction. Témoignent de cette intention du législateur :

. la responsabilisation affirmée des collectivités territoriales, matérialisée notamment, outre les dispositions relatives à la personnalité morale et à l'autonomie financière, par l'existence d'organes délibérants et exécutifs, et l'élection au suffrage universel comme mode de désignation de leurs membres, la reconnaissance « d'affaires propres » et de « la compétence générale » qui s'y attache ;

. la séparation des fonctions entre les représentants territoriaux de l'État et les organes de gestion des collectivités territoriales, qui met fin au dédoublement fonctionnel qui a pendant longtemps prévalu au profit des représentants locaux de l'État et en vertu duquel les sous-préfets sous le régime de la loi n° 64-023 du 17 juillet 1964 cumulaient leurs fonctions avec la présidence des organes délibérants et exécutifs des arrondissements et communes ;

. le redimensionnement substantiel de la tutelle, dans la mesure où la tutelle est aménagée de manière à porter le moins atteinte au principe de l'autonomie locale ; elle ne se présume jamais, tant pour les autorités en droit de l'exercer que dans ses domaines et modalités d'application ; elle ne se ramène jamais à une autorisation ou approbation (contrôle *a priori*), les décisions de la collectivité territoriale étant exécutoires de plein droit, sauf en matière de budget. Elle ne prend jamais de sanction par elle-même, mais doit s'en remettre au juge administratif (système du déféré), seul compétent

[356] Article 5 : *« Lorsqu'une commune urbaine atteint une population d'au moins cent mille (100.000) habitants, elle peut être scindée en plusieurs communes et érigée en communauté urbaine. Toutefois, il ne peut y avoir qu'une seule communauté urbaine dans un chef-lieu de région ou de département. »*

pour ce faire[357] ; en d'autres termes, dans les rapports tutelle collectivité territoriale, « la chaîne du commandement » est en principe censée rompue ;

. la collaboration entre les collectivités, puisque est prévue la possibilité pour des collectivités différentes et de différents niveaux d'aménager entre elles ou avec des collectivités étrangères, pour des questions ou pour des tâches d'intérêt commun, sur des objets d'utilité publique locale compris dans leurs attributions et les intéressant de concert, des relations allant de la collaboration (réunions conjointes de leurs organes délibérants) à la mise en place de structures communes (conférences d'ententes, comités de jumelages etc.).

La loi n° 2002-13 du 11 juin 2002. Elle est intervenue en application des dispositions de l'article 4 de la loi n° 2002-12 du 11 juin 2002, pour fixer les domaines de compétences transférées par l'État à la région, au département et à la commune. Elle retient le principe de subsidiarité comme modalité première de répartition des compétences entre l'État et les collectivités territoriales et pose à son article 7 toute la problématique du transfert des compétences en lien avec le transfert des ressources. Il ressort de cet article que *« les transferts de compétences prévus par la présente loi doivent être accompagnés du transfert concomitant de ressources et de mise à disposition de tout ou partie des services correspondants à la date de leur prise d'effet. Toute charge nouvelle incombant aux collectivités territoriales du fait de la modification par l'État des règles relatives à l'exercice des compétences transférées, doit être compensée par un transfert approprié de moyens »*. Il constitue manifestement un principe fort, destiné à éviter que le transfert ne se ramène à un simple déménagement de compétences et à garantir aux collectivités les moyens de leurs actions.

---

[357] Article 134 : *« Les actes pris par les autorités régionales, départementales et communales sont exécutoires de plein droit dès qu'il a été procédé à leur publication ou à leur notification aux intéressés ainsi qu'à leur transmission au représentant de l'État.*
Le Président du conseil régional, départemental ou le maire certifie sous sa responsabilité le caractère exécutoire de ces actes. »
Article 135 : *« Le gouverneur de région, le préfet et le sous-préfet assurent le contrôle de légalité des actes qui leur sont transmis respectivement par les présidents des conseils régional, départemental et municipal.*
Ils ont le pouvoir d'en demander des retraits ou des modifications. Au cas où il n'est pas fait droit à leur demande, ils peuvent saisir les juridictions compétentes. »

Comme autre principe fort, dans le cadre du transfert des compétences, la loi interdit toute forme de tutelle entre les collectivités, mais incite ces dernières vers des formules associatives dans la mise en œuvre des compétences transférées. Aux termes de l'article 4, *« les transferts de compétences prévus par la présente loi, ne peuvent en aucun cas autoriser une collectivité donnée à établir ou à exercer une tutelle sous quelque forme que ce soit sur une autre. Toutefois, les collectivités territoriales peuvent s'associer pour l'exercice des compétences d'intérêt intercommunautaire en stricte conformité avec les textes en vigueur »*.

La loi n° 2002-14 du 11 juin 2002. Cette loi portant création des communes et fixant le nom de leurs chefs-lieux abroge la loi n° 98-29 du 14 septembre 1998, et matérialise l'option de la communalisation intégrale à partir des territoires des entités coutumières (cantons et certains groupements). Elle créée deux-cent-soixante-cinq (265) communes dont cinquante-deux (52) urbaines et deux-cent-treize (213) rurales[358]. L'adoption de cette loi consacre l'aboutissement d'un long et laborieux compromis entre autorités traditionnelles, autorités administratives, HCRAD, gouvernement et Assemblée Nationale. Ainsi, dans sa fiche technique, le Haut-Commissariat à la Réforme Administrative et à la Décentralisation, proposait l'érection en communes de tous les cantons et de certains groupements, entités coutumières séculaires, en faisant le pari que *« la solidarité communautaire sera renforcée avec la volonté locale de partager, de participer à une communauté homogène et d'entreprendre ensemble des projets communs de développement »*.

Cette proposition de communalisation sur la base des entités coutumières devait permettre au départ à la création de 174 communes. Le projet a finalement abouti à 265 communes tant rurales qu'urbaines. Ce nombre s'explique par la subdivision en plusieurs communes de l'espace territorial de certains cantons et par l'érection d'un plus grand nombre que prévu de groupements nomades en communes, probablement pour respecter le droit de certaines populations d'envisager autrement leur appartenance à la

---

[358] Plus tard, l'ordonnance n° 2009-02 du 18 août 2009 intervient pour créer la commune rurale de Makalondi dans le département de Say, portant le nombre des communes à 266 dont 214 rurales.

communauté, en d'autres termes leur droit d'avoir le regard tourné ailleurs.

C'est ainsi que le "schéma 2000" a fait l'objet, du 27 septembre au 22 novembre 2000, d'une popularisation[359], dont il est sorti amendé. Dès la réception des projets de textes sur la décentralisation, l'Assemblée Nationale a organisé des consultations publiques[360] sur ces projets. Après l'adoption des textes de juin 2002, se sont tenus d'août à octobre 2002, des forums sous-régionaux d'explication, avec le concours du HCRAD[361]. Enfin, une "Caravane de la décentralisation" a été organisée en vue[362] de sillonner le pays, à travers les 265 communes, pour une information de proximité, notamment en direction des jeunes et des femmes, sur la base de sketches, animations, projections etc...

La loi n° 2002-15 du 11 juin 2002. Cette loi, prise en application de l'article 5 de la loi 2002-12 du 11 juin 2002, détermine les principes fondamentaux de la libre administration des régions, des départements et des communes ainsi que leurs compétences et leurs ressources et des dispositions de la loi n° 98-32 du 14 septembre 1998, déterminant le statut des Communautés Urbaines ; l'agglomération de Niamey s'est vue confirmée dans son statut de Communauté Urbaine composée de cinq (5) communes urbaines au lieu de trois (3) comme antérieurement[363]. Cette loi érige la Communauté urbaine de Niamey au rang de région.

---

359 Mission conjointe Ministère de l'Intérieur et de l'Aménagement du Territoire/HCRAD.

360 Avec l'appui du NDI. Rapport général sur les consultations publiques sur la décentralisation, Assemblée Nationale, Niamey, septembre 2001.

361 Ces exemples ne sont pas limitatifs.

362 Préparée par un groupe de travail composé des représentants du HCRAD, du MID, de la Coopération française, de l'ONG Démocratie 2000, du DED et de la SNV, son démarrage est envisagé pour la 2ème quinzaine du mois d'août.

363 La ville de Niamey a été déjà érigée en communauté urbaine composée de trois (3) communes par décret n°88-393/PCMS/Mi du 24 novembre 1988. Ce décret précise que la Communauté urbaine de Niamey est gérée et administrée par un préfet président nommé par décret pris en conseil des ministres, assisté d'un conseil de développement de la communauté.

La loi nº 2002-16 du 11 juin 2002. Cette loi crée les Communautés Urbaines de Maradi, Tahoua et Zinder composées respectivement de trois (3), deux (2) et cinq (5) communes urbaines.

La loi n° 2002-17 du 11 juin 2002 détermine le régime financier des régions, des départements et des communes. Aux termes de cette loi, *« les ressources nécessaires à l'exercice de leurs missions sont dévolues par la fiscalité rétrocédée, la fiscalité propre et les subventions »*. Dans le cadre des appuis à apporter aux collectivités territoriales et la préservation de leur égalité de chance de développement, la loi prévoit la mise en place de deux (2) fonds à savoir : le fonds d'appui à la décentralisation alimenté par le budget de l'État et le fonds de péréquation pour servir d'appoint aux budgets des collectivités territoriales en vue de veiller à leur développement harmonieux sur la base de la solidarité nationale….

La loi n° 2003-35 du 27 août 2003. Cette loi portant composition et délimitation des communes est intervenue dans le prolongement de la loi n° 2002-14 pour donner la composition des communes urbaines et rurales ainsi que leur ancrage dans les limites territoriales des collectivités coutumières. Pour les communes de la zone pastorale, leur territoire est délimité à l'intérieur des limites des circonscriptions administratives existantes dans le respect des terroirs d'attache traditionnels.

La loi n° 2003-58 du 10 décembre 2003. Cette loi fixe le nombre de sièges par conseil municipal en prenant en considération le chiffre donné par les statistiques officielles les plus récentes. La taille des conseils municipaux varie ainsi de onze (11) sièges les communes dont la population est inférieure ou égale à vingt-quatre mille (24.000) habitants, à vingt-cinq (25) sièges pour les communes les plus densément peuplées.

Ce dispositif législatif de base qui capitalise les législations antérieures qui lui sont compatibles, est complété par plusieurs textes réglementaires d'application.

2. Les premiers décrets d'accompagnement du démarrage des communes.

Suite aux élections locales du 24 juillet 2004, le démarrage des communes a été l'occasion d'une réelle confrontation à toute une série de questions pratiques qui, pour l'essentiel, reposent la problématique de l'accompagnement de la mise en œuvre de la réforme par l'État. En effet, il fallait dès les premiers moments d'installation, amener les communes à comprendre et à mesurer la nature, l'étendue et les limites de leurs missions et prérogatives et leur permettre dans l'immédiat d'apparaître en véritables actrices conscientes. Dans un premier temps, il s'agissait surtout d'amener les communes à faire face à leurs fonctions d'édilité (activités de première installation et organisation des services) et assurer le fonctionnement au quotidien de l'administration municipale à savoir : programmation, préparation, adoption et exécution du budget, gestion financière et comptable, organisation et gestion des services, courrier, enregistrement, transmission des actes, publication des lois et règlements et archivage, etc.

Par la suite, il faut surtout les mettre en situation d'exercer au plus tôt les compétences les plus attendues par les populations (état civil, police administrative et gestion foncière notamment) et leur permettre d'assurer progressivement la gestion des principaux services sociaux de base (santé, éducation, hydraulique auxquels s'ajoutent la voirie et l'assainissement pour les communes urbaines).

Dans la perspective de l'accompagnement au démarrage des communes, trois décrets ont adoptés le même jour dans le prolongement des dispositions législatives. En effet, en application de la loi n° 2002-12 qui a posé le principe de l'accès des collectivités territoriales aux services techniques déconcentrés de l'État dans le cadre de la réalisation de leurs programmes de développement, le décret 2003-176/PRN/MID du 18 juillet 2003[364] formalise cet accès à

[364] Décret déterminant les modalités de mise à la disposition des collectivités territoriales des services techniques *déconcentrés de l'État.*

travers la procédure de "la mise à disposition" selon le procédé de "l'instrument conventionnel"[365].

Ainsi, au cours des premières années de démarrage, les services techniques et les communes ont entretenu des relations fonctionnelles qui ont permis à ces derniers d'intervenir dans la mise en œuvre des plans de développement communal (PDC). Mais de manière générale, l'opportunité qu'aurait dû constituer la formule de la mise à disposition prévue par le décret 2003-176 s'est révélée une contrainte pour les communes. Dans les faits, sa mise en œuvre s'est heurtée à beaucoup de difficultés dont principalement celles liées à l'insuffisance notoire du personnel des services techniques, de l'éloignement des communes du lieu d'implantation desdits services (généralement localisés au niveau du chef-lieu de département ou dans certains cas de la région) et à la prise en charge financière des interventions (frais de déplacement et de mission des agents basés au niveau du département) jugés exorbitants par les communes.

Le décret n° 2003-177/PRN/MI/D du 18 juillet 2003 détermine les règles de fonctionnement des organes délibérants et exécutifs des collectivités territoriales. Ce décret qui intervient également en application de la loi n° 2002-012 du 11 juin 2002 institue l'obligation d'un règlement intérieur devant régir le fonctionnement des conseils des collectivités territoriales et rappelle qu'Il n'existe pas de lien hiérarchique entre les différents conseils. Aussi, la tutelle exercée par le représentant de l'État sur les collectivités territoriales se limite au contrôle de légalité dans le cadre d'une appréciation a posteriori des actes pris par leurs organes et transmis par leur soin et sous leur responsabilité à l'autorité de tutelle qui délivre récépissé à cette occasion.

Enfin, entre autres dispositions, ce décret prévoit la création au sein de chaque conseil de collectivité territoriale de commissions chargées

---

[365] Article 2 *: « Les services techniques déconcentrés de l'État, outre leurs missions traditionnelles, ont vocation avec les moyens humains et matériels dont ils disposent, à appuyer, conseiller et soutenir les collectivités territoriales. »*
Article 3 *: « Pour accomplir leurs missions, les collectivités territoriales ou leurs groupements ont le droit de demander les prestations des services techniques déconcentrés de l'État dont la compétence territoriale s'étend à eux. »*
Article 5 : *« (...) Le représentant de l'État et les présidents de conseil déterminent, par convention, les actions que les services techniques déconcentrés de l'État devront mener pour le compte de la région, du département, de la commune et de la communauté urbaine, ainsi que des modalités de leur exécution. »*

d'étudier les affaires soumises à délibération dans les domaines suivants : (i) affaires financières ; (ii) affaires sociales, culturelles et sportives ; (iii) développement rural et l'environnement ; (iv) affaires économiques ; (v) affaires générales, institutionnelles et de coopération.

Le décret n° 2003-178/PRN/MI/D du 18 juillet 2003 détermine les conditions dans lesquelles la région, le département, la commune ou la communauté urbaine peuvent contracter des emprunts. Aux termes de ce décret, les collectivités territoriales, sans distinction de catégorie peuvent contracter des emprunts pour :

. la couverture des dépenses inscrites à leur budget d'investissement ;

. le financement de leur quote-part en cas d'association avec d'autres régions, départements ou communes pour réaliser des œuvres ou services d'intérêts communs ;

. le financement de leurs engagements dans l'exécution d'un contrat-plan avec l'État ;

. le financement de leurs engagements dans l'exécution de contrats, arrangements et/ou conventions d'intérêts communs qui les lient avec des personnes morales de droit public autres que l'État, les régions, les départements et les communes ;

le financement de leurs engagements dans le cadre de la coopération décentralisée.

Pour la couverture de leurs besoins en financement, le décret donne aux collectivités territoriales la possibilité de recourir à trois types d'emprunts incluant (i) les crédits bancaires ou emprunts octroyés par d'autres organismes financiers ; (ii) les emprunts publics par émission d'obligations ; (iii) les emprunts inter-collectivités.

Ces décrets, adoptés le même jour, pour créer les conditions d'un bon démarrage des communes notamment ont également permis à ces dernières de disposer d'un cadre réglementaire de référence pour déterminer elles-mêmes les règles de fonctionnement de leurs organes délibérants et exécutifs et de poser leurs premiers actes de gestion dans l'esprit de la libre administration.

Avec l'adoption de ce premier cadre législatif et réglementaire, l'organisation des élections locales du 24 juillet 2004 et l'installation officielle des organes délibérants et exécutifs des communes, un geste fort a été posé. Toutefois, la mise en route concrète de la réforme, et son passage des déclarations d'intentions aux actes supposent que les acteurs trouvent désormais leurs places et les occupent.

Les observations de terrain montrent une situation de transition dans laquelle les acteurs locaux se montrent désireux de prendre en mains leurs responsabilités, sans toujours bien savoir lesquelles, en relation avec qui et comment. Ils ont fréquemment tendance à reproduire les réflexes et schémas antérieurs de rapports et de gestion. Manifestement, de ce point de vue, les implications de la réforme ne sont pas encore perçues dans leur ampleur. L'apprentissage des rôles reste en grande partie à faire

Dans l'ensemble, en dépit de quelques variations de circonstances et de personnes, les rôles de la décentralisation restent à apprendre, spécialement par ses deux acteurs principaux, la commune et la tutelle.

B.- La construction progressive de la carte administrative : les grands textes structurants.

L'opérationnalisation du schéma 2000 et du cadre juridique qui le sous-tend a mis en évidence la nécessité de poursuivre la réforme dans le sens d'une construction institutionnelle prenant en compte la cohérence générale de l'organisation mise en place, les prérogatives des différents niveaux de gestion du développement, ainsi que les rapports que doivent entretenir les différents acteurs qui concourent désormais à l'administration territoriale. L'effort de construction juridique s'est donc pour poursuivi à partir de 2006[366] et abouti à l'élaboration de nouveaux textes législatifs structurants dont la loi n° 2008-42 du 31 juillet 2008 relative à l'organisation et l'administration du territoire de la république et l'ordonnance n° 2010-54 du 17 septembre 2010 portant code général des collectivités territoriales.

[366] Les missions exploratoires conduites par le HCRAD après une année de fonctionnement des communes ont mis en évidence plusieurs insuffisances, dont certaines sont liées aux textes du fait souvent de leur silence.

1.- La loi n° 2008-42 du 31 juillet 2008 relative à l'organisation et l'administration du territoire de la République du Niger.

Recommandation d'une étude sur la déconcentration au Niger conduite en 2005 par le HCRAD, cette loi reprend l'essentiel des dispositions pertinentes de la loi n° 2001-23 du 10 août 2001. Elle intervient pour combler les lacunes relevées et poser les principes encadrant l'organisation et l'administration du territoire de la république. Au nombre de ces principes, il ressort :

- le principe d'organisation du territoire de la République en circonscriptions administratives et en collectivités territoriales et la reconnaissance de la présence des collectivités coutumières en tant qu'acteurs subsidiaires de l'administration territoriale.
- le principe général de co-administration du territoire à travers un partage de responsabilités entre l'État qui agit par le biais de son administration centrale et ses services déconcentrés, les collectivités territoriales auxquelles certaines compétences ont été transférées, et de manière subsidiaire les collectivités coutumières dont le rôle comme actrices de l'administration territoriale est reconnu par la loi.
- le principe de la répartition des missions entre les administrations centrales et les services déconcentrés de l'État, en confiant aux premières les seules missions qui présentent un caractère national ou dont l'exécution, en vertu de la loi, ne peut être déléguée à un échelon territorial, et les autres, notamment celles qui intéressent les relations entre l'État et les collectivités territoriales, aux services déconcentrés sous l'autorité des représentants territoriaux de l'État.

Cette loi qui détermine désormais le cadre général d'organisation et d'administration du territoire dispose que :
« le territoire de la République du Niger est organisé en circonscriptions administratives et en collectivités territoriales.
Cette organisation s'effectue dans le respect du principe de la libre administration des collectivités territoriales et de la spécificité des communautés coutumières, de manière à mettre en œuvre l'aménagement du territoire et les politiques de développement, à garantir la démocratie locale et à favoriser la généralisation et la modernisation du service public ».

Elle définit les circonscriptions administratives comme *« des divisions du territoire national dépourvues de la personnalité morale et de l'autonomie financière. Elles sont des cadres de représentation territoriale de l'État. À ce titre, elles constituent la base de déconcentration des administrations centrales de l'État sous la coordination et la direction générale d'un représentant de l'État. Elles reçoivent leurs moyens de fonctionnement de l'État ».*

Les communautés coutumières que sont les sultanats, les provinces, les cantons, les groupements, les villages, les tribus et les quartiers administratifs participent de l'organisation administrative des circonscriptions administratives dans lesquelles elles sont implantées et demeurent régies par les textes qui leur sont propres dans tous les cas où ceux-ci ne sont pas contraires à la législation en vigueur. Au sens de cette loi, les circonscriptions administratives sont la région, le département et l'arrondissement.

Par rapport aux collectivités territoriales, tout en maintenant les trois paliers de décentralisation (régions, départements et communes), la loi introduit une innovation majeure par la création d'une nouvelle catégorie de commune '*'la commune urbaine à statut particulier* ''.

La commune urbaine à statut particulier porte le titre de ''*ville*'' et est organisée en arrondissements communaux dépourvus de personnalité morale. Ils reçoivent délégation de compétences et de moyens de l'organe central de la ville qui est seul dépositaire de l'autorité municipale, et titulaire directe des compétences transférées par l'État.

Dans ses dispositions finales la loi annonce l'adoption de plusieurs textes de portée législative et règlementaire dont la loi portant Code Général des Collectivités Territoriales et le décret fixant les règles de la Déconcentration qui viendront compléter l'ordonnancement juridique qu'elle pose.

2. L'ordonnance n° 2010-54 du 17 septembre 2010 portant code général des collectivités territoriales.

Deuxième texte structurant dont le processus d'élaboration a démarré en 2006 sous le titre d'une loi, c'est finalement le Gouvernement de Transition du Régime du CSRD qui adopte le Code général des collectivités territoriales par ordonnance. Dans la perspective du renforcement et de l'harmonisation du cadre juridique de la décentralisation, mais aussi dans le triple objectif de : (i) compléter les dispositions manquantes des textes de base, (ii) repréciser et approfondir certaines des dispositions et (iii) corriger les incohérences et contradictions relevées tant au niveau interne desdits textes que par rapport à ceux qui les ont précédés et régissant les mêmes matières, l'ordonnance du 17 septembre 2010 intervient pour consacrer la fusion complète des textes régissant la décentralisation dans un document unique de portée législative qui prend la forme d'un Code Général des Collectivités Territoriales (CGCT).

Dans le droit fil des dispositions de la Constitution et de la loi n° 2008-42 du 31 juillet 2008 relative à l'organisation et à l'administration du territoire de la République, le Code général des collectivités territoriales fixe le cadre juridique de la gestion des collectivités territoriales. Il détermine les principes fondamentaux de la libre administration des collectivités territoriales, leurs compétences et leurs ressources dans la perspective de la bonne gouvernance et la promotion du développement régional et local.

Par rapport aux lois de 2002, l'ordonnance portant code général des collectivités territoriales apporte de nombreuses innovations[367] dans la gestion des collectivités territoriales à travers notamment :

. la réaffirmation du caractère complémentaire des missions des collectivités territoriales avec celles de l'État, lequel principe avait déjà été posé par la loi n° 2008-42 du 31 juillet 2008 ;

Ainsi, les communes, et les régions concourent avec l'État à l'administration et à l'aménagement du territoire, au développement économique, social et culturel ainsi qu'à la protection de l'environnement, à la mise en valeur des ressources naturelles et à l'amélioration du cadre de vie.

. l'institution du droit à l'information des citoyens sur la gestion des affaires locales ;

Ce droit s'exerce par : (i) l'organisation et l'animation de débats publics sur les projets et programmes locaux de développement et sur les grandes orientations du budget local ; (ii) l'accès des personnes

[367] L'essentiel de ces innovations ici reproduites sont tirées de l'exposé des motifs de l'ordonnance n° 2010-54 du 17 septembre 2010 portant Code général des collectivités territoriales.

physiques ou morales au budget et aux comptes des collectivités territoriales ; (iii) l'accès du public aux séances des organes délibérants des collectivités territoriales ; (iv) la publication, en l'occurrence par voie d'affichage, ou tout autre moyen, des délibérations des conseils et des actes des autorités locales.

. la possibilité donnée au conseil municipal de consulter les habitants de la commune sur les décisions qu'il est appelé à prendre en vue de régler les affaires relevant de ses compétences.
La consultation peut ne concerner que les habitants d'une partie du territoire de la commune pour les affaires qui les intéressent exclusivement. Sur proposition de la majorité de ses membres, le conseil municipal délibère sur le principe et les modalités d'organisation de la consultation. La délibération qui décide de la consultation indique expressément que celle-ci n'est qu'une demande d'avis.

. les éclairages sur le principe de la domanialité des collectivités territoriales.
Cela apporte d'importants enrichissements par rapport à la législation antérieure. Il en résulte ainsi que, les collectivités territoriales disposent d'un domaine immobilier et d'un domaine mobilier qui peuvent être public ou privé. Dans ses dispositions pertinentes, cette ordonnance détermine les éléments constitutifs des domaines immobilier et mobilier des collectivités territoriales, les modalités de leur constitution ainsi que les procédures de leur gestion. Elle précise enfin, la consistance des compétences foncières et domaniales des collectivités territoriales.

En outre, sur les relations entre l'État et les collectivités territoriales, l'ordonnance apporte des adaptations, des améliorations et même des innovations en matière de tutelle. Au sens de ces dispositions, la tutelle doit être entendue comme comprenant l'accompagnement des collectivités territoriales (l'appui-conseil) et le contrôle. La légitimité de cette association tenant à ce que, mieux l'appui-conseil est exercé, moins le contrôle aura des motifs à sanction. Il est important de noter, à ce niveau, que la fonction de l'État vis-à-vis des collectivités territoriales n'est pas seulement de contrôler et de sanctionner, mais aussi d'accompagner. Relativement à la tutelle sur les actes des collectivités territoriales, le code général propose des dispositions détaillées qui portent tant sur les principes que sur les modalités. Par rapport au principe, les nouvelles dispositions restent résolument dans la ligne du principe lié à la libre administration des collectivités territoriales, à savoir celui du contrôle *a posteriori*. Mais dans un souci de réalisme inspiré par les difficultés du terrain, des aménagements s'imposent. Ainsi, afin d'éviter une inflation des textes à adresser aux préfets et aux gouverneurs, l'ordonnance dresse la liste des actes dont la transmission est obligatoire et constitue une condition du caractère exécutoire. Elle comprend les actes les plus importants des collectivités territoriales.

Par ailleurs, les leçons et les difficultés de l'expérience du premier mandat des communes ont montré de nombreuses illégalités de gestion, génératrices de précédents fâcheux et difficilement rattrapables. Ce qui a conduit à introduire une exception au principe de contrôle *a posteriori*, à travers une dose limitée de contrôle *a priori*. C'est dans le souci d'éviter le piège d'un contrôle virtuel, à tout le moins difficile de se matérialiser à l'étape actuelle de la réforme, que le code fait l'option de soumettre à l'approbation de l'autorité de tutelle, certains actes des collectivités territoriales limitativement énumérés qui, de par leur nature, leur importance et leur objet, ne peuvent être exécutoires du seul fait de leur simple transmission au représentant de l'État. Ces actes sont généralement pris dans des domaines qui, en dépit du transfert des compétences, impliquent l'État dans leur exécution ou dans la prise en charge des conséquences de cette exécution. Il s'agit notamment : du budget primitif et du budget remanié ; des opérations d'aménagement du territoire et d'urbanisme ; des opérations domaniales et foncières et toute intervention impliquant la cession de biens ou de ressources de la collectivité ; des conventions, dons, legs et subventions assortis de conditions ; des emprunts et garanties d'emprunts ; des actions de coopération entre collectivités.

Sur les relations entre les collectivités territoriales, le code élargit davantage le champ des possibilités de celles-ci dans leurs rapports entre elles et avec l'extérieur. Dans ce sens, est reconnu le droit d'association aux collectivités territoriales nigériennes qui peuvent s'associer pour l'exercice de leurs compétences en créant des organismes publics de coopération. De même, les collectivités territoriales et leurs organismes peuvent conclure des conventions avec des collectivités territoriales étrangères et leurs organismes dans les limites de leurs compétences et dans le respect des engagements internationaux du Niger. Enfin, le code donne aux collectivités territoriales d'importantes possibilités en matière de coopération transfrontalière à travers la mise en place de groupements d'intérêt publics ou toute autre structure appropriée, en vue de mettre en œuvre et gérer ensemble toutes les actions requises par les projets et programmes de coopération interrégionale intéressant des collectivités territoriales appartenant aux pays de la sous- région.

C.- La rationalisation de l'organisation administrative.

Sur les traces de la loi n° 2001-23 du 10 août 2001dont elle reprend les dispositions pertinentes, la loi n° 2008-42 du 31 juillet 2008 organise le territoire de la République du Niger en trois (3) niveaux de collectivités territoriales, à savoir : la commune, le département et la région, et trois (3) niveaux de déconcentration autour de la région, du département et de l'arrondissement.

Cependant, si, dans son principe, ce dispositif territorial et institutionnel est resté formellement en vigueur, il faut rappeler que dans les faits, il a connu plusieurs aménagements et adaptations par les pouvoirs publics, au regard de sa complexité (en termes de nombre de niveaux et d'entités qu'il propose) et des contraintes de coûts (financiers, humains et infrastructurels) qu'il comporte.

C'est dans cet esprit que, privilégiant une démarche prudente et progressive, le Gouvernement, à l'issue du Conseil des ministres du 7 juin 2000, a fait le choix d'expérimenter la décentralisation au seul niveau communal (à travers la communalisation intégrale du territoire national à partir des espaces des entités coutumières), et de mettre en veilleuse l'installation des collectivités régionales et départementales, de même que l'échelon déconcentré de l'arrondissement.

Mais au-delà de ce choix politique, à l'épreuve des premières années de mise en œuvre de la décentralisation, les interrogations sont très fortes relativement à la pertinence de trois (3) paliers de collectivités territoriales, au regard des nombreux enjeux que pose leur gestion. Le questionnement est beaucoup plus fort par rapport au niveau intermédiaire du département à la fois proche de la commune à la base et de la région au sommet.

C'est finalement le Comité des Textes Fondamentaux (CTF)[368], par souci de simplification et de rationalisation qui, dans ses conclusions, avait recommandé aux Autorités de la transition, de consacrer à titre principal, le Département et la Région comme échelons de droit commun de déconcentration et d'intervention des services de l'État.

C'est dans cet esprit qu'est intervenue l'ordonnance n° 2010-53 du 17 septembre 2010 modifiant et complétant la loi n° 2008-42 du 31 juillet 2008, relative à l'organisation et l'administration du territoire de la République du Niger en ses articles 4 et 6.

Aux termes des dispositions de cette ordonnance modificative, les circonscriptions administratives sont désormais de deux niveaux, la région et le département. L'article 4 (nouveau) définit :

« La région comme une division du territoire national. Elle constitue le premier niveau de déconcentration des services et de représentation territoriale de l'État. Elle est le cadre d'organisation et de coordination du développement régional ».

« Le département est une division territoriale de la région. Il constitue le deuxième niveau de déconcentration des services et de représentation territoriale de l'État. Il est à la fois l'échelon opérationnel de mise en œuvre des politiques nationales, d'encadrement des collectivités territoriales et un espace de coopération intercommunale à la base ».

Aux termes de l'article 6 (nouveau), les collectivités territoriales sont : la commune et la région.

« La commune est la collectivité territoriale de base. Elle est chargée des intérêts communaux et assure les services publics de proximité répondant aux besoins de la population et qui ne relèvent pas, de par leur nature et leur importance des compétences de l'État ou de la région. Pour l'exercice de ses missions et compétences, elle dispose d'un budget, d'un personnel et d'un patrimoine qui lui sont propres.

La région est une collectivité à vocation essentiellement économique, sociale et culturelle. Elle est chargée des missions et

[368] Comité d'experts mis en place le Président du Conseil Suprême pour la Restauration de la Démocratie (CSRD) pour élaborer les principaux textes de base de la 7ème République (Projets de Constitution, de Code électoral et de textes sur la dépolitisation de l'Administration).

compétences spécifiques que lui confère la loi et qui ne relèvent pas, de par leur nature et leur importance des compétences de l'État ou de la commune.
Pour l'exercice de ses missions et compétences, elle dispose d'un budget, d'un personnel et d'un patrimoine qui lui sont propres ».

L'échelon de l'arrondissement dont les contours n'ont jusque-là pas été définis, est simplement supprimé. Ce qui ramène l'organisation administrative et territoriale autour de deux (2) paliers de décentralisation (régions et communes) et deux (2) niveaux de déconcentration (régions et départements).

D.- La réforme des grandes villes.

La formule de communautés urbaines, expérimentée sur la base la loi n° 98-32 du 14 septembre 1998, s'est révélée un schéma complexe exposé à des dysfonctionnements pour diverses raisons, dont celles liées à l'attitude des présidents des exécutifs à établir des rapports de hiérarchie et de tutelle que la loi n'a pas prévus. Dans les faits, les présidents se comportent en "maires centraux", spécialement sur la gestion des infrastructures marchandes et du foncier (rubriques génératrices de revenus en milieu urbain), les communes étant réduites à une portion congrue (de l'ordre de 10 %) des taxes et produits recouvrés. Il en va de même pour les impôts rétrocédés. Aussi les élus avaient-ils souhaité la révision des textes.

Ces dysfonctionnements, le plus souvent marqués par une dérive autoritaire débouchant dans le cas des communautés urbaines sur une inversion des rapports, témoignent d'une incompréhension liée à la méconnaissance de l'"esprit des lois" devant régir les relations intercommunales et, selon toute vraisemblance, du manque de rodage des institutions

C'est dans cet esprit que, dans le cadre de la relecture des textes de base sur la décentralisation, la loi n° 2008-42 du 31 juillet 2008 relative à l'organisation et l'administration du territoire de la République du Niger a posé à son article 8, le principe de l'érection en commune à statut particulier avec titre de ville, de la commune urbaine dont l'agglomération principale a un chiffre de population au moins égal à cent mille (100.000) habitants. Par la même disposition, ladite loi prévoit l'organisation des communes à statut particulier en arrondissements communaux en tant que simples structures administratives déconcentrées dépourvues de personnalité juridique.

À la suite de cette loi de 2008, interviennent deux (2) ordonnances en 2010 pour consacrer cette nouvelle option. Il s'agit notamment de l'ordonnance n° 2010-55 du 17 septembre 2010 qui fixe les règles spécifiques applicables aux communes à statut particulier et à leurs démembrements. Cette ordonnance qui tente de corriger les dysfonctionnements cités plus haut, se caractérise particulièrement par l'introduction et l'application des règles de la déconcentration dans l'organisation et le fonctionnement de cette catégorie de communes en ce sens qu'il institue une hiérarchie entre les organes de gestion, dans la perspective d'une administration plus cohérente des grandes agglomérations urbaines.

L'ordonnance n° 2010-56 du 17 septembre 2010 pour sa part, érige d'une part, les communautés urbaines de Niamey, Maradi, Tahoua et Zinder, dans leur composition et leur délimitation, en communes à statut particulier ou ville, et d'autre part, les communes qui les composent en arrondissements communaux.

E.- La régularisation des postes administratifs.

La création du Poste Administratif a été envisagée de manière provisoire et transitoire en attendant l'installation progressive et complète des communes. Le décret n° 65-159/MI du 4 novembre 1965 précise en substance qu'*« en attendant l'installation des communes, en application de la loi n° 64-023 du 17 juillet 1964, l'intervention de l'État peut être assurée à la base par la création de postes administratifs à l'intérieur des limites des arrondissements »*. Le même décret précise que *« l'agent de l'État nommé en qualité de chef de poste administratif exerce ses attributions par délégation et sous l'autorité du sous-préfet, lequel demeure dans l'arrondissement, le seul dépositaire de l'autorité de l'État »*.

Ces entités au nombre de vingt-sept (27) qui du point de vue administratif et territorial ne sont ni circonscriptions administratives, ni collectivités territoriales ont de manière parallèle continué à fonctionner en dépit de l'installation des communes qui devait mettre fin à leur existence.

C'est finalement la loi n° 2011-22 du 8 août 2011 qui érige les vingt-sept (27) anciens postes administratifs en départements et fixe leur nom et leur chef-lieu. Avec cette loi, le nombre des départements passe ainsi de trente-six (36) à soixante-trois (63).

Sur le même registre, l'année 2011 a vu l'élargissement du cadre institutionnel de la décentralisation avec l'installation effective de sept (7) conseils régionaux[369] à la faveur des élections locales et régionales de février 2011. Ce qui matérialise les deux (2) paliers de décentralisation (communes et régions) prévues par la la loi n° 2008-42 du 31 juillet 2008, modifiée par l'ordonnance n° 2010-53 du 17 septembre 2010.

F.- Le cadre général de l'administration territoriale en chiffres.

Il résulte de ce processus de construction-restructuration qu'en chiffres, le cadre général de l'administration territoriale est constitué de sept (7) régions, soixante-trois (63) départements, deux-cent-cinquante-cinq (255) communes, et quinze (15) arrondissements communaux.

Le tableau suivant donne le détail chiffré de la carte administrative :

RÉGIONS	DÉPARTEMENTS	COMMUNES	ARRONDIS. COMMUNAUX
AGADEZ	6	15	-
DIFFA	6	12	-
DOSSO	8	43	-
MARADI	8	45	3
TAHOUA	12	43	2
TILLABERI	13	45	-
ZINDER	10	51	5
NIAMEY	-	1	5
8[370]	63	255[371]	15

[369] Il s'agit des conseils régionaux d'Agadez, Diffa, Dosso, Maradi, Tahoua, Tillabéry et Zinder.

G.- La déconcentration.

Avec la communalisation intégrale et l'installation des communes en 2004 et la mise en place des régions en 2011, l'organisation administrative et territoriale du pays connaît l'évolution la plus importante de son histoire. Cependant, cette évolution du cadre normatif de l'administration territoriale serait déséquilibrée et perdrait de sa pertinence et de sa cohérence, si la déconcentration considérée comme complément indispensable à la décentralisation avec laquelle elle constitue un couple dans le contexte d'un État unitaire, ne suit pas le même rythme de la réforme.

Annoncé par la loi n° 2008-42 du 31 juillet 2008, c'est finalement le premier février 2013 qu'intervient le décret n° 2013-35/PRN/MISPD/AR fixant les règles relatives à la déconcentration au Niger, apportant une réponse à la préoccupation soulevée, et créer les conditions d'une harmonie d'ensemble de la nouvelle architecture administrative.

Dans ses dispositions générales, ce décret définit la déconcentration comme la règle générale de répartition des attributions et des moyens entre les différents échelons des administrations civiles de l'État, fixe les compétences respectives des administrations centrales d'une part, et de chaque échelon de l'administration déconcentrée de l'État (région et département) d'autre part.

Le décret apporte d'importantes innovations tant du point de vue de la délégation des attributions que de la répartition des moyens entre les administrations centrales et les services déconcentrés de l'État.

Au nombre de ces innovations, il faut retenir, du point de vue des attributions, la clarification des missions et des rôles des différents acteurs (centraux et déconcentrés) dans la conception, l'élaboration, la mise en œuvre, le suivi et l'évaluation des politiques publiques. En ce qui concerne la répartition des moyens, on retiendra notamment l'option pour une déconcentration conséquente de la gestion budgétaire.

Il s'agit, à travers cette option, de faire droit à l'article 165 de la Constitution dont la mise en œuvre a besoin d'un État présent et efficace sur l'ensemble du territoire national afin de veiller au développement harmonieux de toutes les collectivités territoriales. De même, cette option pour une déconcentration de la gestion budgétaire permettra de créer les conditions à partir desquelles pourrait se nouer sur le terrain un dialogue responsable et équilibré entre l'État, soucieux de la mise en œuvre des politiques nationales, les collectivités territoriales responsabilisées dans la promotion du développement local et les différents acteurs porteurs de projets locaux de développement.

Afin de promouvoir la concertation, la coordination, l'harmonisation et le suivi des interventions de l'État, des collectivités territoriales et de leurs partenaires, d'une part, et d'autre part, dans le souci d'accompagner les représentants territoriaux de l'État dans leurs fonctions, le décret institue aux niveaux régional et départemental des organes consultatifs et des organes d'appui technique à la coordination. Il s'agit pour les organes consultatifs, de la Commission Consultative Régionale de l'Administration Territoriale (COCORAT) et de la Commission Consultative Départementale de l'Administration Territoriale (COCODAT). Les organes d'appui technique à la coordination sont le Comité Technique Régional (COTER) et le Comité Technique Départemental (COTEDEP).

Aux termes de ce décret, *« l'Administration déconcentrée de l'État assure au niveau territorial, la mise en œuvre des politiques et stratégies définies par les administrations centrales, leur adaptation aux exigences locales et les relations entre l'État et les collectivités territoriales. À ce titre, elle est chargée de :*

. l'exécution des directives des administrations centrales des ministères dont elle relève techniquement ;

. l'application des lois et règlements de la République ;

. l'animation et la coordination des actions de développement territorial ;

. la mise en œuvre des politiques nationales en matière de développement économique, social, culturel et d'aménagement du territoire ;

. l'animation et la coordination des activités des services publics territoriaux ;

. le soutien de l'action des collectivités territoriales en leur apportant l'assistance technique nécessaire à la préparation et à la réalisation de leurs plans, programmes et projets de développement ;

. le suivi et l'évaluation des actions de développement territorial »[370].

Outre les attributions des représentants territoriaux de l'État (gouverneurs des régions et préfets des départements qu'il définit, le décret précise l'organisation et les rôles des services techniques déconcentrés dans le domaine de l'accompagnement à apporter aux collectivités territoriales.

Avec ce décret, le dispositif d'accompagnement technique des collectivités territoriales par les services techniques de l'État commence à prendre forme dans ses modalités de mise en œuvre. Les dispositions des articles 74, 75, 76, et 77 le laissent croire au moins dans les principes.

Article 74 :
« Les services techniques déconcentrés de l'État concourent à l'appui conseil aux collectivités territoriales relevant de leur zone d'intervention dans les conditions fixées par décret pris en conseil des ministres. »

Article 75 :
« Dans le cadre de la mise en œuvre des conventions de mise à disposition des services techniques aux collectivités territoriales, lorsque des problèmes de moyens subsistent à l'échelon territorial du représentant de l'État ayant signé lesdites conventions, il est fait appel aux appuis des échelons supérieurs.
Lorsqu'ils interviennent en appui aux collectivités territoriales, les frais de déplacement des agents des services techniques déconcentrés sont à la charge de l'État. »

Article 76 :
« Les services déconcentrés des administrations civiles de l'État auprès de la région ou du département peuvent faire l'objet de

[370] Article 7 du décret n°2013-35 /PRN/MISP/D/AR du 1er février 2013 fixant les règles relatives à la déconcentration au Niger.

regroupements fonctionnels dénommés « pôles de compétences » pour la réalisation d'actions communes.
Lorsque tous les services concernés relèvent d'un même échelon territorial, le représentant de l'État désigne le responsable du pôle de compétence et fixe les modalités d'organisation et de fonctionnement de celui-ci. »

Article 77 :
« Lorsque plusieurs services déconcentrés de l'État relevant d'un même échelon territorial concourent à la mise en œuvre d'une même politique, d'un même programme ou projet, le représentant de l'État désigne un chef de projet chargé d'animer et de coordonner l'action de ces services.
Le chef de projet, choisi parmi les responsables des services déconcentrés concernés, reçoit une lettre de mission du représentant de l'État, lui indiquant les objectifs qui lui sont assignés, la durée de la mission, les services auxquels il peut faire appel et les moyens mis à sa disposition. »

Ce décret complète l'armature juridique de l'organisation administrative et territoriale objet du présent chapitre.

Bibliographie

CTF, Rapport général des travaux du comité des textes fondamentaux, 2010.

DANDA M., *Décentralisation et insertion institutionnelle des projets d'aménagement de terroir au Niger : cas de la région de Tahoua*, Mémoire de Maîtrise en aménagement du territoire et développement local, École des Gradués, Université Laval, 1993.

DIALLO A., « Processus de décentralisation au Niger », *in* quotidien nigérien d'information « SEEDA », n° 007, octobre 2002.

HCME/UE, Rapport final, *Étude sur l'opérationnalisation des transferts des compétences (PASOPRD)*, septembre 2006.

HCRAD, Rapport final de la CSRA sur le redécoupage administratif, mars 1996.

HCRAD, Recueil des textes sur la décentralisation, 1ère édition 2003.

HCRAD-Union Européenne, Rapport final, *Étude sur le démarrage des communes au Niger l'accompagnement à leur apporter*, 2003.

HENTGEN E.F., *Étude et propositions de réforme des structures régionales et municipales du Niger*, Nations Unies, février 1964, 176 p.

NACH MBACK Ch., « La décentralisation en Afrique : Enjeux et perspectives », *in* Afrique Contemporaine, Documentation française, Paris, vol. 199, juillet-septembre 2001, 3ème trimestre, p. 96

NACH MBACK Ch., *idem*, p. 98.

Message à la Nation du Président de la République SE Hamani Diori, 11 octobre 1965.

MISPD : Recueil des textes sur la décentralisation, édition 2009.

MISPD/AR, Document-cadre de politique nationale de décentralisation (DCPND), mars 2012.

MISPD/ACR, Code général des collectivités territoriales, édition mars 2018.

SAÏDOU H., *Processus de décentralisation au Niger : Problématique de définition d'un palier autonome de gestion*, Mémoire option administration générale, niveau supérieur de l'ENA, Niamey, 1995.

SAÏDOU H., « Une décentralisation inachevée », in Télescope, volume 11, n° 3, ENAP/Québec/Canada, juin 2004.

LA DÉCENTRALISATION AU SÉNÉGAL

Ibrahima DIALLO

*
* *

DE L'ÉVOLUTION DE LA DÉCENTRALISATION AU SÉNÉGAL

Il convient pour la compréhension du système juridique sénégalais en matière de décentralisation de rappeler quelques aspects qui ont abouti à la constitution du droit des collectivités locales. Pour cela, on peut distinguer deux phénomènes. D'une part, la construction d'un État centralisé hérité de la colonisation, et, d'autre part, la marche vers la décentralisation. C'est ce processus qui nous retiendra dans une première section relative à la marche vers la décentralisation pour, dans une seconde section, présenter la politique de décentralisation à partir de 1996.

Quelques considérations sont nécessaires pour une meilleure compréhension de l'exposé.

L'on peut s'étonner qu'après qu'un État a accédé à l'indépendance et alors qu'il a hérité d'un noyau d'institutions déjà largement marqué par l'administration de la puissance coloniale, il continue d'imiter dans ces structures la métropole, alors qu'il apparaît qu'elles sont inadaptées à sa situation et à ses exigences de nation confrontée au défi du développement. Ce phénomène est qualifié de *mimétisme*. Ce terme et la notion de mimétisme ont été introduits dans le droit administratif. Ils désignent les opérations d'imitation des structures administratives auxquelles se livrent les pays en développement, les cas de réception *stricto sensu*, de reproduction plus ou moins fidèle, avec l'intention de copier un modèle étranger en l'assimilant dans la mesure du possible à son propre milieu. L'État sénégalais a hérité de la France une machine technocratique fortement centralisée, à la limite de la concentration des pouvoirs. En effet, le système colonial a édifié localement une administration générale moderne et autoritaire de type français, articulée autour du commandant de cercle, sorte de préfet polyvalent et du chef de subdivision ; cet appareil assurait le contrôle des campagnes et dispensait le minimum de services nécessaires aux populations rurales. Cette administration s'appuyait sur un appareil d'origine traditionnelle, qui avait été conservé et intégré afin d'entretenir le contact avec les habitants : ce sont les chefs de village, de quartier, de canton ; ils constituaient le relais de l'administration coloniale. L'apport de l'histoire est important, car la situation actuelle de la décentralisation au Sénégal en découle directement.

Un mouvement constant a caractérisé les collectivités locales avant les indépendances : l'assimilation progressive au système français, qui se limite cependant aux agglomérations urbaines[371].

L'importante loi municipale du 18 janvier 1955, applicable dans l'ensemble des territoires français d'Afrique noire, constitue la dernière étape, qui se caractérise par un nouveau progrès : l'objet de cette réforme est d'appliquer le régime français, intégralement aux communes dites *de plein exercice*, qui en sont jugées dignes et progressivement pour les agglomérations moins avancées, soumises au régime de la commune de moyen exercice. Le mouvement fut achevé en 1960, où toutes les communes existantes accédèrent au statut de communes de plein exercice. La municipalité avait évolué sous la très forte pression politique des élus africains.

À l'indépendance, le problème se posa dans d'autres termes : celui de l'unité et du développement. Ce qui constitue un tournant dans la politique de décentralisation.

Pour mieux ressortir les grandes étapes de la décentralisation au Sénégal, il est nécessaire de cerner le caractère évolutif de la construction du droit des collectivités locales (Section 1) avant d'analyser le droit des collectivités locales à partir de 1996 (Section 2).

---

[371] Le mouvement est ancien, puisqu'il touche Saint-Louis dès le XVIIIe siècle pour englober ensuite Gorée, Rufisque et Dakar qui, à la fin du XIXe, constituent les quatre « vieilles communes », dont le statut est proche de celui que venait de poser la grande loi municipale française du 5 avril 1884. À partir du XXe siècle, le mouvement s'est poursuivi en réunissant d'autres agglomérations urbaines soumises au régime moins autonome des communes mixtes et dont le contenu variait selon le niveau de développement atteint.

Section 1. La construction progressive du droit des collectivités locales.

Cette construction progressive s'est établie à travers plusieurs réformes qui se sont succédé depuis l'indépendance du Sénégal. Les moments les plus importants dans cette volonté de mise en place du droit des collectivités locales sont : la réforme du 13 janvier 1964, les réformes introduites en 1964 et 1972, les réformes de 1983 et 1990, et enfin la grande réforme de 1996 qui a abouti à la mise en place du code des collectivités locales.

§1. La réforme de 1960.

Après l'indépendance du Sénégal, la première réforme des structures territoriales de l'Administration d'État est réalisée par la loi du 13 janvier 1960, complétée par la loi du 1er février 1960 ainsi que le décret du 20 décembre 1961. Cette loi crée quatre unités administratives, que sont la région[372], le cercle[373], l'arrondissement[374] et le village[375].

La structure régionale était originale, car constituée par les assemblées régionales créées par la loi n° 60.028 du 1er février 1960[376]. Les conseillers régionaux sont élus au suffrage universel direct au scrutin de liste majoritaire, à un tour sans vote préférentiel ni

---

[372] *La région* : Sept régions sont instituées : le Cap-Vert, Thiès, Diourbel, le Fleuve, le Sénégal-oriental, le Sine-Saloum et la Casamance. Chaque région est placée sous l'autorité d'un inspecteur régional d'administration qui reçoit le titre de Gouverneur de région.

[373] *Le cercle* : La loi prévoit des cercles en nombre variable formant les subdivisions de la région. Le cercle est administré par un Commandant de cercle

[374] *L'arrondissement* : Les cercles sont subdivisés en arrondissements administrés chacun par un Chef d'arrondissement. La loi prévoit un nombre maximum de quatre-vingt-dix (90) arrondissements pour l'ensemble du territoire.

[375] *Le village* : Selon l'article 15 de la loi du 13 janvier 1960, *« le village est constitué par la réunion de plusieurs familles ou carrés en une seule agglomération. Le carré isolé est constitué comme un hameau ou un quartier et relève administrativement du village dont il s'est détaché. Les campements semi-permanents ou les campements semi-nomades qui groupent plusieurs familles sont considérés comme villages »*.

[376] Les assemblées régionales comptent au moins vingt (20) membres et au plus soixante (60) membres calculés sur la base moyenne d'un conseiller pour sept mille (7.000) habitants.

panachage et sans liste incomplète, par le collège des électeurs de la région, à l'exception des électeurs des communes[377]. Ces assemblées régionales tiennent chaque année une session ordinaire budgétaire et une ou plusieurs sessions extraordinaires, dont la durée ne peut excéder quinze (15) jours[378].

La doctrine sénégalaise qualifie souvent le système institué en 1960 d'*administration de développement* par opposition à l'*administration classique* de type colonial qui serait une *administration de commandement*[379].

La réforme de 1960 voulait faire du gouverneur la cheville ouvrière du développement au niveau de la région. Bien que la loi n° 60.015 du 13 janvier 1960 reste laconique sur ses compétences en matière économique, le décret n° 61.482 du 20 décembre 1961 en énumère quelques-unes[380]. C'est l'adjoint au développement qui assiste le gouverneur dans l'exercice de ses compétences économiques. En particulier, il est rapporteur de plein droit des travaux du comité régional de développement.

Il s'agissait, certes, d'attributions embryonnaires, et il est certain que le gouverneur n'avait pas les moyens de maîtriser l'ensemble des

---

[377] Ils sont élus pour cinq (5) ans et sont rééligibles. Sont inéligibles les chefs des unités administratives, les magistrats, le personnel des forces de sécurité, les comptables publics et les fonctionnaires des services fiscaux.

[378] L'assemblée est convoquée par le gouverneur, son président, ou à la demande des 2/3 au moins de ses membres. Elle ne peut délibérer que si le quorum de la majorité des membres est atteint. Le bureau de l'assemblée élue en son sein comprend un président, deux vice-présidents, deux secrétaires et un questeur. Des commissions peuvent être créées en son sein. Le gouverneur de région est commissaire du Gouvernement auprès de l'assemblée et assiste à ses délibérations.

[379] Cette conception s'explique par le fait que les structures et les compétences créées par la loi n° 60.015 du 13 janvier 1960 dont les principes relèvent de l'administration classique, n'étaient pas une fin en elles-mêmes, mais des instruments de développement que les chefs des unités administratives devaient promouvoir. C'est la raison pour laquelle, à chaque niveau de l'administration classique (État, région, cercle, arrondissement), étaient créés des organismes à caractère économique et social formant ainsi une structure parallèle à celle de l'administration classique.

[380] Coordonnateur des services économiques de la région, président du comité régional de développement, tutelle et contrôle sur les personnes morales autres que les communes, situées dans la région.

problèmes économiques de la région ; mais il ne faut pas perdre de vue que la réforme intervenait moins de deux ans après l'Indépendance, et à un moment où la politique de planification du gouvernement n'était qu'en gestation.

Le paradoxe de la réforme de 1960, c'était de donner au commandant de cercle des pouvoirs plus précis et souvent plus étendus que ceux attribués au Gouverneur de région[381].

Le chef d'arrondissement, soumis au pouvoir hiérarchique et au contrôle du commandant de cercle, avait aussi des attributions importantes[382].

Quant au chef de village, nommé par le ministre de l'Intérieur sur proposition du commandant de cercle, il exerce son autorité sur l'ensemble des familles, ainsi que les étrangers établis ou de passage dans le village.

---

[381] Ainsi, dès 1960, la loi fait du Commandant de cercle :

- le dépositaire, dans sa circonscription des pouvoirs de la République ;
- le représentant de chacun des ministres ;
- le représentant des intérêts de l'État ;
- l'autorité chargée de l'exécution des lois et des règlements.

En outre, il coordonne l'action administrative des services de l'État dans sa circonscription, et assure la tutelle sur les collectivités locales.

La loi attribue au commandant de cercle d'importants pouvoirs de police. Il est seul responsable du maintien de l'ordre et de la sécurité publique dans sa circonscription, le Gouverneur ne pouvant dans ce domaine que l'assister. Il dispose également des pouvoirs de police dans les communes de plein exercice, de moyen exercice et dans les communes mixtes.

Le Commandant de cercle coordonne les services administratifs situés dans sa circonscription et est assisté d'un adjoint.

[382] Il était chargé de :

- veiller à la sécurité publique dans sa circonscription ;
- veiller à l'application des lois et des règlements ainsi que des décisions des autorités supérieures ;
- prêter assistance aux autorités administratives, judiciaires, ainsi qu'aux représentants des services techniques dans l'accomplissement de leur mission ;
- effectuer le recensement des populations des villages dépendant de son arrondissement ;
- représenter le Commandant de cercle auprès des Centres d'Expansion rurale et exécuter les directives gouvernementales relatives au fonctionnement des coopératives villageoises.

§2. Les réformes de 1964.

Nous allons aborder successivement la réforme du 3 avril 1964, la création des communautés rurales, l'apparition de la première commune à statut spécial et l'introduction d'un code de l'administration communale.

L'objectif de la réforme du 3 avril 1964 était de mieux coordonner les circonscriptions territoriales, et, finalement, de les hiérarchiser. Cette réforme se justifiait du fait que dans la pratique, les gouverneurs s'étaient imposés comme supérieurs hiérarchiques des autres chefs des unités administratives, alors que la loi n° 60.015 du 13 janvier 1960 voulait les cantonner dans le rôle d'animation et de coordination. Il fallait donc modifier cette loi du 13 janvier 1960 pour l'adapter aux faits. Comme entre temps, la Constitution du 7 mars 1963 était entrée en vigueur, et qu'elle opérait, notamment en ses articles 56 et 65, une nouvelle répartition des domaines de la loi et du règlement, le Gouvernement eut recours à la procédure de l'article 65, alinéa 2 de la Constitution pour faire déclarer par la Cour Suprême le caractère réglementaire de cette loi. Dans son arrêt n° 4/C/63 du 13 juillet 1963, la Cour Suprême décida que la réforme de l'Administration relevait du pouvoir réglementaire[383]. C'est dans ces conditions que fut pris le décret n° 64.282 du 3 avril 1964 relatif à l'organisation administrative de la République. On observe toutefois que la plupart des réformes ultérieures seront opérées par des lois, alors que les dispositions de la Constitution relatives aux domaines respectifs de la loi et du règlement n'ont fait l'objet d'aucune modification depuis 1963[384].

La loi du 17 juin 1964 sur le domaine national prévoyait que les communautés rurales seraient créées par décrets sur proposition du gouverneur après avis du Comité Régional de Développement (CRD) ; et, effectivement, plusieurs décrets intervinrent sous l'empire

---

[383] Cette décision est critiquable parce qu'elle n'allait pas le sens d'une volonté de la création de collectivités locales autonomes. Nous constatons que le juge constitutionnel a eu une attitude timide en voulant confier la réforme de l'administration au Gouvernement.

[384] La volonté politique d'asseoir une véritable politique de décentralisation justifie l'abandon de la jurisprudence constitutionnelle et la consécration de dispositions constitutionnelles qui posent le principe de la libre administration des collectivités locales.

de cette loi pour créer des communautés rurales dans chacune des régions alors existantes. Ces communautés rurales sont dites de la première génération, parce qu'elles disparaîtront en 1972 lorsque seront créées des collectivités décentralisées portant le même nom, mais différentes, aussi bien dans leurs structures que dans leurs missions. Mais elles ne doivent pas être considérées comme une simple curiosité historique. *Elles constituent la première tentative sérieuse de décentralisation originale, en ce sens qu'il s'agissait de créer des structures qui n'avaient pas d'équivalent dans le système colonial et qui reposaient sur des réalités socio-économiques locales.* Elles ont en outre permis au Gouvernement d'entrevoir les problèmes que la gestion des terres du domaine national allait soulever.

Contrairement aux communautés rurales, les communes sont héritées de la colonisation.

Jusque-là, les communes restaient régies par la loi française du 5 avril 1884 reprise et adaptée par la loi du 18 novembre 1955. L'unification de leurs régimes juridiques sera finalement consacrée par la loi n° 66.64 du 30 juin 1966 portant Code de l'administration communale. En réalité, il s'agit de la reprise pour le Sénégal de la loi municipale française ; ainsi, dans de nombreux cas, le Code reprend la numérotation de la loi municipale française. Il est divisé en plusieurs titres qui, jusqu'à la fin de l'année 1996, forment désormais le cadre juridique de la décentralisation communale.

Les modifications intervenues depuis l'adaptation de ce code n'ont pas affecté son esprit : la commune reste étroitement surveillée par le pouvoir central.

L'année 1972 est importante dans l'histoire des réformes de l'administration territoriale au Sénégal. C'est en effet à cette date-là qu'ont été créées les structures et définis les principes qui régissent toujours les administrations centralisées de l'État ainsi que les collectivités décentralisées.

§3. La réforme de 1972.

La loi n° 72.02 du 1er février 1972 va introduire des nouveautés.

Selon son article 1er, l'ensemble du territoire de la République est divisé en sept régions ; chaque région, la région du Cap-Vert exceptée, est divisée en départements ; chaque département est divisé en communes, d'une part, et en arrondissements, d'autre part ; chaque arrondissement est divisé en communautés rurales ; la communauté rurale comprend un certain nombre de villages appartenant au même terroir et constitue l'échelon de participation des populations ; le village, constitué par la réunion de plusieurs familles ou carrés en une seule agglomération, est la cellule administrative de base.

Cette technique de réglementation est critiquable pour différentes raisons.

La loi porte à la fois sur des structures de l'Administration d'État (régions, départements, arrondissements, villages) et sur une structure décentralisée, la communauté rurale, à laquelle elle consacre son Titre V. Or, une loi n° 72.25 du 19 avril 1972 est relative, exclusivement, aux communautés rurales ; cette loi aurait pu créer cette collectivité et fixer les règles de son organisation. Ou alors, au cas où l'on souhaitait qu'une même loi régisse l'ensemble des structures territoriales d'État et décentralisées, il convenait d'y intégrer toutes les dispositions relatives à l'ensemble de ces collectivités. Enfin, l'article premier de la loi, 3ème et 4ème alinéa, visent les communes et les communautés rurales comme des subdivisions du département et de l'arrondissement. Apparemment, la référence à ces collectivités décentralisées s'explique par le fait que leurs représentants siègent dans les organes délibérants de ces circonscriptions.

Section 2 : La politique de décentralisation à partir de 1996.

Deux moments forts marquent le droit des collectivités locales à partir de 1996 : Il s'agit de la réforme de 1996 et de celle qualifiée d'acte III de la décentralisation de décembre 2013.

§1. La réforme de 1996.

Le 3 avril 1992, dans le discours traditionnel qu'il prononce, chaque année à la veille de la fête de l'Indépendance, le Président Abdou Diouf annonçait sa décision de soumettre à l'Assemblée

Nationale un projet de loi transformant les régions en collectivités décentralisées jouissant de la personnalité morale, de l'autonomie financière et dotée de conseils régionaux dont les membres seront élus au suffrage universel direct[385].

Le Président a ainsi exprimé sa volonté de mettre fin à la pratique éloignant les centres de décisions des populations locales. Par cette réforme, les décisions pourront être prises plus rapidement ; en outre, elles seront plus adaptées aux réalités, mieux exécutées, et la réforme conduira à une plus grande responsabilisation des élus locaux ; ils devront désormais s'expliquer devant leurs électeurs des succès ou de l'échec des politiques conduites, avec les conséquences politiques que cela implique. La régionalisation permettra d'approfondir la démocratie en développant la participation populaire. C'est lorsque les populations se prennent en charge, pour résoudre leurs problèmes, que la démocratie cesse d'être théorique, pour devenir quelque chose de concret. De cette manière, pourra d'ailleurs se développer une classe politique locale nécessaire à l'équilibre de la nation. La démocratie cessera de se réduire à des discours tenus par des intellectuels dans les salons confortables de la capitale pour devenir des choses vécues, traduisant les préoccupations réelles et concrètes des populations pour assurer un développement harmonieux et équilibré de la nation. L'essentiel des activités économiques et industrielles est, à l'heure actuelle, concentré dans la région de Dakar. Les inconvénients de cette situation, c'est, entre autres, la pauvreté relative des autres régions par rapport à Dakar, et, corrélativement, l'accentuation de l'exode rural. C'est cela que la régionalisation veut corriger : les régions décentralisées, dotées de la personnalité morale et de l'autonomie financière doivent devenir des pôles de développement. Comme elles ont une taille beaucoup plus grande que les communes et les communautés rurales, elles pourront élaborer des plans de développement cohérents, en tirant avantage de leurs positions géographiques pour faire un meilleur usage de leurs ressources naturelles et humaines.

Selon l'expression même du chef de l'État, la réforme tend à réaliser un « saut qualitatif ». Cela signifie qu'il ne s'agit pas d'un simple réaménagement de l'organisation administrative actuelle, mais

[385] Voir Le soleil du 5 avril 1992.

de la mise en œuvre d'une nouvelle philosophie de l'Administration, d'une nouvelle conception des missions de l'État qui doit se contenter du rôle de facilitateur et laisser aux populations la latitude de prendre des initiatives nécessaires pour son développement.

À la suite du remaniement ministériel du 2 juin 1993, était créé un ministère délégué chargé de la Décentralisation. La création de ce ministère marque la volonté du gouvernement de poursuivre et de renforcer sa politique de décentralisation. Ce qui conduira l'État sénégalais à adopter le code des collectivités locales en 1996, réforme introduisant une rupture considérable dans la gestion des collectivités locales. Ce code définit les collectivités locales comme des entités dotées de la personnalité morale, de l'autonomie financière et qui s'administre librement par des conseils élus suffrage universel. Il n'existe que trois types de collectivités locales : la région, la commune et la communauté rurale.

Si les types de collectivités locales sont limités à trois, leur nombre ne l'est pas : des régions, des communes et des communautés rurales peuvent être créées selon les procédures prévues par le code.
Le code précise que les collectivités locales ont pour mission la conception, la programmation et la mise en œuvre des actions de développement économique, éducatif, social et culturel avec le concours, le cas échéant, des mouvements associatifs et des groupements communautaires.

Les collectivités locales sont des structures spécialisées ayant des compétences d'attribution. Elles ne peuvent donc exercer que des compétences qui sont fixées par le code et les lois particulières, et ne peuvent les exercer que pendant les périodes fixées par le code. Le code aménage donc un champ nouveau, voire un droit des collectivités locales. Mais ces objectifs sont loin d'être atteints, ce qui explique peut-être la position des nouveaux dirigeants de l'alternance dans leur stratégie de mise en place de structures plus adaptées et plus efficaces.
L'année 2000 est caractérisée par l'alternance au Sénégal avec l'intervention de nouveaux acteurs qui ont une autre vision de la gestion publique et politique. C'est ainsi que la Constitution du Sénégal est changée par référendum le 7 janvier 2001. Cette Constitution, comme la précédente, consacre le principe de la libre administration des collectivités locales, mais introduit une nouveauté

en passant sous silence les différentes catégories de collectivités locales.

L'observateur averti pouvait ainsi déceler les intentions des nouveaux gouvernants en matière de décentralisation. Cette nouvelle intention sera exprimée par le Président de la République à travers ses projets de réforme sur la provincialisation, la communalisation et la départementalisation, même si ces intentions sont toujours à l'état de projet. Les seules décisions importantes, du point de vue juridique, concernent la loi sur les délégations spéciales en vue de la préparation des élections locales et la loi de modification sur les incompatibilités en matière d'élection locale[386] ou la création d'une nouvelle région[387].

§2. L'Acte III de la décentralisation ou la réforme de 2013.

Malgré les progrès et acquis enregistrés, beaucoup de faiblesses et de contraintes pesaient encore sur la mise en œuvre de la politique de décentralisation[388]. Le contexte et la faiblesse des politiques et stratégies de développement appliquées jusque-là, nécessitaient, en conséquence, d'initier des alternatives susceptibles de corriger les déficiences et de produire simultanément des progrès significatifs à l'échelle nationale et un développement local harmonieux.

Dans cette perspective, l'option fut prise de construire, dans le cadre d'un dialogue consensuel et prospectif, le renouveau de la

---

[386] La loi sur les délégations spéciales a mis fin aux mandats de tous les élus locaux. Mais la curiosité juridique de cette loi est de mettre en veilleuse la décentralisation, car les collectivités locales furent gérées pendant six mois par des fonctionnaires choisis par l'État. Il fallut attendre six mois pour que de nouvelles élections soient organisées et que la situation redevienne normale.

[387] Le gouvernement vient de créer une nouvelle région au Sénégal. Il s'agit de la région de Matam.

[388] La politique de décentralisation au Sénégal se heurte, en effet, à beaucoup de limites, à savoir, notamment : les faiblesses objectives du cadre organisationnel et fonctionnel de la décentralisation pour la promotion d'un développement territorial ; le manque de viabilité des territoires et de valorisation des potentialités de développement des territoires ; la faiblesse de la politique d'aménagement du territoire limitée par une architecture territoriale rigide ; la faiblesse de la gouvernance territoriale accentuée par une multiplicité d'acteurs avec des logiques et des préoccupations parfois différentes ; l'incohérence et l'inefficience des mécanismes de financement du développement territorial ; et la faiblesse de la coproduction des acteurs du développement territorial qui induit fortement l'inefficacité des interventions.

modernisation de l'État, à travers une décentralisation cohérente dans ses principes, et performante dans sa mise en œuvre. Aussi, le Gouvernement envisagea-t-il la refondation majeure de l'action territoriale de l'État, à travers le projet de réforme de la décentralisation.

L'objectif général, visé par cette réforme, baptisée « l'Acte III de la décentralisation », était d'organiser le Sénégal en territoires viables, compétitifs et porteurs de développement durable. Cette réforme plongeait ses racines dans une véritable politique d'aménagement du territoire et oriente la concrétisation des aspirations et des espoirs des acteurs territoriaux, en vue de bâtir un projet de territoire. Elle offrait l'espace adéquat pour construire les bases de la territorialisation des politiques publiques.

Elle se décline en quatre objectifs fondamentaux :

- un ancrage de la cohérence territoriale pour une architecture administrative rénovée ;
- une clarification des compétences entre l'État et les collectivités locales ;
- un développement de la contractualisation entre ces deux niveaux décisionnels ;
- et une modernisation de la gestion publique territoriale, avec une réforme des finances locales et une promotion soutenue de la qualité des ressources humaines.

Compte tenu de sa complexité et de son contenu décisif pour l'avenir du Sénégal, l'Acte III de la décentralisation sera mis en œuvre progressivement et s'effectuera en deux phases. Il s'agit, dans une première phase, de supprimer la région collectivité locale et d'ériger les départements en collectivités locales, de procéder à la communalisation intégrale par l'érection des communautés rurales et des communes d'arrondissement en communes, de créer la ville en vue de mutualiser les compétences des communes la constituant et de répartir les neuf domaines de compétences jusqu'ici transférées entre les deux ordres de collectivités locales que sont le département et la commune. Cette réforme s'est opérée dans le respect des limites territoriales actuelles des entités administratives concernées. La mise œuvre d'une telle réforme justifia l'adoption d'un nouveau Code général des Collectivités locales abrogeant et remplaçant les lois n° 96-06 portant Code des Collectivités locales, n° 96-07 portant transfert de compétences aux régions, aux communes et aux communautés rurales et n° 96-09 du 22 mars 1996 fixant l'organisation administrative et financière de la commune d'arrondissement et ses rapports avec la ville.

Chapitre 1er

LES ASPECTS INSTITUTIONNELS DU DROIT DES COLLECTIVITÉS LOCALES AU SÉNÉGAL

L'analyse institutionnelle du droit des collectivités locales permet une étude approfondie des institutions locales. Les collectivités locales sont exclusivement – contrairement à l'État–des institutions politico-administratives. Elles n'ont ni constitution propre, ni pouvoir législatif, ni tribunaux jugeant en leur nom. Elles ont uniquement une administration, comme il se doit d'ailleurs, dans un État dont la décentralisation n'exclut pas le caractère unitaire.

Au Sénégal, nous avons deux types de collectivités locales que sont le département et la commune[389].

Il est en effet important de comprendre que le découpage du territoire en circonscriptions administratives est toujours en vigueur et que les collectivités locales que sont les départements ne se substituent pas à ces circonscriptions, mais se superposent à elles[390]. Ce nouvel ordre de collectivité locale qu'est le département a été créé par la loi n° 2013-10 du 28 décembre 2013 portant code général des collectivités locales au Sénégal ; et un département est créé par décret.

La commune, quant à elle, est la plus ancienne des collectivités locales. Elle représente une communauté humaine, dont l'existence s'étire sur plusieurs générations. La commune est une collectivité locale, personne morale de droit public. Elle regroupe les habitants du périmètre d'une même localité, unis par une solidarité résultant du voisinage, désireux de traiter de leurs propres intérêts, et capables de trouver les ressources nécessaires à une action qui leur soit particulière

---

389 La région qui fut une grande innovation de la réforme de 1996 est supprimée.

390 Ainsi, lorsque, par exemple, on parle du département de Fatick, il faut comprendre : d'abord la circonscription de l'État central regroupant les services de l'État, et administrée par un préfet ; ensuite, une collectivité décentralisée ayant les mêmes limites et administrée par des organes élus.

au sein de la communauté nationale et dans le sens des intérêts de la nation. C'est un décret qui détermine le nom de la commune[391].

L'organisation de l'administration locale est entièrement déterminée par la Constitution et par les lois et décrets, c'est-à-dire par l'État. Constituant des unités politico-administratives personnalisées et autonomes, elles ont leurs représentants élus, des organes propres, ce qui dénote une véritable autonomie au sens institutionnel.

Cette approche va nous amener à étudier les règles juridiques qui déterminent l'élection locale (section 1), l'exécutif local (section 2) et les organes délibérants (section 3).

Section 1. L'élection locale.

Nous allons tenter d'identifier les acteurs principaux des élections (§ 1), d'aborder le mode d'élection locale (§ 2) pour enfin étudier le contentieux électoral local (§ 3).

§1. L'identification des acteurs principaux des élections locales.

La dynamique externe des partis politiques vise essentiellement la participation des partis à l'élection. L'élection trouve sa consécration dans les instruments juridiques internationaux ainsi que leur réception en droit interne. En droit international, le principe d'élections libres est reconnu par la Déclaration Universelle des Droits de l'Homme et du Citoyen du 10 décembre 1948, qui dispose en son article 21 § 3 que *« La volonté du peuple est le fondement de l'autorité des pouvoirs publics : cette volonté doit s'exprimer par des élections honnêtes qui doivent avoir lieu périodiquement, au suffrage universel égal et au vote secret ou suivant une procédure équivalente assurant la liberté du vote »*. Cette disposition est précisée par plusieurs textes internationaux, notamment l'article 25 du Pacte international relatifs aux droits civils et politiques, qui consacre le droit de tout citoyen d'être électeur et éligible[392].

---

[391] Article 71 de la loi n° 2013-10 du 28 décembre 2013 portant code général des collectivités locales au Sénégal.

[392] *« Tout citoyen a le droit et la possibilité, sans aucune des discriminations visées à l'article 2 et sans restrictions déraisonnables :*

En Afrique, l'article 13 de la Charte africaine des Droits de l'Homme énonce que *« Tous les citoyens ont le droit de participer librement à la direction des affaires publiques de leur pays, soit directement, soit par l'intermédiaire de représentants librement choisis, ce, conformément aux règles édictées par la loi »*[393].

La démocratie locale suppose que les dirigeants des collectivités locales soient élus, qu'ils aient la qualité d'autorités propres à la collectivité territoriale et qu'ils soient représentatifs. La représentation n'aliène pas la liberté, comme pouvait l'affirmer Jean-Jacques Rousseau dans le contrat social[394], à la condition qu'elle n'entraîne pas la captation de la démocratie par une oligarchie élective, comme le craignait Carré de Malberg[395]. Pour pouvoir gérer démocratiquement, il faut déjà se gérer démocratiquement[396]. L'assemblée délibérante des collectivités locales doit être représentative, et ses élus disposer de moyens leur permettant d'exercer leur mandat.

La démocratie locale exige le choix par l'élection des responsables locaux par une représentation réelle de la population concernée.

Comme pour toute élection, le législateur a prévu des conditions relatives au corps électoral et celles liées aux candidatures. Il faut simplement dire qu'en plus des dispositions générales liées à la nationalité et aux bonnes mœurs, les élections locales comportent quelques originalités. C'est ainsi, par exemple concernant la commune, il est souligné que les électeurs doivent y avoir le domicile réel ou y avoir résidé depuis six (6) mois au moins. À défaut de satisfaire cette condition-là, les électeurs doivent figurer depuis trois ans au moins, sans interruption, au rôle de la contribution foncière des

---

1) de prendre part à la direction des affaires publiques, soit directement soit par l'intermédiaire de représentants librement élus ;

2) de voter et d'être élu, au cours d'élections périodiques, honnêtes, au suffrage universel égal et au scrutin secret assurant l'expression libre de la volonté des électeurs ;

3) d'accéder dans des conditions générales d'égalité aux fonctions publiques de son pays... »

[393] Adoptée à la Conférence des Chefs d'État et de Gouvernement de l'Organisation de l'Unité Africaine (OUA), le 27 juin 1981, ratifiée par les Constitutions des États sous examens.

[394] ROUSSEAU, J.-J., *Le contrat social*, Livre 3, Ch. 15.

[395] La loi expression de la volonté générale, 1931.

[396] RASERA, M., *La démocratie locale*, LGDJ, 2002, p.16.

propriétés bâties ou non bâties, de la contribution des patentes, de l'impôt général sur le revenu ou déclarer vouloir y exercer leurs droits électoraux.

Concernant les conditions relatives aux candidatures, il faut noter le monopole de la candidature des partis politiques aux élections locales. En effet, les dispositions du code électoral sont sans ambiguïté pour l'exclusion de toute candidature en dehors des partis[397]. Ainsi, sont éligibles tous électeurs inscrits sur une liste électorale présentée par un parti politique légalement constitué, ou par une coalition de partis légalement constituée.

De ce qui précède, des observations peuvent être faites au regard des possibilités données à l'électeur aux élections présidentielles et législatives. Pourquoi le législateur a-t-il accepté des candidatures indépendantes pour les élections présidentielles et législatives tout en émettant une réserve voire un refus pour les élections locales ?

Une telle attitude est critiquable à plusieurs points de vue.

Tout d'abord, les collectivités locales en général et les acteurs locaux en particulier expriment un besoin de participation à la gestion des affaires locales. Admettre les candidatures indépendantes aurait pu occasionner l'émergence d'une nouvelle catégorie ayant une trajectoire différente et régler du même coup la problématique de la participation.

Ensuite, on ne parvient pas de manière logique à comprendre l'exclusion des candidatures indépendantes au niveau local. Ce n'est ni la compétence et encore moins les ressources humaines qui font défaut. Donc, il est incompréhensible, de la part du législateur, d'exclure un potentiel de candidatures ayant une vision différente des partis ou coalitions politiques.

§2. Le mode d'élection locale.

Le Président de la République, les députés et les titulaires des mandats locaux ont besoin de l'onction populaire, c'est-à-dire d'un titre, avant l'exercice de toute activité politique[398]. Quels que soient

[397] Voir l'article 198 de la loi n° 2014-18 du 15 avril 2014 abrogeant et remplaçant la loi n° 2012-01 du 3 janvier 2012 portant code électoral (partie législative), modifiée.

[398] Autrement dit, par le biais de l'élection, ces autorités publiques disposent d'une « attestation de représentativité » leur permettant d'agir au nom et pour le compte du peuple.

les changements susceptibles d'intervenir aux lendemains des consultations électorales, il est un invariant sur lequel il y a un accord explicite minimal : le principe intangible du recours aux urnes, à la fois pour renouveler périodiquement la légitimité du Pouvoir d'État et pour l'habilitation des dirigeants à dire la légalité.

L'ensemble de ce processus vise à légitimer le cadre juridico-politique issu des exigences démocratiques, et fonde le consensus. Le suffrage universel devient source du consensus[399].

Nous aborderons tour à tour le mode d'élection dans les différentes collectivités locales.

A.- L'élection des conseillers départementaux et leurs mandats.

Les conseillers départementaux sont élus pour cinq (5) ans au suffrage universel direct[400]. Le nombre de conseillers départementaux à élire dans chaque département est fixé par décret en tenant compte de l'importance démographique de chaque département. Les conseillers départementaux sont élus pour 45 % au scrutin de liste majoritaire à un tour et pour 55 % au scrutin proportionnel départemental sur des listes complètes, sans panachage ni vote préférentiel. La liste majoritaire départementale doit obligatoirement comporter pour chacune des communes au minimum un candidat titulaire et un candidat suppléant, inscrits sur la liste électorale de ladite commune. En cas d'égalité de suffrages, les listes de candidats concernés seront départagées par la moyenne d'âge la plus élevée (titulaires et suppléants).

Tout parti politique légalement constitué ou toute coalition de partis politiques légalement constitués peut présenter des listes de

---

[399] Chacun doit s'incliner –et s'incline effectivement– devant ce qui est issu des urnes : Constitution ou loi référendaire, nouveaux dirigeants élus ; leur volonté particulière devient la loi, expression de la volonté générale ; l'administration placée sous l'autorité du pouvoir exécutif, l'organisation des services publics gérant l'intérêt général.

[400] Le nombre des conseillers départementaux est fixé ainsi :

. 40 membres dans les départements de moins de 200.000 habitants
. 60 membres dans les départements de 200.000 à 400.000 habitants
. 80 membres dans les départements de 400.001 à 600.000 habitants
. 100 membres dans les départements de plus de 600.000 habitants.

candidats. Toutefois, la parité homme-femme s'applique à toutes les listes. Les listes de candidatures, titulaires comme suppléants, doivent être alternativement composées de personnes des deux sexes. Lorsque le nombre de membres est impair, la parité s'applique au nombre pair immédiatement inférieur.

Les coalitions de partis politiques doivent choisir un titre, une couleur et un symbole différents de ceux des partis politiques légalement constitués non-membres de la coalition. Toutefois, une coalition de partis peut prendre le titre, la couleur ou le symbole d'un des partis qui la composent. Le titre de la coalition doit être notifié au préfet au plus tard la veille de la clôture de dépôt des déclarations de candidature et figurer en tête de liste des candidats présentée aux élections.

Pour le scrutin proportionnel, il est appliqué le système du quotient départemental. Pour déterminer ce quotient, on divise le nombre total des suffrages valablement exprimés par le nombre de conseillers départementaux à élire. Autant de fois ce quotient est contenu dans le nombre des suffrages obtenus pour chaque liste, autant celle-ci obtient de candidats élus. La répartition des restes se fait selon le système du plus fort reste. En cas d'égalité, le siège est attribué au plus âgé des candidats susceptibles d'être élus[401].

Lorsque les conseillers départementaux sont élus au scrutin de liste majoritaire, chaque liste comprend un nombre de suppléants égal au nombre des sièges à pourvoir. En cas de vacance, il est fait appel au suppléant du même sexe placé en tête de la liste dans laquelle la vacance s'est produite.

Lorsque les conseillers départementaux sont élus au scrutin proportionnel, chaque liste comprend un nombre de suppléants égal à la moitié de sièges à pourvoir. Toutefois, au cas où le nombre de conseillers à élire est impair, il est alors augmenté d'une unité pour déterminer avec exactitude la liste des suppléants. En cas de vacance, il est fait appel en priorité au candidat du même sexe non élu placé en tête de la liste dans laquelle la vacance s'est produite. Il sera fait appel

[401] Article L.194 de la loi n° 2014-18 du 15 avril 2014 abrogeant et remplaçant la loi n° 2012-01 du 3 janvier 2012 portant code électoral (partie législative), modifiée.

ensuite aux candidats suppléants après épuisement de la liste des candidats non élus[402].

En cas d'annulation globale des opérations électorales ou si le conseil départemental a perdu par l'effet de l'épuisement des listes le tiers de ses membres, il est procédé, dans le premier cas, à de nouvelles élections, et, dans le deuxième cas, à des élections complémentaires dans le délai de six (6) mois à dater de l'annulation ou de la dernière vacance.

Dans les mêmes délais, des élections ont lieu en cas de dissolution de Conseil départemental ou de démission de l'ensemble de ses membres en exercice. Toutefois, dans l'année qui précède le renouvellement intégral, les élections complémentaires ne sont organisées que si le conseil départemental a perdu la moitié de ses membres.

Les conseillers départementaux sont élus pour cinq (5) ans. Sauf cas de dissolution, les élections départementales ont lieu dans les trente (30) jours qui précèdent l'expiration de la cinquième année après la date du dernier scrutin de renouvellement général des conseillers départementaux.

Est éligible au conseil départemental tout électeur du département présenté par un parti politique légalement constitué.

Les inspecteurs généraux d'État nommés dans le corps et les agents de l'État délégués dans les fonctions d'inspecteur général d'État sont inéligibles. Toutefois, cette inéligibilité cesse en cas de sortie définitive du corps[403]. Sont également inéligibles, pendant l'exercice de leurs fonctions et pendant une durée de six (6) mois après l'expiration de celles-ci : les membres du Conseil Constitutionnel, les magistrats de la Cour Suprême, de la Cour des comptes et des Cours et Tribunaux, sauf exceptions prévues par la loi ; les gouverneurs, les préfets et les sous-préfets ainsi que leurs adjoints ; le Trésorier général, le Receveur général, le Payeur, les Trésoriers payeurs régionaux, les Percepteurs et receveurs des départements et les

---

[402] Article L.195 de la loi n° 2014-18 du 15 avril 2014 abrogeant et remplaçant la loi n° 2012-01 du 3 janvier 2012 portant code électoral (partie législative), modifiée.

[403] Voir les articles L. 200 et suivants.

Receveurs municipaux et les secrétaires généraux de département[404]. Ne sont pas éligibles dans le département où ils exercent leurs fonctions : les comptables des deniers départementaux ainsi que les chefs des services de l'assiette et du recouvrement ; les chefs des services régionaux et départementaux de l'État ainsi que les représentants régionaux et départementaux des établissements publics ; les agents de tous ordres employés à la recette départementale ; les agents salariés de la collectivité départementale, parmi lesquels ne sont pas compris ceux qui, étant agents de l'État ou exerçant une profession indépendante, ne reçoivent une indemnité du département qu'à raison des services qu'ils lui rendent dans l'exercice de cette profession[405]. Il en est de même, dans le ressort où ils exercent leurs activités, des entrepreneurs ou concessionnaires départementaux lorsqu'ils sont liés par une convention les plaçant de façon permanente dans un lien de dépendance ou d'intérêt vis à vis du département.

Ainsi, les élus ne peuvent exercer leurs mandats que s'ils ne se trouvent pas dans une situation d'incompatibilité professionnelle.

Le conseil départemental régional peut être dissous par décret. Cette dissolution doit être justifiée par des motifs graves tenant à l'impossibilité de fonctionnement dudit conseil. Deux autres cas de fin de prématurée et collective du mandat sont envisagés par le code général des collectivités locales, la démission des conseillers départementaux, d'une part, l'annulation définitive des élections de tous ses membres, d'autre part.

Le mandat de conseiller départemental peut être abrégé pour des raisons tenant à l'intéressé. À côté du décès, cause naturelle, l'interruption peut résulter de la démission. La démission du président du conseil est adressée au ministre chargé des Collectivités locales par lettre recommandée avec accusé de réception. Elle est définitive à partir de son acceptation par le ministre de tutelle ou un mois après envoi d'une nouvelle lettre recommandée.

Toutefois, lorsque le président du conseil départemental démissionne, les dispositions de l'article 117 du code pénal lui sont

[404] L'inéligibilité des personnes titulaires des fonctions définies à l'alinéa précédent s'étend, dans les mêmes conditions, aux personnes qui exercent ou ont exercé, pendant une durée d'au moins six (6) mois, ces mêmes fonctions sans être ou avoir été titulaires.

[405] Voir les articles L. 200 et suivants.

applicables si l'objet de cette démission était d'empêcher ou de suspendre soit l'administration de la justice, soit l'accomplissement d'un service quelconque. Sous la même dénomination de démission, existent d'autres modalités mettant fin au mandat, se trouve dans une situation d'inéligibilité ou d'incompatibilité est déclaré démissionnaire et s'il refuse la démission, le ministère de tutelle peut décider par arrêté sa suspension pour un mois (s'il s'agit du président du conseil départemental). Il est ensuite mis fin à ses fonctions par décret.

D'autre part, lorsque le conseiller départemental refuse, sans excuse valable, de remplir une fonction dévolue par les lois, le refus entraîne la démission d'office du conseiller.

B.- L'élection du conseil municipal.

Les conseillers municipaux sont élus pour cinq ans au suffrage universel direct. Ils sont élus pour moitié au scrutin de liste majoritaire à un tour sans panachage ni vote préférentiel et sur liste complète, l'autre moitié est élue au scrutin proportionnel avec application du quotient municipal.

Les conseillers municipaux sont élus pour cinq (5) ans au suffrage universel direct[406]. Toutes les listes présentées doivent respecter la parité homme- femme. Les listes de candidatures, titulaires comme suppléants, doivent être alternativement composées de personnes des deux sexes. Lorsque le nombre de membres est impair, la parité

---

[406] Aux termes de l'article L. 223 du code électoral, le nombre de conseillers municipaux est fixé comme suit :

. 36 membres dans les communes de moins de 3.500 habitants ;
. 40 membres dans les communes de 3.501 à 10.000 habitants ;
. 46 membres dans les communes de 10.001 à 30.000 habitants ;
. 56 membres dans les communes de 30.001 à 50.000 habitants ;
. 60 membres dans les communes de 50.001 à 60.000 habitants ;
. 66 membres dans les communes de 60.001 à 70.000 habitants ;
. 70 membres dans les communes de 70.001 à 100.000 habitants ;
. 76 membres dans les communes de100.001 à 250.000 habitants ;
. 80 membres dans les communes de 250.001 à 350.000 habitants ;
. 86 membres dans les communes de 350.001 à 500.000 habitants ;
. 96 membres dans les communes de 500.001 à 600.000 habitants ;
. 100 membres dans les communes de plus de 600.000 habitants.

Le nombre de conseillers municipaux à élire dans chaque commune est fixé par décret en tenant compte de l'importance démographique de chaque commune.

s'applique au nombre pair immédiatement inférieur[407]. Les conseillers municipaux sont élus pour moitié au scrutin de liste majoritaire à un tour, sur liste complète, sans panachage ni vote préférentiel et pour l'autre moitié, au scrutin proportionnel avec application du quotient municipal.

Pour déterminer le quotient, on divise le nombre total des suffrages valablement exprimés par le nombre de conseillers municipaux à élire. Autant de fois ce quotient est contenu dans le nombre des suffrages obtenus par chaque liste, autant celle-ci obtient de candidats élus. La répartition des restes se fait selon le système du plus fort reste. En cas d'égalité, le siège est attribué au plus âgé des candidats susceptibles d'être élus.

Lorsque les conseillers municipaux sont élus au scrutin majoritaire, en cas d'égalité des suffrages, les listes de candidats concernés seront départagées par la moyenne d'âge la plus élevée (titulaires et suppléants)[408]. Aussi, lorsque les conseillers municipaux sont élus au scrutin de liste majoritaire, chaque liste comprend un nombre de suppléants égal au nombre des sièges à pourvoir. En cas de vacance sur la liste des candidats au scrutin majoritaire, il est fait appel au suppléant du même sexe placé en tête de la liste dans laquelle la vacance s'est produite.

Lorsque les conseillers municipaux sont élus au scrutin proportionnel, chaque liste comprend un nombre de suppléants égal à la moitié de sièges à pourvoir. Toutefois, au cas où le nombre de conseillers à élire est impair, il est alors augmenté d'une unité pour déterminer avec exactitude la liste des suppléants. En cas de vacance, il est fait appel en priorité au candidat du même sexe non élu placé en tête de la liste dans laquelle la vacance s'est produite.

Si le conseil municipal a perdu par l'effet de vacances survenues, le tiers de ses membres, il est procédé à des élections complémentaires dans le délai de six (06) mois à dater de la dernière vacance. Dans le même délai, des élections ont également lieu en cas de dissolution de conseil municipal ou de démission de tous ses membres en exercice. Dans l'année qui précède, le renouvellement général des conseils

[407] Article L. 224 du code électoral.
[408] Article L. 225 du code électoral.

municipaux, les élections complémentaires ne sont obligatoires qu'au cas où le conseil municipal a perdu la moitié de ses membres.

Sont éligibles au conseil municipal, tous les électeurs de la commune. Toutefois, le nombre de conseillers qui ne résident pas dans la commune au moment de l'élection, ne peut excéder le quart des membres du conseil. Ne peuvent être conseillers municipaux : les individus privés d'un droit électoral ; ceux qui sont secourus par les budgets communaux ; ceux qui ont fait l'objet d'une condamnation en application de l'article 88 du code général des Collectivités locales ; les conseillers déclarés démissionnaires en application des articles 157 et 159 du code général des Collectivités locales à l'occasion des élections municipales suivant la date de leur démission.

Les inspecteurs généraux d'État nommés dans le corps et les agents de l'État délégués dans les fonctions d'inspecteur général d'État sont inéligibles. Toutefois, cette inéligibilité cesse en cas de sortie définitive du corps[409]. Sont également inéligibles pendant l'exercice de leurs fonctions et pendant la durée de trois (3) mois après l'expiration de celles-ci : les magistrats du Conseil Constitutionnel, de la Cour Suprême, des Cours d'Appel et des Tribunaux ainsi que les Présidents des Tribunaux départementaux ; les gouverneurs, préfets, sous-préfets ; le Trésorier général, les Payeurs, Percepteurs et Receveurs municipaux.

Ne sont pas éligibles dans les communes où ils exercent leurs fonctions[410] : les ingénieurs et conducteurs chargés d'un service municipal ainsi que les agents voyers ; les comptables des deniers communaux ainsi que les chefs de services de l'assiette et du recouvrement ; les chefs des services régionaux et départementaux des établissements publics ; les agents salariés de la commune, parmi lesquels ne sont pas compris ceux qui, étant fonctionnaires publics ou exerçant une profession indépendante, ne reçoivent une indemnité de la commune qu'à raison des services qu'ils lui rendent dans l'exercice de cette profession.

---

[409] Voir l'article L. 231 de la loi n° 2014-18 du 15 avril 2014 abrogeant et remplaçant la loi n° 2012-01 du 3 janvier 2012 portant code électoral (partie législative), modifiée.

[410] Voir l'article L. 232 de la loi n° 2014-18 du 15 avril 2014 abrogeant et remplaçant la loi n° 2012-01 du 3 janvier 2012 portant code électoral (partie législative), modifiée.

Nul ne peut être membre de plusieurs conseils municipaux. Un délai de dix (10) jours à partir de la proclamation du résultat du scrutin est accordé au conseiller municipal élu dans plusieurs communes pour faire sa déclaration d'option. Cette déclaration est adressée au Ministère Chargé des Elections. Si dans ce délai le conseiller élu n'a pas fait son option, il fait partie de droit du conseil de la commune où le nombre des électeurs est le moins élevé[411].

Les incompatibilités n'empêchent pas l'élection, mais contraignent l'élu à choisir entre son mandat et le maintien dans ses fonctions antérieures incompatibles. À la différence des inéligibilités, les incompatibilités ne sont pas d'ordre public, le juge ne les soulève pas d'office. Elles s'apprécient au jour où le juge statue et non au jour de l'élection[412].

§3. Le contentieux électoral local.

Au Sénégal, les résultats des élections locales sont proclamés par des commissions habilitées à cette fin. Par suite, les litiges auxquels donnent lieu les élections nécessitent l'intervention du juge qui est en l'occurrence la Cour d'appel.

Ainsi, c'est après l'intervention de ces commissions que les cas d'annulation peuvent être excipés devant le juge électoral. Pour ce qui concerne les élections municipales, le recensement des votes et la proclamation des résultats s'effectuent par la commission départementale du recensement des votes qui siège au tribunal départemental. En effet, il est institué une Commission départementale de Recensement des Votes. Cette Commission est présidée par un magistrat désigné par le Premier Président de la Cour d'Appel compétente. Elle comprend en outre, d'une part, deux magistrats désignés par la même autorité judiciaire, et d'autre part, un représentant de la C.E.N.A et un représentant de chaque liste de

---

[411] Les ascendants et les descendants, les frères et sœurs peuvent être membres d'un même conseil municipal s'ils sont présentés par des listes différentes. Leur nombre est limité à deux (2) au sein du même conseil municipal. Les conjoints et les alliés au même degré ne peuvent être simultanément membres d'un même conseil municipal.

[412] BOURDON J., PONTIER J-M. et RICCI J.-C., *Droit des collectivités locales*, Dakar, PUF, 1998, p 205.

candidats. Les représentants des listes de candidats ainsi que celui de la C.E.N.A, assistent à toutes réunions de la Commission départementale à l'exception de la délibération finale. Ils ont accès à tous les documents et ont le droit de porter leurs observations au procès-verbal. Dès réception des enveloppes, et avant de les ouvrir, le président de la commission départementale de recensement des votes fait constater aux membres de la commission que les plis contenant les procès-verbaux des bureaux de vote et les pièces annexées sont scellés. La commission départementale procède au recensement des votes à partir des procès-verbaux des bureaux de vote. Elle procède, le cas échéant, à la rectification, à l'annulation ou aux redressements desdits procès-verbaux. L'opération du recensement général des votes est constatée par un procès-verbal. Le recensement des votes est effectué au Tribunal Départemental par la Commission Départementale de Recensement des votes. Les opérations de recensement sont constatées par procès-verbal. La commission départementale adopte ses décisions après délibération des magistrats qui seuls ont voix délibérative. Le résultat est proclamé par le Président de la Commission qui adresse immédiatement tous les procès-verbaux et les pièces qui doivent y être jointes, au Greffier en Chef du Tribunal Départemental qui assure leur conservation. Les listes d'émargements sont tenues à la disposition de tout électeur qui en fera la demande dans un délai de huit (8) jours.

La proclamation des résultats par la commission départementale de recensement intervient au plus tard à minuit le vendredi qui suit le scrutin. Le procès-verbal et les pièces qui doivent être jointes, sont remis directement au greffier en chef du tribunal départemental qui en assure la conservation. Chaque membre de la commission départementale reçoit un exemplaire du procès-verbal. Un exemplaire est adressé au préfet et au représentant de la CENA dans le département. En cas de destruction, de substitution, de perte ou de vol des originaux des procès-verbaux, les exemplaires présentés par les deux tiers (2/3) des représentants de candidats ou des listes de candidats feront foi au même titre que celui du délégué de la C.E.N.A[413].

[413] Voir l'article L. 218 de la loi n° 2014-18 du 15 avril 2014 abrogeant et remplaçant la loi n° 2012-01 du 3 janvier 2012 portant code électoral (partie législative), modifiée

Pour ce qui est des élections départementales, il faut deux degrés dans l'intervention précontentieuse. D'abord, l'intervention des commissions départementales dont les pouvoirs se bornent au recensement des votes à partir des procès-verbaux des bureaux de votes[414]. Après la proclamation des résultats, commence à courir le délai des recours contentieux. Contrairement au contentieux des élections nationales, tout électeur ou tout candidat à une élection locale peut demander l'annulation des opérations électorales selon une procédure commune à toutes les élections locales, les requêtes doivent être examinées par la Cour d'appel qui statue dans les délais dérogatoires au droit commun. La Cour d'Appel statue en premier ressort dans le délai d'un mois à compter de l'enregistrement de la requête en annulation des opérations électorales au greffe de la Cour d'Appel. En cas de renouvellement général des conseillers départementaux, ce délai est porté à trois (3) mois. S'il intervient une décision ordonnant une preuve, la Cour d'Appel doit statuer définitivement dans le mois à partir de cette décision. Faute, par la Cour d'Appel, d'avoir statué dans les délais ci-dessus fixés, la réclamation est considérée comme rejetée. La Cour d'Appel est dessaisie et la partie intéressée peut porter sa réclamation devant la Cour Suprême dans un délai d'un mois à compter de la date d'expiration desdits délais. De même, en cas de rejet, la partie intéressée peut interjeter appel devant la Cour Suprême dans le même délai à compter du jour de la notification de la décision[415].

Section 2. L'exécutif local.

L'exécutif local constitue un autre élément qui confirme l'autonomie institutionnelle des collectivités locales. Du fait des

---

[414] Le recensement des votes est effectué au Tribunal Départemental par la Commission Départementale de Recensement des votes. Les opérations de recensement sont constatées par procès-verbal. La commission départementale adopte ses décisions après délibération des magistrats qui seuls ont voix délibérative. Le résultat est proclamé par le Président de la Commission qui adresse immédiatement tous les procès-verbaux et les pièces qui doivent y être jointes, au Greffier en Chef du Tribunal Départemental qui assure leur conservation.

[415] Article L. 221 du code électoral précité.

spécificités dans la gestion de l'exécutif local, nous aborderons tour à tour le cas spécifique de chaque collectivité locale.

§1. L'exécutif départemental.

Le président du conseil départemental est l'organe exécutif du département, c'est à dire son pouvoir actif[416]. Dans les conditions prévues par l'article 31 du code général des collectivités locales, le conseil départemental élit en son sein un bureau composé d'un président, d'un premier vice- président, d'un second vice- président et de deux secrétaires. Ce bureau assiste le président du conseil départemental.

En tant que président du conseil département, il est chargé de réunir le conseil départemental et, à cette fin, adresse les convocations. Au cours de la réunion, il préside, procède à l'énumération des points à l'ordre du jour, donne la parole à chaque membre et clôt la séance.
Il prépare et exécute les délibérations du conseil départemental. Il est l'ordonnateur des dépenses du département et prescrit l'exécution des recettes, sous réserve des dispositions particulières du Code général des Impôts relatives au recouvrement des recettes fiscales des collectivités locales. Il est le chef des services décentralisés du département. Il peut, sous sa surveillance et sous sa responsabilité, donner délégation de signature aux membres du bureau. Dans les mêmes conditions, il peut aussi déléguer sa signature au secrétaire général du département, ainsi qu'aux responsables desdits services. Le président du conseil départemental gère le domaine du département. A ce titre, il exerce les pouvoirs de police afférents à cette gestion, notamment en ce qui concerne la circulation sur ce domaine, sous réserve des attributions dévolues aux représentants de l'État et aux maires.

Pour la préparation et l'exécution des délibérations du conseil départemental, son président peut disposer, le cas échéant, des services déconcentrés de l'État dans le cadre d'une convention signée avec le représentant de l'État, précisant les conditions de prise en charge par le département de ces missions. Il peut, sous sa surveillance et sa responsabilité, donner délégation de signature aux

[416] Article 34 du CGCL.

chefs desdits services pour l'exécution des missions qu'il leur confie, en application de l'alinéa précédent. Les conditions et les modalités de l'utilisation par le département de ces services, sous forme de conventions- types, sont fixées par décret[417].

Les agents de l'État, chargés de l'exécution de tâches départementales, sont affectés auprès du président du conseil départemental et sont placés, pour l'exercice de leurs fonctions, sous l'autorité de celui-ci. Ces personnels restent régis par les statuts qui leur sont applicables lors de l'entrée en vigueur de la présente loi. En outre, tout engagement d'un agent par le département s'effectue selon les modalités de recrutement, de rémunération et de déroulement de carrière applicables aux emplois de l'État équivalents[418].

Le secrétaire général du département est nommé par le président du conseil départemental, après avis consultatif du représentant de l'État, parmi les agents et fonctionnaires de la hiérarchie A de la fonction publique, ou de niveau équivalent dans les conditions précisées par décret. Il assiste aux réunions de bureau avec voix consultative. Le président du conseil départemental met fin à ses fonctions dans les mêmes formes[419].

La coordination entre l'action des services du département et celle des services de l'État dans le département est assurée par le représentant de l'État en rapport avec le président du conseil départemental[420].

Le représentant de l'État réunit une conférence d'harmonisation au moins deux fois par an sur les programmes d'investissement de l'État et du département La réunion est co-présidée par le Préfet du département et le président du conseil départemental[421].

Les départements d'une même région circonscription administrative constituent en commun, avec les communes, une Agence régionale de Développement (ARD). Cette agence a pour

---

[417] Article 35 du CGCL.
[418] Article 36 du CGCL.
[419] Article 37 du CGCL.
[420] Article 38 du CGCL.
[421] Article 39 du CGCL.

mission d'apporter aux collectivités locales une assistance gratuite dans tous les domaines d'activités liés au développement.

§2. L'exécutif municipal.

Le maire est l'organe exécutif de la commune. Il est assisté par les adjoints dans l'ordre de leur élection. Le maire et les adjoints doivent résider dans la commune ou en être obligatoirement contribuables[422].

Le conseil municipal élit le maire et les adjoints parmi ses membres sachant lire et écrire. Il est convoqué par le représentant de l'État notamment le préfet dans les quinze jours qui suivent la date de la proclamation des résultats.

L'élection du maire et de ses adjoints a lieu au scrutin secret et à la majorité absolue. Si après deux tours de scrutin, aucun candidat n'a obtenu la majorité absolue, il est procédé à un troisième tour de scrutin et l'élection a alors lieu à la majorité relative. En cas d'égalité des suffrages, le plus âgé est déclaré élu. Pour toute élection du maire ou des adjoints, les membres du conseil municipal sont convoqués à la diligence du représentant de l'État.

Les élections sont rendues publiques, au plus tard vingt-quatre heures après la proclamation des résultats, par voie d'affiche à la porte de la Mairie. Elles sont dans le même délai notifiées au représentant de l'État.

Le maire et ses adjoints sont élus pour la même durée que le conseil municipal.

Suite à une requête introduite dans un délai de cinq jours qui commence à courir vingt-quatre heures après l'élection, celle-ci peut être annulée en cas d'irrégularités. En cas d'annulation dans les conditions prévues par le code électoral, le conseil est convoqué pour procéder au remplacement dans le délai d'un mois.

Le maire peut exercer seul les compétences qui lui sont dévolues ou les déléguer. Il dispose en cette matière d'une très grande liberté

---

[422] Le nombre des adjoints est le suivant : 1 pour les communes de 1.000 à 2.500 habitants ; 2 pour les communes de 2.501 à 10.000 habitants ; 1 adjoint de plus par tranche supplémentaire de 30.000 habitants sans que le nombre des adjoints puisse dépasser 10 communes d'une population supérieure à 10.000 habitants.

juridique. Le seul interdit est la prise de décisions collectives par le bureau ou le conseil des adjoints qui n'a pas d'existence juridique.

Le maire peut déléguer par arrêté une partie de ses compétences à un ou plusieurs de ses adjoints et en l'absence ou en cas d'empêchement de ses adjoints, à des membres du conseil municipal. Ces délégations subsistent tant qu'elles ne sont pas rapportées. Toutefois, elles cessent sans être expressément rapportées lorsque le maire de qui elles émanent, est décédé, suspendu, révoqué ou déclare démissionnaire. Mais il y a lieu de souligner que la délégation ne dessaisit pas le maire, en tant qu'autorité délégante, il peut toujours évoquer n'importe quelle affaire déléguée. Le maire est secondé par ses adjoints qui forment le bureau[423] municipal chargé de fournir des avis toutes les fois qu'il est requis par les lois et règlements ou qu'il est demandé par le représentant de l'État.

Les manifestations de la volonté du maire dans l'exercice des compétences qui lui sont attribuées prennent la forme d'actes unilatéraux qui produisent des effets de droit.

Le secrétaire municipal est nommé par le maire. Il met aussi fin à ses fonctions. Celui-ci assiste aux réunions avec une voix consultative. Il est de la hiérarchie A ou B ou de niveau équivalent.

Dans les cas où les intérêts particuliers du maire se trouvent en opposition avec ceux de la commune, le conseil municipal désigne un autre de ses membres pour représenter la commune, soit en justice, soit dans les contrats.

Le maire, représentant de la commune, est chargé sous le contrôle du conseil municipal d'exécuter les décisions du conseil municipal[424].

---

[423] Le bureau est notamment chargé : de l'établissement de l'ordre du jour des séances du conseil ; de l'assistance aux services administratifs et techniques dans la conception et la mise en œuvre des actions de développement et plus particulièrement en ce qui concerne les actions de participation populaire ; de surveiller la rentrée des impôts, taxes et droit municipaux, de prendre les mesures nécessaires pour le recouvrement de l'impôt ; et de déterminer le mode d'exécution des travaux communaux notamment le tâcheronnat, investissements humains, entreprises, régies.

[424] Il est chargé également de :

1) de conserver, d'entretenir et d'administrer les propriétés et les biens de la commune et de faire, en conséquence, tous actes conservatoires de ses droits ;

La fonction exécutive confiée au maire signifie que son action en ce domaine est conditionnée par les décisions du conseil municipal. Il ne peut empiéter sur les compétences du conseil et est tenu, comme en droit français, de prendre les mesures nécessitées par l'application des délibérations du conseil municipal[425].

La qualité d'exécutif ne signifie pas que le maire soit un simple exécutant. Il dispose d'une marge de liberté et d'initiative. Il prépare les affaires, les fait instruire, les inscrit à l'ordre du jour des réunions du conseil municipal et il apprécie les modalités de mise en œuvre des délibérations.

Dans le cas où le maire refuse ou néglige de faire des actes qui lui sont prescrits par la loi ou les règlements, le Ministre chargé des collectivités locales saisi par le représentant de l'État, après mis en demeure, peut y faire procéder d'office. La mise en demeure, doit indiquer le délai imparti aux maires intéressés pour répondre au représentant de l'État. Elle doit aussi être faite par écrit. Si aucune réponse n'est intervenue à l'expiration du délai imparti, ce silence est interprété comme un refus[426].

---

2) de gérer les revenus, de surveiller les services communaux et la comptabilité communale ;

3) de préparer et de proposer le budget, d'ordonnancer les dépenses et de prescrire l'exécution des recettes ;

4) de diriger les travaux des communaux ;

5) de veiller à l'exécution des programmes, de développement financés par la commune ou réalisés avec sa participation ;

6) de pourvoir aux mesures relatives à la voirie municipale ;

7) de souscrire les marchés, de passer les baux des biens et des adjudications des travaux communaux selon les règles établies par les lois et règlements ;

8) de passer, selon les mêmes règles, les actes de vente, d'échange, de partage, d'acceptation de dons ou legs, d'acquisitions, de transaction, lorsque ces actes ont été autorisés par le conseil municipal ;

9) de représenter la commune en justice ;

10) de prendre toutes mesures nécessaires pour les destructions des animaux nuisibles par les lois et règlements ;

11) de veiller à la protection de l'environnement, à la protection des espaces verts, à l'embellissement de la ville ;

12) de nommer aux emplois communaux ;

13) d'apporter assistance aux lieux de culte.

[425] CE, 28 mai 1980, *Commune d'Évaux-les-Bains*, Rec. 239.

[426] Cf. chapitre 2 du titre II de la première partie.

Les démissions du maire ou des adjoints sont définitives à partir de l'acceptation, de leur demande par lettre recommandée, par le ministre chargé des collectivités locales ou un mois après l'envoi d'une nouvelle lettre recommandée. Cependant ils continuent à exercer leur fonction jusqu'à l'installation de leurs successeurs. Ils ne peuvent être révoqués que par décret motivé. De même, les arrêtés de suspension doivent également être motivés[427].

En définitive, il faut rappeler que la communauté rurale est supprimée avec la réforme de décembre 2013 portant code général des collectivités locales. Toutefois, avant cette réforme chaque conseil rural, quelle que soit sa taille, élisait un président et un vice-président.

Section 3. Les organes délibérants.

Chaque organe délibérant mérite une attention particulière compte tenu des originalités des uns et des autres.

§1. Le conseil départemental.

Le conseil départemental a son siège au chef-lieu du département. Il se réunit une fois par trimestre.

La première réunion du conseil départemental nouvellement élu se tient de plein droit dans les quinze jours qui suivent la proclamation officielle des résultats. Elle est convoquée par le représentant de l'État. Au cours de cette réunion, présidée par son doyen d'âge, le plus jeune membre faisant office de secrétaire, le conseil départemental élit son président. L'élection a lieu au scrutin secret et à la majorité absolue des membres du conseil départemental. Si, après deux tours de scrutin, aucun candidat n'a obtenu la majorité absolue, il est procédé à un troisième tour de scrutin et l'élection a alors lieu à la majorité relative. En cas d'égalité de suffrages, le plus âgé est déclaré élu. Le conseil départemental ne peut, dans ce cas, délibérer que si les deux tiers de ses membres sont présents. Si cette condition n'est pas remplie, la réunion est convoquée de plein droit huit jours plus tard. La réunion peut alors avoir lieu sans condition de quorum. Aussitôt après l'élection du président, et sous sa présidence, le conseil

[427] Article 128 CGCL.

départemental complète son bureau en élisant ses deux vice-présidents et ses deux secrétaires. Chaque membre du bureau est élu dans les mêmes conditions que le président et pour la même durée. Les pouvoirs du conseil sortant expirent à l'ouverture de cette première réunion[428]. Après l'élection de son bureau, le conseil départemental forme ses commissions, procède à la désignation de ses membres ou de ses délégués pour le représenter au sein d'organismes extérieurs.

Le conseil départemental se réunit, une fois par trimestre, en session ordinaire. La durée de chaque session ne peut excéder quinze jours, sauf la session budgétaire qui peut durer un mois. Aux termes de l'article 45 du code général des collectivités locales, le conseil départemental est également réuni en session extraordinaire, pour une durée qui ne peut excéder trois jours, sur un ordre du jour déterminé à la demande :

- du président ;
- du tiers des membres du conseil départemental, un même conseiller départemental ne pouvant être signataire de plus d'une demande de réunion par année.

Le conseil départemental forme de droit quatre (4) commissions : 1. Commission des affaires administratives, juridiques et du règlement intérieur ; 2. Commission de l'éducation, de la santé et de la population, des affaires sociales et culturelles, de la jeunesse et des sports ; 3. Commission des finances, du plan et du développement économique ; 4. Commission de l'environnement, de l'aménagement du territoire, des domaines, de l'urbanisme et de l'habitat. Toute autre commission peut être créée ou dissoute par délibération du conseil départemental, sur demande de son président ou sur proposition d'au moins 1/3 des membres du conseil départemental.

Les séances du conseil départemental sont publiques sauf si le conseil en décide autrement à la majorité absolue des membres présents ou représentés. Le vote a lieu au scrutin public. Les délibérations du conseil départemental sont prises à la majorité simple. En cas d'égalité de voix, celle du président est prépondérante. Les prénoms et noms des votants, avec l'indication de leur vote, sont

[428] Article 42 du CGCL.

insérés au procès-verbal. Toutefois, à la demande du quart des membres présents, le scrutin est secret.

Le conseil départemental ne peut délibérer que si la majorité absolue de ses membres en exercice est présente à l'ouverture de la session. Si ce quorum n'est pas atteint, la réunion est convoquée de plein droit, huit jours plus tard. Dans ce cas, les délibérations ne sont valables que si, au moins, le quart des membres du Conseil sont présents.

Quinze jours au moins avant la réunion du conseil départemental, le président adresse aux conseillers départementaux un rapport sur chacune des affaires qui doivent leur être soumises. Chaque année, au mois de janvier de l'année suivant la fin de la gestion, le président présente au conseil départemental un rapport spécial sur la situation du département notamment sur les matières transférées, l'activité et le fonctionnement des différents services du département et des organismes qui relèvent de celui-ci, ainsi que les crédits qui leur sont alloués. Le rapport précise également l'état d'exécution des délibérations du conseil départemental et la situation financière du département. Ce rapport donne lieu à un débat. Il est transmis pour information au représentant de l'État. Il est rendu public.

La présence du représentant de l'État ou de son délégué dûment mandaté aux séances du conseil départemental est de droit. Chaque fois qu'il le demande, le représentant de l'État ou son délégué est entendu, mais ne peut ni présider les séances ni participer au vote. Ses déclarations sont portées au procès-verbal des délibérations. Une fois par an, le représentant de l'État expose, devant le conseil départemental, par un rapport spécial, présenté au mois de janvier de l'année suivant la fin de la gestion, l'activité des services de l'État dans le département. Ce rapport donne lieu à un débat en sa présence.

Un conseiller départemental, empêché, peut donner procuration écrite de vote avec signature certifiée conforme à un autre conseiller départemental, pour la réunion à laquelle il ne peut assister. Un même conseiller départemental ne peut recevoir plus d'une seule procuration.

Lorsque le fonctionnement d'un conseil départemental se révèle durablement impossible, sa dissolution peut être prononcée par décret, après avis de la Cour suprême. La dissolution ne peut être prononcée par voie de mesure générale. En cas de dissolution du conseil départemental, de démission de tous ses membres ou d'annulation devenue définitive de l'élection de tous ses membres, une délégation spéciale de sept membres est nommée par arrêté du Ministre chargé des Collectivités locales. Le bureau de la délégation spéciale est composé d'un président et de deux vice-présidents. La délégation spéciale a les mêmes attributions que le conseil départemental[429]. Une nouvelle élection du conseil départemental est organisée dans un délai maximum de six mois. Le délai peut être prorogé pour une, deux, ou au plus, trois périodes de six mois par décret motivé. Le représentant de l'État convoque le conseil élu pour la première réunion, dont il fixe la date, l'heure et le lieu.

§2. Le conseil municipal.

Le conseil municipal siège à l'hôtel de ville de la commune. Toutefois, le maire peut décider de le réunir dans des locaux annexes de la mairie, lorsque l'ordre du jour le justifie. Il se réunit en session ordinaire une fois par trimestre. La durée de chaque session ne peut excéder quinze jours sauf la session budgétaire qui peut durer trente jours.

Le représentant de l'État qui intervient dans le cadre de la commune peut demander au maire de réunir le conseil municipal en session extraordinaire. Le maire peut également réunir le conseil municipal en session extraordinaire chaque fois qu'il le juge utile.

Sur la demande de la majorité des membres, le maire est tenu de convoquer le conseil municipal. La convocation précise l'ordre du jour et est mentionnée au registre des délibérations, affichées à la porte de la Mairie.

Le conseil ne peut siéger que lorsque la majorité de ses membres en exercice assiste à la session. Si ce quorum n'est pas atteint, la délibération n'est valable qu'après une seconde convocation.

Il convient de préciser que le respect du délai de convocation (trois jours ou 24 heures en cas d'urgence) est une formalité substantielle, soumise au contrôle complet du juge administratif. Comme en droit

---

[429] Toutefois, elle ne peut : 1. aliéner ou échanger des propriétés du département ; 2. augmenter l'effectif budgétaire ; 3. créer des services publics ; 4. voter des emprunts.

français, l'inobservation du délai entraîne l'irrégularité des délibérations adoptées au cours de la réunion[430]. Le juge vérifie aussi bien le bien-fondé de l'urgence lorsque celle-ci est convoquée par le maire et avalisée par le conseil municipal.

Il peut décider que l'urgence n'est pas justifiée, ce qui entraîne l'illégalité des délibérations prises lors de la réunion[431].

La légitimité des décisions du conseil municipal suppose que les élus s'intéressent aux affaires qui leur sont confiées ; ils doivent être présents. Cette exigence se traduit par l'obligation de respecter le quorum. Le quorum se calcule d'abord sur le nombre des membres en exercice et non pas en fonction de l'effectif légal du conseil. Un conseiller qui a donné sa démission, un conseiller qui a reçu notification de la décision définitive d'annulation de son élection, un conseiller révoqué ne sont pas des membres en exercice. Le quorum se calcule ensuite sur la présence physique des conseillers, les procurations ne sont pas prises en comptes. Le quorum est atteint si plus de la moitié des conseillers municipaux en exercice légalement aptes à délibérer est physiquement présente, à l'ouverture de la séance. Il doit être vérifié par le maire ou le président de séance à l'ouverture de celle-ci. Les séances du conseil municipal sont publiques.

Sur la demande du maire ou du tiers des membres, le conseil municipal, sans débat, décide s'il délibère en huit clos, ce qui est de droit quand il est appelé à donner son avis sur les mesures individuelles et les matières suivantes : secours scolaire, assistance médicale gratuite, assistance aux vieillards, aux familles, aux sinistrés etc., assistance aux lieux de culte, convocation d'un conseiller au sens de l'article 169[432].

Les délibérations du conseil municipal sont prises à la majorité des votants.

Le conseil municipal règle par ses délibérations les affaires de la commune. Il dispose, selon cette formule traditionnelle depuis la loi du 5 avril 1884 d'une compétence de droit commun pour résoudre toute question d'intérêt communal qui n'a pas été expressément

---

[430] CE, 21 novembre 1969, *Élection du Maire et de l'adjoint de Cauro*, Rec. 522.

[431] CE, 21 février 1936, *Hublot*, Rec. 229.

[432] Article 151 du CGCL.

ttribuée à une autre autorité et notamment le maire. Il doit assurer à l'ensemble de la population, sans discrimination, les meilleures conditions de vie. Il intervient plus particulièrement dans le domaine de la planification et de la programmation du développement et de l'harmonisation de cette programmation avec les orientations régionales et nationales.

Le conseil municipal vote le budget et arrête le compte administratif du maire. Il examine le rapport du maire et des comptes de gestion du receveur sauf règlement définitif réservé au juge des comptes.

Lorsque le conseil municipal délibère en dehors de ses réunions légales ou sur un objet étranger à ses compétences, le représentant de l'État prononce par arrêté motivé, la nullité des actes. Aussi sont nulles de plein droit les délibérations prises en violation des lois et règlements en vigueur.

De même, sont annulables les délibérations auxquelles ont pris part des membres du conseil intéressé, soit en leur nom personnel, soit comme mandataires, à l'affaire qui en fait l'objet.

Tout membre du conseil municipal dûment convoqué qui, sans motifs légitimes a manqué à trois sessions successives, peut, après avoir été invité à fournir ses explications, être déclaré démissionnaire par le maire après avis du conseil municipal. La décision, dont copie doit être envoyée à l'intéressé et au représentant de l'État, est susceptible de recours, dans les deux mois de la notification, devant la juridiction compétente[433].

Les employeurs sont tenus de laisser aux salariés de leur entreprise ou service, membres d'un conseil municipal, le temps nécessaire pour participer aux séances plénières de ce conseil ou des commissions qui en dépendent. La suspension de travail prévue au présent article ne peut être une cause de rupture par l'employeur du contrat de louage de services, sous peine de dommages et intérêts au profit du salarié[434].

Après l'étude des aspects institutionnels, il convient maintenant de s'intéresser aux aspects fonctionnels.

---

[433] Article 157 du CGCL.
[434] Article 158 du CGCL.

Chapitre 2

LES ASPECTS FONCTIONNELS DE L'AUTONOMIE LOCALE

Le droit des collectivités locales aménage une autonomie fonctionnelle c'est à dire le droit pour une collectivité locale de s'administrer elle-même impliquant à la fois la liberté de décider et d'agir, dans le respect des lois, et la capacité de le faire grâce à des ressources suffisantes dont elle peut disposer librement. Cette autonomie au plan fonctionnel se matérialise à travers les compétences des collectivités locales (Section 1), les moyens d'action (Section 2) mais aussi le système relationnel des collectivités locales (Section 3.)

Section 1. Les compétences locales.

De très importants transferts de compétence de l'État vers les collectivités locales ont été opérés par le nouveau général des collectivités locales du 28 décembre 2013. La mise en œuvre de ce texte a montré à quel point la détermination des compétences locales est un exercice difficile. Mais au-delà de la problématique relative à la détermination des compétences locales, d'autres questions se posent, celle du pouvoir réglementaire des collectivités locales et celle des compétences des différents niveaux des collectivités locales.

Au Sénégal, les collectivités locales sont des foyers d'autonomie auxquels le législateur n'est pas autorisé à apporter les restrictions qui ne soient pas nécessaires ou proportionnées et qu'en tout état de cause, il ne peut méconnaître un noyau minimum de compétences et de ressources locales sans lequel les collectivités n'auraient plus d'existence suffisante[435].

Cette construction jette les bases d'une théorie autonome du pouvoir réglementaire local. Mais en dépit de tout, les mécanismes de partage entre les pouvoirs réglementaires national et local ne sont pas

---

[435] Cf. Code des collectivités locales du Sénégal et de la Constitution du 7 janvier 2001.

encore mis au clair et le gouvernement bénéficie de champs d'action trop discrétionnaires en droit des collectivités locales.

L'existence de plusieurs sortes de collectivités locales semble être justifiée par la présence de plusieurs intérêts locaux suivant la dimension du groupe que l'on prend en considération. Si l'intérêt communal ne fait l'objet d'aucune objection, l'intérêt départemental a soulevé plusieurs controverses[436]. Chaque niveau d'intérêt local a un contenu différent qu'il convient d'aborder pour déterminer le contenu. Nous allons étudier les compétences partagées (§1) avant d'évoquer les compétences spécifiques (§2).

§1. Les compétences partagées.

Neuf domaines de compétence sont transférés aux collectivités locales. Certaines compétences sont exercées à la fois par les différentes collectivités locales. Il s'agit :

. des compétences en matière de gestion et d'utilisation du domaine privé de l'État, du domaine public et du domaine national ;

. des compétences en matière de gestion des ressources naturelles et de l'environnement ;

. des compétences en matière de santé et d'action sociale ;

. des *compétences en matière d'urbanisme et d'habitat ;*

. *des compétences en matière de jeunesse et de sport ;*

. *des compétences en matière de culture ;*

. *des compétences en matière d'éducation, de promotion des langues nationales et de formation professionnelle*

- *Des compétences en matière de gestion et d'utilisation du domaine privé de l'État, du domaine public et du domaine national.*

Aux termes de l'article 292 du CGCL, les compétences transférées aux départements et aux communes en matière domaniale concernent la gestion et l'utilisation du domaine privé de l'État, du domaine public et du domaine national. Ainsi, l'État peut céder aux

---

[436] Le problème est de savoir si l'intérêt départemental existe, si intérêt départemental et existence d'une collectivité régionale sont assimilables. Dire qu'il n'y a pas d'intérêt départemental signifie simplement qu'il n'y a pas d'intérêt qui soit propre à une communauté départementale d'où la nécessité de leur suppression comme le suggérait une bonne partie de la doctrine sénégalaise.

collectivités locales tout ou partie de ses biens meubles ou immeubles relevant de son domaine privé, ou passer avec ces collectivités des conventions portant sur l'utilisation desdits biens. La cession par l'État des biens meubles et immeubles cités à l'alinéa premier du présent article notamment des immeubles bâtis ou non bâtis aux collectivités locales pour leur permettre d'exécuter leurs missions et d'abriter des agences décentralisées ou des équipements collectifs, peut être opérée, soit à l'initiative des collectivités locales, soit à l'initiative de l'État. L'État peut, soit faciliter aux collectivités locales l'accès à la pleine propriété de tout ou partie des biens meubles et immeubles relevant de son domaine privé, soit affecter simplement le droit d'usage à ces collectivités locales de certains de ses biens meubles et immeubles[437].

Pour les projets initiés sur le domaine public maritime et le domaine fluvial par les personnes physiques, les collectivités locales ou toute autre personne morale, il est requis l'autorisation du conseil départemental, après avis de l'organe délibérant de la commune où se situe le projet. Cette délibération est soumise à l'approbation du représentant de l'État.

Pour les projets ou opérations initiés par l'État sur le domaine public maritime et sur le domaine fluvial, soit dans le cadre de l'exercice de la souveraineté, soit dans l'optique de la promotion du développement économique et social, l'État prend la décision après avis des conseils départemental et municipal sauf impératif de défense nationale ou d'ordre public. L'État communique la décision pour information aux conseils départemental et municipal.

Dans les zones du domaine public maritime et du domaine public fluvial, dotées de plans spéciaux d'aménagement approuvés par l'État, les compétences de gestion sont déléguées par ce dernier aux départements et communes concernés respectivement pour les périmètres qui leur sont dévolus dans lesdits plans. Les redevances y afférentes sont versées aux collectivités locales concernées. Les actes de gestion qu'elles prennent sont soumis à l'approbation du représentant de l'État et communiqués, après cette formalité, aux départemental et municipal pour information[438].

Le domaine public artificiel reste géré par l'État. Toutefois, l'État peut transférer aux collectivités locales, suivant des modalités de

[437] Voir les articles 294 et s. du CGCL.
[438] Voir les articles 298 et s. du CGCL.

classement qui sont fixées par décret, la gestion des monuments historiques.

Les communes sont chargées de la gestion de la voirie non classée située à l'intérieur du périmètre communal.

Les projets ou opérations initiés sur le domaine national par une personne physique, une collectivité locale où toute autre personne morale distincte de l'État, sont établis conformément aux dispositions de la loi sur le domaine national. Pour les projets et opérations qu'il initie sur le domaine national, l'État prend la décision après avis des conseils locaux concernés, sauf impératif de défense nationale ou d'ordre public. Cette décision est communiquée, pour information, aux conseils locaux concernés.

Les terrains du domaine national sis dans les communes peuvent être immatriculés au nom de l'État et affectés aux communes en tant que de besoin, notamment pour servir d'assiette à des projets d'équipements collectifs. La propriété des terrains immatriculés reste à l'État dans le cadre des lotissements des terrains du domaine national des zones urbaines. Toutefois, la commission d'attribution des parcelles issues de ces lotissements est présidée par le maire. La composition des membres de cette commission est fixée par décret. Les décisions de la commission font l'objet d'un acte portant attribution de parcelles aux affectataires. Cet acte est soumis à l'approbation du représentant de l'État.

Pour tout projet ou opération de la compétence de l'État dans les zones urbaines, à l'exclusion de terrains à usage d'habitation, celui-ci prend la décision après avis du conseil départemental et du conseil municipal concernés. Cette décision est communiquée au conseil départemental et conseil municipal concernés. Les terres du domaine national à vocation agricole situées dans les zones urbaines sont gérées conformément aux dispositions de la loi sur le domaine national concernant les zones urbaines, en tout ce qui n'est pas contraire aux dispositions de la présente loi.

Lorsque des terres précédemment situées dans des zones pionnières sont reversées dans des zones de terroir, l'État conserve la gestion des parties des zones pionnières ayant fait l'objet d'un aménagement spécial et y exerce les prérogatives nécessaires quant à leur mode de gestion. L'État peut affecter ou céder tout ou partie de ces zones d'aménagement spécial, suivant des critères fixés par décret, à des personnes physiques, des collectivités locales ou à toute personne morale, pour la réalisation de projets de développement économique et social.

- *Des compétences en matière de gestion des ressources naturelles et de l'environnement.*

Les collectivités locales assurent la gestion, la protection et l'entretien des forêts, zones protégées et des sites naturels situés dans leur ressort territorial. Elles assurent également des opérations de reboisement et de création de bois ou zones protégées. Elles ont compétence pour délivrer des permis de coupe à l'intérieur du périmètre de leurs zones d'intervention[439].

- *Des compétences en matière de santé et d'action sociale.*

Le département assure la gestion et l'entretien des hôpitaux départementaux[440], la commune reçoit des compétences pour la gestion et l'entretien des centres de santé urbains et la communauté rurale intervient pour gérer des postes de santé, des maternités et cases de santé dans sa zone d'intervention[441].

À ce titre, des commissions médico-administratives (au niveau départemental) et des comités de gestion (au niveau communal) sont créés et présidés par le chef de l'exécutif local.

En matière sociale, les collectivités locales participent à l'entretien et à la gestion des infrastructures et des équipements des centres de promotion et d'insertion sociale. A l'image des actions en matière sanitaire, des commissions et comités présidés par le Chef de l'exécutif local sont mis en place pour la prise en charge des centres de promotion et d'insertion sociale. L'organisation et la gestion des secours relèvent aussi de la compétence des collectivités locales.

---

[439] Cf. à la deuxième partie, plus particulièrement au chapitre 2 du titre 1.

[440] Cf. Article 306 : *« Le département reçoit les compétences suivantes : ♦ la gestion et l'entretien des hôpitaux niveaux 1 et 2 ; ♦ la participation à la couverture maladie universelle ; ♦ la participation à l'entretien et à la gestion des centres de promotion et de réinsertion sociale ; ♦ l'appui au financement des projets productifs pour les populations déshéritées. »*

[441] Article 307 : *« La commune reçoit les compétences suivantes : ♦ la construction, la gestion, l'équipement et l'entretien des postes de santé, maternités et cases de santé ; ♦ l'organisation et la gestion des secours au profit des nécessiteux ; ♦ la gestion, l'équipement et l'entretien des centres de santé ; ♦ la mise en œuvre des mesures de prévention et d'hygiène ; ♦ le recrutement et mis à disposition de personnel d'appui ; ♦ la participation à la couverture maladie universelle. »*

- *Des compétences en matière d'urbanisme et d'habitat.*

En réalité, le département n'occupe pas une grande place en matière d'urbanisme et de l'habitat. Le conseil départemental approuve par délibération les schémas directeurs d'aménagement et d'urbanisme (S D A U). À part cette attribution, le département apporte son soutien à l'action des autres collectivités locales[442].

Les communes exercent quant à elle de véritables compétences en matière d'urbanisme et de l'habitat. Elles élaborent dans le cadre de leur ressort territorial : des plans directeurs d'urbanisme ; des schémas directeurs d'urbanisme et d'aménagement ; des plans d'urbanisme de détails des zones d'extension, d'aménagement concerté, de rénovation et de remembrement. Elles réalisent à l'intérieur du périmètre communal des lotissements d'extension ou de restructuration. Le maire délivre après consultation du service chargé de l'urbanisme : les accords préalables ; les permis de construire ; les certificats d'urbanisme ; les certificats de conformité ; et les permis de démolir.

- *Des compétences en matière de jeunesse et de sport.*

De telles compétences sont également transférées aux collectivités locales. Elles concernent l'organisation, l'animation, l'encadrement, la promotion et le contrôle des activités physiques, sportives et socio-éducatives.

- *Des compétences en matière de culture.*

Il s'agit de la promotion, de l'épanouissement et du développement des activités culturelles. La surveillance et le suivi de l'état des sites et monuments historiques ou des vestiges préhistoriques ou historiques relèvent également de la compétence des collectivités locales sans oublier la création et la gestion d'orchestres, d'ensembles lyriques traditionnels, des corps de ballets et de centres socio-culturels et de bibliothèques publiques.

- *Des compétences en matière d'éducation, de promotion des langues nationales et de formation professionnelle.*

De telles compétences sont transférées aussi aux collectivités locales. En effet, les organes délibérants des collectivités locales

---

[442] Voir l'article 318 : *« Le département reçoit les compétences suivantes : ♦ l'approbation des schémas directeurs et d'urbanisme (SDAU) ; ♦ le soutien à l'action des communes en matière d'urbanisme et d'habitat. »*

tiennent chaque année une réunion consacrée à la préparation de la rentrée scolaire. À la fin de l'année, chaque collectivité entend son organe exécutif sur le bilan de la gestion. Les compétences transférées concernent quatre secteurs que sont l'éducation, l'alphabétisation et la promotion des langues nationales et la formation technique et professionnelle.

Pour ce qui est de l'éducation, il faut souligner que les collectivités locales assurent l'équipement, l'entretien et la maintenance des lycées et collèges (le département), des écoles élémentaires et des établissements préscolaires (les communes).

Elles octroient des bourses et aides scolaires et participent à l'acquisition de manuels et de fournitures. Les chefs de l'exécutif local sont membres de droit des structures de concertation et de dialogue comme le conseil de gestion, le conseil de perfectionnement et le comité de gestion.

En matière d'alphabétisation, il faut noter que l'élimination de l'analphabétisme est l'objectif visé et les collectivités locales doivent y contribuer en déterminant un plan d'action, en recrutant des alphabétiseurs, en formant des formateurs et en mobilisant les ressources nécessaires à la campagne d'alphabétisation.

Quant à la promotion des langues nationales, il convient de préciser que les collectivités locales doivent avec l'appui de l'État établir la carte linguistique de leur terroir et assurer la diffusion et la traduction des éléments de la tradition orale (contes, mythes, légendes). Elles peuvent décider de la création d'une presse locale, parlée ou écrite en langues nationales.

Enfin, nous avons la formation technique et professionnelle, qui constitue un secteur où les collectivités locales doivent établir les plans prévisionnels de formation dans des domaines adaptés aux besoins exprimés. Dans cette optique, elles peuvent recruter un personnel d'appoint mis à la disposition des établissements, centres et instituts de formation professionnelle implantés dans leur terroir.

§2. Les compétences spécifiques.

Nous allons étudier ces compétences propres ou spécifiques en fonction de leur originalité et de leur prise en charge par une collectivité locale de manière prioritaire.

- **Les compétences propres exercées prioritairement par le département** :

Il s'agit en réalité de la planification et de l'aménagement du territoire. Ces deux types de compétences sont exercés prioritairement par le département.

Il convient de noter que c'est le département qui élabore son schéma régional d'aménagement du territoire qui doit être conforme au plan national d'aménagement du territoire[443]. Elle s'appuie sur la commission départementale d'aménagement du territoire créée par le président du conseil départemental par la voie d'un arrêté. Cette commission s'appuie, aussi, sur l'agence régionale de développement pour élaborer le schéma régional d'aménagement du territoire.

Le département exécute et élabore des projets et programmes d'aménagement basés sur les ressources et potentialités locales devant assurer un développement harmonieux et durable. Elle identifie et assure la coordination des projets d'aménagement à caractère départemental et communal.

Le deuxième type de compétence spécifique exercée prioritairement par le département est la planification. C'est le département qui élabore et exécute le plan départemental de développement intégré. Elle assure la coordination des actions de développement du département et peut en association avec l'État concevoir des contrats–plans pour la réalisation d'objectifs de développement économique, social, sanitaire et scientifique[444].

À ce niveau, l'Agence régionale de développement joue un rôle fondamental. Elle est chargée d'aider à la conception et l'exécution de tous les plans au niveau départemental ou communal. Elle s'occupe de la construction et de la mise à jour des banques de données nécessaires à l'élaboration, au suivi et à l'évaluation des plans de développement.

Enfin c'est l'Agence régionale de développement qui assure le suivi, l'harmonisation des programmes d'action et la mise en œuvre des initiatives en matière de coopération décentralisée.

---

[443] Article 316 du CGCL : *« Le département élabore et met en œuvre son schéma d'aménagement du territoire. »*

[444] Article 314 du CGCL : *« Le département reçoit les compétences suivantes : ♦ l'élaboration et l'exécution du plan départemental de développement (PDD) en articulation avec les stratégies et les politiques nationales ; ♦ la mise en œuvre du contrat plan avec l'État pour la réalisation de projets de développement. »*

- **Les compétences propres exercées prioritairement par la commune** :

Les pouvoirs exercés en matière de police administrative par le maire sont plus étendus que ceux exercés par le président du conseil départemental.

Le maire est chargé de la police municipale et de l'exécution des actes de l'État qui y sont relatifs. La police municipale a pour objet d'assurer le bon ordre, la sûreté, la tranquillité, la sécurité et la salubrité publique.

L'on serait tenté d'affirmer que c'est le maire qui est l'autorité de droit commun de police générale pour sa commune parce que les autres chefs d'exécutifs locaux ne se voient pas reconnaître pleinement cette qualité. A cet effet, la police municipale a pour mission d'assurer :

. la sûreté et la commodité dans les rues, quais, places et voies publiques ; ce qui comprend le nettoiement, l'éclairage, l'enlèvement des encombrements, la démolition ou la réparation des édifices menaçant ruine etc. ;

. le mode de transport des personnes décédées, des inhumations et exhumations, le maintien du bon ordre et de la décence dans les cimetières ;

. la prévention, par des précautions convenables et l'intervention, par la distribution des secours nécessaires, en cas d'accidents et de fléaux calamiteux tels que les incendies et inondations ou tous autres accidents naturels, les maladies épidermiques ou contagieuses, la mise en œuvre de mesures d'urgence en matière de sécurité, d'assistance et de secours ;

. les mesures nécessaires à l'égard les aliénés dont l'état pourrait compromettre la morale publique ; la sécurité des personnes ou la conservation des propriétés ;

. la lutte contre la divagation des animaux.

L'exercice du pouvoir local de police est dominé par deux séries de règles. La première tend à assurer la combinaison la plus harmonieuse possible entre les différentes polices et les autorités qui en sont détentrices. La seconde tend à soumettre l'exercice de ce pouvoir au respect d'un certain nombre de règles traduisant toute cette idée fondamentale que ce qui est premier c'est la liberté des individus. La combinaison des pouvoirs de police concerne au premier chef les responsables locaux de police.

Tantôt l'autorité locale de police générale, le maire surtout, intervient alors qu'existent déjà des mesures de police générale prise par une autorité recouvrant un territoire plus vaste (le préfet par exemple)[445] : dans ce cas la règle jurisprudentielle est en sens que l'autorité locale peut ajouter à la réglementation existante, elle peut aussi aggraver, et non atténuer les mesures de police générale prises à l'échelon territorial supérieur[446].

Tantôt l'autorité locale doit s'efforcer de combiner ses pouvoirs de police générale avec ses pouvoirs de police spéciale n'exclut pas l'exercice de la police générale. Il incombe à l'autorité concernée d'assurer la compatibilité entre les mesures prises distinctivement au titre de chacune de ces polices[447].

Enfin, il y a lieu de souligner que le maire peut nommer des agents assermentés, chargés sous le contrôle du service de l'hygiène, de fonctions relatives à la police sanitaire. Et le conseil municipal ne peut adresser des injonctions au maire en matière de police administrative, il peut cependant émettre des vœux et des avis[448].

Section 2. Les finances locales.

Il n'existe pas de définition légale du budget d'une collectivité locale. Par analogie avec le budget de l'État, on peut dire que le budget d'une collectivité locale est l'acte par lequel sont prévues et autorisées les ressources et les charges de la collectivité. Comme le budget de l'État, les budgets locaux sont soumis aux principes budgétaires, aux règles de l'unité, de l'universalité, de l'annualité et aux règles de l'équilibre. S'il est souhaitable, selon certaines théories économiques, que le budget de l'État soit en équilibre, ce n'est pas, pour lui, une obligation juridiquement sanctionnée. En revanche, les budgets locaux doivent être en équilibre réel. Cette obligation d'équilibre est strictement appréciée.

Nous allons étudier les procédures budgétaires locales à travers la présentation des budgets locaux, leur adoption et leur exécution.

---

[445] Article 130 du CGCL.

[446] C E 18 avril 1902, *Maire de Néris–Les-Bains.*

[447] C E, Sect., 20 juillet 1971, *Sieur Méhu et autres*, AJDA 1972, p 251 note de F. Moderne.

[448] Articles 118 et s. du CGCL.

§1. La présentation des budgets locaux en droit sénégalais.

Les budgets locaux sont des documents de prévision qui retracent l'ensemble des dépenses et des recettes de la collectivité locale[449]. La forme des budgets locaux est assez particulière. Deux documents budgétaires au moins composent le budget primitif qui a un caractère prévisionnel. Le projet du budget est préparé et présenté par les chefs d'exécutif locaux qui sont tenus de le communiquer aux membres du conseil avec les rapports correspondants quinze jours avant l'ouverture de la première session consacrée à l'examen dudit budget[450]. D'autre part, nous avons le budget qu'on peut qualifier de supplémentaire car à la différence du budget primitif, il est destiné à le corriger au moment où sont connus les résultats complets de l'exercice précédent. Il permet d'ajuster les choix et orientations du budget primitif[451] .

La présentation du budget s'effectue par chapitres et les budgets locaux sont ventilés, tant en recettes qu'en dépenses, en deux sections : la section d'investissement et la section de fonctionnement. Elle permet d'affecter les dépenses à chaque catégorie de services et de répartir les recettes et les dépenses d'investissement en fonction des programmes auxquels elles correspondent.

Il y a lieu de préciser que les budgets sont préparés avec l'aide de leurs services techniques ou avec le concours des services techniques de l'État.

§2. L'adoption des budgets locaux.

Le budget et les autorisations spéciales de recettes et de dépenses sont votés par le conseil de la collectivité locale. Le vote des budgets locaux fait intervenir donc à titre principal l'organe délibérant en réunion plénière. Il convient de préciser que des incidents peuvent se produire lors de l'adoption d'un budget local. Celui – ci peut n'être pas voté en temps utile. Il peut aussi n'être pas adopté en équilibre réel. Il peut enfin ne pas comporter toutes les dépenses qui sont obligatoires pour la collectivité locale. Nous allons reprendre ces

---

[449] Auby, J.-B. et Auby, J.,- F., *Droit des Collectivités locales*, 2ème éd, Paris, P U F, 1998 p. 218.

[450] Articles 191 et s. du CGCL.

[451] AUBY, J.-M., *Droit des collectivités locales*, *op. cit.*, p. 287.

éléments un à un pour plus de détail compte tenu de l'importance de cette phase budgétaire.

Lorsque le budget n'est pas adopté avant entre le 1er janvier et le 31 mars, l'exécutif met en recouvrement les recettes et engage les dépenses de la section de fonctionnement dans la limite de celles inscrites au budget de l'année précédente[452]. Il s'agit ici d'une application de la règle des services votés comme dans le droit budgétaire étatique. La limite est double car ce pouvoir ne s'étend qu'à la seule section de fonctionnement en totalité et il est limité pour ce qui concerne la section d'investissement. Si, passé le 31 mars, le budget n'est pas toujours voté, l'intervention du représentant de l'État est obligatoire. Celui – ci le règle et le rend exécutoire dans les 15 jours qui suivent cette date[453]. Cette possibilité n'est offerte au représentant de l'État que lorsque les dirigeants des collectivités locales ont reçu avant le 10 mars de la part des autorités compétentes, les informations nécessaires à l'établissement des budgets locaux[454].En France, si passé le 31 mars, le budget n'est pas toujours voté, l'intervention du préfet est obligatoire. Il saisit dans ce cas, sans délai, la chambre régionale des comptes qui dispose d'un mois pour formuler, par un avis public, des propositions pour le règlement du budget. Le délai d'un mois imparti à la chambre régionale des comptes pour statuer court à compter de l'enregistrement au Greffe de la chambre de la demande motivée du représentant de l'État[455]. Cette demande est accompagnée des pièces justificatives nécessaires pour permettre d'apprécier le bien-fondé de la position préfectorale[456]. L'assemblée délibérante est donc dessaisie du pouvoir de délibérer sur le budget de l'exercice en cours à compter de la saisine de la CRC par le préfet et jusqu'à ce que le budget ait été réglé par lui[457]. Le préfet règle alors le budget et le rend exécutoire comme il s'agit le cas en droit des collectivités locales sénégalais.

---

452 Articles 252 et s. du CGCL.

453 Articles 253 et s. du CGCL.

454 Abdoulaye BALDE, « Le contrôle des finances locales au Sénégal, approche comparée avec le système français », *La Régionalisation*, Dakar, CREDILA, 1998 p. 200.

455 CRC Ile-de-France, 5 nov. 1992, *Commune de Morsan -sur-Orge.*

456 CRC Franche–Comté, 17 décembre 1984, *Commune de Saint –Didier-l'Évêque.*

457 TA Paris, 9 octobre 1985, *Bodin et autres.*

En cas de création d'une nouvelle collectivité locale, son organe délibérant dispose de trois mois à compter de cette création pour adopter le budget. A défaut, le budget est réglé et rendu exécutoire par le représentant de l'État.

Le droit budgétaire local connaît un principe spécifique qui est l'obligation d'équilibre réel du budget[458]. C'est en réalité une obligation très précise qui pèse sur les autorités locales. Il ne suffit pas de présenter des comptes annuels équilibrés, il faut encore que cet équilibre apparent soit un équilibre réel. Les dépenses et les recettes doivent être évaluées de manière sincère et véritable traduisant ainsi l'équilibre réel. Le budget est en équilibre réel lorsque la section de fonctionnement et la section d'investissement sont respectueusement votées en équilibre, les recettes et les dépenses ayant été évaluées de façon sincère et lorsque le prélèvement sur les recettes de la section d'investissement, ajouté aux recettes propres de cette section, à l'exclusion du produit des emprunts, et éventuellement aux dotations des comptes d'amortissement de prévision fournit des ressources suffisantes pour couvrir le remboursement en capital des annuités d'emprunt à échoir au cours de l'exercice[459].

Au Sénégal, lorsque le budget n'est pas voté en équilibre réel, le représentant de l'État le constate dans un délai de quinze jours à compter de la date de transmission[460]. Ainsi, il va proposer à la collectivité locale concernée, dans un délai de 15 jours suivant la constatation, les mesures nécessaires au rétablissement de l'équilibre budgétaire et demande au conseil une nouvelle délibération. Si le conseil n'a pas délibéré dans le délai prescrit où la délibération prise ne compte pas de mesures de rétablissement jugées suffisantes, le budget est réglé et rendu exécutoire par le représentant de l'État.
Certaines dépenses sont obligatoires pour les collectivités locales. Il en résulte l'obligation pour elles de les inscrire à leur budget et de dégager les recettes pour les couvrir.

Lorsqu'une dépense obligatoire a été omise, le représentant de l'État, de sa propre initiative ou saisi soit par le comptable public concerné soit par toute personne y ayant intérêt, adresse une mise en

[458] Article 255 du CGCL.
[459] Article L. 1612-5 du CGCT et article 346 du CGCL.
[460] Voir l'article 254 du CGCL.

demeure à la collectivité locale concernée. Si, dans ce délai d'un mois, cette mise en demeure n'est pas suivie d'effet, il inscrit cette dépense au budget de la collectivité locale et propose, s'il y a lieu la création des ressources ou de diminution de dépenses facultatives destinées à couvrir la dépense obligatoire[461]. Dans ce cas, le représentant de l'État règle et rend exécutoire le budget rectifié en conséquence.

§3. L'exécution des budgets locaux.

Les budgets locaux sont exécutés sous la forme d'opérations de dépenses et de recettes. Pour les unes comme pour les autres, s'applique le principe fondamental de la comptabilité publique de séparation des ordonnateurs et des comptables.

Les dépenses s'effectuent en deux phases : une phase administrative et une phase comptable.

La phase administrative comporte l'engagement[462], la liquidation[463], l'ordonnancement[464]. Dans la pratique, l'ordonnancement et la liquidation sont concomitants. Les chefs d'exécutif locaux peuvent seuls délivrer des mandats. Si après mise en demeure, ils refusent d'ordonnancer une dépense régulièrement autorisée et liquidée, le représentant de l'État prend un arrêté valant mandat[465].

La phase comptable comporte une opération de vérification du mandatement, et une opération de paiement. Elles sont toutes deux le fait d'un comptable. Le comptable de la collectivité locale est un comptable direct du Trésor ayant qualité de comptable principal. Il est nommé par le Ministre chargé des Finances et prête serment devant le tribunal régional.

Les recettes et dépenses des collectivités locales sont exécutées par le comptable chargé seul et sous sa responsabilité :

---

461 Articles 264 et s. du CGCL.

462 L'acte administratif qui a pour effet de rendre une collectivité locale débitrice.

463 Est l'acte préparatoire et qui implique l'examen de la réalité de l'engagement et d'un crédit ouvert à cet effet dans le budget et la vérification de la réalité de la fourniture et de son prix.

464 L'acte administratif par lequel l'ordonnateur adjoint au comptable de payer la dépense.

465 Articles 207 et s. du CGCL.

. de poursuivre la rentrée de toutes les recettes de la collectivité locale et de toutes les sommes qui lui sont dues ;

. d'acquitter les dépenses ordonnancées par l'organe exécutif local, jusqu'à concurrence des crédits régulièrement ouverts ; et

. d'assurer la garde des fonds et valeurs.

Le comptable ne peut subordonner ses actes de paiement à une appréciation de l'opportunité prises par l'ordonnateur. Il ne peut soumettre les mêmes actes qu'au contrôle de légalité qu'impose l'exercice de sa responsabilité personnelle et pécuniaire. Il est tenu de motiver la suspension du paiement qu'il notifie à l'exécutif[466].

Quant aux recettes, au même titre que la dépense, comporte deux phases : une phase administrative et une phase comptable.

La phase administrative comprend l'examen de la légalité de la recette qui consiste à vérifier que la somme est légalement due. Ensuite, est émis un titre de recette ordonnancé par l'exécutif local.

La phase comptable porte le nom de recouvrement. Le comptable vérifie la régularité externe de la recette, la correcte détermination du débiteur, l'exactitude du calcul du montant.

Section 3. Le système relationnel des collectivités locales.

Le développement local dans tous les domaines appelle la coopération. Les attentes des citoyens, le coût des interventions, la complexité des procédures, la nécessaire coordination des actions, interdisent de plus en plus à une collectivité locale d'agir seule. Cette coopération prend soit la forme institutionnelle soit la forme contractuelle. Nous allons essayer de ressortir ces différentes interactions à travers l'étude de la collaboration entre l'État et les collectivités locales (§1) les rapports entre les collectivités locales mêmes (§2) et les rapports entre les collectivités locales et le citoyen (§3).

§1. La collaboration entre l'État et les collectivités locales.

Cette collaboration apparaît aujourd'hui par voie contractuelle ou par la concertation.

466 Articles 268 et s. du CGCL.

A.- La collaboration par voie contractuelle.

Il existe une constante collaboration informelle entre les services de l'État et les collectivités locales. Mais, dans certains cas, le droit local a organisé et formalisé la formule contractuelle.

Il peut paraître paradoxal de parler de contractualisation s'agissant des relations entre deux personnes publiques. Le domaine de prédilection du contrat concerne en effet les relations entre personnes publiques et personnes privées, mais le contrat n'est pas, a priori un instrument privilégié de décision entre les personnes publiques[467].

Juridiquement, la possibilité de conclure un contrat est une conséquence de la personnalité juridique : elle en est un attribut, au même titre que la possession d'un domaine public ou d'un patrimoine, l'existence d'un budget, de personnel, l'exercice d'une action en justice, ce, sans qu'il y ait lieu de distinguer entre la personne morale de droit public ou la personne morale de droit privé. Toutes les personnes morales de droit public peuvent juridiquement conclure des contrats.

Le processus contractuel n'est pas nouveau en lui-même et son domaine ne cesse de s'étendre[468]. De même, le code général des collectivités locales disposent que celle-ci peuvent entreprendre avec l'État la réalisation de programme d'intérêt commun[469].

Ainsi, les collectivités locales peuvent passer des conventions avec l'État pour mener des actions de développement dans le respect de

---

[467] Nadine Poulet-Gibot Leclerc, « La contractualisation entre les personnes publiques », RFDA, mai – juin 1999.

[468] Les lois du 22 mars 1996 sur la décentralisation ont entraîné un réaménagement des compétences qui nécessite le recours au contrat, par le biais des conventions de mise à disposition. C'est dans cette optique que l'article premier du décret n° 96-1122 du 27 décembre 1996 relatif à la convention type fixant les conditions et les modalités d'utilisation des services extérieurs de l'État, dispose que les conditions d'utilisation de chaque service de l'État sont déterminées par la convention type.

[469] Article 7 du CGCL : *« En vue de garantir une bonne participation des populations dans la gestion des affaires publiques, l'organe exécutif local peut instituer, au sein de la collectivité locale, un cadre de concertation consulté sur : - les plans et les projets de développement local ; - les conventions de coopération et les contrats plans. Le cadre de concertation peut, en outre, être consulté sur toute autre matière d'intérêt local. Un décret détermine la composition, les modalités d'organisation et de fonctionnement du cadre de concertation. »*

leurs attributions[470]. La technique contractuelle est devenue ainsi un instrument essentiel de la politique économique de l'État. Le code général des collectivités locales prévoit dans ce sens que l'État peut conclure avec les collectivités locales des contrats comportant des engagements réciproques en vue de l'exécution du plan et de ses programmes prioritaires.

B.- La collaboration par voie de concertation.

Il ne s'agit pas d'une association des collectivités locales aux actions initiées de l'État mais d'une confrontation des objectifs et des moyens dont disposent de façon parallèle ou voisine l'État et les collectivités locales sur un objectif précis, particulier. Cette collaboration par voie de concertation n'est pas nouvelle en droit sénégalais des collectivités locales. L'institution de la commission nationale d'assistance aux centres d'expansion rurale polyvalents (C E R P)[471] s'inscrivait dans cette logique. Cette commission avait pour tâche de concevoir des programmes cadres, d'assurer une assistance technique aux CERP, de faire des propositions aux autorités compétentes sur les orientations et programmes relatifs au développement local, de coordonner des actions des différents services intervenant à la base[472].

---

[470] Article 27 du CGCL : *« Le conseil départemental règle par ses délibérations les affaires du département. Le département a compétence pour promouvoir le développement économique, éducatif, social, sanitaire, culturel et scientifique, pour réaliser les plans départementaux de développement et organiser l'aménagement du territoire dans le respect de l'intégrité, de l'autonomie et des attributions des autres collectivités locales. Il peut engager des actions complémentaires de celles de l'État et des autres collectivités locales situées dans la région circonscription administrative, dans les domaines et les conditions fixés par la loi. Le Département peut passer des conventions avec l'État ou avec d'autres collectivités locales ou leurs groupements, pour mener avec eux des actions relevant de leur compétence, dans le strict respect de leurs attributions. Il peut proposer aux communes du ressort du département toutes mesures tendant à favoriser la coordination des investissements locaux et des actions de développement. »*

[471] Décret n° 96-1125 du 27 décembre 1996.

[472] Pour remplir ses missions, la commission devait compter sur ses membres qui sont les représentants de la Primature, du Ministre de l'Economie et des Finances, des régions, de l'administration territoriale. Présidée par le ministre chargé des C E R P, la commission reposait sur une véritable concertation.

Il en est de même de la création et de l'organisation des structures du plan national d'aménagement du territoire[473]. Pour l'organisation de l'espace sénégalais, sont créés le conseil interministériel sur l'aménagement du territoire et la commission nationale d'aménagement du territoire.

En droit sénégalais, les collectivités locales sont d'égale dignité[474]. Aucune collectivité locale ne peut établir ou exercer de tutelle sur une autre[475]. Les collectivités locales peuvent entreprendre, suivant des modalités fixées par décret, des actions de coopération entre elles, avec l'État ou toute autre structure appropriée en vue de la promotion et de la coordination des actions de développement dans des domaines spécifiques[476]. Aussi, elles peuvent, individuellement ou collectivement, entreprendre avec l'État la réalisation de programmes d'intérêt commun[477].

Dans le respect du principe de libre administration, l'État garantit et organise le principe de solidarité entre les collectivités locales. A cet effet, il peut mettre en place des mécanismes d'incitation car les collectivités locales peuvent, dans le cadre de leurs compétences propres, entreprendre des actions de coopération qui donnent lieu à des conventions avec des collectivités locales de pays étrangers ou des organismes internationaux publics ou privés de développement.

§ 2. Les rapports entre les collectivités locales elles-mêmes.

Ces rapports se caractérisent par deux perspectives. Ils s'inscrivent dans une logique de concurrence (A) mais aussi dans une logique de coopération (B).

A.- Les rapports de concurrence.

La tradition administrative sénégalaise, d'inspiration française tend à organiser les rapports entre les institutions publiques de façon à ce qu'il n'y ait pas d'ambiguïté sur les attributions de chacune d'entre elles et leur répartition respective. Les partages des compétences entre

---

[473] Décret n° 96-1131 du 27 décembre 1996.
[474] Article 15 du CGCL.
[475] Article 16 du CGCL.
[476] Article 17 du CGCL.
[477] Article 18 du CGCL.

collectivités n'échappent pas, en principe, à cette règle. Les textes ont organisé les compétences entre collectivités de façon telle que les zones de concurrence ne soient pas exclues.

Il convient de noter l'existence d'une concurrence inéluctable entre le département et les autres collectivités locales. L'apparition du département, qui intervient dans un ressort territorial partagé par les communes fait naître des situations concurrentielles certaines liées parfois à un problème de légitimité.

Les collectivités locales bénéficient de toutes compétences à caractère local mais la difficulté réside dans le fait qu'il est difficile de distinguer ou de dissocier l'intérêt départemental de l'intérêt communal[478].

B.- Les rapports de coopération.

Cette coopération est, d'une part, interne, et, d'autre part, externe.

Sur le plan interne, chaque collectivité locale peut créer une entente avec une autre en entreprenant des actions de coopération entre elles. Cette coopération peut se traduire par la création d'un groupement de deux ou de plusieurs collectivités ou de toute autre structure appropriée de promotion et de coordination des actions de développement dans des domaines spécifiques. Ainsi concernant le département ; des ententes sur des objets d'intérêt départemental commun sont prévues[479]. Ces ententes font l'objet de conventions autorisées par les conseils respectifs, signées par les présidents, et approuvées par décrets.

De même, deux ou plusieurs conseils municipaux peuvent aussi créer entre eux, à l'initiative, de leurs maires, une entente sur les objets d'intérêt communal. À la différence des ententes inter-départementales, les ententes intercommunales sont valables après leurs signatures par les conseils respectifs et leur approbation par arrêté du Ministre chargé des collectivités locales ou du représentant de l'État[480].

[478] Il existe donc des empiétements surtout dans les secteurs de développement local et d'aménagement de l'espace où l'on constate une tutelle de fait exercée par le département sur les autres collectivités locales.
[479] Article 31et s du CGCL.
[480] Article 15 du CGCL.

Plusieurs communes peuvent décider de constituer entre elles un groupement d'intérêt intercommunal ayant pour objet la gestion ou l'exploitation des terres du domaine national, d'équipement, d'infrastructures ou de ressources intéressant plusieurs communes[481]. Ce groupement d'intérêt est créé par décret sur les vœux des conseils municipaux intéressés, après avis du conseil départemental.

Le décret de création du groupement d'intérêt définit le rôle du groupement ainsi que l'organisation et les modalités de fonctionnement de son conseil. Des groupements mixtes peuvent aussi être constitués par accord entre des départements et l'État, ou des établissements publics à caractère administratif ou avec des communes en vue d'une œuvre ou d'un service présentant une utilité pour chacune des parties[482]. Le groupement mixte est une personne morale de droit public. Il est autorisé et supprimé par la loi. Un décret approuve les modalités de fonctionnement du groupement et détermine les conditions d'exercice du contrôle.

Après ces développements concernant la coopération interne entre collectivités locales, il convient d'aborder les aspects relatifs à la coopération externe. Nous avons dans ce registre la coopération décentralisée pour désigner les relations à contenu juridique pouvant s'établir entre les collectivités locales sénégalaises et les collectivités locales étrangères. La coopération décentralisée est déterminée par des conventions conclues entre les collectivités locales concernées. Ces conventions sont des actes juridiques soumis au contrôle de l'État. Le développement de la coopération décentralisée s'inscrit dans le mouvement universel de démocratisation des régimes politiques, renforcé par les progrès irréversibles de décentralisation constatés un peu partout dans le monde[483]. Sur ce plan local, il reste cependant que les situations sont très différentes suivant les pays.

Mais on remarque partout une volonté de renforcer le rôle des associations et des organisations non gouvernementales pour une plus grande mobilisation de la société civile. Le processus engagé de

---

[481] Articles 15 et s. du CGCL.

[482] Articles 16 et s. du CGCL.

[483] La démocratisation des régimes politiques vise à assurer, d'une part, la représentativité des instances exécutives et, d'autre part, la participation des citoyens à la prise des décisions qui les concerne. L'avènement des régimes politiques démocratiques, s'est généralisé depuis une décennie. Très peu de pays sont restés à l'écart de ce mouvement.

donner une articulation nouvelle entre les collectivités et les associations débouchera, nécessairement, sur un élargissement et un approfondissement de la démocratie de proximité, condition d'un développement local durable. Le code général des collectivités locales dispose que les collectivités locales sénégalaises ont la possibilité, « *dans le cadre de leurs compétences propres, d'entreprendre des actions de coopération qui donnent lieu* à *des conventions avec des collectivités locales de pays étrangers ou des organismes internationaux publics ou privés de développement* [484]». Il ressort de cette disposition l'importance réservée à la coopération décentralisée comme outil privilégié pour renforcer les capacités d'intervention des collectivités locales dans le cadre des compétences qui leur sont transférées.

La réforme de 1996 comme celle de 2013 ouvre aux collectivités locales de nouvelles possibilités dans ce domaine qui mobilise, avec de plus en plus d'efficacité et de réussite, le soutien des partenaires étrangers au développement.

§3. Les collectivités locales et le citoyen.

Un droit de l'information est en train de naître et de se développer en droit des collectivités locales au Sénégal. La communication qui occupe une place fondamentale dans la vie en société des sénégalais depuis les années 90, est devenue une préoccupation essentielle des collectivités locales. Tout habitant ou contribuable a le droit de demander à ses frais la communication, de prendre copie totale ou partielle des procès-verbaux du conseil régional, du conseil municipal ou du conseil rural, des budgets et des comptes, des arrêtés[485].

Le caractère représentatif de la démocratie locale s'est accommodé voire enrichi de diverses formes de prise en compte direct des souhaits des citoyens en dehors des campagnes électorales. Ainsi toute personne physique ou morale peut faire au président du conseil régional, au maire et au président du conseil rural, toutes propositions relatives à l'impulsion du développement économique et social de la

---

[484] Article 16 du CGCL.
[485] Article 3 alinéa 3 du CGCL.

collectivité locale concernée et à l'amélioration du fonctionnement des institutions[486].

Les collectivités locales associent, aussi, en partenariat à la réalisation des projets de développement économique ; éducatif, social et culturel, les mouvements associatifs et les groupements à caractère communautaire.

En dehors de ces contacts, il faut signaler que la vie politique et administrative locale est faite d'un échange quotidien dynamique et exigeant entre les élus et les administrés. Ces contacts et échanges s'organisent au gré des traditions et des volontés locales. Ils forment aujourd'hui une exigence de plus en plus forte pour renforcer la légitimité de l'action locale.

486 Article 3 alinéa 2 du CGCL.

Chapitre 3

LA SUBORDINATION JURIDIQUE DES COLLECTIVITÉS LOCALES

L'expression même de tutelle va disparaître dans les nouveaux textes qui considèrent que les collectivités locales sont devenues majeures et s'administrent librement comme le veut la Constitution. Toutefois, quelques exceptions qui méritent une attention particulière.

L'octroi du caractère exécutoire aux actes locaux n'exclut toutefois pas l'existence de conditions auxquelles est subordonné cet octroi. Les actes des collectivités locales dont il s'agit, sont comme nous l'avons déjà signalé, des actes administratifs[487]. Il s'y ajoute que le Code des collectivités locales astreint ces actes locaux affranchis du contrôle préalable, à des formalités supplémentaires pour l'acquisition du bénéfice de ce caractère exécutoire. Il apparaît ainsi que le régime qui s'applique aux actes locaux pour qu'on leur reconnaisse un caractère exécutoire est plus lourd que le régime de droit commun. Ces sujétions particulières sont dues à facteurs précis[488].

§1. La consécration de principe du caractère exécutoire des actes locaux depuis 1996.

Il est important de consacrer quelques développements sur les conditions exécutoires de l'acte local au Sénégal avant d'analyser la portée du caractère exécutoire de l'acte local.

---

[487] À ce titre, ils sont soumis aux conditions de droit commun qui régissent l'entrée en vigueur des actes administratifs en général (loi n° 70-14 du 6 février 1970 fixant les règles d'application des lois, des actes administratifs à caractère réglementaire modifiée par la loi n° 71-07 du 21 février 1971).

[488] Les collectivités locales sont des démembrements de l'État dotées de la personnalité juridique mais l'État veille au moyen de la tutelle, à s'entourer des précautions et garanties pour éviter les velléités des autorités locales qui pourraient subvertir le système. Pourtant le système français est moins rigoureux. Dans ce pays, l'on a voulu donner sa véritable dimension au principe exécutoire des actes locaux ; par contre, dans le contexte sénégalais, la méfiance du pouvoir central par rapport aux collectivités locales ne contrarierait-il pas les possibilités réelles de l'installation d'une véritable liberté des collectivités locales ?

A.- Les conditions du caractère exécutoire de l'acte local.

Ces formalités qui président à l'entrée en vigueur des actes locaux sont de deux ordres. L'une est relative à l'obligation d'information, la seconde se rapporte au délai.

1.- L'obligation d'information.

Les actes des collectivités locales concernées par la tutelle sont les actes administratifs décisoires de nature à influer sur la situation matérielle et juridique des particuliers, c'est-à-dire susceptibles de modifier l'ordonnancement juridique[489].

Le représentant de l'État doit être informé en priorité et en particulier[490]. Ce privilège, dont il dispose fait peser sur l'acte l'obligation d'une formalité supplémentaire. Cette transmission sur laquelle, nous reviendrons plus largement, comprend l'envoi de l'acte par l'autorité sous tutelle et la réception par l'autorité de tutelle. En définitive, à côté des formalités normales de publication et de notification de l'acte administratif local, il existe la procédure de transmission mais aussi la procédure relative au délai.

2.- Les modalités du délai.

L'acte pris par les autorités de la collectivité locale, après avoir été publié ou notifié et transmis, n'est toujours pas apte à entrer en vigueur. Il lui faut en plus satisfaire à la condition du délai.

---

[489] À l'instar de tous les actes administratifs, les actes locaux doivent répondre aux conditions de droit commun établies pour leur entrée en vigueur par la loi n° 70-14 du 6 février 1970 modifié par la loi n° 71-07 du 21 février 1971.C'est ainsi que les actes administratifs à caractère réglementaire devront être publiés dans le Journal Officiel. Tandis que les actes administratifs non réglementaires à caractère individuel ou collectif seront notifiés aux principaux intéressés.

[490] L'article 334 fait de la publication ou de la notification de l'acte une condition expresse de son caractère exécutoire. De ce point de vue, il n'y a pas de règles spécifiquement contraignantes puisque c'est le droit commun qui s'applique. Mais l'originalité résulte de la transmission des actes locaux au représentant de l'État pour être exécutoire. C'est un procédé d'information du représentant de l'État qui déroge aux modes usuels en droit administratif.

L'assujettissement du caractère exécutoire de l'acte des collectivités locales à un délai de quinze jours, empêche son entrée en vigueur[491].

Au Sénégal, le représentant de l'État peut demander une seconde lecture suspensive du caractère exécutoire de l'acte. La demande de seconde lecture est la sollicitation par le représentant de l'État de la possibilité de réexaminer l'acte concerné à la suite de l'épuisement du délai qui lui est initialement imparti pour prendre connaissance de sa teneur, et ceci aux fins de livrer un avis mieux éclairé sur la décision. La demande de seconde lecture suspend automatiquement le caractère de l'acte. Cette procédure peut aussi prendre une signification plus subtile et plus pratique. Elle sert à installer la discussion et le dialogue entre l'administration centrale et les autorités sous tutelle afin d'éviter une procédure contentieuse inutile[492].

En outre, le délai peut être abrégé par le représentant de l'État sur une demande formulée par l'autorité locale. Mais là encore, le représentant de l'État n'y est pas obligé, et par conséquent, cette simple faculté ne tempère que faiblement la rigueur du délai.

Ces mesures sont donc insuffisantes à donner une réelle ampleur au principe du caractère exécutoire des actes locaux qui s'épanouirait mieux dans un environnement où la condition du délai n'existerait pas, même si l'on conçoive aisément que la transmission conditionne le caractère exécutoire de l'acte par ailleurs. L'obligation d'information et la modalité du délai sont les conditions nécessaires pour que l'acte devienne exécutoire. Si ces conditions sont réunies, l'acte pourra alors produire tous ses effets.

---

[491] Les collectivités locales sénégalaises ne seraient-elles pas capables de prendre des actes suffisamment valables pour entrer en vigueur sans délai supplémentaire en plus des formalités d'usage ? Sinon, comment expliquer que l'acte administratif local émanant d'une autorité administrative locale qui a rempli toutes les conditions auxquelles satisfont d'ordinaire les autres actes administratifs des autorités administratives centrales, puisse être astreint en plus de l'obligation de la transmission à un délai supplémentaire pour entrer en vigueur ?

[492] Il semble à la lumière de tout cela que l'on doive, au Sénégal, si l'on veut poursuivre dans la voie de la décentralisation, supprimer la condition du délai supplémentaire. Il est vrai que l'on tente quelque peu d'atténuer la rigueur des conditions du caractère exécutoire des actes locaux. C'est dans ce sens que le législateur a établi que l'accusé de réception est délivré par le représentant de l'État aussitôt après la transmission de l'acte dans le but de ne pas allonger le délai qui ne commence à courir qu'à partir de la délivrance de cet accusé de réception

B.- La portée du caractère exécutoire des actes locaux.

La signification essentielle du caractère exécutoire de l'acte de la collectivité locale se résume à son applicabilité. L'acquisition du caractère exécutoire n'étant pas instantanée, mais plutôt différée, l'applicabilité de l'acte va s'en ressentir. Ce ne sont pas tous les actes des Collectivités locales qui sont systématiquement considérés comme exécutoires. Seul un nombre limité d'entre eux sont concernés.

Il faut donc se livrer à une appréciation qualitative des actes exécutoires pour se faire une idée exacte du crédit que l'on peut accorder au principe solennellement consacré. N'empêche que, dès l'abord, on peut préciser un fait. De ce que les actes locaux sont soumis à une transmission obligatoire au représentant de l'État et qu'ils ne sont exécutoires qu'à compter de cette transmission, on peut en déduire que l'acte non transmis est privé de force exécutoire.

Le Code des collectivités locales spécifie deux sortes d'actes qui acquièrent leur caractère exécutoire dans des conditions différentes : les actes immédiatement exécutoires et les actes pouvant faire l'objet d'une demande de seconde lecture.

1.- Les actes « immédiatement » exécutoires.

L'article 243 du Code général des collectivités locales prévoit qu'un certain nombre d'actes des autorités locales seront immédiatement exécutoires de plein droit, c'est-à-dire sans qu'il ne soit plus possible de les contraindre à l'observance de formalités particulières pour l'obtention de leur caractère exécutoire. Les seules exigences auxquelles, ces actes doivent être confrontés restent en sus de la transmission au représentant de l'État, les formalités de droit commun à savoir la publication ou la notification aux intéressés. Les actes exécutoires de plein droit sont de deux ordres : d'abord, les actes de gestion quotidienne. À l'évidence, ces actes ne sont pas revêtus d'une importance déterminante qui puisse justifier qu'ils soient assujettis à des conditions supplémentaires pour leur entrée en vigueur. Peuvent entrer dans cette catégorie, les actes pris pour le paiement des factures d'eau, d'électricité ou pour la fourniture de matériel. Au nombre de ces actes figurent aussi les décisions administratives de l'exécutif local agissant dans le cadre de leurs compétences en matière de police même si les pouvoirs de police de l'exécutif local sont modestes. Par exemple, l'article 118 du code général des collectivités locales dispose que *« le maire est chargé sous le contrôle du représentant de l'État, de la police municipale et de l'exécution des actes de l'État qui y sont relatifs »*[493]. En effet, l'article 118 du CGCL définit les pouvoirs de police municipale du maire, comme une compétence résiduelle sous réserve des compétences du représentant de l'État[494]. En outre, l'article 123 octroie au représentant de l'État le droit de prendre « toutes mesures de sûretés » nécessaires « en cas de danger grave et imminent ». La primauté du représentant de l'État en matière de police administrative ne fait l'objet d'aucun doute[495].

2.- Les actes pouvant faire l'objet d'une seconde lecture.

Aux termes de l'article 243 du code général des collectivités locales, les actes pris par les collectivités locales sont transmis au représentant de l'État auprès, du département ou de la commune, lequel en délivre aussitôt accusé de réception. La preuve de la réception des actes par le représentant de l'État peut être apportée par tout moyen. L'accusé de réception qui est immédiatement délivré peut être utilisé comme preuve. Pour les actes ci-dessous énumérés, le représentant de l'État dispose d'un délai de quinze jours pour en demander une seconde lecture. Cette demande revêt un caractère suspensif, aussi bien pour le caractère exécutoire de l'acte que pour tout délai de procédure contentieuse.

Sont concernés par ces dispositions les actes suivants :

---

[493] Autrement dit, le maire a des pouvoirs de police propres, mais il entre également dans ses compétences grâce au dédoublement fonctionnel. Ce qui pose le problème du concours de police et de la répartition des pouvoirs de police municipale entre le maire et l'autorité de tutelle.

[494] Si des compétences générales relatives à l'ordre public, à la sûreté, à la tranquillité, à la sécurité et à la salubrité publiques ont été réservées au maire, l'article 119 vient vider ces pouvoirs de toute signification substantielle puisque la prépondérance du représentant de l'État est assurée par la possibilité qui lui est reconnue de réprimer *« tous actes de nature à compromettre la tranquillité publique »* et à *« maintenir le bon ordre dans les endroits où se font de grands rassemblements »*.

[495] Or, il importe que les autorités locales aient un véritable pouvoir en vertu duquel elles prendront des actes qui seront exécutoires. L'importance de ces actes pris dans des matières importantes et bénéficiant du principe du caractère exécutoire des actes locaux serait un fait plus approprié à une décentralisation poussée. Mais pour l'instant, le caractère non déterminant des actes qui en bénéficient ne procure pas au principe du caractère exécutoire une réelle ampleur que ce soit les actes immédiatement exécutoires ou les actes soumis à une seconde lecture.

- les délibérations des conseils ou les décisions prises par délégation des conseils ;

- les actes à caractère réglementaire pris par les collectivités locales dans tous les domaines qui relèvent de leur compétence en application de la loi ;

- les conventions relatives aux marchés ainsi que les conventions de concession ou d'affermage de services publics locaux à caractère industriel ou commercial ;

- les décisions individuelles relatives à la nomination, à l'avancement de grade ou d'échelon d'agents des collectivités locales ;

- les décisions individuelles relatives aux sanctions soumises à l'avis du conseil de discipline et au licenciement d'agents des collectivités locales.

Ces actes sont exécutoires de plein droit, quinze jours après la délivrance de l'accusé de réception, sauf demande de seconde lecture de la part du représentant de l'État, et après leur publication ou leur notification aux intéressés. Ce délai de quinze jours peut être réduit par le représentant de l'État à la demande du président du conseil départemental ou du maire.

Il convient, à cet égard, de faire quelques observations.

Tout d'abord, le représentant de l'État disposant d'un pouvoir général de recours en annulation contre l'acte de la collectivité locale, il peut non seulement mettre en œuvre ce recours mais aussi l'accompagner d'une demande de sursis à exécution. Par ailleurs, les conditions du sursis à exécution sur demande du préfet contre l'acte local sont très allégées par rapport au droit commun par voie de conséquence, il faut en conclure que la facilitation de l'obtention du sursis à exécution pour le représentant de l'État rend plus difficile l'entrée en vigueur de l'acte et participe donc à l'affaiblissement du principe du caractère exécutoire des actes locaux. Il faut préciser que la demande de sursis à exécution requiert toutefois obligatoirement l'existence préalable d'une demande principale.

Ensuite, il faut souligner que les actes pouvant faire l'objet d'une seconde lecture sont importants et pèsent sur la vie économique et sociale de la collectivité locale[496].

§2. Le maintien d'un contrôle *a priori* du représentant de l'État.

Le changement intervenu dans les pouvoirs de l'autorité de tutelle sur l'acte local a consacré la disparition du pouvoir d'annulation et du contrôle d'opportunité. Néanmoins, la loi de 1996 comme celle de 2013 prévoient le maintien ou la subsistance de la tutelle administrative au titre d'une approbation préalable mais aussi elle aménage pour le représentant de l'État un certain nombre de pouvoirs d'investigation sur l'acte local avant même son entrée dans le commerce juridique.

La loi de 1996 présente la réforme comme devant donner lieu à une éradication de la tutelle. L'exposé des motifs pose que « la notion de tutelle doit désormais disparaître et faire place à celle de contrôle ». Il précise néanmoins le maintien subsistance d'un contrôle a priori. « Le contrôle *a posteriori* sera donc désormais la règle, et le contrôle *a priori* l'exception ». Ce « contrôle *a priori* » est en réalité une tutelle administrative entendue au sens strict du terme c'est-à-dire s'exerçant en amont de la vie juridique de l'acte[497].

Le droit positif actuel maintient le régime défini dans le cadre de l'Acte III de la décentralisation au Sénégal. Il convient dès lors d'analyser le caractère dérogatoire de la tutelle administrative avant de cerner sa portée.

---

[496] Or, la profession de foi des pouvoirs publics en faveur de l'approfondissement de la décentralisation exigerait logiquement des textes qu'ils permettent aux autorités locales de prendre des actes qui acquièrent rapidement le caractère exécutoire, dans des matières essentielles. C'est ce qui donnerait son véritable sens au principe du caractère exécutoire des actes des collectivités locales. L'adoption de ce principe ainsi que la tentative d'assouplissement de l'exercice de la tutelle pour modestes qu'elles soient, participent tout de même, cela reste entendu, de la disparition partielle de la tutelle administrative au Sénégal.

[497] Ainsi donc une exception semble a priori être aménagée pour ne s'appliquer que dans des cas restrictivement prévus tant par rapport aux cas limités qui appellent son application à titre dérogatoire, que vis-à-vis des conditions restrictives qui gouvernent sa mise en œuvre ainsi qu'il convient de faire lorsqu'une exception est apportée à un principe.

A.- Le caractère dérogatoire de la tutelle administrative.

Le principe étant désormais le caractère exécutoire des actes locaux, la soumission d'un certain nombre d'actes à une approbation préalable conditionnant leur entrée en vigueur, ne peut être de mise qu'exceptionnellement.

L'article 245 du Code général des collectivités locales[498] annonce que, *« par dérogation au caractère exécutoire des actes »*, un certain nombre d'actes pris par l'autorité locale intervenant dans certains domaines précis pour lesquels compétence lui a été donnée par la loi, *« restent soumis à l'approbation préalable »* de l'autorité administrative de tutelle[499]. En effet, la lourdeur de la tutelle d'avant réforme a été fortement critiquée. Cette lourdeur a été pour une large part introduite par le contrôle préalable. La réforme qui vise à atteindre l'allégement de la tutelle devrait donc logiquement porter en priorité sur le contrôle préalable[500].

---

[498] Article 245 : *« Par dérogation au caractère exécutoire des actes prévus aux articles 243 et 244 du présent code, restent soumis à l'approbation préalable du représentant de l'État les actes pris dans les domaines suivants : - les budgets primitifs et supplémentaires ; - les emprunts et garanties d'emprunts ; - les plans de développement des collectivités locales ; - les conventions financières de coopération internationale comportant des engagements d'un montant fixé par décret ; - les affaires domaniales et l'urbanisme ; - les garanties et prises de participation dans des sociétés privées exerçant des activités d'intérêt général à participation publique ; - les marchés supérieurs à un montant fixé par décret et les contrats de concession d'une durée supérieure à trente ans. Ces délibérations et décisions sont transmises au représentant de l'État, dans les conditions prévues à l'article 243 du présent code. L'approbation du représentant de l'État est réputée tacite si elle n'a pas été notifiée à la collectivité locale dans le délai d'un mois à compter de la date de l'accusé de réception par le représentant de l'État. »*

[499] L'importance que les rédacteurs de la loi portant Code des collectivités locales attachent au caractère exécutoire des actes locaux, ne les a donc pas empêchés de lui aménager une exception de taille. Les raisons en sont multiples qui militent en faveur du maintien du contrôle préalable sur les collectivités locales. Cependant, il est évident qu'une décentralisation poussée ne se satisfait pas de la survivance d'une approbation préalable large et pesante. Par conséquent, l'on peut légitimement formuler la question de savoir si le législateur n'a pas maintenu le contrôle préalable en cet état à titre provisoire en attendant que se réunissent les conditions de l'octroi d'une véritable liberté aux collectivités locales.

[500] Autrement dit, l'approbation préalable des actes des collectivités locales devrait être assouplie en principe de toutes les autres modalités du contrôle de la tutelle administrative.

La loi de 2013 intervenue n'a pas apporté de changements majeurs et les innovations dont elle est porteuse, ne sont pas d'une grande ampleur. Et si elle a tenu à inverser les tendances en faisant du contrôle *a priori* l'exception dérogatoire comme en 1996, cela traduit plutôt la volonté des pouvoirs publics d'annoncer une réforme du reste importante mais dont on juge qu'elle ne peut être accomplie avec succès que progressivement. Il n'est donc pas question de bouleverser soudainement et tout entier un système en place depuis fort longtemps[501].

La portée des actes en cause requiert, en effet, qu'il soit maintenu un contrôle préalable. Il en est ainsi en matière financière où le budget et tous les secteurs censés pouvoir susciter des conséquences économiques et financières importantes, restent du domaine de l'approbation préalable ; en matière de gestion des terres, l'affectation et la désaffectation provoquent d'énormes conflits[502].

B.- La portée du contrôle de tutelle administrative.

La loi portant Code général des collectivités locales prévoit un régime d'approbation aussi bien pour les délibérations que pour les actes des organes exécutifs émanant du département et de la commune. Aux termes de son article 245, les actes portant sur sept (7) domaines spécifiques sont soumis à l'approbation préalable[503]. A

[501] Le contrôle préalable sur les actes des autorités locales demeure à l'ordre du jour, son maintien est bien opportun dans le contexte particulier qui prévaut au Sénégal. Cette survivance de la tutelle administrative est d'une part liée à l'importance des domaines dont il a été convenu qu'ils resteront soumis à l'approbation du représentant de l'État c'est-à-dire à la nature des actes concernés et de l'autre, elle est due à la faiblesse dont souffrent en général les collectivités locales sénégalaises.

[502] Par ailleurs, la vie économique et l'action politique étant fortement imbriquées l'une à l'autre, il est des décisions qui, bien qu'intervenant à titre principal en matière financière, peuvent avoir une portée politique certaine. D'autant plus que parfois les élus locaux peuvent être portés à essayer de satisfaire leur électorat en intégrant massivement leurs militants parmi les agents locaux de la collectivité au nom du népotisme et au détriment de l'efficacité et de l'intérêt général. Cela fait naître une forte suspicion que nourrit l'administration centrale à l'égard des élus locaux, d'où il résulte l'utilité d'un contrôle préalable pour empêcher les recrutements arbitraires qui sont soumis à un contrôle préalable à travers celui effectué sur le Budget.

[503] Ce sont :

- les budgets primitifs et supplémentaires ;

l'examen, il ressort avec évidence que ces sept points constituent la substance essentielle du champ matériel sur lequel peuvent intervenir les Collectivités locales, même si par ailleurs le nombre d'actes concernés par l'approbation, semble réduit à première vue.

Le budget, qui comprend toutes les prévisions de dépenses et de recettes, détermine assurément la vie économique et sociale locale ; tandis que les affaires domaniales et l'urbanisme embrassent toutes les questions liées à la terre qui sont d'importance capitale en zone rurale comme en zone urbaine. Les marchés conclus jusqu'à concurrence d'un montant fixé selon un critère d'importance, par décret, sont également concernés ; or l'on sait leur impact primordial sur la réalisation des travaux d'intérêt public au niveau local. A travers ce décret, de nombreux contrats sont donc aussi concernés.

Lorsque l'assemblée locale a pris des délibérations hors des réunions légales ou à propos d'un objet étranger à sa compétence, le représentant de l'État *« prononce par arrêté motivé, la nullité des actes, prend toutes les mesures nécessaires pour que l'assemblée se sépare immédiatement »*[504].

- les emprunts et garanties d'emprunts ;
- les plans régionaux, communaux et ruraux de développement et les plans régionaux d'aménagement du territoire ;
- les conventions financières de coopération internationale ; comportant des engagements d'un montant fixé par décret ;
- les affaires domaniales et l'urbanisme ;
- les garanties et prise de participation dans les sociétés privées exerçant des activités d'intérêt général à participation publique ;
- les marchés supérieurs à un montant fixé par décret et les contrats de concession d'une durée supérieure à trente ans.

[504] Article 30 du CGCL : *« Lorsque le conseil départemental délibère en dehors de ses réunions légales, le représentant de l'État prend toutes les mesures nécessaires pour que l'assemblée se sépare immédiatement. Dans le cas où le Conseil départemental délibère sur un objet étranger à ses compétences, publie des proclamations et adresses, émet des vœux politiques menaçant l'intégrité territoriale et l'unité nationale ou se met en communication avec un ou plusieurs conseils locaux hors des cas prévus par la loi, les actes pris sont considérés comme inexistants. Dans les cas prévus à l'alinéa 2 ci-dessus, le représentant de l'État prend un arrêté motivé qu'il transmet au Procureur de la République du ressort pour l'application de la loi pénale. En cas de condamnation, les membres de la réunion sont déclarés, par la décision, exclus du conseil départemental et sont inéligibles pendant les trois années suivant le prononcé. »*

Aussi, le conseil ne peut menacer l'intégrité territoriale et l'unité nationale ou prendre contact avec un autre conseil en dehors des cas prévus par la loi, sauf à provoquer la réaction du représentant de l'État, tenu dans ce cas, de veiller à l'exécution de la loi.

Enfin le Code général des collectivités locales prévoit en son article 243 que *« tout recrutement de personnel par une collectivité locale, doit être prévu et inscrit à son budget »* ; or le budget étant rangé au nombre des actes soumis à approbation préalable, il s'ensuit automatiquement que le recrutement de personnel l'est dans les mêmes termes.

§3. Le contrôle juridictionnel de la légalité.

Le rôle du représentant de l'État dans le nouveau contrôle administratif des actes locaux reste très important. Il dispose d'un pouvoir de contrôle *a priori* qui comprend l'exercice d'un pouvoir d'approbation préalable et de certains pouvoirs d'investigation et d'autre part, d'un contrôle *a posteriori*, c'est-à-dire un contrôle qui s'exerce après l'acquisition de leur caractère exécutoire par les actes de la collectivité locale - le représentant de l'État ne peut cependant pas annuler lui-même l'acte local -. En fait le nouveau contrôle de légalité réserve au représentant de l'État le droit de saisir le juge d'une demande d'annulation d'un acte émanant d'une autorité régionale, communale ou rurale qu'il suspecte d'illégalité. La demande d'annulation intervient après un dialogue infructueux avec l'autorité locale qui aura refusé d'obtempérer sur la modification ou le retrait de l'acte.

Voir aussi l'Article 88 du CGCL : *« Lorsque le conseil municipal délibère en dehors de ses réunions légales, le représentant de l'État prend toutes les mesures nécessaires pour que l'assemblée se sépare immédiatement. Dans le cas où le Conseil municipal délibère sur un objet étranger à ses compétences, publie des proclamations et adresses, émet des vœux politiques menaçant l'intégrité territoriale et l'unité nationale ou se met en communication avec un ou plusieurs conseils municipaux hors des cas prévus par la loi, les actes pris sont considérés comme inexistants. Dans les cas prévus à l'alinéa 2 ci-dessus, le représentant de l'État prend un arrêté motivé qu'il transmet au Procureur de la République du ressort pour l'application de la loi pénale. En cas de condamnation, les membres de la réunion sont déclarés, par la décision, exclus du conseil municipal, et, inéligibles pendant les trois années suivant le prononcé. »*

Le représentant de l'État n'est par ailleurs pas obligé de solliciter le dialogue avec l'élu local, il peut, s'il le juge opportun, saisir directement le juge administratif. L'absence de la sollicitation du dialogue par l'autorité de tutelle ne l'empêche pas de déférer l'acte directement. La recevabilité de l'action du représentant de l'État tient à d'autres conditions que nous aurons l'occasion d'examiner. En outre, il convient de remarquer que la retenue des litiges par l'autorité de tutelle entraînera une insuffisance du contentieux des actes locaux et par suite une saisine du Conseil d'État assez peu fréquente. Le représentant de l'État ne trouve d'intérêt à agir qu'à l'égard d'actes dont il ne peut pas empêcher l'entrée en vigueur et pour lesquels le pouvoir d'annulation lui a été expressément retiré au profit du juge de l'excès de pouvoir. D'ailleurs, l'organisation de la justice administrative, aujourd'hui au Sénégal, s'accommoderait difficilement de l'existence d'un contentieux local très intense. La chambre administrative de la Cour suprême est la seule juridiction compétente en matière d'annulation pour toutes les collectivités locales au Sénégal. Il se trouve en plus très éloigné de la majorité des collectivités locales qui sont à l'intérieur du pays. Cela pose le problème de la nécessité d'une réforme de la justice administrative.

Il faudrait que, corrélativement avec la réforme de l'organisation territoriale, il soit procédé à un réaménagement de l'organisation de la justice administrative de façon à rapprocher la juridiction administrative des collectivités locales. Cela pourrait se traduire par la création de chambres administratives au sein des tribunaux régionaux à qui il serait reconnu le pouvoir de juger du contentieux des actes locaux. Dans cette perspective, la formation de magistrats spécialisés en droit administratif serait nécessaire surtout à la suite de la dualité qui existe désormais au sommet de l'ordre juridictionnel et qui pourrait bien se prolonger à la base.

La saisine du juge de Cour suprême est la formalité par laquelle le représentant de l'État porte devant cette juridiction, le différend l'opposant aux élus locaux quant à la légalité d'un acte local. Elle se fait par le dépôt d'un acte introductif d'instance au secrétariat du greffe et vise à ce que le juge examine la recevabilité et le bien fondé de ses prétentions. Il y a donc dépôt d'un mémoire que le représentant de l'État dirige contre l'acte administratif local. A l'image du droit commun de la procédure contentieuse de l'acte administratif, le contentieux de l'acte local est un procès fait à un acte et non à l'autorité locale. L'introduction de l'instance précède le déroulement de l'instance. Elle a rapport aux moyens et manières par lesquels le juge est saisi et se distingue parfaitement de la phase où le juge exerce ses pouvoirs. Cette dernière phase est la dernière étape du nouveau contrôle de légalité mais elle relève du contrôle juridictionnel et non du contrôle administratif.

Le représentant de l'État dispose dans le cadre de l'exercice du contrôle de légalité des modes de saisines spécifiques du juge administratif dont la mise en œuvre peut de surcroît s'accompagner d'une demande de sursis à exécution.

Bibiographie

A.- Ouvrages généraux.

BACH, D., (sous la direction), *États et sociétés en Afrique francophone*, Paris, Économica, 1993.

BADIE, B., *L'État importé, l'occidentalisation de l'ordre politique*, Paris, Fayard, 1992.

BAYART, Jean-François, *L'État en Afrique, la politique du ventre*, Paris, Fayard, 1989.

BAYART, Jean-François, MBEMBE, A. et TOULABOR, C., (sous la direction), *Le pouvoir par le bas en Afrique Noire : Contribution à une problématique de la démocratie*, Paris, Karthala, 1992.

BELLONDE G., *Le chemin des villages. Formation des hommes et développement rural en Afrique*, Paris, L'Harmattan, 1979.

BELLONDE G., *Participation paysanne et aménagements hydro-agricoles,* KARTHALA, 1985, 340 p.

BLANC-PAMARD, C., *Nouvelles recherches rurales au Sud*, Paris, ORSTOM, coll. Dynamique des systèmes agraires, 1997, 367 p. (279)

BOCKEL, A., *Droit administratif*, NEA, 1978, p.432.

BROCHIER, J., *La diffusion du progrès technique en milieu rural sénégalais*, Paris, PUF, 1968, 396 p.

CHOLE, E. et JIBRIN, I., *Processus de démocratisation en Afrique*, Dakar, Codesria, 1995.

CONAC, G., *L'Afrique en transition vers le pluralisme politique*, Paris, Economica, 1993.

COULON, Christian et MARTIN, Denis-Constant (sous la direction), *Les Afriques politiques*, Paris, La Découverte, 1991.

COULON, C et alii, *Autonomie locale et intégration nationale au Sénégal*, Pedone, 1975, 178 p.

DIRECTION DES COLLECTIVITÉS LOCALES, *Rapport de Division Tutelle Administrative et Personnel*, ministère de la Décentralisation, Dakar, février 1993.

GABA, L., *L'État de droit, la démocratie et le développement économique en Afrique subsaharienne*, Paris, L'Harmattan, 2000.

GAZIBO, M, *Les paradoxes de la démocratisation en Afrique*, Montréal, Les Presses de l'Université de Montréal, 2005.

GAUDUSSON, J.D. de, et MEDART J.F. (sous la direction), *L'État en Afrique : entre le Global et le Local*, Numéro Spécial Afrique Contemporaine, Documentation Française, 2001.

GAUDUSSON, J.D. de & DESOUCHES C., *Les Constituions Africaines publiées en langues françaises*, T1 et T2 Paris/Bruxelles, La Documentation Française/Bruyant, 1996 et 1998.

GAUTRON, J.-C. & ROUGEVIN-BAVILLE, M., *Droit public du Sénégal*, Paris, PEDONE, 1977.

GAUTRON, J.C., *L'administration sénégalaise*, Paris, Berger-Levrault, 1971.

GIRARD, J., *Genèse du pouvoir charismatique en basse Casamance*, Dakar IFAN, 1969.

GEMDEV, *Les avatars de l'État en Afrique*, Paris, Karthala, 1998.

GONIDEC, P-F., *Les droits africains, évolutions, sources*, Paris, LGDJ, 1968.

GONIDEC, P6F., *L'État africain : évolution, fédéralisme, décentralisation, panafricanisme*, Paris, LGDJ, 1970.

KAMTO, M., *Pouvoir et Droit en Afrique Noire - Essai sur les fondements du constitutionnalisme en Afrique Noire francophone*, Paris, LGDJ, 1974.

KARSENTY, A., *Décentralisation et gestion des ressources naturelles renouvelables, bibliographie en langue française orientée vers les questions africaines*, Paris, CIRAD-GERDAT et Club du Sahel-ARD, 1994 (309 : 66)

MÉDARD, J.-F., *États d'Afrique noir*e, Paris, Karthala, 1991.

NACH MBACK, Ch., *Démocratisation et décentralisation : genèse et dynamiques comparées des processus de décentralisation en Afrique subsaharienne*, Paris, Karthala, 2003.

NLEP, R.G., *L'administration publique camerounaise - Contribution à l'étude des systèmes africains d'administration publique*, Paris, LGDJ, 1987.

NZOUANKEU, J.-M., « L'Afrique devant l'idée de démocratie », Revue internationale des sciences sociales, n° 128, mai 1991 : 394-409.

PRATS, Y., *La décentralisation et le développement*, Paris, Cujas, 1973.

SAWADOGO, R-A, *L'État africain face à la décentralisation*, Paris, Karthala, 2001.

SCHACHTER-MORGENTHAU, R., *Le multipartisme en Afrique de l'Ouest francophone jusqu'aux indépendances La période nationaliste*, Paris, L'Harmattan, 1998.

SCHMITZ, G.J. & HUTCHFUL, E., *Démocratisation et participation populaire en Afrique*, Ottawa, Institut Nord-Sud, 1992.

SCHMITZ, G.J., GILLIES, D., *Le défi du développement démocratique. Comment entretenir la démocratisation dans les sociétés en développement*, Ottawa, Institut Nord-Sud, 1992.

SINDJOUN, L., *L'État ailleurs. Entre noyau dur et case vide*, Paris, Économica, 2002[505].

TETE, T., *Démocratisation à la togolaise*, Paris, L'Harmattan, 1998.

TIPO-TIPO, Mayoyo Bitumba, L'ajustement politique africain Pour une démocratie endogène au Congo-Kinshasa, Paris, L'Harmattan, 1999.

TOTTE M., DAHOU T., et BILLAZ R. (sous la direction), *La décentralisation en Afrique de l'Ouest. Entre politique et développement*, Paris, Karthala, 2003.

TSHIYEMBE, M., *État multinational et démocratie africaine, Sociologie de la renaissance politique*, Paris, L'Harmattan, 2001.

WINTER, G. (sous la direction), *Inégalités et politiques publiques en Afrique*, Karthala, 2001.

YENGO, P., *Identités et démocratie : en Afrique et ailleurs*, Paris, L'Harmattan, 1997.

B. - Ouvrages spéciaux (thèses, mémoires, rapports....).

ALLOKE, P. ; ISSOKOU, M., *Le rapport entre tenure foncière et tenure de l'arbre*,

CISSE, B., *Quel statut pour le personnel communal ?*, Colloque organisé par le ministère de la décentralisation, Dakar, 1 3 juillet 1996.

COSTE, J. Problèmes et Perspectives de l'administration du Sénégal, Thèse de 3ème cycle, Science Politique, Bordeaux, 1965, 306 p.

CROUSSE, B., MATHIEU, P., SECK, S.M., *La vallée du fleuve Sénégal, Evaluations et perspectives d'une décennie d'aménagement*, Paris, Karthala, 1991, 380 p.

505 Cet ouvrage concerne essentiellement le Cameroun.

Communauté urbaine de Dakar, *Bâtir ensemble notre ville : bilan d'une décennie de réalisations municipales 1985-1995*, Dakar, 37 p., 1996.

Commune de Dakar, *Récapitulatif des investissements sectoriels 1986-1996*, Direction de l'aménagement urbain. Dakar, 57 p., 1996.

Commune de Dakar, Récapitulatif des Travaux dans les communes d'arrondissement de Dakar : 1986-1996, Direction de l'aménagement urbain. Dakar, 100 p., 1996.

CREDILA, *La régionalisation, Approche comparée France Sénégal*, Dakar, 1998.

DANDA, M., *Une décentralisation importée ? Genèse des réformes décentralisatrices au Niger*, Mémoire de CERVI/IEP Bordeaux 1997.

DIAGNE M., *L'efficacité du contrôle exercé sur l'administration sénégalaise*, Thèse, Aix en Provence, 1990.

DIAGNE, N.M., *Les méthodes et les techniques du juge administratif sénégalais*, Thèse de doctorat d'État en droit, Université de Dakar, 1995.

DIOP, M., *Le contrôle de l'administration sénégalaise*, Thèse de doctorat en droit, Université de Dakar, 1970.

FALL, A. B., *La responsabilité extra contractuelle de la puissance publique au Sénégal - Essai de transposition des règles de droit administratif français dans un pays d'Afrique francophone*, Thèse, Bordeaux, 1994.

HUYNH, C.-T., *Administration participative et développement endogène*, Institut International des Sciences Administratives, UNESCO, 1986.

I.D., *Décentralisation, politiques communautaires et développement des territoires* (contribution de l'Institut de la Décentralisation au

débat national sur l'aménagement du territoire), I.D. 52, rue des Longs-pré, 92100 Boulogne-Billancourt), juin 1994, 87 pages.
KANTE, B., *Unité de juridiction et Droit administratif - L'exemple du Sénégal*, Thèse, ORLEANS, 1983.

LOADA, A., G., Administration et collectivités locales au Burkina Faso : Quelle évolution ? Mémoire CEAN/IEP BORDEAUX, 1990.

MARTIN, S., *Le contrôle a posteriori de la légalité des actes des collectivités locales*, Berger-Levrault, 1990, coll. « Administration locale ».

MESTRE, A., *L'évolution du droit public. Études en l'honneur d'A. Mestre*, Sirey, 1956.

Ministère de l'intérieur du Sénégal, Rapport de synthèse, *Problématique foncière et décentralisation : le cas du Sénégal*, Dakar, avril 1994, p. 31.

N'DIAYE B., *La direction des collectivités locales*, Mémoire de maîtrise, 59 p., 1996.

NDIAYE M., *Les enjeux de la politique de régionalisation*, Mémoire de maîtrise, UGB de Saint-Louis, 110 p.

NDIAYE, P., *Les collectivités territoriales et l'ordre international. État et perspectives de la décentralisation des relations internationales dans le cadre unitaire français*, Thèse Montpellier, 1994.

République du Sénégal, Ministère de l'Intérieur, *Manuel de procédures de contrôles de légalité et budgétaire*, Dakar, octobre 2001.

ROCHEGUDE, A., *Décentralisation, acteurs locaux et fonciers ; Mise en perspective juridique des textes sur la décentralisation et le foncier en Afrique de l'Ouest et du centre*, PDM /Ministère français des Affaires étrangères, Cotonou, mars, 2000, 107 p.

ROCHEGUDE, A., *Décentralisation, acteurs locaux et foncier ; Fiche pays*, PDM /Ministère français des Affaires étrangères, Cotonou, mars 2000.

ROCHEGUDE, A., *Décentralisation, foncier et acteurs locaux ; Actes de l'Atelier de Cotonou*, PDM /Ministère français des Affaires étrangères, Cotonou, décembre 2000.

Secrétariat général de la Présidence de la République du Sénégal, Enquête sur les structures administratives du Sénégal, Rapport 1-4, juillet 1969.

SINDJOUN, L., *Existe-t-il une forme adaptée d'État ? Gouvernance démocratique, formation de la problématique locale légitime et du régime international de la décentralisation*, DAKAR, CODESRIA/INSTITUT SUR LA GOUVERNANCE DEMOCRATIQUE, Août 1995.

TIMSIT, G., *Administration et États : étude comparée*, Paris, PUF. 1987, coll. « Politique d'aujourd'hui ».

C.- Articles et notes.

BA, M., « Les nouveaux habits des collectivités locales », Sud quotidien n° 651 du 06 juin 1995, pp1-3.

BANEGAS, R., « Les transitions démocratiques : mobilisations collectives et fluidité politique », Cultures et Conflits, n° 12, Hiver, 1993.

BARRIERE, C., et O., « Approches environnementales : systèmes fonciers dans le delta intérieur du Niger, de l'implosion du droit traditionnel à la recherche d'un droit propice à la sécurisation foncière », Le Roy, É., et al. (dir.), « La sécurisation foncière en Afrique, pour une gestion viable des ressources renouvelables », pp. 127-175 (317).

BERNARD, Y., « Les représentations sociales de la civilité dans le contexte urbain d'aujourd'hui », Segaud, M. (éd.), « Espaces de vie, espaces d'architectures », Recherches, 1994, n° 64, Paris, Plan construction et architecture (210).

BECKER, J., « Administration décentralisée, changement social et développement rural en Afrique », Cahiers du CAFRAD, N° 9, 1973, p.185.

BOYE, A.-K., « Rapport sur le régime foncier sénégalais », RDS n° 21.

BOUMAKANI, B. « La bonne gouvernance et l'État en Afrique », Revue Juridique et Politique, indépendance et coopération, 2002, n° 1.

BUGNICOURT J., « Flux culturels et action administrative dans l'espace africain », Bulletin de l'IIAP, n° 13, 1970, p.75

BUGNICOURT, J., « Le mimétisme en Afrique : Obstacles au développement », Revue Française de Science politique, XXIII, n° 6, 1973, p.1239.

DIAGNE, A.A, « La gestion du domaine national », Pouvoir local, publication du Ministère de l'intérieur du Sénégal n° 1, janvier 1994 p.11.

DARBON D., « Un royaume divisé contre lui-même - La régulation défaillante de la production du droit dans les États d'Afrique noire », in Création du droit en Afrique, Paris, Karthala, 1997, p.105.

DARBON D., « Le juge africain et son miroir, la glace déformante du transfert de la jurisprudence administrative en Afrique », *in* Afrique contemporaine, La documentation française, n° 156, 1990.

DIAGNE M., « Le règlement des conflits », *in* URED, Université Gaston Berger de Saint-Louis, octobre 1994, p. 79.

DIAO, M, « Le projet de mise en valeur de la vallée de Baila en Basse Casamance », *in* Enjeux fonciers en Afrique Noire, Paris, Karthala, 1982, p229.

GAUDUSSON, J.D. de, « Bilan de 25 ans de jurisprudence », *in* Les Cours Suprêmes en Afrique, Vol. III, La jurisprudence administrative, Paris, Economica, 1988.

GAUDUSSON, J.D. de, « La justice en Afrique », Afrique contemporaine, n° 156, 1990.

GAUDUSSON, J.D. de, « Les élections à l'épreuve de l'Afrique », Cahiers du Conseil Constitutionnel n° 13, 2002, p.100.

GAUDUSSON, J.D. de, « La décentralisation menacée par la Bonne gouvernance ?, Interrogations sur de récents rapports de la banque mondiale à partir du cas africain », *in* Mélanges en L'Honneur de Franck MODERNE, Dalloz, 2004.

GAYE, O. et SECK, D., « Le Conseil d'État et la pratique du recours à l'annulation », Dakar, Nouvelles Imprimeries du SENEGAL, 2001.

GILMER J-H., « Développement africain et rénovation des institutions et organisations administratives locales », Bulletin de l'IIAP, n° 18, 1971, p.7.

GONIDEC, J.F, « La commune africaine et la science administrative », Revue juridique et Politique, XXII, n° 2, 1968, p. 473.

HARAERINGER, Philippe, « Une approche pragmatique des situations foncières », Enjeux fonciers en Afrique noire, Paris, ORSTOM, Karthala, 1982.

HESSELING, G., LE ROY, E., « Le droit et ses pratiques », Politiques africaines, n° 40, 1990.

LANGROD G., « Genèse et conséquences du mimétisme administratif en Afrique », Revue internationale de science administrative, XXXIX, n° 2, 1973, p.119.

LAVIGNE-DELEVILLE, Ph., « Sécurité foncière et intensification », Foncier rural, ressources et développement, Paris, Ministère de la Coopération, 1997, 496 p. (250 : 84).

LE BRIS, E., « La laborieuse construction d'un espace public », Politique Africaine, n° 74, juin 1999.

LE BRIS, É, LE ROY, É, « Le local et l'échelle de Jacob », CROUSSE, B., et al. (dir.), Espaces disputés en Afrique noire, pratiques foncières locales (109 : 348).

LENOBLE, J., OST, F., LE ROY, É., ENTELMAN, R., « Le transfert des systèmes juridiques », Domination ou partage ? Transfert des connaissances et développement endogène, Paris, UNESCO, actuel n° 5, 1980, pp. 75-128 (29).

MATHIEU, P., « La sécurisation foncière en Afrique entre compromis et conflits : un processus politique ? », *in* Démocratie, enjeux fonciers et pratiques locales en Afrique, Paris-Bruxelles, Cahiers Africains – Paris, L'Harmattan, n° 23-24, 1996, p. 27.

MOLEUR, B., « Traditions et loi relative au domaine national », Annales Africaines, 1983-1984-1985, p. 55.

N'DIAYE I., « Domaine national et développement au Sénégal », CREDILA, 1991.

NIANE A.F., « Décentralisation et unité nationale au Sénégal », UGB de Saint-Louis, Rapport de stage, 1998.

NZOUANKEU J.M., « Droit administratif, organisation administrative, du Sénégal, Centralisation et Décentralisation,, RIPAS, mars 1993.

NZOUANKEU J.M., « La refondation du concept de gouvernance à travers les valeurs du SUD » in La gouvernance au Sud, Séminaire régional, juillet 2002, OFPA, Ministère des Affaires Etrangères.

ROCHEGUDE, A., « Foncier et Décentralisation. Réconcilier la légalité et la légitimité des pouvoirs domaniaux et fonciers », Bulletin du LAJP, N° 20, septembre 2001.

SOSUÉ, L., « Identités complexes et démocratisation : le cas des pays de l'Afrique noire », *in* Comprendre les identités culturelles, Paris, PUF, 2000, pp.17-37.

SY, D., « Le juge sénégalais et la création du droit administratif », *in* La création du droit en Afrique, KARTHALA, 1997.

TOURE, O., « Développement pastoral et contraintes foncières dans la zone sahélienne du Sénégal », Dakar, CSE, 1991.

TRAORE, S., « Aspects fonciers de la Vallée du fleuve Sénégal : Les droits coutumiers face à l'État : exemple de la zone soninké du Gajaaga », Communication au séminaire sur le NPA.CREA. Université de Dakar, 1986.

TIMSIT, G., « Modèles administratifs et pays en voie de développement », Revue internationale de science administrative, XLII, n° 4, 1976, p.349.

TIMSIT, G., « Éléments pour une analyse des systèmes d'administration publique : Le cas de l'administration du développement », Mélanges Eisenmann, Paris, Cujas, 1977, p.177.

TIMSIT, G., « Administration publique des pays en voie de développement et environnement socio culturel », Revue française d'administration publique, n° 7, 1978, p.21.

TSHYEMBE, M, « L'État en Afrique : Crise de modèle importé, essai sur la théorie de l'État multinational », *in* Mélanges de François Borella. État, societé et pouvoir à l'aube du XXIème siècle, Presses Universitaires de Nancy, 1999.

D.- Lois et règlements.

Code général des collectivités territoriales de 2013.
Loi n° 66-du 30 juin 1966 portant Code de l'Administration communale (JORS n° 3832 du 30 juin 1966, p. 773) modifiée.
Loi n° 72.02 du 1er février 1972 relative à l'organisation de l'administration territoriale. (JORS n° 4209 du 19 février 1972, p. 252) modifiée.

Loi n° 72.25 du 19 avril 1972 relative aux Communautés rurales (JORS n° 4224 du 13 mai 1972, p. 755) modifiée.
Loi n° 72.63 du 26 juillet 1972 fixant le régime municipal des Communes Chefs-lieux de région autres que la Commune de Dakar. (JORS n° 4242 du 12 août 1972, p. 1257).
Loi n° 90.35 du 8 octobre 1990 abrogeant la loi n° 72.63 du 26 juillet 1972, modifiée, fixant le régime municipal des Communes Chefs-lieux de région autres que la Commune de Dakar. (JORS n° 5372 du 13 octobre 1990, p. 477).
Loi n° 90.37 du 8 octobre 1990 modifiant la loi 72.25 du 19 avril 1972 relative aux Communautés rurales (JORS n° 53.72 du 13 octobre 1990, p. 477).
Loi n° 64.46 du 17 juin 1964 relative au Domaine national, (JORS du 11 juillet 1964, pp. 905 à 906) et ses décrets d'application.
Loi n° 76.66 du 2 juillet 1976 portant code du domaine de l'État, (JORS du 20 septembre 1976, p. 1478).
Loi n° 81.13 du 4 mars 1981 portant Code de l'eau, (JORS du 11 avril 1981, p. 411).
Loi du 26 janvier 1986 portant Code de la chasse et la protection de la faune, (JORS du 1er semestre 1986).
Loi n° 93.06 du 4 février 1993 portant Code forestier, (JORS n° 5510 du 27 février 1993, pp. 53 à 60 modifié en 1998).
Décret n° 72.278 du 19 mars 1973 fixant les pouvoirs de tutelle du Ministre de l'Intérieur sur les Collectivités locales. (JORS n° 4287 du 7 avril 1973, p. 845).
Décret n° 72.636 du 29 mai 1972 relatif aux attributions des chefs de circonscriptions administratives et des chefs de village. (JORS n° 4230 du 17 juin 1972, p. 965).
Décret n° 96.1110 du 27 décembre 1996 fixant les montants des engagements en matière de convention financière de coopération internationale soumise à approbation. Décrets d'application des textes de lois de la décentralisation. Service de formation du Ministère de l'Intérieur, p. 15.
Décret n° 96.1124 du 27 décembre 1996 fixant montant des marchés des Collectivités locales soumis à l'approbation préalable du Représentant de l'État. Décret d'application des textes de lois de la décentralisation publiés par le Service de formation du Ministère de l'Intérieur, p. 47.

Circulaire n° 1737/MINT/DGL/ du 21 mars 1997 sur le contrôle de légalité et le contrôle budgétaire.

E.- Jurisprudence.

Cour suprême, 26 mai 1965, Ibrahima Seydou NDAW in GDJAS, n° XIV.
Conseil d'État, 29 juillet 1998, *Gouverneur de Tamba C/Conseil régional de Tamba*
Conseil d'État, 31 août 1999, Commune de Dagana C/préfet de DAGANA
Conseil d'État, 29 juin 2000, *Hassane Diallo C/Préfet de Thilogne*
Conseil d'État, 28 février 2002, *Sous-Préfet de Baba GARAGE C/Conseil rural de DINGUIRAYE*
Conseil d'État, 1er février 2001, *Abdoulaye Amadou Kane C/Conseil rural de DABIA ODEDJI*
Conseil d'État, 25 novembre 1998,

TABLE DES MATIÈRES

DROIT
AUX ÉDITIONS L'HARMATTAN

Dernières parutions

DROIT DES RESSOURCES NATURELLES
Éléments d'élaboration, d'analyse et d'évaluation des lois
Mukendi Mukendi Ntantamika
Préface de Maître Emery Mukendi Wafwana
Cet ouvrage tente de répondre à la problématique induite par la quête scientifique et politique d'un meilleur système d'appropriation des ressources naturelles, d'un meilleur dispositif de contrôle d'accès à leurs gisements et de redistribution des revenus de leur exploitation. C'est par la construction d'archétypes de régimes juridiques déduits des critères institutionnels, écologiques, sociaux et économiques du principe de développement durable que ce livre procède.
(Coll. Harmattan RDC, 612 p., 49 euros)
ISBN : 978-2-343-15169-4, EAN EBOOK : 9782140122569

LES PROCÉDURES DE CONTRÔLE A POSTERIORI EN RD CONGO
Mise en oeuvre de contrôles douaniers et accisiens modernes et efficaces
Alain Tenday Lupumba
Préface d'Albert Yuma Mulimbi - Postface de Gabriel Mwepu Numbi
"Les objectifs de cet ouvrage sont de sensibiliser les professionnels et les autres acteurs du commerce international aux spécificités du contrôle douanier a posteriori et d'offrir une approche pratique et spécifique des rôles et responsabilités des uns et des autres. En l'intitulant Les procédures de contrôle a posteriori en RD Congo, mise en oeuvre de contrôles douaniers et accisiens modernes et efficaces, l'auteur a volontairement pris le parti de questionner l'ensemble des composantes susceptibles d'influencer la performance de l'administration douanière, y compris les aspects humains" (extrait de la préface de Albert Yuma Mulimbi)
(Coll. Comptes Rendus, 270 p., 28 euros)
ISBN : 978-2-343-17235-4, EAN EBOOK : 9782140122149

AN OUTILINE OF CUSTOMS POLICY OF THE DEMOCRATIC REPUBLIC OF CONGO
2003-2010
Jean-Paul Esamba Bokel'Ipoka
Foreword by Déo Rugwiza Magera
An Outline of Customs Policy of the Democratic Republic of Congo presents in the easiest way what is meant by customs policy in general, its basics namely: objects, elements, sources, instruments, functions (...), regional and international frameworks. The author stresses on the customs policy progress from 2003 to 2010, which is a decisive period in the DRC customs management, through the implementation of 2003 customs reform and modernization programme.
(Coll. Harmattan Cameroun, 156 p., 17 euros)
ISBN : 978-2-343-17710-6, EAN EBOOK : 9782140122040

LA GOUVERNANCE FORESTIÈRE EN RÉPUBLIQUE DU CONGO
1899-2017
André Ondele-Kanga
Ce livre a été rédigé pour documenter et archiver, au profit des générations futures, l'historique de la gouvernance forestière en République du Congo de 1899 à 2018. Il dénonce un paradoxe de la

gouvernance forestière actuelle qui, renonçant à la croissance économique du secteur, fonde son satisfécit sur le succès diplomatique retentissant qui fait jouer au pays un rôle honorifique de leadership des forêts du bassin du Congo.

(Coll. Harmattan Congo-Brazzaville, 376 p., 37,5 euros)

ISBN : 978-2-343-15305-6, EAN EBOOK : 9782140121845

LES CHEFFERIES TRADITIONNELLES AFRICAINES FACE À LA DYNAMIQUE DES RÉFORMES TERRITORIALES

Contribution à l'étude des processus de décentralisation

Koko Adiki Tovenim

Cette étude, au-delà d'un bilan sur les processus de décentralisation en Afrique, se veut aussi prospective en offrant une mise à jour des institutions locales en Afrique subsaharienne dans le cadre des réformes territoriales entreprises ces dernières années.

(Coll. Études africaines, 228 p., 24,5 euros)

ISBN : 978-2-343-17045-9, EAN EBOOK : 9782140121371

LES MUTATIONS RÉCENTES DE LA JUSTICE ADMINISTRATIVE EN AFRIQUE FRANCOPHONE

Etude critique à partir du modèle camerounais

Olivier Fandjip

En Afrique francophone, on observe ces dernières années des réformes qui tendent, d'une part, à consolider les différents modèles de justice administrative en vigueur et, d'autre part, à améliorer la qualité de la justice. Ces évolutions renouvellent les interrogations sur la déconcentration et l'autonomie des juridictions administratives. À travers une analyse critique et prospective, cet ouvrage montre que, malgré l'importance de ces mutations, les problématiques de l'accès et de l'autonomie de la justice administrative se posent encore avec acuité.

(Coll. Études africaines, 254 p., 25 euros)

ISBN : 978-2-343-16510-3, EAN EBOOK : 9782140120657

DROITS DES TÉLÉCOMS ET DU NUMÉRIQUE

Profil africain et congolais, prospective comparée d'Europe et de France

Kodjo Ndukuma Adjayi

Les télécoms, l'Internet et le numérique sont des facteurs techniques de transformation du droit. À l'origine, les télécoms étaient sous le régime des services publics. À partir des États-Unis et de l'Europe, l'OMC (1994-1997) a promu le droit sectoriel de la régulation. Partout, de nouveaux défis sont nés, dans le démantèlement des monopoles vers une totale économie de marché. Pour la République démocratique du Congo, ses lois « dérégulatrices », figées depuis le 16 octobre 2002, contrastent avec les mutations numériques, économiques et sociétales des États postmodernes à l'épreuve d'Internet. L'« Europe des télécoms » réajuste constamment sa politique législative autour d'objectifs structurants : construction du marché, diffusion technologique, protection des données, etc. Si l'Afrique s'adapte à peine et avec peine, la République démocratique du Congo entend bien encadrer télécoms et TIC, renouveau de régulation étatique, échanges et commerce électroniques, à travers trois textes de loi en gestation...

(Coll. Enjeux et droits numériques, 434 p., 39 euros)

ISBN : 978-2-343-15722-1, EAN EBOOK : 9782140119033

DROIT DE L'ÉCONOMIE NUMÉRIQUE

E-commerce et dérégulation européenne, française, internationale, africaine, congolaise des télécoms

Kodjo Ndukuma Adjayi

Télécoms, Internet et numérisation ont donné prise à la révolution numérique. La phénoménologie d'ordre sociétal qui en résulte est une source réelle pour le Droit. Aujourd'hui, l'État fait face à des polycentres du pouvoir normatif et aux géants planétaires du Net. L'indépendance du Net postule la régulation seulement par le code informatique et par le marché. Tourneboulés, les paradigmes du droit offrent deux approches possibles de législation : via le contenu des activités réseautées ou via leur

contenant. Le réseau est, en effet, la voie électronique pour le commerce à distance. Il monétise la valeur du clic ainsi que les intelligences sans cesse inventives. Il faut donc appréhender les enjeux dans le champ d'un Droit de l'économie numérique.
(Coll. Enjeux et droits numériques, 460 p., 42 euros)
ISBN : 978-2-343-15721-4, EAN EBOOK : 9782140119057

ESCULAPE ET MARS
Certificat médical et détention d'armes
Tanguy Kerneïs
Comment rédiger un certificat médical pour "faire du tir" et que faut-il écrire ? Engage-t-on sa responsabilité pour établir un certificat lors d'une demande d'inscription à l'examen du permis de chasser ou pour rédiger un document pour ce patient qui vient d'hériter du fusil du grand-père et qui veut le conserver ? Cet ouvrage explique les arcanes de la législation des armes et détaille les diverses situations pour que ces certificats ne deviennent pas une source d'inquiétude supplémentaire à une époque où la détention et l'usage d'une arme provoquent une angoisse sociétale.
SPM (92 p., 13 euros)
ISBN : 978-2-917232-98-9, EAN EBOOK : 9782140119460

CENTENAIRE DE LA DEUXIÈME RÉVOLUTION RUSSE
Perceptions et représentations contemporaines
David Cumin
2017 fut l'année du centenaire de la Révolution russe. Les contributions regroupées dans cet ouvrage s'intéressent aux perceptions et aux représentations contemporaines de cet événement. Comment perçoit-on le bolchevisme et l'URSS de nos jours, aussi bien en Russie qu'en France ou en Europe occidentale ? Andreï Gratchev (ancien conseiller de Mikhaïl Gorbatchev) fournit une réponse inédite sur ce point.
(Coll. Épistémologie et philosophie des sciences, 182 p., 19 euros)
ISBN : 978-2-343-17482-2, EAN EBOOK : 9782140120411

SÉPARATION DES POUVOIRS ET CONTRE-POUVOIRS
Actes des 1ères journées scientifiques de droit constitutionnel
Palais des Congrès de Niamey, du 10 au 13 octobre 2017
Oumarou Narey
Avec l'Association Nigérienne de Droit Constitutionnel (Andc)
L'ouvrage tente de remettre en lumière l'essence de la séparation des pouvoirs et l'esprit des contre-pouvoirs alors qu'ils ont toujours été au centre des débats doctrinaux. La tombée en désuétude de la théorie ou son inadaptation aux réalités contemporaines fait que l'on assiste aujourd'hui à la construction d'une notion de substitution, celle de contre-pouvoir. Mais le recours presque frénétique à la notion, dans le champ du droit constitutionnel et politique, comporte un risque principal : celui de la perte de toute portée explicative et de son sens critique.
(Coll. Harmattan Sénégal, 518 p., 49 euros)
ISBN : 978-2-343-16827-2, EAN EBOOK : 9782140120237

QUAND SURVEILLER C'EST PUNIR
Vers un au-delà de la justice pénale
Dominique Rivière
Punir semble la réponse naturelle à un acte jugé indésirable. Pourtant, constatant l'impossibilité de définir clairement l'acte délictueux ou criminel, et réalisant que ce sont surtout les pauvres qui sont punis, la question du sens de la peine se pose, et plus encore sa justification. Remplacer le mot crime par situation problème, c'est envisager un au-delà de la justice rétributive. Refuser toute violence, c'est aller vers une société où le paradigme punitif cède la place au soin, à l'éducation, à la médiation, à la protection des personnes. Abolir la prison, et le Code pénal, suppose un changement de regard : l'autre, dans une altérité parfois très difficile, reste un être de parole et ne peut être l'objet de coercition. Puissent ces lignes ouvrir un nouvel horizon qui exclue radicalement la violence.
(Coll. Questions contemporaines, 222 p., 22,5 euros)
ISBN : 978-2-343-17356-6, EAN EBOOK : 9782140120138

POUR UNE CRIMINOLOGIE INTERCULTURELLE
Ethnoprobation
Guillaume Arandel
Préface de Philippe Pottier. Postface de Loïck M. Villerbu
Travailler avec des personnes délinquantes ou victimes suppose une adaptation à la diversité humaine et la singularité des situations. Or, dans un contexte d'interculturalité, les risques d'incompréhensions, de méprises et de maladresses sont démultipliés. L'analyse proposée ici s'appuie sur différentes méthodes et s'inspire de disciplines telles que : l'approche comparée (France, Canada, Mali), la philosophie, l'anthropologie juridique, l'ethnopsychiatrie, la communication interculturelle ou encore des témoignages. Développer ces savoirs revient à se donner l'opportunité de mieux appréhender les différentes cultures pour, in fine, encourager une meilleure prise de conscience de celle dans laquelle nous évoluons. Il s'agit de mieux appréhender les cultures questionnées, en comprendre leurs déviances et de gagner en lucidité sur leurs valeurs.
(Coll. Controverses, 134 p., 15 euros)
ISBN : 978-2-343-17291-0, EAN EBOOK : 9782140120008

LA DOMANIALITÉ DES BIENS DE L'ADMINISTRATION PUBLIQUE À L'ÉPREUVE DES RÉGIMES FONCIERS TRADITIONNELS
Samba Sarr
De nombreuses difficultés demeurent par rapport à la gestion du domaine, qu'il soit public ou privé, qu'il appartienne à l'Etat ou aux collectivités territoriales. Les droits coutumiers désormais reconnus et magnifiés à la faveur de la valorisation des traditions séculaires contestent la primauté du droit écrit. L'auteur présente la photographie des biens de l'administration publique ainsi que leur évolution par rapport aux régimes fonciers coutumiers.
(426 p., 42 euros)
ISBN : 978-2-343-17362-7, EAN EBOOK : 9782140120046

LES SÛRETÉS ET GARANTIES RÉELLES DANS LES PROCÉDURES COLLECTIVES
Yaya Diallo
Préface de Philippe Delebecque
En France et dans l'espace OHADA, le droit des procédures collectives renvoie aux procédures judiciaires spéciales et dérogatoires par rapport au droit commun réservées au traitement curatif des difficultés des entreprises. D'ordre public, ce droit est destiné à l'entreprise débitrice et à ses créanciers. Conformément aux objectifs poursuivis, les droits et sûretés subissent des atteintes et des restrictions. Mais cette emprise naturelle du droit des procédures collectives sur les sûretés des créanciers est remise en cause. Les nouveaux mécanismes de garantie de créance ont été différenciés des sûretés réelles classiques. Il en résulte une incohérence entre le droit des sûretés et le droit des procédures collectives. Pour y remédier, cette thèse propose l'extension de l'emprise du droit des procédures collectives aux propriétés sûretés.
(Coll. Logiques Juridiques, 564 p., 49 euros)
ISBN : 978-2-343-15222-6, EAN EBOOK : 9782140119538

LIRE LES CONSTITUTIONS
Laureline Fontaine
Ouvrage coordonné par
Le phénomène du constitutionnalisme englobe plusieurs événements et appréciations : la philosophie initiale s'appuyant sur la valeur du droit comme « capable » de limiter et de cadrer le pouvoir politique qu'il s'agit effectivement de limiter et de cadrer, relayée par la valeur anthropologique du droit comme « élément traducteur » de la société humaine ; l'élaboration, la pratique, l'interprétation, la pensée et la diffusion des constitutions aussi, au sein des différents espaces géographiques et temporels, qui comptent donc autant d'éléments non juridiques que juridiques.
(Coll. Questions contemporaines, 196 p., 19,5 euros)
ISBN : 978-2-343-16082-5, EAN EBOOK : 9782140119132

Structures éditoriales du groupe L'Harmattan

L'Harmattan Italie
Via degli Artisti, 15
10124 Torino
harmattan.italia@gmail.com

L'Harmattan Hongrie
Kossuth l. u. 14-16.
1053 Budapest
harmattan@harmattan.hu

L'Harmattan Sénégal
10 VDN en face Mermoz
BP 45034 Dakar-Fann
senharmattan@gmail.com

L'Harmattan Cameroun
TSINGA/FECAFOOT
BP 11486 Yaoundé
inkoukam@gmail.com

L'Harmattan Burkina Faso
Achille Somé – tengnule@hotmail.fr

L'Harmattan Guinée
Almamya, rue KA 028 OKB Agency
BP 3470 Conakry
harmattanguinee@yahoo.fr

L'Harmattan RDC
185, avenue Nyangwe
Commune de Lingwala – Kinshasa
matangilamusadila@yahoo.fr

L'Harmattan Congo
67, boulevard Denis-Sassou-N'Guesso
BP 2874 Brazzaville
harmattan.congo@yahoo.fr

L'Harmattan Mali
Sirakoro-Meguetana V31
Bamako
syllaka@yahoo.fr

L'Harmattan Togo
Djidjole – Lomé
Maison Amela
face EPP BATOME
ddamela@aol.com

L'Harmattan Côte d'Ivoire
Résidence Karl – Cité des Arts
Abidjan-Cocody
03 BP 1588 Abidjan
espace_harmattan.ci@hotmail.fr

L'Harmattan Algérie
22, rue Moulay-Mohamed
31000 Oran
info2@harmattan-algerie.com

L'Harmattan Maroc
5, rue Ferrane-Kouicha, Talaâ-Elkbira
Chrableyine, Fès-Médine
30000 Fès
harmattan.maroc@gmail.com

Nos librairies en France

Librairie internationale
16, rue des Écoles – 75005 Paris
librairie.internationale@harmattan.fr
01 40 46 79 11
www.librairieharmattan.com

Librairie l'Espace Harmattan
21 bis, rue des Écoles – 75005 Paris
librairie.espace@harmattan.fr
01 43 29 49 42

Lib. sciences humaines & histoire
21, rue des Écoles – 75005 Paris
librairie.sh@harmattan.fr
01 46 34 13 71
www.librairieharmattansh.com

Lib. Méditerranée & Moyen-Orient
7, rue des Carmes – 75005 Paris
librairie.mediterranee@harmattan.fr
01 43 29 71 15

Librairie Le Lucernaire
53, rue Notre-Dame-des-Champs – 75006 Paris
librairie@lucernaire.fr
01 42 22 67 13

www.ingramcontent.com/pod-product-compliance
Lightning Source LLC
LaVergne TN
LVHW011143061026
849535LV00003B/575

* 9 7 8 2 3 4 3 1 8 2 7 2 8 *